目　　次

措置費・東京都補助金編

第1章　措置・措置費制度

会計編　169

第1章　社会福祉法人会計基準について　170

第2章　減価償却について　172

第3章　仕訳例について　174

第4章　試算表の確認ポイント　181

庶務編 345

第1章　人事関係事務 346

第2章　社会保険・労働保険について 356

第3章　労働法令の実務 372

措置費・東京都補助金編

第1章　措置・措置費制度

Ⅰ. 措置・措置費制度

1. 措置・措置費制度の成立

　第二次大戦後の日本は、東京や大阪などの主要都市をはじめ、ほとんどの地方都市が壊滅状態となり、いわば焼け跡からの出発であった。当時の日本政府は、戦後の社会福祉制度の制定にあたり、国が自らが施設を設置運営することはできず、緊急対策として現にある民間慈善事業を活用せざるを得なかった。

　一方、新憲法第 25 条では社会福祉増進の国家責任が、また第 89 条では慈善事業への公金支出の禁止がうたわれており、アメリカを中心とする連合国軍総司令部（ＧＨＱ）は福祉政策 **SCAPIN**（Supreme Command for Allied Powers Instruction Note）775「**社会救済**」で、①国家責任、②無差別平等、③必要充足の三原則を示し、その基本理念において、「公私分離」の原則によるナショナルミニマムの導入を打ち出していた。

　アメリカはかっての大恐慌における貧困者の救済のために、連邦社会保障法の成立による大改革を推進した経験があったが、明治以来の「官民一体」方式に慣れ、またさらに戦争によって壊滅的な打撃を受けた日本政府にとっては、公私分離が先進国の当時の趨勢であることは理解できても、その実行は困難であった。

　この狭間で考え出されたのが公的な分野に属する福祉サービスを「公」が「私」に委託し、その対価を支払うという措置・措置費制度である。「公」が「私」からサービスを買い入れ、その対価を支払うことで「公」の責任が果たされるという考え方である。

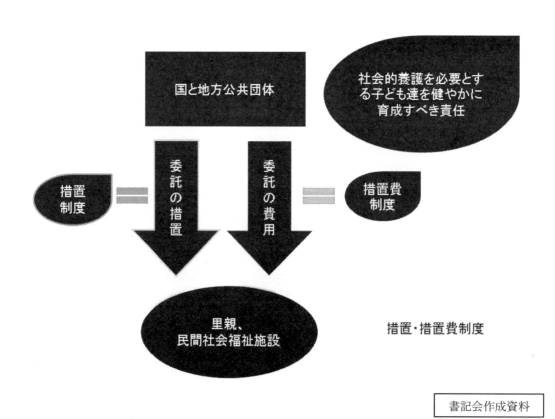

措置・措置費制度

昭和 22 年 12 月制定の**児童福祉法**第 27 条では、国から委任された地方自治体の長が、福祉サービスを必要としている児童に対し、その児童を施設に入所させたり、里親に委託する手続を**措置**と名付けた。児童の最低限の生活保障をするために、地方自治体の長の決定により、施設が適当であればその児童を施設に入所させ、これを入所の措置と呼び、里親が適当であれば里親に委託し、これを委託の措置と呼んだ。この制度が**措置制度**と呼ばれることとなり、児童福祉法は措置制度の言葉の起源となった。

　措置された施設が民間施設であれば、この施設にその委託のために必要な費用が支払われる。これを**措置費**といい、この制度が**措置費制度**と呼ばれることになった。昭和 23 年からは児童保護措置費補助金という予算科目が設けられた。

　社会福祉事業法第 5 条（事業経営の準則）では、社会福祉事業経営者としての「**国及び地方公共団体**」と「**社会福祉法人**」、すなわち「**公**」と「**私**」の各々の責任が明確化され、同時に「社会福祉法人」を公の監督に属させることによって「公の支配」を構成し、行政が行政処分として「措置」を行い、福祉サービスの提供を社会福祉法人に「委託」するという仕組みが規定された。

　昭和初期の救護法によって制度化された委託費や補助金も、当初から公的責任に基づくものとされていたが、その金額は必要を充たすものではなかった。児童福祉法や戦後の社会福祉事業法が制定された後も、実態は大同小異であったことから、委託制度も補助制度も戦前から戦後に継承されたといえる。しかし、公私分離という新たなテーマのもとで、「公」の責任が法律に明記されたことは、その後の措置制度による戦後日本の社会福祉の発展につながることとなる。

２．児童福祉施設最低基準

　昭和 23 年に発せられた**児童福祉施設最低基準**（厚生労働省令）は、施設入所児童の心身の健やかな育成を確保するための、**設備と運営の基準**である。

　設備は物的設備のことであり、運営は職員の問題も含めて施設をどう動かすかということである。

　最低基準を維持するために必要な費用が措置費であり、**措置費は最低基準の企図するところを経済的に具現化するもの**である。これにより施設は入所している児童にサービスを提供するために必要な職員を配置し、建物、設備、物品等を備えなければならない。

　厚生労働大臣、並びに都道府県知事等の措置権者は、この最低基準を維持するための処置として、施設の長に対して必要な報告をさせ、**実施監督（指導検査）**することができるほか、最低基準に達していない程度に照応して、施設に必要な改善を勧告し、もしくは改善を命じ、又は児童福祉審議会の意見を聴いてその事業の停止を命ずることができる。状況によっては施設の認可を取り消すこともできるとされている。

児童福祉法の地域主権改革に係る改定前の条文
　　（児童福祉施設最低基準の制定と措置費の支弁義務者にかかる部分）
（最低基準の制定等）
　第 45 条　厚生労働大臣は、児童福祉施設の設備及び運営並びに里親の行う養育について、**最低基準を定めなければならない。**この場合において、その最低基準は、**児童の身体的、精神的及び社会的な発達のために必要な生活水準を確保するもの**でなければならない。

2　児童福祉施設の設置者及び里親は、前項の最低基準を遵守しなければな
　らない。
　　3　児童福祉施設の設置者は、児童福祉施設の設備及び運営についての水準
　の向上を図ることに努めるものとする。
（都道府県の支弁）
　第50条　次に掲げる費用は、**都道府県の支弁**とする。
　2. 都道府県が、**第27条第1項第3号に規定する措置**を採った場合において、
　入所又は委託に要する費用及び入所後の保護又は委託後の養育につき、第45
　条の**最低基準を維持するために要する費用**

3. 国庫負担金の推移

　戦後の児童福祉法、身体障害者福祉法、生活保護法の福祉3法体制でスタートした措置
制度発足時の措置費負担割合は、国**10分の8**、都道府県10分の2であった。また昭和30
年代後半に制定された知的障害者福祉法、老人福祉法、母子寡婦福祉法が加わった福祉6
法体制に移行した際も、国庫負担割合は変更されなかった。

　昭和50年、戦後はじめての赤字国債が発行され、その後のオイルショックに始まる低成
長経済への移行により増税なき財政再建が唱えられることとなり、昭和56年には臨時行政
調査会（第二次臨調）が発足した。第二次臨調は行財政改革の具体的改革方策を示し、と
くに高率補助金の総合的見直しを提言した。このことは臨時行政改革審議会でも引き継が
れ、昭和60年度には、大蔵省、厚生省、自治省の三省合意により、児童福祉関係の措置費
の国庫補助率が**10分の8から10分の7**に引き下げられた。

　昭和60年5月には、三省の事務次官経験者、学識経験者による補助金問題検討会が発足
した。この検討会の提言を受けて、昭和61年、**国庫補助率を2分の1**とすることを内容と
する「国の補助金の臨時特例等に関する法律」と、これにあわせて、**機関委任事務を団体
委任事務**とすることを内容とする「地方公共団体の執行機関が国の機関として行う事務の
整理及び合理化に関する法律」が成立した。

措置費の負担区分表

施設種別	実施主体の区分	児童等入所先施設の区分	支　弁	徴　収	負担区分		
					市町村	都道府県指定都市中核市	国
児童養護施設・里親	都道府県及び指定都市	都道府県立市町村立・私立施設	都道府県指定都市	都道府県・指定都市の長		1／2	1／2

4. 社会福祉基礎構造改革　　——社会福祉事業法から社会福祉法へ

　平成9年中央社会福祉審議会分科会で社会福祉事業などのあり方に関する検討が開始さ
れ、平成10年には同分科会の「**社会福祉基礎構造改革**について（中間のまとめ）」及び同
年の「社会福祉基礎構造改革を進めるにあたって（追加意見）」により、措置制度から契約
制度へのサービスの利用方法の転換などが提言された。これを受けて平成12年、**社会福祉
事業法**は**社会福祉法**に改正された。

社会福祉基礎構造改革がめざすものは、中央集権から地方分権への流れの中で、利用者本位の福祉社会を創設することであり、同時に安定した福祉財源を確保することであった。このさきがけとして介護保険制度が福祉改革の成否を問う試金石としてスタートした。

　戦後の社会福祉は、憲法25条の国民の生存権、国の保障義務を根拠とし、行政的には措置制度、財政的には措置費制度を中心としてきたが、社会福祉基礎構造改革により、憲法13条の個人の尊重と幸福追求権を基盤とした、**利用、選択契約を中心とする福祉サービスへの転換**がはかられた。

　児童養護施設、乳児院などは、①公が介入しない限り親権に対抗できない。子どもの命さえ奪われる。②介護や保育は国民にとって一般的な問題となり、利用あるいは選択契約という方式はとれるものの、児童養護施設の利用は親子分離であり、これを一般化した問題としてはとらえられない等の理由から、利用、選択契約への大きな流れから除外され、**措置・措置費制度は維持**されることとなった。

5．地域主権改革　——児童福祉施設最低基準の条例委任

　国から地方へ権限と税財源を移す地方分権をめぐっては、平成7年の地方分権推進委員会、平成13年の地方分権改革推進会議の取組みを経て、平成18年に**地方分権改革推進法**が3年間の時限立法で成立した。この法律の成立を受け、平成19年4月に地方分権改革推進委員会が発足し、平成20年5月「第1次勧告〜生活者の視点に立つ『地方政府』の確立〜」を勧告した。この勧告では、「保育所や老人福祉施設等の最低基準という位置づけを見直し、国は標準を示すにとどめ、具体的な基準は地方自治体が地域ごとに条例により独自に決定し得ることとする」と言及した。政府はこれを受け地方分権改革推進要綱（第1次）を決定し、勧告を最大限に尊重し新分権一括法案（仮称）を平成21年度中に国会に提出し、地方分権改革推進計画を策定するための作業に着手するとした。

　平成21年10月、地方分権改革推進委員会は「第3次勧告〜自治立法権の拡大による「地方政府」の実現へ〜」を勧告し、**児童福祉施設最低基準**について、廃止または（地方自治体への）**条例委任**として見直しを求めた。

　政府は、地域主権戦略会議の初会合を、平成21年12月に開催し、地方分権改革推進計画案を閣議決定した。

　平成23年4月28日、**地域の自主性及び自立性を高めるための改革の推進を図るための関係法律の整備に関する法律**が成立し5月2日に公布された。本法律は、地方分権改革推進計画に基づき、児童福祉施設最低基準について、国から都道府県・指定等市等の条例に委任する内容が含まれている。児童福祉施設最低基準は、今後、児童福祉施設の設備および運営に関する基準として、地方自治体の条例により定められることになる。国が地方自治体の条例を定めるための準則を示し、それに基づいて各自治体が条例案を策定して議会にかけることになる。

　　児童福祉法の地域主権改革に係る改定後の条文
　　（児童福祉施設最低基準の制定と措置費の支弁義務者にかかる部分）
　　（基準の制定等）
　　　第45条　都道府県は、**児童福祉施設の設備及び運営**について、条例で基準を定めなければならない。この場合において、その基準は、**児童の身体的、精神的及び社**

会的な発達のために必要な生活水準を確保するものでなければならない。

2　都道府県が前項の条例を定めるに当たっては、次に掲げる事項については**厚生労働省令で定める基準**に従い定めるものとし、その他の事項については厚生労働省令で定める基準を参酌するものとする。

一　児童福祉施設に配置する従業者及びその員数

二　児童福祉施設に係る居室及び病室の床面積その他児童福祉施設の設備に関する事項であって児童の健全な発達に密接に関連するものとして厚生労働省令で定めるもの　　　　　　　　　　以下省略

（都道府県の支弁）

第50条　次に掲げる費用は、**都道府県の支弁**とする。

7　都道府県が、第二十七条第一項第三号に規定する措置を採った場合において、入所又は委託に要する費用及び入所後の保護又は委託後の養育につき、第四十五条第一項又は第四十五条の二第一項の基準を維持するために要する費用

６.児童指導員・保育士配置基準の改定　　——昭和51年以来の大幅な改定

　児童養護施設等の社会的養護の課題に関する検討委員会。社会保障審議会児童部会社会的養護専門委員会が平成23年7月に「社会的養護の課題と将来像」をとりまとめた。この中で社会的養護の基本的方向として「家庭的養護の推進」が示され、社会的養護はできる限り家庭的な養育環境の中で、特定の大人との継続的で安定した愛着関係の下で行われる必要があるとした。施設養護(児童養護施設、乳児院等)も、できる限り家庭的な養育環境(小規模グループケア、グループホーム)の形態に変えていく必要があると方向づけられた。

　この報告書の「児童養護施設の人員配置の課題と将来像」では児童指導員・保育士の基本配置の引上げが必要であるとし、基本配置を小学生以上の現行6:1から4:1に引き上げ、これに小規模グループケア加算1人を加えて、合わせて3:1相当を超える配置が、引上げの目標水準として示された。

　これを受けて、平成24年4月から、児童指導員・保育士の配置基準が、小学生以上6:1から5.5:1へ引上げられた。昭和51年以来の職員配置基準改定である。

　さらに平成27年4月、厚労省は児童入所施設措置費等の平成27年度予算において、児童養護施設の小学生以上の児童指導員・保育士の配置基準を段階的に5.5:1、5:1、4.5:1、4:1の4つの保護単価を設けることにより、それぞれの施設の職員配置状況に応じた保護単価を設定することとした。

７.新しい社会的養育ビジョン

(1)　新しい社会的養育ビジョン

　平成29年(2017年)8月、「新たな社会的養育の在り方に関する検討会」が報告書「**新しい社会的養育ビジョン**」を厚労相に提出。「**社会的養護の課題と将来像**」を全面的に見直し、就学前児童の75%、学齢児の50%は家庭養護に、就学前の施設在籍は数か月、学令児原則一年間（困難児童は三年間）の数値目標が掲げられた。

乳幼児の家庭養育原則の徹底と、年限を明確にした取組目標＜概要＞

　平成28年児童福祉法改正では、子どもが権利の主体であることを明確にし、家庭への養育支援から代替養育までの社会的養育の充実とともに、家庭養育優先の理念を規定し、実親による養育が困難であれば、特別養子縁組による永続的解決（パーマネンシー保障）や里親による養育を推進することを明確にした。この改正法の理念を具体化するため、「新しい社会的養育ビジョン」を示す。

・特に就学前の子どもは、家庭養育原則を実現するため、原則として施設への新規措置入所を停止。このため、遅くとも平成32年度までに全国で行われるフォスタリング機関事業の整備を確実に完了する。

・愛着形成に最も重要な時期である3歳未満については概ね5年以内に、それ以外の就学前の子どもについては概ね7年以内に里親委託率75％以上を実現し、学童期以降は概ね10年以内を目途に里親委託率50％以上を実現する。

・ケアニーズが非常に高く、施設等における十分なケアが不可欠な場合は、小規模・地域分散化された養育環境を整え、施設等における滞在期間について、原則として乳幼児は数か月以内、学童期以降は1年以内とする。また、特別なケアが必要な学童期以降の子どもであっても3年以内を原則とする。

・代替養育を受ける子どもにとって自らの将来見通しが持て、代替養育変更の意思決定プロセスが理解できるよう、年齢に応じた適切な説明、子どもの意向が尊重される必要がある。

・これまで乳児院が豊富な経験により培ってきた専門的な対応能力を基盤として、さらに専門性を高め、親子関係に関するアセスメント、障害等の特別なケアを必要とする子どものケア、親子関係改善への通所指導、母子の入所を含む支援、親子関係再構築支援、里親・養親支援などの重要な役割を地域で担う新たな存在として、乳児院は多機能化・機能転換する。「乳児院」という名称をその機能にあったものに変更する。

・子どもニーズに応じた養育の提供と施設の抜本的改革

・個別的ケアが提供できるよう、ケアニーズに応じた措置費・委託費の加算制度をできるだけ早く創設する。

・全ての施設は原則として概ね10年以内を目途に、小規模化（最大6人）・地域分散化、常時2人以上の職員配置を実現し、更に高度のケアニーズに対しては、迅速な専門職対応ができる高機能化を行い、生活単位は更に小規模（最大4人）となる職員配置を行う。

・豊富な体験による子どもの養育の専門性を基に、地域支援事業やフォスタリング機関事業等を行う多様化を、乳児院から始め、児童養護施設・児童心理治療施設、児童自立支援施設でも行う。

⑵　都道府県社会的養育推進計画の策定要領

　平成30年(2018年)7月、厚生労働省は**「都道府県社会的養育推進計画の策定要領」**を発出。新しい社会的養育ビジョンで掲げられた家庭養育優先原則を徹底し、里親委託率に関する都道府県の数値目標の取扱を定め、**施設の小規模かつ地域分散化**への転換、各都道府県の計画策定期限を示した。

都道府県社会的養育推進計画の策定要領＜概要＞

施設の小規模かつ地域分散化、高機能化及び多機能化・機能転換に向けた取組み

- ・代替養育全体の在り方に関する計画を立て、それに基づいて施設の高機能化及び多機能化・機能転換、小規模かつ地域分散化に向けた計画を策定すること。
- ・児童福祉法第3条の2の規定に則り、「できる限り良好な家庭的環境」を確保すべきであり、質の高い個別的なケアを実現すると共に、小規模かつ地域分散化された施設環境を確保することが重要である。こうした考え方のもと、今後計画される施設の新築や改築、増築の際には、小規模かつ地域分散化された施設の設置を優先して進めていくこと。
- ・なお、大舎から小規模かつ地域分散化、高機能化及び多機能化・機能転換を進める過程で、人材育成の観点から、本体施設から順次分散化施設を独立させていく方法や、過渡的に本体施設のユニット化を経て独立させていく方法が考えられるが、どちらの場合にも、概ね10年程度で地域分散化及び多機能化・機能転換を図る計画を、人材育成も含めて策定すること。過渡的にユニット化する場合でも、同一敷地内での戸建て住宅型又はグループごとに独立した玄関のある合築型の施設内ユニットとするなど、生活単位を独立させるとともに、地域社会との良好な関係性の構築を十分に行うといった工夫を行うこと。
- ・既存の施設内ユニット型施設についても、概ね10年程度を目標に、小規模かつ地域分散化を進めるための人材育成計画を含めた計画を立てる。その際、既存ユニットは一時保護やショートステイのための専用施設や里親のレスパイトケアなど、多機能化・機能転換に向けて、積極的に活用を進めていくことが求められる。また、下記のような心理職や医師、看護師などの即時対応ができるケアニーズが非常に高い子どもへの専門的なケア形態への転換を図ることも可能である。
- ・小規模かつ地域分散化の例外として、ケアニーズが非常に高い子どもに専門的なケアを行うため、心理職や医師、看護師などの専門職の即時の対応が必要な場合には、生活単位が集合する場合もあり得る。このような場合においては、十分なケアが可能になるように、できるだけ少人数（将来的には4人まで）の生活単位とし、その集合する生活単位の数も大きくならない（概ね4単位程度まで）ことが求められている。そのため、厚生労働省としては、2019年度以降の予算において、引き続き検討し、安定的な財源の確保に向けて、最大限努力していく。

8．特別区の児童相談所の設置

　平成18年の都区合意事項による「都区のあり方検討委員会」において、児童相談所は、区に移管する方向で検討する事務のひとつとされた。平成28年には児童福祉法が改正され、平成29年4月より特別区が政令の指定を受けて児童相談所を設置できることとされた。

　この法改正を受け、東京23区のうち22区が設置の意向を示し、令和2年4月に先行して世田谷区と江戸川区が、同年7月に荒川区が児童相談所を設置した。さらに、令和3年4月には港区が、令和4年4月に中野区が、同年7月に板橋区が、令和5年2月に豊島区が児童相談所を設置している。

　これにより、区民にもっとも身近である自治体が、子育て支援から要保護児童対策までの一貫した児童福祉施策を展開することが可能となった。

　しかしながら新たに発生した課題もあり、特に児童養護施設等が行う措置費の請求手続きが複雑化されることについては、区の児童相談所設置検討段階から、書記会より再三指

摘してきたが解決されず現在に至っている。

　措置費は基本的には、児童を措置した自治体に請求することとされている。これは事務費も事業費も同様である。

　そのため、令和元年度までの東京の児童養護施設の措置費の請求先は原則として東京都一か所であったが、令和４年度時点の措置費の請求先は、東京都と児童相談所を設置している７区の計８か所となっている。

　もともと児童養護施設の措置費は、戦後からの長年の積み重ねにより、構造が複雑で費目も相当な数となっている。請求先が東京都一か所であった時代でも、請求書を作成するためにはかなりの経験と知識と時間を要してきた。それが区の児童相談所設置により、多くの費目のそれぞれの請求額を、措置自治体ごとに児童数に比例させて按分することとなり、人的に可能な事務作業の限界を超えるものとなった。これらの課題は解決されないまま、区児童相談所の新たな設置により年々請求先が増え続け、措置費の度重なる変更も相まってさらに複雑化し続けている。

　これらを根本的に解決するためにも、請求先の一本化、システムの構築、あるいは人的配置等の対策が、一日も早く実施されることがのぞまれる。

Ⅱ. 児童養護施設の措置費

1. 事務費と事業費の内容

措置費は、**事務費**と**事業費**に大別される。

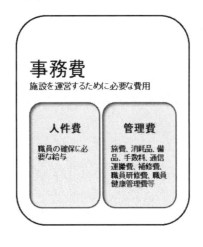

(1) 事務費の内容

事務費は、施設を運営するために必要な**人件費、管理費**及び**民間施設給与等改善費**をいう。

人件費は、職員の確保に必要な給与で構成されている。

管理費は、施設の維持管理に必要な経費で、旅費、庁費、嘱託医手当、被服手当、補修費、保健衛生費、職員研修費、職員健康管理費、施設機能強化推進費等に充てられる経費で構成されている。

民間施設給与等改善費は職員の勤続年数の上昇に合わせ増額されるよう構成されている。事務費は近年、児童養護施設の小規模化かつ地域分散化、多機能化の方向性を担保するものとして、多くの費目が新設され、収入支出ともに大幅に増加する傾向にある。

(2) 事業費の内容

事業費は、直接入所児童のために使われる経費で、児童福祉施設における支援の内容が児童の日常生活全般にわたり、経費の費目も広範になっている。

児童養護施設の事業費の支弁費目とその使途を掲げると次表のようになる。

児童養護施設の事業費の支弁費目一覧表

生活諸費	一般生活費	給食に要する材料費等および日常生活に必要な経常的諸経費
教育諸費	教育費	義務教育用の学用品費、教材費等
	学校給食費	学校から徴収される実費
	見学旅行費	小学6年生、中学3年生及び高校3年生の修学旅行の交通費、宿泊等
	入進学支度金	小学1年生、中学1年生への入進学に必要な学用品等の購入費

教育諸費	特別育成費	高等学校等教育用の学校納付金、教科書代、学用品代、通学費等　その他高校等の入学時や資格取得時等に加算がある。
	夏季等特別行事費	夏季等に行われる臨海、林間学校等に出席するために必要な交通費等
	幼稚園費	幼稚園就園に必要な入学金、保育料、制服代等
その他の諸費	期末一時扶助費	年末の被服費の購入費
	医療費	診療、治療、投薬、手術等のいわゆる医療費
	職業補導費	義務教育修了児が職業補導機関に通う交通費
	冷暖房費	冷暖房にかかる経費
	就職支度金	退所児の就職に伴い必要な寝具類、被服等の購入費等
	大学進学等自立生活支度費	退所児の大学進学等に伴い必要な住居費等
	葬祭費	死亡児の火葬または埋葬、納骨費等

2．措置費の保護単価と支弁額

　保護単価とは、積算された措置費年総額を 12 で除して月額とし、さらに児童一人当りに均したものである。この保護単価は、各年度のはじめに**措置の実施主体である自治体**の長により、各々の費目ごとに、また各々の施設ごとに設定される。

　実際には、国の交付基準で示される保護単価等をそのまま設定することとされており、**国の交付基準**が**ガイドライン**となっている。

　このように設定された各々の費目ごとの保護単価に、措置児童・措置対象者の定員数もしくは現員数を乗じた合計額が、毎月施設に支払われる措置費となる。このようにして支払われる措置費の合計額を**支弁額**という。

(1)　事務費の保護単価と支弁額

①　事務費の保護単価と定員払い

　　事務費の場合、上記のように設定された各々の費目ごとの保護単価に、施設の児童の**定員数**を乗じた合計額が毎月施設に支払われる。これを**事務費の定員払い**とよんでいる。

　　これにより、措置費の支弁額は児童の人数の変動の影響を受けず、定員を満たす児童をいつでも受け入れられる職員体制を維持することができる。

②　児童養護施設における暫定定員

　　事務費の定員払いは、定員と現員との差が少ないことが前提となっているため、下記の通知により措置児童数の減少等により定員と現員に **10％以上の差**が生じた場合には、その満たない数に定員を改定し（これが困難なときは暫定定員を設け）なければならないこととされている。

　　なお、連続して 3 年を超えて暫定定員を設定している施設については、定員を改定するものとされている。

「児童福祉法による児童入所施設措置費等国庫負担金について」通知の施行

各都道府県知事・各指定都市の市長・各中核市の市長あて
厚生省児童家庭局長通知
〔一部改正〕令和4年2月18日 子発0218第1号

第1 暫定定員及び保護単価の設定について

暫定定員の設定について（小規模住居型児童養育事業（以下「ファミリーホーム」という。）及び平成28年9月5日雇児発0905第2号厚生労働省雇用均等・児童家庭局長通知別紙「一時保護実施特別加算費実施要綱」に基づく事業（以下「一時保護実施特別加算事業」という。）は除く。）

都道府県知事又は指定都市、中核市若しくは児童相談所設置市の長は、各年度の保護単価の設定に際しては、その設定しようとするすべての施設につき、算式1から算式4のいずれかによって算定した数がその施設の定員（一時保護実施特別加算事業を実施している場合においては、一時保護実施特別加算事業の定員を除く。）に満たない場合においては、その満たない数に定員を改定し（これが困難なときは暫定定員を設ける。）、これに基づいて保護単価の設定及び支弁を行うものとする。ただし、注（4）の要件を満たした場合に限り、算式1から算式4によらず算式5又は算式6により算定できること。

なお、算式5又は算式6については、当分の間の特例的な措置であることを申し添える。また、連続して3年を超えて暫定定員を設定している施設については、定員を改定するものとする。

算式1
［前年度の在籍児童の延べ日数÷30.4日÷12月（小数点以下の端数切り上げ）］×1.11以内の数値（小数点以下第1位の数値により四捨五入）

算式2
［直近3年度の在籍児童の延べ日数÷30.4日÷12月÷3年（小数点以下の端数切り上げ）］×1.11以内の数値（小数点以下第1位の数値により四捨五入）

算式3
［前年度の各月初日の在籍児童数÷12月（小数点以下の端数切り上げ）］×1.11以内の数値（小数点以下第1位の数値により四捨五入）

算式4
［直近3年度の各月初日の在籍児童数12月÷3年（小数点以下の端数切り上げ）］×1.11以内の数値（小数点以下第1位の数値により四捨五入）

算式5
［前年度の在籍児童の延べ日数÷30.4日÷12月（小数点以下の端数切り上げ）］×1.16以内の数値（小数点以下第1位の数値により四捨五入）

算式6
［前年度の在籍児童の延べ日数÷30.4日÷12月（小数点以下の端数切り上げ）］×1.21以内の数値（小数点以下第1位の数値により四捨五入）

（注）（1） 在籍児童とは、私的契約児、一時保護委託児、家庭裁判所からの補導委託児等、乳児院については短期入所措置児童、その施設の認可定員の範囲内で実施する「平成29年3月31日雇児発0331第56号厚生労働省雇用均等・児童家庭局長通知別紙「就学者自立生活援助事業実施要綱」に基づく事業（以下「就学者自立生活援助事業」という。）及び平成29年3月31日雇児発0331第10号厚生労働省雇用均等・児童家庭局長通知別紙「社会的養護自立支援事業実施要綱」に基づく事業（以下「社会的養護自立支援事業」という。）の対象者を含み、一時保護実施特別加算事業の対象児童として一時保護の委託を受けた児童は除く。なお、母子生活支援施設については世帯数とする。

（2） 暫定定員を設定する場合にあっては、その施設について算式1から算式4のいずれかによって算定した数のうち最も大きい数となる算式を用いることができること。

なお、開始後3年を経過していない場合は、直近3年度を直近2年度と読み替えること。また、新型コロナウイルス感染症の影響により、令和2年度の年間平均入所児童数が定員の90%未満に減少した施設においては、令和3年度に限り、前年度とあるのを前々年度と、直近3年度とあるのを令和2年度を除く直近3年度と、それぞれ読み替えて算定して差し支えないこと。

（3） 1.11は100%／90%で10%以上の階差は認めない趣旨であること。

（4） 算式5又は算式6は以下の要件を満たした場合に限り、算定できること。

① 算式5によって算定する場合の要件
以下のア又はイの要件を満たしている施設の場合に限り算定できる。

ア　以下の（ア）及び（イ）のいずれの要件も満たしている施設
　　（ア）　前年度中の措置児童数（実人員）に対する一時保護委託児童数（実人員）の割合が15％以上の施設
　　（イ）　定員を超過しない限り、児童相談所より一時保護の要請があった際に応じる施設
　イ　以下の（ア）及び（イ）のいずれの要件も満たしている施設
　　（ア）　前年度中の措置児童（実人員）のうち10％以上を里親又はファミリーホーム（実人員）へ委託し、かつ、委託した子どものアフターケア等に取り組む施設
　　（イ）　里親支援専門相談員を配置又は里親支援機関に指定されている施設
②　算式6によって算定する場合の要件
　以下のア及びイのいずれの要件も満たしている施設の場合に限り算定できる。
　ア　以下の（ア）及び（イ）のいずれの要件も満たしている施設
　　（ア）　前年度中の措置児童数（実人員）に対する一時保護委託児童数（実人員）の割合が15％以上の施設
　　（イ）　定員を超過しない限り、児童相談所より一時保護の要請があった際に応じる施設
　イ　以下の（ア）及び（イ）のいずれの要件も満たしている施設
　　（ア）　前年度中の措置児童（実人員）のうち10％以上を里親又はファミリーホーム（実人員）へ委託し、かつ、委託した子どものアフターケア等に取り組む施設
　　（イ）　里親支援専門相談員を配置又は里親支援機関に指定されている施設
（5）　その施設が前年度中に開設し、若しくは増改築があり、又は定員の改定があったもので上記算式を適用することが著しく困難であるものについては、措置児童等の具体的な入所計画を基礎とし、かつ、算式の趣旨を尊重し、都道府県知事又は指定都市、中核市若しくは児童相談所設置市の長が定めるものとすること。
（6）　自立援助ホームであって、平均在籍児童数は少ないが頻繁な入退所があるものについては、前年度の新規入所児童数が定員の2倍以上である場合には、暫定定員を設定しないものとする。また、前年度新規入所児童数が定員の2倍以上に達しない場合であっても、上記算式を適用すべきでない特段の事由がある場合については、入所児童の具体的な入所計画等を基礎とし、かつ、上記算式の趣旨を鑑み、都道府県知事、指定都市若しくは児童相談所設置市の長が定めることができるものとすること。
（7）　定員の改定又は暫定定員を設定する要件を満たしていないこと、又はそれらを行った根拠を別紙（1）の様式による「事務費保護単価設定表（3）定員認定表」に明記しておくこと。
（8）　暫定定員を設定したときは、保護単価設定表、支弁台帳その他事務処理上の措置費関係の書類に定員数の記載があるときは、その数の次にかっこを附し、暫定定員を明示（「定員〇〇名（暫定定員〇〇名）」のように。）すること。

⑵　事業費の保護単価と支弁額

　事業費の保護単価の設定の考え方も、事務費と同様である。特に事業費は、入所している児童・入所者に直接関わる経費であるので、児童・入所者の最低生活を保障するという見地から、国が交付基準で示す保護単価を、そのまま保護単価として設定することとされている。

　このように設定された各々の費目ごとの保護単価に、児童、入所者の月の初日の**現員数**を乗じた合計額が、毎月施設に支払われる事業費となる。この合計額を事業費の支弁額といい、**事業費の現員払い**とよんでいる。

3. 措置費の執行体系

措置費の国庫負担額、保護単価の設定方法、支弁額の算式や支弁の方法などは、厚生労働省通知**「国庫負担金の交付基準」**によって示されている。

この交付基準は、国庫の負担金の交付の基準であるが、実際には、個々の施設への措置費の支弁の基準となっている。国庫負担金の交付の均衡を保つことを目的とすると共に、地方の福祉行政のガイドラインの役割をも果たしている。

1. 用語の意義

「措置費」「保護単価」「支弁額」等については、前節で詳述しているのでここでは省略し、それ以外の用語の意義について記す。

① 定員

施設の**定員**は、措置の実施主体である自治体の長が認可するものであり、暫定定員が定められた場合には、暫定定員が定員となる。

② 乳児、1歳児、2歳児

「乳児」とは、法第27条第1項第3号による<u>入所の措置がとられた日の属する月の初日</u>において1歳に達していない児童をいい、その児童がその年度中に1歳に達した場合においても、その年度中に限り乳児とみなすものとし、**「1歳児」**とは、<u>入所の措置が行われた日の属する月の初日</u>において1歳以上で2歳に達していない児童をいい、その児童がその年度中に2歳に達した場合においても、その年度中に限り1歳児とみなすものとし、**「2歳児」**とは、<u>入所の措置が行われた日の属する月の初日</u>において2歳以上で3歳に達していない児童をいい、その児童がその年度中に3歳に達した場合においても、その年度中に限り2歳児とみなすものとする。

月日	6月1日		6月4日		6月22日	
入所	初日		誕生日		入所	
年齢	2歳	2歳	3歳	3歳	3歳	3歳

2歳児として幼児加算が支弁される
年度末まで変更されない

書記会作成資料

③ 年少児

「年少児」とは、法第27条第1項第3号の規定に基づく入所の措置がとられた就学前の児童のうち、乳児、1歳児及び2歳児の措置児童を除いたものをいう。

（参考）退所日と措置解除日、措置変更日の関係

措置解除

月日	3月30日	3月31日	4月1日	4月2日
入退所		退所		
施設の措置の状態	措置は継続している	措置は継続している	措置は**解除**されている	措置は**解除**されている
児相の通知			措置解除	
措置費	支弁	支弁	支弁されない	支弁されない
児童手当	3月分児童手当は施設に支給		4月分児童手当は施設に支給	

措置変更（児童福祉司指導）

月日	3月30日	3月31日	4月1日	4月2日
入退所		退所		
施設の措置の状態	措置は継続している	措置は継続している	措置は**変更**されている	措置は**変更**されている
児童福祉司指導			指導の開始	
児相の通知			措置変更	
措置費	支弁	支弁	支弁されない	支弁されない
児童手当	3月分児童手当は施設に支給		4月分児童手当は施設に支給	

措置変更（里親委託）

月日	3月30日	3月31日	4月1日	4月2日
入退所		退所		
施設の措置の状態	措置は継続している	措置は**変更**されている	措置は**変更**されている	措置は**変更**されている
里親委託		委託の開始		
児相の通知		措置変更		
措置費	支弁	支弁されない	支弁されない	支弁されない
児童手当	3月分児童手当は施設に支給		4月分児童手当は里親に支給	

措置停止

月日	3月30日	3月31日	4月1日	4月2日
入退所		退所		
施設の措置の状態	措置は継続している	措置は継続している	措置は**停止**されている	措置は**停止**されている
児相の通知			措置停止	
措置費	支弁	支弁	支弁されない	支弁されない
児童手当	3月分児童手当は施設に支給		4月分児童手当は施設に支給	

4．措置費の基礎部分

(1) 経常事務費（一般分）

① 事務費一般分の構成要素

事務費の大半を占め、施設運営の要となる事務費一般分の構成要素は、概ね次のようになっている。

事務費一般分は、常勤、非常勤職員の給与に充てられる**人件費**と、旅費、修繕等の費用に充てられる**管理費**からなっている。

以下は各々の構成要素についての公表されていることを中心とした推測・推計である。

ⅰ　人件費

人件費は、下表の職員を雇用するための給与であり、**想定された経験年数を基礎として国家公務員の給与格付けに準じて設定されている。**

職種別	職員の定数
施設長	1人。ただし、定員が30人未満の場合は児童指導員と兼務することができる。
児童指導員・保育士	通じて定員5.5人につき1人。ただし、定員45人以下の施設については、この定数のほか1人を加算する。
個別対応職員	1人。
家庭支援専門相談員	1人。
栄養士	1人。ただし、定員41人以上の場合に限る。
事務員	1人。
調理員等	定員90人未満の場合は4人。以下同様に30人ごとに1人を加算する。
嘱託医	1人。

措置費交付基準別表2（1）

人件費（職員処遇費）の構成要素

・**基本給**

本俸（施設長、事務員、主任指導員、児童指導員、主任保育士、保育士、栄養士、調理員等）

特殊業務手当、扶養手当　調整手当

・**手当等**

期末勤勉手当、同加算、超勤手当、夜勤手当、特業手当、住居手当、通勤手当、管理職手当、社保負担分、年休代替（処遇）、年休代替（調理）、非常勤保育士、非常勤調理員、看護代替保育士、嘱託医手当

ⅱ　管理費

管理費は施設の維持、管理に必要な経費で次の支出に充てられる経費が算入されている。

管理費その他の構成要素

旅費、庁費、特別管理費、業務省力化経費（処遇）、同（調理）、補修費、職員研修費、同（非常勤分）、保健衛生費、職員健診費、同（非常勤分）、苦情解決対策費、管理宿直専門員、消費税加算分、自立支援指導員

② 基本給

ⅰ 本俸

　　事務費一般分に含まれる本俸の金額は、毎年国から示される**措置費交付基準別紙「児童福祉施設等職員の本俸基準額」**によって求めることができる。

　　これらの本俸単価は、職種別に一定レベルの平均勤続年数と経験年数が設定され、これを基にして国家公務員の給与に準じて格付けされている。

　　　　　令和４年度の単価

　　　　　施設長　　　福　　4-1　（定員51名以上）　275,900円　大卒　14年経験
　　　　　　〃　　　　福　　2-33（定員50名以下）　257,900円　大卒　12年経験
　　　　　事務員　　　行一　2-9　　　　　　　　　209,400円　大卒　　5年経験
　　　　　主任指導員　福　　2-17　　　　　　　　235,400円　大卒　　7年経験
　　　　　児童指導員　福　　2-5　　　　　　　　 216,500円　大卒　　5年経験
　　　　　主任保育士　福　　1-33　　　　　　　　207,100円　短大卒 8年経験
　　　　　保育士　　　福　　1-29　　　　　　　　201,500円　短大卒 7年経験
　　　　　調理員等　　行二　1-37　　　　　　　　176,200円　高校卒 7年経験
　　　　　栄養士　　　医二　2-5　　　　　　　　 194,700円　短大卒 8年経験

令和３年度　児童福祉施設等職員の本俸基準額　　　　単位：円

区分	児童養護施設	児童自立支援		母子生活	児童心理	ファミリー
所長	福(4-1) 275,900 福(2-33) 257,900	福(4-				
主任児童指導員	福(2-17) 240,108					
児童指導員	福(2-5) 220,830					
職業指導員	福(1-25) 198,390	福(1-25) 198,390				
心理療法担当職員						
児童自立支援専門員		福(2- 福(2-				
主任母子指導員						
母子支援員						
児童生活支援員		福(1-				
主任保育士	福(1-33) 211,242					
保育士	福(1-29) 205,530					
事務員	行Ⅰ(2-9) 209,400	行Ⅰ(2-9) 20	行Ⅰ(2-9)	行Ⅰ(2-9)	行Ⅰ(2-9)	
医師						
家庭支援専門相談員	福(2-5) 220,830	福(2-				
個別対応職員	福(2-5) 220,830	福(2-				
看護師長						
看護師	医Ⅲ(2-25) 232,700					
栄養士	医Ⅱ(2-5) 194,700	医Ⅱ(2 194,700	194,700		194,700	
調理員等	行Ⅱ(1-37) 176,200	行Ⅱ(1-37) 176,200	行Ⅱ(1-37) 176,200	行Ⅱ(1-37) 176,200	行Ⅱ(1-37) 176,200	

> 児童指導員、保育士は、国家公務員俸給表の金額に2%上乗せされた数字になっている
> 例　児童指導員
> 216,500円（国家公務員俸給表の金額）×1.02＝220,830円

> この金額を基に措置費の人件費が積算されている。
>
> 職員全員が新任の施設も、全員が10年以上のベテランの施設であっても一般分保護単価は同じである。
> このため勤続年数が短い施設は人件費が余り、長い施設は人件費が不足する傾向となる。
>
> この傾向をある程度是正しているのが民間施設給与等改善費である。

> 一般分保護単価に含まれる職員だけではなく、
> 家庭支援専門相談員（増配置分）、里親支援専門相談員、心理療法担当職員、小規模グループケア、地域分散化加算、自立支援担当職員(1)の保護単価もすべて児童指導員の本俸額で積算されている。

書記会作成資料

ii　特別給与改善費

　　特別給与改善費は、昭和 50 年に看護婦等の給与表の改善が平均 6 ％で実施された
ことと平衡を保つために、直接処遇職員に対して本俸の 6 ％相当額が算入されてきた。
　　平成 12 年度からは、措置費本俸が行政職給料表から福祉職給料表に移行したこと
に伴い、福祉職俸給表の俸給月額に、特別給与改善費として**俸給月額の 2 ％**を加算し
た額が本俸基準額となっている。

職種	福祉職俸給表			特別給与改善費 （俸給月額の 2%）	合計
	級	号俸	俸給月額		
主任指導員	2	17	235,400	4,708	240,108
児童指導員	2	5	216,500	4,330	220,830
主任保育士	1	33	207,100	4,142	211,242
保育士	1	29	201,500	4,030	205,530

iii　特殊業務手当

　　特殊業務手当は、直接処遇職員の職務が通常の場合に比して複雑困難であることを
考慮して、昭和 47 年度より設けられており、児童養護施設の場合は 4 ％が算入されて
きた。施設の種別によってこの率は 16％、12％、8 ％、4 ％となっており、児童養護
施設の直接処遇職員の業務の特殊性は低位に置かれている。その理由は、入所児童の
食事、排泄、入浴等の介護に困難性が少ないためと説明されてきた。
　　平成 8 年度からは、4 ％の**定率制**から単価を固定する**定額制**に改められた。
　　　令和 4 年度の単価
　　　　主任指導員　　　9,300 円　　　児童指導員　9,300 円
　　　　主任保育士　　　7,800 円　　　保育士　　　7,800 円
　　　　職業指導員　　　7,800 円

iv　扶養手当

　　設定単価に全職員数を乗じて得られた金額が算入されている。
　　　令和 4 年度予想単価　　@158,200（年額）×全職員数

v　調整手当

　　調整手当は、本俸、特殊業務手当、扶養手当及び管理職手当の合計額を算定基礎と
し、調整手当率を乗じた額が算入されている。調整手当率は、**人事院規則**付 9-49 則別
表第 2 で支給割合が定められておりそれに基づいている。20/100、16/100、15/100、
12/100、10/100、6/100、3/100、その他に分類されている。
　　　地域区分 20/100 の調整手当の計算例
　　　　（本俸＋特殊業務手当＋扶養手当＋管理職手当）× 20％
　　　　※実際に支給する調整手当の率は施設ごとに定めることができる。職員の勤続年数等の違い
　　　　　により、各施設の経営状況は異なる。将来の人件費の伸びと措置費収入の上限を考慮して、
　　　　　調整手当の支給率を定めるべきである。

③ その他の手当等

ⅰ 期末勤勉手当

昭和33年度より算入されている。

算式：月総額（本俸＋扶養手当＋調整手当）×期末手当支給率

① 令和4年度当初の期末手当支給率は4.45ケ月分）である。

②本俸は特殊業務手当を含む。

③調整手当の算定基礎額には管理職手当を含む。

※事務費一般分には期末手当が算入されており支給月数は人事院勧告に連動して変更される。

ⅱ 期末勤勉手当加算

平成2年度より算入されている。行政職給料表を使用していた時期で、加算率は本俸格付けが6級と7級の職員で10％、4級と5級の職員で5％であり、児童養護施設では、**施設長**と**主任指導員**が加算の対象となっていた。福祉職給料表に移行しても継続して算入されていると思われる。

算式：月総額（本俸＋扶養手当＋調整手当）×加算率×期末勤勉手当支給率

①加算率　施設長（51名以上施設）　　10％　　　　同(50名以下施設)　　5％
　　　　　　主任指導員　　　　　　　5％

②本俸は特殊業務手当を含む。

③調整手当の算定基礎額には管理職手当を含む。

ⅲ 超勤手当

昭和32年度より算入されている。

算式：（本俸＋調整手当）× 0.0427

①本俸は保育士単価を基準とし、特殊業務手当を含む。

②調整手当の率は全国の加重平均であると思われる。(2.55％)

③0.0427 ＝［1.25 ÷ （54時間×52週）］× 96時間

④現在この算式では全体の推計があわない。単価は公表されず、保護単価設定後の数字上の調整項目になっていると思われる。

ⅳ 夜勤手当

昭和39年度より算入されている。夜勤手当とは深夜（午後10時から翌日の午前5時まで）に児童の保護等のため勤務する職員に対して支給される手当である。

時間単価×7時間×365日×人数

時間単価＝［(指導員本俸×12月×調整手当率)×0.25]÷(週54時間×52週)

①本俸は特殊業務手当を含む。

②調整手当の率は全国の加重平均であると思われる。(2.55％)

③現在この算式では全体の推計があわない。単価は公表されず、保護単価設定後の数字上の調整項目になっていると思われる。

※30名、50名定員施設で2名分、100名、150名定員施設で3名分が算入されており、これが児童養護施設の夜間の体制となっている。措置費は大舎制を想定していることがわかる。

ⅴ 特業手当

昭和53年度より算入されている。直接処遇職員を支給の対象としている。

月額単価 ： 2,500円× 12月×指導員・保育士数

vi　住居手当

昭和45年度より算入されている。国家公務員の予算上の平均1人あたりの住居手当の単価額が基準となっていると思われる。

令和4年度単価　　　16,780円

@16,780円×全職員数

※住居手当を月額に換算するとわずかである。これが措置費は住込み制を想定しているといわれている所以である。

vii　通勤手当

昭和39年度より算入されている。国家公務員の予算上の平均1人あたりの通勤手当の単価額が基準となっていると思われる。

令和4年度単価　　　30,948円

@30,948円×全職員数

※通勤手当を月額に換算するとわずかである。これが措置費は住込み制を想定しているといわれている所以である。

viii　管理職手当

昭和50年度より算入されている。**施設長**を支給の対象としている。

本俸× 10 ％× 12 月

ix　年休代替職員費

1. 直接処遇職員年休代替職員費

昭和49年度より算入されている。直接処遇職員（指導員・保育士）の年次有給休暇、研修休暇等を**年間20日**について、その代替要員雇用費等として算入されている。

令和4年度単価　　　5,920円× 20 日 ＝ 118,400円

@118,400円×指導員・保育士数

2. 調理員等年休代替職員費

昭和51年度より算入されている。調理員等の年次有給休暇、研修休暇等を**年間20日**について、その代替要員雇用費等として算入されている。

令和4年度単価　　　5,320円× 20 日 ＝ 106,400円

@106,400円×調理員等数

x　非常勤保育士等経費

昭和48年度より、労働条件の改善措置として、**週労働時間54時間を48時間に（1日9時間労働を8時間労働に）短縮**するということで、その1日1時間を非常勤職員で補填する経費として算入されている。

令和4年度単価　　　5,920円

5,920円 × 314 日 × 1/8 ≒ 232,360円

@232,360円×指導員・保育士数

xi　非常勤調理員雇上費

昭和48年度より、調理員の労働条件改善のため、非常勤職員の雇上経費として算入されている。本来常勤職員として積算されるべき調理員配置の1名分が非常勤となっているため、調理員の労働条件の改善措置としては未だ不十分である。

従来は人件費だけで構成されてきたが、平成5年度より、管理費である職員健診費も

加算されていると思われる。

> 令和4年度単価　　5,320円
>
> 5,320円×　314日　＝　1,670,480円
>
> @1,670,480円×非常勤調理員数

xii　看護代替費

対象児童1人につき年間1日の入院看護を要するものとして、**職員の看護率33%**（他は病院における完全看護、保護者による看護）として、その場合の代替職員雇上費として積算されている。

> 令和4年度単価　　5,920円　　@5,920円×　33%　×　定員数

xiii　社会保険料負担分

昭和39年度より算入されている。令和4年度は基本給年総額に管理職手当年総額を加えた額の21.328%が算入されている。

xiv　嘱託医手当

昭和50年度より嘱託医師に対する嘱託手当として算入されている。令和4年度の単価は325,680円である。

> @13,570円　×　2回　×　12月　＝　325.680円

A　管理費の内容

i　旅費

昭和26年度より算入されている。

> 年額：　5,617円×調理員を除いた職員数

ii　庁費

昭和26年度より算入されている。

> 年額：　54,400円×調理員を除いた職員数

iii　特別管理費

昭和53年度より算入されている。職員数の少ない施設の庁費を補うために設定されたもので、児童養護施設は定員100名以下の施設のみに、調理員を除いた職員数により次の表のとおり積算されている。

単位：円

職員数	5人以下	6人	7人	8人	9人	10人	11人
支弁額	856,000	802,000	750,000	694,000	640,000	586,000	532,000
12人	13人	14人	15人	16人	17人	18人	19-27人
478,000	424,000	370,000	316,000	262,000	208,000	154,000	100,000

iv　業務省力化等勤務時間改善費

事務費一般分の管理費に算入されている業務省力化等勤務時間改善費は、**週48時間労働を週40時間までの計8時間の短縮のための経費**として積算されてきた。

昭和56年度より昭和61年度の6年間で、週労働時間を48時間から44時間までの計4時間の短縮のための経費として算入され、平成3年度からの2年間で42時間体制のための経費が算入された。平成5年度から平成9年度までの5年間で週40時間までの2時間相当分が加算として支弁されている。

1. 保育士・指導員

　　年額　285,700 円　×　保育士・指導員数

　①単価は清掃、洗濯の補助者の雇用経費を基礎に算定されている。

2. 調理員

　　年額　276,640 円　×　調理員数

v　補修費

昭和 33 年度より算入されている。　単価:　361 円×基準面積

単位：平方メートル

定 員	30	50	100	150
積算面積	465	730	1,390	1,980

vi　職員研修費

昭和 50 年度より算入されている。

　年額：　1,520 円×　2 回　×　調理員等を除いた職員数

　※平成 4 年度より非常勤職員にも同額の単価で算入されたが、人数は明らかにされていない。

vii　保健衛生費

昭和 40 年度より算入されている。

　年額：　4,800 円×児童入所定員数

・　**インフルエンザ予防接種**に関して厚生労働省は「児童入所施設入所者については、原則として本人負担とせず、施設において措置費の**事務費として支出**すること」と通知している。

viii　職員健診費

昭和 53 年度より算入されている。

職員一人あたり年額 6,368 円×全職員数で積算されている。

※平成 4 年度より非常勤職員にも同額の単価で算入されたが、人数は明らかにされていない。

ix　苦情解決対策費

平成 13 年度より算入されている。

1 施設あたり第三者委員会の開催に係る**旅費**が 4 回×3 人、**会議費**が 4 回×3 人の計 25,920 円で積算されている。

x　管理宿直専門員

平成 2 年度から平成 6 年度の 5 年間で順次算入された。処遇困難児童の増加による直接処遇職員の夜間勤務の困難性を補うために、全施設に対し管理部門の宿直員の雇用経費として 1 名分が算入されている。配置基準には入っていないので、配置は義務づけられていない。

　令和 4 年度単価　　1,393,200 円

xi　消費税加算分

消費税の導入にともない平成元年度より算入されている。算定方法は、自立支援指導員を除く管理費、ならびに年休代替（処遇・調理員）非常勤保育士、非常勤調理員、看護代替え保育士、嘱託医手当の合計額に 10％を乗じていると思われる。

xii 自立支援指導員

平成10年度より児童養護施設入所児童の自立支援のために算入されている。非常勤職員の配置にかかる経費である。配置基準には入っていないので、配置は義務づけられていない。

　　令和4年度単価　　1,973,132円

⑵ 民間施設給与等改善費

　昭和 47 年度より、それまでの民間施設経営調整費を取り込んで、民間施設について、主として公立施設との格差是正を図る観点から、**人件費加算**の特別な財源措置としてとられたものである。

　同時に、施設の改善、改修費用として**管理費加算**２％が含まれる。<u>唯一の昇給財源である</u>。

　毎年４月に都道府県所管課に提出する「職員一人当たり平均勤続年数算定表」を基に、施設ごとの平均勤続年数が認定され、民間施設給与等改善費の階級及び加算率が設定される。保護単価は、一般分保護単価等に次表の加算率を乗じた額となっている。

　平成 27 年４月、厚生労働省は本加算制度の創設以来初めて改定を行い、平均勤続年数 14 年頭打ちを 20 年までに、民改費加算率も 16％頭打ちを 25％までとし、平均＋３％相当の処遇改善のための加算を行った。

　平成 29 年４月には、＋２％相当の処遇改善加算、令和元年４月には＋１％相当の処遇改善加算が上乗せされた

基本分

施設の区分	職員１人当りの平均勤続年数	民間施設給与等改善費加算率		左の内訳	
		基本分	処遇改善分	人件費加算分	管理費加算分
A階級	20年以上	25％	3％	26％	2％
B階級	19年	24	3	25	2
C階級	18年	23	3	24	2
D階級	17年	22	3	23	2
E階級	16年	21	3	22	2
F階級	15年	20	3	21	2
G階級	14年	19	3	20	2
H階級	13年	18	3	19	2
I階級	12年	17	3	18	2
J階級	11年	16	3	17	2
K階級	10年	15	3	16	2
L階級	9年	14	3	15	2
M階級	8年	13	3	14	2
N階級	7年	12	3	13	2
O階級	6年	11	3	12	2
P階級	5年	10	3	11	2
Q階級	3年以上5年未満	9	3	10	2
R階級	3年未満	8	3	9	2

　民間施設給与等改善は措置費の中で唯一の定期昇給に充てられる財源である。しかし、民間施設給与等改善費を含む措置費収入の上昇カーブは、国家公務員給与表１、２級に準じて支払う人件費の上昇カーブを下回り、さらに民間施設給与等改善費が勤続年数 20 年で頭打ちとなっている。このため勤続年数の短い施設では、措置費は余剰が生じ、長い施設では大きな赤字を計上することとなる。このことが児童養護施設の運営を難しくしている。

民間施設給与等改善費と人件費の関係（事例による検討）

　平均勤続年数が９年の施設が、今後の職員の退職がないと仮定し、事業経常活動収入の中の民間施設給与等改善費と、事業活動支出の中の人件費の２項目だけを変動させて、事業活動収支をモデルで試算したものが下のグラフである。

　職員の働き方改革を推進し、職員の勤続年数が大幅に延びると、残念なことに施設の経営収支はいずれ黒字から赤字に変わり、その後は職員の昇給を止めない限り施設経営が成り立たなくなる。

　各々の施設ごとに、施設の給料表による人件費の上昇カーブと民間施設給与等改善費の上昇カーブの比較検討を行い、収支逆転がいつ頃起こりうるかを把握し、早めの対策をたてる必要がある。決算が赤字になって初めて気づくという事態は避けなければならない。

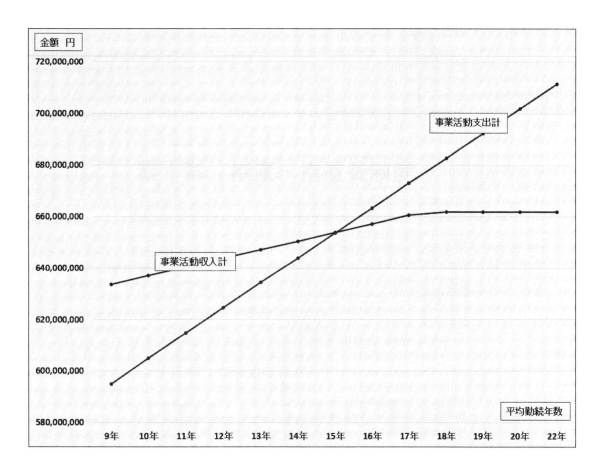

民間施設給与等改善費と人件費のみを変動させて事業活動収支を計算した事例
（職員の退職がなく、平均勤続年数が毎年１年ずつ増えると仮定）

書記会作成資料

5. 措置費の加算部分（加算職員）

　措置費・補助金は、児童養護施設を運営していれば必ず支弁される**基礎部分**と、該当職員の配置、該当事業の実施により支弁される**加算部分**に大別される。

　前者に属するのが前章の経常事務費（措置費一般分）、民間施設給与等改善費等であり、後者に属するのが小規模グループケア担当職員加算、家庭支援専門相談員加算、個別対応職員雇上費、心理療法担当職員雇上費、職業指導員、医療的ケアを担当する職員、特別指導員加算、入所児童処遇特別加算等である。幼児加算や、地域小規模児童養護施設は後者に属する。

　児童福祉法改正、児童虐待防止法制定に伴い、ここ数年で多くの加算項目が予算化され、後者に属する費目が増えている。このため該当職員の配置あるいは該当事業の実施の有無により、施設運営に大きな差が生じていると思われる。

　本項では、**加算職員**について述べる。

加算職員一覧（児童養護施設）	
加算種別	加算職員数等
乳児加算	０歳児１.６人につき看護師１人。
１歳児加算	１歳児１.６人につき児童指導員又は保育士１人。
２歳児加算	２歳児２人につき児童指導員又は保育士１人。
年少児加算	３歳以上の就学前児童４人につき児童指導員又は保育士１人。
里親支援専門相談員加算	２人まで。
心理療法担当職員加算	２人まで。
職業指導員加算	１人。実習設備を設けて職業指導を行う場合に限る。
看護師加算	看護師１人。
小規模グループケア加算	児童指導員又は保育士１人。 管理宿直等職員１人。（非常勤）
小規模かつ地域分散化加算	児童指導員又は保育士３人まで。
地域小規模児童養護施設等バックアップ職員加算	１人。
家庭支援専門相談員	２人まで。
医療的ケア児等受入加算	児童指導員又は保育士２人。 管理宿直等職員２人。（非常勤）
自立支援担当職員加算	１人。 （１か所の施設等について自立支援担当職員の加算は１人分とすること。）
指導員特別加算	児童指導員１人。ただし、定員35人以下の場合に限る。（非常勤）
特別指導費加算	指導員１人。（非常勤）
学習指導費加算	指導員。（非常勤）
ボイラー技士雇上費加算	ボイラー技士１人。（非常勤）

⑴ 家庭支援専門相談員（ファミリーソーシャルワーカー）加算

　平成16年に加配され、保護単価は児童指導員と同額の本俸により積算されており、平成24年度より必置となり経常事務費に組み込まれている。
　平成28年度から定員30人以上の施設で2人目の配置(加算措置)が認められ、令和3年度から定員30人以上の施設で地域の要支援家庭等に対して訪問支援等を行う施設は3人目の配置が認められている。

根拠
「家庭支援専門相談員、里親支援専門相談員、心理療法担当職員、個別対応職員、職業指導員及び医療的ケアを担当する職員の配置について」（雇児発0405第11号）

趣旨
　虐待等の家庭環境上の理由により入所している児童の保護者等に対し、児童相談所との密接な連携のもとに電話、面接等により児童の早期家庭復帰、里親委託等を可能とするための相談援助等の支援を行い、入所児童の早期の退所を促進し、親子関係の再構築等が図られることを目的とする。

配置施設
　家庭支援専門相談員を配置する施設は、児童養護施設、乳児院、情緒障害児短期治療施設及び児童自立支援施設とする。

資格要件
　家庭支援専門相談員は、社会福祉士若しくは精神保健福祉士の資格を有する者、児童養護施設等において児童の養育に5年以上従事した者又は児童福祉法（昭和22年法律第164号）第13条第3項各号のいずれかに該当する者でなければならない。

業務内容
（1）対象児童の早期家庭復帰のための保護者等に対する相談援助業務
　　① 保護者等への施設内又は保護者宅訪問による相談援助
　　② 保護者等への家庭復帰後における相談援助
（2）退所後の児童に対する継続的な相談援助
（3）里親委託の推進のための業務
　　① 里親希望家庭への相談援助
　　② 里親への委託後における相談援助
　　③ 里親の新規開拓
（4）養子縁組の推進のための業務
　　① 養子縁組を希望する家庭への相談援助等
　　② 養子縁組の成立後における相談援助等
（5）地域の子育て家庭に対する育児不安の解消のための相談援助
（6）要保護児童の状況の把握や情報交換を行うための協議会への参画
（7）施設職員への指導・助言及びケース会議への出席
（8）児童相談所等関係機関との連絡・調整
（9）その他業務の遂行に必要な業務

留意事項

（1）施設長は、対象児童の措置を行った児童相談所と密接な連携を図りその指導・助言に基づいて、家庭支援専門相談員をして具体的な家庭復帰、親子関係再構築等の支援を行わせるよう努めること。

（2）施設長は、家庭復帰等が見込まれる対象児童を把握し、家庭復帰等に向けた計画を作成し、それに基づき、家庭支援専門相談員をして支援を行うこと。

（3）家庭支援専門相談員は、支援を行った内容について記録を備えるとともに、施設長はその評価を行うこと。

（4）次に掲げる要件の一方に該当する場合は1人を、両方の要件に該当する場合は2人の家庭支援専門相談員を加配できること。
　　①定員30人以上の施設
　　②地域の要支援家庭等に対して訪問支援等を行う施設

（5）地域の要支援家庭や施設から家庭に復帰した児童がいる家庭等を巡回して訪問支援等を行う場合には、以下に留意すること。
　　①支援対象者の把握については、児童相談所や要保護児童対策地域協議会等と連携して対応すること。
　　②支援に当たっては、施設の心理療法担当職員、里親支援専門相談員、自立支援担当職員等と連携して対応すること。
　　③年間を通しておおむね10世帯程度の地域の要支援家庭等に対して支援するように努めること。

(2) 里親支援専門相談員（里親支援ソーシャルワーカー）加算

　平成24年度より配置され、保護単価は児童指導員と同額の本俸により積算されているが、里親支援のための交通費が加算されている。

　令和3年度から「「里親委託・施設地域分散化等加速化プラン」の実施方針について（令和3年2月4日子家発0204第1号）」に基づく里親委託加速化プランに採択された自治体においては、1施設当たり里親支援専門相談員を2人配置できる（令和4年度時点では東京都は世田谷区、江戸川区のみ）。

根拠

「家庭支援専門相談員、里親支援専門相談員、心理療法担当職員、個別対応職員、職業指導員及び医療的ケアを担当する職員の配置について」（雇児発0405第11号）

趣旨

　児童養護施設及び乳児院に地域の里親及びファミリーホームを支援する拠点としての機能をもたせ、児童相談所の里親担当職員、里親委託等推進員、里親会等と連携して、(a)所属施設の入所児童の里親委託の推進、(b)退所児童のアフターケアとしての里親支援、(c)所属施設からの退所児童以外を含めた地域支援としての里親支援を行い、里親委託の推進及び里親支援の充実を図ることを目的とする。

配置施設

　里親支援専門相談員を配置する施設は、里親支援を行う児童養護施設及び乳児院とする。

資格要件

　里親支援専門相談員は、社会福祉士若しくは精神保健福祉士の資格を有する者、児童福祉法第 13 条第 3 項各号のいずれかに該当する者又は児童養護施設等（里親を含む。）において児童の養育に 5 年以上従事した者であって、里親制度への理解及びソーシャルワークの視点を有するものでなければならない。

里親支援専門相談員の業務内容

（1）里親の新規開拓
（2）里親候補者の週末里親等の調整
（3）里親への研修
（4）里親委託の推進
（5）里親家庭への訪問及び電話相談
（6）レスパイト・ケアの調整
（7）里親サロンの運営
（8）里親会の活動への参加勧奨及び活動支援
（9）アフターケアとしての相談

留意事項

（1）里親支援専門相談員は、児童と里親の側に立って里親委託の推進と里親支援を行う専任の職員とし、施設の直接処遇職員の**勤務ローテーションに入らないこと。**
（2）里親支援専門相談員は、必要に応じて、施設の所在する都道府県等の所管区域を越えて里親支援を行うことができる。

(3)　心理療法担当職員加算

　平成11年度に心理療法担当職員雇上費が新設され、平成18年心理療法担当職員が常勤配置となっている。保護単価は児童指導員の本俸を基準に算定されている。
　令和3年度から①心理療法を行う必要があると認められる児童等10人以上に心理療法を行う施設　②地域の里親、ファミリーホーム、自立援助ホーム等に対して定期的に巡回して心理療法を行う施設の一方に該当する場合は1人、両方に該当する場合は2人を加配することができる。

根拠

「家庭支援専門相談員、里親支援専門相談員、心理療法担当職員、個別対応職員、職業指導員及び医療的ケアを担当する職員の配置について」（雇児発0405第11号）

趣旨

　虐待等による心的外傷等のため心理療法を必要とする児童等及び夫等からの暴力等による心的外傷等のため心理療法を必要とする母子に、遊戯療法、カウンセリング等の心理療法を実施し、心理的な困難を改善し、安心感・安全感の再形成及び人間関係の修正等を図

ることにより、対象児童等の自立を支援することを目的とする。

配置施設
　心理療法担当職員を配置する施設は、次の施設とする。
（1）児童養護施設にあっては、心理療法を行う必要があると認められる児童10人以上に
　　　心理療法を行う施設又は地域の里親、ファミリーホーム、自立援助ホーム等に対して
　　　定期的に巡回して心理療法を行う施設
（2）児童自立支援施設にあっては、心理療法を行う必要があると認められる児童10人以
　　　上に心理療法を行う施設、地域の里親、ファミリーホーム、自立援助ホーム等に対し
　　　て定期的に巡回して心理療法を行う施設又は定員10人以上につき1人心理療法担当職
　　　員を配置する施設
（3）乳児院にあっては、心理療法を行う必要があると認められる乳幼児又はその保護者
　　　10人以上に心理療法を行う施設又は地域の里親、ファミリーホーム、自立援助ホーム
　　　等に対して定期的に巡回して心理療法を行う施設
（4）児童心理治療施設にあっては、定員9人につき1人、定員8人につき1人又は定員
　　　7人につき1人、心理療法担当職員を配置する施設
（5）母子生活支援施設にあっては、心理療法を行う必要があると認められる母又は子10
　　　人以上に心理療法を行う施設又は地域の里親、ファミリーホーム、自立援助ホーム等
　　　に対して定期的に巡回して心理療法を行う施設

資格要件
　心理療法担当職員は、次の資格要件を満たす者でなければならない。
（1）乳児院、児童養護施設又は母子生活支援施設に配置する場合
　　　学校教育法（昭和22年法律第26号）の規定による大学（短期大学を除く。）におい
　　　て、心理学を専修する学科若しくはこれに相当する課程を修めて卒業した者であっ
　　　て、個人及び集団心理療法の技術を有するもの又はこれと同等以上の能力を有する
　　　と認められる者
（2）児童自立支援施設に配置する場合
　　　児童福祉施設の設備及び運営に関する基準第80条第4項の規定によるものとする
（3）児童心理治療施設に配置する場合
　　　児童福祉施設の設備及び運営に関する基準第73条第3項の規定によるものとする

業務内容
（1）対象児童等に対する心理療法
（2）対象児童等に対する生活場面面接
（3）施設職員への助言及び指導
（4）ケース会議への出席
（5）その他

留意事項
（1）施設長は、心理療法の実施に当たっては児童等の自立支援計画に明確に位置付け、そ
　　　れに基づき行うものとする。
（2）施設長は、児童の措置を行った児童相談所又は母子の保護を行った福祉事務所と密

接に連携し、その指導・助言に基づいて心理療法等を行うよう努める。なお、心理療法の実施については、精神科の嘱託医等の意見を聴くことが望ましい。

（３）心理療法担当職員は、常勤職員であることが原則であるが、当面、常勤的非常勤職員（１日６時間以上かつ月20日以上勤務する非常勤職員、複数の非常勤職員により左記の時間数等を満たす場合を含む。）及び非常勤職員でも可とする。

なお、児童自立支援施設において、定員10人以上につき１人心理療法担当職員を配置する場合及び児童心理治療施設において、定員９人につき１人、定員８人につき１人又は定員７人につき１人心理療法担当職員を配置する場合には常勤職員とする。

（４）心理療法は、年間を通しておおむね週５日程度実施する。なお、母子生活支援施設においては、母子の就労等の関係から休日・夜間における実施にも配慮すること。

（５）心理療法を行うための部屋（専用室が望ましい）及び必要な設備を有すること。

（６）乳児院及び児童養護施設の心理療法担当職員は、対象となる子どもの保護者等に対して、定期的な助言・援助を行うため、児童相談所等と連携をはかりながら、積極的な家庭への訪問指導を行うものとする。

（７）必要に応じて、退所後の訪問指導を行うなど配慮すること。

（８）心理療法担当職員は、人材育成を行いにくい職種であることから、心理学を修めた者を児童指導員や個別対応職員などとしても採用するなどにより、人材育成を図ることができる。

（９）次に掲げる要件の一方に該当する場合は１人を、両方の要件に該当する場合は２人の心理療法担当職員を加配することができる。（定員10人以上につき１人心理療法担当職員を配置する児童自立支援施設及び児童心理治療施設を除く）

①心理療法を行う必要があると認められる児童等10人以上に心理療法を行う施設

②地域の里親、ファミリーホーム、自立援助ホーム等に対して定期的に巡回して心理療法を行う施設

（10）地域の里親、ファミリーホーム、自立援助ホーム等に対して定期的に巡回して、心理療法等を行う場合には、以下に留意すること。

①支援対象者の把握については、児童相談所や地域の里親支援機関等と連携して対応すること。

②支援に当たっては、施設の心理療法担当職員、里親支援専門相談員、自立支援担当職員等と連携して対応すること。

③施設の心理療法室や設備を使用することが有効である場合には、訪問による支援だけではなく、施設内で支援を行うことも可能であること。

④必要に応じて、地域の要支援家庭を訪問等して支援を行うことも可能とすること。

⑤加算分保護単価は、その取組に応じて、以下のいずれかを適用すること。

ア 地域の対象児童10人以上に支援を行う場合　常勤職員単価

イ 地域の対象児童５人以上10人未満に支援を行う場合　常勤的非常勤職員単価

(4)　個別対応職員加算

　被虐待児への処遇体制の充実のための常勤職員の増配置に必要な人件費・管理費であり、平成13年度に一部の施設に非常勤配置で新設され、平成16年度には全施設に常勤配置された。
　保護単価は児童指導員の本俸で積算されており、平成24年度より必置となり、経常事務費に算入された。

根拠
「家庭支援専門相談員、里親支援専門相談員、心理療法担当職員、個別対応職員、職業指導員及び医療的ケアを担当する職員の配置について」（雇児発0405第11号）

趣旨
　虐待を受けた児童等の施設入所の増加に対応するため、被虐待児等の個別の対応が必要な児童への1対1の対応、保護者への援助等を行う職員を配置し、虐待を受けた児童等への対応の充実を図ることを目的とする。

配置施設
　個別対応職員を配置する施設は、児童養護施設、乳児院、児童心理治療施設、児童自立支援施設及び母子生活支援施設とする。

業務内容
（1）被虐待児童等特に個別の対応が必要とされる児童への個別面接
（2）当該児童への生活場面での1対1の対応
（3）当該児童の保護者への援助
（4）その他

(5)　職業指導員加算

　昭和39年に設定された、児童指導員、保育士定数が満たされていて、かつそれ以外に職業指導の時間、設備等の状況等基準にそって職業指導員が配置されている場合に、職業指導員1名分が加算される。
　職業指導員加算の経費の積算は、基本的に経常事務費と同様である。職業指導員の本俸の金額と職業指導員に該当する要素を基礎として構成されている。したがって人件費と管理費に分類することができる。

根拠
「家庭支援専門相談員、里親支援専門相談員、心理療法担当職員、個別対応職員、職業指導員及び医療的ケアを担当する職員の配置について」（雇児発0405第11号）

趣旨
　勤労の基礎的な能力及び態度を育て、児童がその適性、能力等に応じた職業選択を行うことができるよう、適切な相談、助言、情報の提供、実習、講習等の支援により職業指導を行

うとともに、就労及び自立を支援することを目的とする。

配置施設
　職業指導員を配置する施設は、実習設備を設けて職業指導を行う児童養護施設又は児童自立支援施設とする。

業務内容
（1）児童の職業選択のための相談、助言、情報の提供等
（2）実習、講習等による職業指導
（3）入所児童の就職の支援
（4）退所児童のアフターケアとしての就労及び自立に関する相談援助

施設の指定等
　職業指導員を配置して職業指導を行おうとする施設は、都道府県知事等が定める期間内に都道府県知事等へ申請を行い、次に定めるところにより都道府県知事等が年度ごとに指定するものとする。また、職業指導員の活動状況及び成果については、別紙様式3により、翌年度4月末日までに、当局家庭福祉課長まで報告すること。
　なお、職業指導員は対象児童の就職に結びつくよう、十分にその指導を行い得る者を配置すること。
（1）1か所の施設について職業指導員の加算は1人分とすること。
（2）指導のための準備を含めた職業指導に係る総活動時間が概ね法人で規定する常勤職員の勤務時間数を下回らないこと。
（3）職業指導等の対象児童が概ね 10 人を下回らないこと。
（4）指導内容が学校教育における指導か塾等に通うことで得るもの（英会話、パソコンの資格取得、調理業務等）でないこと。
（5）　職業指導員は職業指導を行う専任の職員とし、施設の直接処遇の**勤務ローテーション**に入らないこと。

⑹　医療的ケアを担当する職員加算

　児童養護施設に入所している児童のうち障害がある児童の割合も増加しており、特にADHDなど発達障害を有する児童の割合が増加している。こうした児童の増加に伴い児童養護施設における看護師による医療的ケアの必要性が高まっていることから次のとおり平成20年4月1日から実施されている。

根拠
「家庭支援専門相談員、里親支援専門相談員、心理療法担当職員、個別対応職員、職業指導員及び医療的ケアを担当する職員の配置について」（雇児発0405第11号）

趣旨
　被虐待児や障害児等継続的な服薬管理などの医療的ケア及び健康管理（以下「医療的ケア」という。）を必要とする児童に対し、日常生活上の観察や体調把握、緊急時の対応などを行い医療的支援体制の強化を図ることを目的とする。

配置施設

　医療的ケアを担当する職員を配置する施設は、医療的ケアを必要とする児童が 15 人以上入所している児童養護施設とする。

資格要件

　医療的ケアを担当する職員は、看護師とする。

業務内容

（1）　対象児童の医療的ケア及び緊急時における対応等
（2）　医師又は嘱託医との連携
（3）　常備薬の管理及び与薬
（4）　病欠児及び早退児の観察
（5）　入所者の健康管理及び身体発達上の相談への対応
（6）　対象児童の医療機関への受診及び行事への付添
（7）　入所者の健康上の相談への対応
（8）　感染予防
（9）　緊急時における医療機関との連絡調整
（10）　その他医療的ケアのために必要な業務

施設の指定等

　医療的ケアを担当する職員を配置して医療的支援体制の強化を行おうとする施設は、都道府県知事等が定める期間内に都道府県知事等へ申請を行い、次に定めるところにより都道府県知事等が年度ごとに指定するものとする。

　なお、都道府県等の民生主管部（局）長は、当該年度の4月末日までに別紙様式4により、当局家庭福祉課長まで報告すること。

（1）　児童福祉法第 45 条第 1 項の規定により都道府県等が条例で定める最低基準が遵守されており、かつ、施設の運営が適正に行われている場合に限ること。
（2）　医療的ケアが必要と都道府県知事等が認めた対象児童が 15 人以上入所している場合に限ること。
（3）　1 か所の施設について医療的ケアを担当する職員の加算は 1 人分とすること。

留意事項

　医療的ケアを担当する職員を配置する施設の長は、児童の日常の健康を把握するとともに、対象児童のケアについて、医療的ケアを担当する職員をして適切な支援が行われるよう努めること。

※経費 (1)～(6)

　この通知に基づく職員の配置に要する経費については、平成 11 年 4 月 30 日厚生省発児第 86 号厚生事務次官通知「児童福祉法による児童入所施設措置費等国庫負担金について」によるものとする。

⑺ 特別指導費加算 スポーツ・表現活動の指導技術を有する職員（非常勤配置）

　入所している年長児童に対して、スポーツや表現活動の指導技術を有し、専門的指導を行う、熱意ある職員の増配置に必要な人件費等（配置は、常勤・非常勤を問わない）

配置
　週３日以上１日２時間以上　講師型・夏期集中型可

根拠
　厚生労働省雇用均等・児童家庭局長「児童養護における年長児童に対する処遇体制の強化について」　雇児発第0612014号の６ 平成20年６月12日

趣旨
　近年の社会経済情勢の変化に伴い、入所児童等の進学への意欲が高まってきていることから、学習指導の強化を図るものである。

　また、近年、児童養護施設においては虐待、放任された児童等、一人ひとりの児童の態様に応じたきめ細かな処遇を必要とする児童が多くなってきていることから、特に年長児童に対してスポーツや表現活動を行うことにより情緒を安定させ児童の自立を支援するものである。

事業内容
（１）学習指導

　学習習慣が身についていないなどによる学業に遅れのある小学生（義務教育学校前期課程を含む。）及び高校等受験を目指す中学生（義務教育学校後期課程を含む。）に対し、副教材の準備及び講師による指導等により学習指導を行う。

（２）特別指導

　各施設に柔道、剣道等の有段者若しくはサッカー、テニス等の各種スポーツやダンス、演劇、音楽等の部門において相当な指導力を持つ者であって、児童の健全な育成に理解と情熱を有する者を配置し、年長児童に対し、各種スポーツやダンス等の表現活動について専門的指導を行う。

指導についての留意事項
（１）学習指導について

　指導に当たっては、児童養護施設を措置解除され、家庭の事情等によりやむを得ず、施設内に居住している大学生等を講師として活用を図ること。その際に、謝金等を学習指導加算額の範囲内で支出して差し支えないものとする。

（２）スポーツや表現活動について

　ア　指導内容は児童の性別、年齢、興味、関心及び発達状況等に留意し、体力や運動能力を増進するとともに、児童の創造的思考や協調性等を高めるものであること。

　イ　指導方法はいたずらに技術の向上に走ることなく、児童にスポーツや表現活動の楽しさを体得させることを基本とすること。

　ウ　指導効果を高めるため、他の職員と協調連携を図ること。

（３）指導員について

　指導員の雇用の形態については、常勤、非常勤の別を問わないものである。

実施施設

（1）指導員を配置する施設は児童福祉法(昭和 22 年法律第 164 号)第 45 条第 1 項の規定により都道府県、指定都市又は児童相談所設置市が条例で定める最低基準が遵守されており、かつ、法人及び施設運営が適正に行われている施設であって次に掲げる施設に限るものとする。

（2）学習指導
　　児童養護施設、児童自立支援施設、情緒障害児短期治療施設、母子生活支援施設、小規模住居型児童養育事業を行う者(ファミリーホーム)、里親

（3）特別指導
　　児童養護施設

経費について

　指導員の配置に要する経費及び学習指導に必要な副教材費等の経費については、別に定める措置費の交付要綱により支弁されるものである。

⑻　入所児童（者）処遇特別加算

　平成 2 年に加配された。手続きとしては、施設からの申請(概ね 12 月)に基づいてその内容が審査認定され、3 月請求の国分事務費の措置費として支弁される。

目的

　高齢化社会の到来等に対応して、児童福祉施設においても高齢者等ができるだけ働きやすい条件の整備を図り、また、高齢者等によるきめ細かな入所児童等のサービスの向上を図るため、施設の業務の中で比較的高齢者等に適した業務についてこれらの者を非常勤職員として雇用した場合に加算し、入所児童等の処遇の一層の向上を図るものである。

「高齢者等」の範囲

（1）当該年度の 4 月 1 日現在または、その年度の途中で雇用する場合はその雇用する時点において満 60 歳以上の者

（2）身体障害者（身体障害者福祉法に規定する身体障害者手帳を所持している者）

（3）知的障害者（知的障害者更生相談所、児童相談所等において知的障害者と判定された者で、都道府県知事が発行する療育手帳または判定書を所持している者）

（4）精神障害者（精神保健及び精神障害者福祉法に関する法律に規定する精神障害者保健福祉手帳を所持している者）

（5）母子家庭の母及び父子家庭の父並びに寡婦（母子及び父子並びに寡婦福祉法に規定する母子家庭の母及び父子家庭の父並びに寡婦）

「高齢者等」が行う業務の内容

（1）入所児童等との話し相手、相談相手

（2）身の回りの世話(爪切り、髭剃り、洗面等)

（3）通院、買い物、散歩の付き添い

（4）クラブ活動の指導

（5）給食のあとかたづけ

（6）喫食の介助

（7）洗濯、清掃等の業務

（8）その他高齢者等に適した業務

加算対象職員の要件

加算の対象となる職員等は、次に掲げる要件を満たしていること。

（1）「高齢者等」を職員配置基準以外に非常勤職員として雇用する場合であって、当該年度中における「高齢者等」の総雇用人員の累計年間総雇用時間が、400時間以上見込まれること。

なお、非常勤職員であってもその勤務形態が民間施設給与等改善費の加算率の算定対象となる職員は、対象としないこと。

また、「特定就職困難者雇用開発助成金」等を受けている施設（受ける予定の施設を含む。）でその補助の対象となる職員は対象としないこと。

（2）職員配置数が、「児童福祉法による児童入所施設措置費等国庫負担金について」（平成11年4月30日厚生省発児第86号厚生事務次官通知）別表2「児童福祉施設の職種別職員定数表」を満たしていること。

（3）雇用形態は、通年が望ましいが短期間でも雇用予定がはっきりしていて、入所児童等の処遇の向上が期待される場合には、この加算対象としても差し支えないこと。

（4）当該施設において、児童福祉法（昭和22年法律第164号）第45条第1項の規定により都道府県が条例で定める最低基準が遵守されており、かつ、法人及び施設運営が適正に行われていること。

留意事項

本加算職員は「児童養護施設等体制強化事業」及び「施設と地域との関係強化事業」（東京都補助金）の対象とすることはできません。2つ以上の事業又は加算の要件を満たす場合は、本加算又は「児童養護施設等体制強化事業」を優先する。

⑼　基幹的職員の格付け

既に配置されている主任級職員を基幹的職員に格付けするための費用である。平成21年12月より実施されている。

措置費に含まれる児童指導員の俸給月額1名分を、概ね2級5号級から2級13号級に引き上げられるかどうかの差額の上乗せとなっている。

管理職手当相当の加算であり、新たに職員を配置できるものではない。

基幹的職員研修の受講が必須である。また家庭支援専門相談員や個別対応職員等の加算職員との兼務が認められていない。

根拠

厚生労働省雇用均等・児童家庭局長「基幹的職員研修事業の運営について」

雇児発第0331014号平成21年3月31日

目的

　社会的養護を必要とする子どもの数が増加し、虐待等子どもの抱える背景の多様化が指摘されている中、今日の社会的養護において、施設に入所している子ども及びその家庭への支援の質を確保するためには、その担い手である施設職員の専門性の向上を図り、計画的に育成するための体制を整備する必要がある。

このため、自立支援計画等の作成及び進行管理、職員の指導等を行う基幹的職員（スーパーバイザー）を養成するための研修を実施し、施設における組織的な支援体制の確保と人材育成を可能とすることを目的とする。

⑽　指導員特別加算

　定員35名以下の小規模施設の労働条件を改善するための**非常勤指導員**の配置である。

⑾　幼児加算

　厚労省は平成27年度予算において、児童養護施設の小学生以上の児童指導員・保育士の配置基準を段階的に 5.5：1、5：1、4.5：1、4：1 の4つの保護単価を設けることにより、それぞれの施設の職員配置状況に応じた保護単価を設定することとした。

　児童福祉施設の設備及び運営に関する基準の職員配置は5.5：1のままで改定されていないので、どの配置を選択するかは施設の裁量に任されるという異例の事態となった。

　そのため、幼児加算の設定が複雑となった。5.5：1から4：1に移行するにあたり、幼児加算の考え方が以下のとおりとなる。

少年	1歳児	2歳児	年少児	
5.5：1	1.6：1	2：1	4：1	児童福祉施設設備及び運営の基準（現行）
5：1	1.5：1	2：1	3.5：1	予算措置
4.5：1	1.4：1			予算措置
4：1	1.3：1	2：1	3：1	予算措置

上記のすべての組み合わせが予算措置上認められた。幼児加算だけで31の保護単価表が示されることとなった。

書記会作成資料

これによる幼児加算の組み合わせは以下のとおりとなる。

1歳児加算　　　　　　従前1.6：1⇒ 改定 1.3：1

少年に対し　5.5　：1の加算で、1歳児に対し　1.6　：1で職員配置ができている施設
少年に対し　5.5　：1の加算で、1歳児に対し　1.5　：1で職員配置ができている施設
少年に対し　5.5　：1の加算で、1歳児に対し　1.4　：1で職員配置ができている施設
少年に対し　5.5　：1の加算で、1歳児に対し　1.3　：1で職員配置ができている施設
少年に対し　5.0　：1の加算で、1歳児に対し　1.6　：1で職員配置ができている施設
少年に対し　5.0　：1の加算で、1歳児に対し　1.5　：1で職員配置ができている施設
少年に対し　5.0　：1の加算で、1歳児に対し　1.4　：1で職員配置ができている施設
少年に対し　5.0　：1の加算で、1歳児に対し　1.3　：1で職員配置ができている施設
少年に対し　4.5　：1の加算で、1歳児に対し　1.6　：1で職員配置ができている施設
少年に対し　4.5　：1の加算で、1歳児に対し　1.5　：1で職員配置ができている施設
少年に対し　4.5　：1の加算で、1歳児に対し　1.4　：1で職員配置ができている施設
少年に対し　4.5　：1の加算で、1歳児に対し　1.3　：1で職員配置ができている施設
少年に対し　4.0　：1の加算で、1歳児に対し　1.6　：1で職員配置ができている施設
少年に対し　4.0　：1の加算で、1歳児に対し　1.5　：1で職員配置ができている施設
少年に対し　4.0　：1の加算で、1歳児に対し　1.4　：1で職員配置ができている施設
少年に対し　4.0　：1の加算で、1歳児に対し　1.3　：1で職員配置ができている施設

2歳児加算　　　　　　従前2：1 ⇒ 改定 2：1

少年に対し　5.5　：1の加算で、2歳児に対し　2.0　：1で職員配置ができている施設
少年に対し　5.0　：1の加算で、2歳児に対し　2.0　：1で職員配置ができている施設
少年に対し　4.5　：1の加算で、2歳児に対し　2.0　：1で職員配置ができている施設
少年に対し　4.0　：1の加算で、2歳児に対し　2.0　：1で職員配置ができている施設

年少児加算　　　　　　従前4：1 ⇒ 改定 3：1

少年に対し　5.5　：1の加算で、年少児に対し　4.0　：1で職員配置ができている施設
少年に対し　5.5　：1の加算で、年少児に対し　3.5　：1で職員配置ができている施設
少年に対し　5.5　：1の加算で、年少児に対し　3.0　：1で職員配置ができている施設
少年に対し　5.0　：1の加算で、年少児に対し　4.0　：1で職員配置ができている施設
少年に対し　5.0　：1の加算で、年少児に対し　3.5　：1で職員配置ができている施設
少年に対し　5.0　：1の加算で、年少児に対し　3.0　：1で職員配置ができている施設
少年に対し　4.5　：1の加算で、年少児に対し　4.0　：1で職員配置ができている施設
少年に対し　4.5　：1の加算で、年少児に対し　3.5　：1で職員配置ができている施設
少年に対し　4.5　：1の加算で、年少児に対し　3.0　：1で職員配置ができている施設
少年に対し　4.0　：1の加算で、年少児に対し　3.5　：1で職員配置ができている施設
少年に対し　4.0　：1の加算で、年少児に対し　3.0　：1で職員配置ができている施設

⑿　医療的ケア児受入加算

医療的ケア児等のための「4人の生活単位」を設置し、当該生活単位における養育体制の充実を図るため、平成31年4月1日から実施。

目的

乳児院及び児童養護施設（以下「施設」という。）において、医療的ケア児等のための「4人の生活単位」を設置し、当該生活単位における養育体制の充実を図ることを目的とする。

対象となる子ども

（1）里親等での養育が困難な場合や、家庭内でのトラウマ体験や里親不調を経験するなどにより、年長の子どもで「家族」や家庭環境に対する拒否感が強い場合は、地域分散化された小規模施設に入所が必要となる。その場合において、医療的ケアの必要な子どもや重篤な行動の問題がある等の理由から、日中のみならず夜間帯においても緊急時には心理療法担当職員や医師、看護師などの専門職の即時の処置や対応がなければ、本人及び他者に危害が生じる状況がある子どもとする。

（2）即時の処置や対応とは、次のア及びイをいう（以下同じ）。

　ア　施設に配置されている医師又は契約している医療機関の医師が定期的（少なくとも2週に1回程度以上、週1回が望ましい）に診察して、予め指示、助言しておいた対応を、看護師や心理療法担当職員を含めた子どもと日常的に接する職員が緊急に行うこと。

　イ　状態の急激な悪化があった場合には、

　　①医師が、直ちに対応を指示、助言でき、必要な場合には施設に来て対応することができること。

　　②看護師や心理療法担当職員が、子どもと起居を共にする職員に対して、専門的見地から直ちに助言できること。

【具体例】

（1）医療的ケア児

　「気管切開を行っており SaO2 の低下があることなどから、常時の状態把握と処置を必要とする子ども」、「週2回以上など頻回にけいれん発作がある子ども」、「腹膜透析が行われている子どもで医学的な状況から里親委託が困難な子ども」、これらに相当する医学的な状態であることを医師（当該施設に配置されている医師及び契約している医療機関の医師を除く。）が医療的根拠をもって提示できる場合。

（2）行動の問題が著明な子ども

　不適切な養育環境の影響等により、予測できない衝動的暴力や自殺企図があるなど、常時の状態把握がなければ、本人や他者に危害が生じる状態や落ち着きを取り戻せない状態にある子どもであって、そのような状態にあることについて、医師の意見書等により客観的な判断が示されている場合。

　なお、ここでいう客観的な判断とは、C-GAS（Children's Global Assessment Scale）で 31-40（41-50 で特別の事情があると医師が判断するものを含む。）とする。

加算要件

以下の要件を満たす児童養護施設とする。

　ア　「対象となる子ども」を養育する定員4人の生活単位を設けること。

　イ　施設内に看護師及び心理療法担当職員を配置していること。

　ウ　即時の処置及び対応の役割を担う施設内医師が確保されていること。対象の子どもに主治医がいる場合は、当該施設に配置されるもしくは契約している医師と十分に連携すること。

　エ　即時の処置や対応が可能な体制がとられていること。

　オ　「対象となる子ども」に当たる子どもを、担当する児童相談所の措置及び一時保護委託を正当な理由なく拒否しないこと。

設備等

児童養護施設

　ア　日常生活に支障がないよう必要な設備を有し、職員が入所している子どもに対して適切な援助及び生活指導を行うことができる形態であること。

　イ　入所している子どもの寝室の床面積は、1人当たり4.95㎡以上（乳幼児のみの居室については3.3㎡以上）とすること。

　ウ　必要な場合には在宅酸素、透析等のデバイスを設置できること。

留意事項

（1）対象となる子どもについては、施設において、児童相談所の参画のもと、心理療法担当職員などの専門職による定期的なアセスメントを実施すること。

（2）施設において、毎月1回はケース会議を実施し、子どもの支援方法について児童相談所と協議すること。

（3）当該生活単位の入所期間は、できるだけ短くするよう努め、地域分散化された施設又は家庭復帰・里親委託へ早期に移行すること。

（4）上記の加算要件及び対象となる子どもの範囲については、本加算の実施状況を把握した上で必要がある場合には、必要な見直しを行う。

対象施設の指定

　「4人の生活単位」における養育を実施しようとする者は、都道府県知事（指定都市にあっては、指定都市の市長とし、児童相談所設置市にあっては、児童相談所設置市の市長とする。以下同じ。）に対して申請を行い、次により都道府県知事が指定するものとする。

　なお、都道府県（指定都市及び児童相談所設置市を含む。以下同じ。）民生主管部（局）長は、実施状況について、翌年度4月末日までに別紙様式1により当局家庭福祉課長まで報告すること。

（1）当該施設において児童福祉法（昭和22年法律第164号）第45条第1項の規定により都道府県が条例で定める基準が遵守されており、かつ、法人及び施設運営が適正に行われている場合に限ること。

（2）1施設につき、「4人の生活単位」を4か所まで指定できること。

（3）次の場合には認められないこと。

　　①居室（乳児院にあっては寝室）がないもの

　　②居間・食堂などの交流スペースがないもの（乳児院にあっては、対象となる子どもの発達状況に応じて必要となるほふく室等がないもの。）

　　③居室・居間（食堂）はあるが、その他生活に必要な台所・浴室・便所が欠けているもの（乳児院にあっては、浴室、便所等の設備が必要となる子どもを対象とする場合に当該設備が欠けているもの）

　　④本体施設とは別に施設整備費の加算を受けて整備した設備（親子生活訓練室等）を転用するもの

　　⑤一時保護など他の用途に用いるもの（ただし、「3対象となる子ども」に該当する子どもを一時保護する場合はこの限りではない。）

（4）指定を受けた施設であっても、やむを得ないと認められる事由がなく、実績が本要綱の要件を満たさない場合は指定を取り消すこと。

経費

　「4人の生活単位」の運営に要する経費は、平成11年4月30日厚生省発児第86号厚生事務次官通知「児童福祉法による児童入所施設措置費等国庫負担金について」によるものとする。

⒀　自立支援担当職員加算

　施設等退所前の進学・就職等の自立支援及び退所後のアフターケアを担う職員を配置し、入所児童等の退所前後の自立に向けた支援を強化するため、令和2年4月1日から実施。

目的

　児童養護施設等において、施設等退所前の進学・就職等の自立支援及び退所後のアフターケアを担う職員（以下「自立支援担当職員」という。）を配置し、入所児童等の退所前後の自立に向けた支援の充実を図る。

対象施設等

　児童養護施設、児童心理治療施設、児童自立支援施設、児童自立生活援助事業（自立援助ホーム）及び母子生活支援施設とする。

資格要件

自立支援担当職員は、社会福祉士若しくは精神保健福祉士の資格を有する者、児童養護施設等において児童の養育に5年以上従事した者又は児童福祉法（昭和22年法律第164号）第13条第3項各号のいずれかに該当する者でなければならない。

業務内容

（1）自立支援計画作成への助言及び進行管理
（2）児童等の学習・進学支援、職業指導、就労支援等に関する社会資源との連携、他施設や関係機関との連携
（3）高校中退者など個別対応が必要な児童等に対する生活支援、再進学又は就労支援等
（4）施設等退所前からの自立に向けた相談支援等
（5）施設等退所者に対する継続的な状況把握及び相談支援等
（6）その他児童等の自立支援に資する業務

加算要件

　自立支援担当職員は、その取組に応じて、自立支援担当職員加算（Ⅰ）又は自立支援担当職員加算（Ⅱ）のいずれかを加算する。

　なお、アフターケア対象者（母子生活支援施設については世帯。以下同じ。）の数及び支援回数については、年間の見込みで加算することとし、直近の連続する2年間で実績が申請した加算要件を下回る場合には、次年度において当加算要件に基づく加算は受けられないものであること。

（1）自立支援担当職員加算（Ⅰ）

　アフターケア対象者20人以上かつ支援回数240回以上

　（対象者1人につき月1回以上を想定）

（2）自立支援担当職員加算（Ⅱ）

　アフターケア対象者10人以上かつ支援回数120回以上

　（対象者1人につき月1回以上を想定）

　ただし、創設して間もない施設等又は小規模な施設等であって、アフターケア対象者が20人に満たない場合は、アフターケア対象者全員に対し月1回以上支援を行った場合は自立支援担当職員加算（Ⅰ）、アフターケア対象者の半数以上に対し月1回以上支援を行った場合は自立支援担当職員加算（Ⅱ）、アフターケア対象者がいないが、退所前からの支援に取り組む場合は、自立支援担当職員加算（Ⅱ）をそれぞれ加算できることとする。

　また、支援回数は、次の支援を行った場合を対象とする。

ア　アフターケア対象者の職場や自宅等を訪問し、相談支援等を行った場合

イ　アフターケア対象者が施設等を来所し、相談支援等を行った場合

ウ　アフターケア対象者等に対して電話やメール等により相談支援等を行った場合

施設等の指定等

　自立支援担当職員を配置する施設等は、都道府県知事、指定都市、中核市又は児童相談所設置市市長（以下「都道府県知事等」という。）が定める期間内に都道府県知事等へ申請を行い、次に定めるところにより都道府県知事等が年度ごとに指定するものとする。また、自立支援担当職員の活動状況については、別紙様式により、翌年度4月末日までに、当局家庭福祉課長まで報告すること。

（1）1か所の施設等について自立支援担当職員の加算は1人分とすること。

（2）自立支援担当職員は当該業務を行う専任の職員とし、施設等の直接処遇の勤務ローテーションに入らないこと。ただし、自立援助ホームにおいて、加算要件（1）自立支援担当職員加算（Ⅰ）の要件を満たす場合にはこの限りでない。

（3）児童等の自立支援に当たっては、学校、職場及び児童相談所その他関係機関と密に連携し、入所時から退所後まで切れ目のない支援を行うこと。

（4）職業指導員加算を算定している場合は、本加算は算定できない。

（5）対象施設の児童養護施設とは、本体施設のほか、「児童養護施設等のケア形態の小規模化の推進について」（平成17年3月30日雇児発第0330008号厚生労働省雇用均等・児童家庭局長通知）に定める分園型小規模グループケア及び「地域児童養護施設の設置運営について」（平成12年5月1日児発第489号厚生省児童家庭局長通知）に定める地域小規模児童養護施設とし、母子生活支援施設とは、本体施設のほか、「小規模分園型（サテライト型）母子生活支援施設の設置運営について」に定める小規模分園型（サテライト型）母子生活支援施設とする。

（6）加算要件を満たしている場合には、施設等退所前の自立支援及び退所後のアフターケアだけでなく、必要に応じて、地域の要支援家庭を訪問等して支援を行うことも可能とする。

経費

　この通知に基づく職員の配置に要する経費については、平成11年4月30日厚生省発児第86号厚生事務次官通知「児童福祉法による児童入所施設措置費等国庫負担金について」によるものとする。

６．児童養護施設の小規模化と地域化の推進のための加算

(1) 小規模グループケア担当職員加算

　小規模なグループによるケアを行うための専任職員は平成16年に加配された。虐待を受けた児童が他者との関係性を回復することや、愛着障害を起こしている児童のケアには、これまでの大規模な集団によるケアでは限界があり、できる限り家庭的な環境の中で、職員との個別な関係を重視した、きめ細やかなケアを提供していくことを目的とし、小規模なグループによるケアを行う体制を整備することを目的としている。

　保護単価は児童指導員と同額の本俸により積算されており、家庭支援専門相談員、心理療法担当職員、個別対応職員、小規模加算と同額であるが、管理宿直専門員の配置経費も含まれているので、保護単価は他の職種より高額である。東京都はこの管理宿直専門員として常勤換算0.5名の配置をするように指導している。

小規模グループケア指定の要件

　平成24年度以降、小規模グループケアの指定は6か所まで可能となったが、3か所目以上の指定については以下①及び②の要件をみたすことが必要とされていた。

①次の内容を含む小規模化及び地域分散化に関する計画を策定して都道府県知事に提出し、着実に推進すること。なお、本計画については、平成30年7月6日子発0706第1号「「都道府県社会的養育推進計画」の策定について」における「都道府県社会的養育推進計画」を踏まえたものであること。

　ア. 本体施設におけるケア形態をすべて小規模グループケアとする。ただし、分園型小規模グループケアの設置を進める場合においては、必ずしも本体施設の敷地内で行う小規模グループケアの設置は必要ないこととする。

　イ. 当面の間、児童養護施設にあっては本体施設の敷地内で行う小規模グループケアの定員の合計を45人以下とし、乳児院にあっては本体施設の敷地内で行う小規模グループケアの定員の合計を35人以下とする。

②本体施設に入所する子どもの里親への養育委託を積極的に推進するとともに、里親の新規開拓及び里親に対する相談、養育指導、レスパイトケア、相互交流などの支援を行うこと。

　平成26年に上記の取り扱いが変更され、「家庭的養護推進計画の中に上記①ア〜イの内容が含まれていれば、別途小規模化及び地域分散化に関する計画を策定することなく1本体施設につき3か所目以上の小規模グループケアの指定が可能」とされた。

根拠

　厚生労働省雇用均等・児童家庭局長「児童養護施設等のケア形態の小規模化の推進について」雇児発第033008号平成17年3月30日

目的

　児童養護施設、乳児院、情緒障害児短期治療施設及び児童自立支援施設(以下「児童養護施設等」という。)において、小規模なグループによるケア(養育)を行う体制を整備することにより、児童養護施設等のケア形態の小規模化を推進することを目的とする。

人数

　小規模なグループによるケア単位の定員は、施設の種別に応じ、原則として次のとおりとする。ただし、令和元年10月31日以前に指定された小規模グループケアについては、令和7年3月31日までの間は従前のとおりとする。
　　① 児童養護施設　6人(分園型小規模グループケアについては4人以上6人以下)
　　② 乳児院　4人以上6人以下
　　③ 児童心理治療施設及び児童自立支援施設　5人以上6人以下
※令和元年10月31日までに指定された小規模グループケアの人数
　小規模なグループによるケア単位の定員は、施設の種別に応じ、原則として次のとおりとする。児童養護施設　6人以上8人以下

設備等

（1）小規模なグループによるケアは、各グループにおいて居室、居間及び食堂等入所している子どもが相互に交流できる場所その他生活に必要な台所、浴室、便所等を有し、かつ、保健衛生及び安全について配慮し、家庭的な雰囲気の中で、担当職員が入所している子どもに対して適切な援助及び生活指導ができること。ただし、乳児院はその特性や役割に十分留意する必要があるため、①夜間は間仕切りを空けたり、子どもを一部屋に集めて複数グループで一緒に就寝させるなどの運営が可能であること、②隣り合った2グループで台所と浴室を共通とすることができること。

（2）入所している子どもの居室(乳児院にあっては寝室)の床面積は、施設の種別に応じ、次のとおりとすること。ただし、平成22年度において指定を受けているものにあっては、なお従前の例による。
　児童養護施設　1人当たり4.95㎡以上(乳幼児のみの居室については3.33㎡以上)

職員

　小規模なグループによるケアを行う場合には、専任の職員として各グループににつき児童指導員又は保育士(児童自立支援施設にあっては、児童自立支援専門員又は児童生活支援員)1名及び管理宿直等職員(非常勤可)を加配し、他の職員と連携してケアを行うこと。
　なお、管理宿直等職員は、管理宿直を行う職員の配置のほか、繁忙時間帯の家事支援を行うパートタイム職員の配置にも活用できるものであること。

施設の指定等

　小規模グループによるケアを実施しようとする者は、都道府県知事(指定都市にあっては、指定都市の市長とし、児童相談所設置市にあっては、児童相談所設置市の市長とする。以下同じ。)に対して申請を行い、次により都道府県知事が指定するものとする。
なお、都道府県(指定都市及び児童相談所設置市を含む。以下同じ。)民生主管部(局)長は、実施状況について翌年度4月末日までに別添様式1により当局家庭福祉課長まで報告すること。

（1）当該施設において児童福祉法(昭和 22 年法律第 165 号)第 45 条第 1 項の規定により
都道府県が条例で定める最低基準が遵守されており、かつ、法人及び施設運営が適正に
行われている場合に限ること。

（2）1 本体施設について、小規模グループケアを 6 か所まで指定できること。
ただし、分園型小規模グループケアについては、この限りではない。

（3）（2）において小規模グループケアを 3 か所以上指定する場合は、次の①及び②のす
べての要件を満たすものとする。

①次の内容を含む小規模化及び地域分散化に関する計画を策定して都道府県知事に提
出し、着実に推進すること。なお、本計画については、平成 30 年 7 月 6 日子発 0706
第 1 号「「都道府県社会的養育推進計画」の策定について」における「都道府県社会
的養育推進計画」を踏まえたものであること。

ア 本体施設におけるケア形態をすべて小規模グループケアとする。ただし、分園型
小規模グループケアの設置を進める場合においては、必ずしも本体施設の敷地内
で行う小規模グループケアの設置は必要ないこととする。

イ 当面の間、児童養護施設にあっては本体施設の敷地内で行う小規模グループケア
の定員の合計を 45 人以下とし、乳児院にあっては本体施設の敷地内で行う小規模
グループケアの定員の合計を 35 人以下とする。

②本体施設に入所する子どもの里親への養育委託を積極的に推進するとともに、里親
の新規開拓及び里親に対する相談、養育指導、レスパイト・ケア、相互交流等の支援
を行うこと。

（4）次の場合には認められないこと。

①居室(乳児院にあっては寝室)がないもの

②居間・食堂などの交流スペースがないもの

③居室・居間(食堂)はあるが、その他生活に必要な台所・浴室・便所が欠けているもの
(乳児院にあっては、浴室、便所等の設備が必要となる子どもを対象とする場合に当
該設備が欠けているもの)

④本体施設とは別に施設整備費の加算を受けて整備した設備(親子生活訓練室等)を転
用するもの

⑤小規模グループケア全体で対象となる子どもの各月初日の平均在籍数が 5 人を下回
っているもの

ア 児童養護施設 小規模グループケア全体の平均定員数（小規模グループケアの合
計定員数÷小規模グループケアの設置箇所数）から 1 を減じた人数

イ 乳児院 3 人

ウ 児童心理治療施設及び児童自立支援施設 4 人

⑥グループごとに玄関がないもの。ただし、平成 30 年 3 月 31 日以前に設置された小
規模グループケアについては、この限りではない。

（5）指定を受けた施設についてであっても、やむを得ないと認められる事由がなく、実績
が本要綱の要件を満たさない場合は指定を取り消すこと。

⑵ 児童養護施設の小規模かつ地域分散化加算等養護施設

根拠

　厚生労働省子ども家庭局長「児童養護施設の小規模かつ地域分散化された生活単位における養育体制の充実について」子 1004 第 5 号令和元年 10 月 4 日

目的

　児童養護施設において、小規模かつ地域分散化された生活単位での養育体制の充実を図るとともに、当該生活単位に対する本体施設の支援体制を強化することにより、小規模かつ地域分散化された施設を推進することを目的とする。

対象施設等

（1）地域小規模児童養護施設
（2）定員 4 名から 6 名の分園型小規模グループケア（平成 17 年 3 月 30 日雇児発第 0330008 号厚生労働省雇用均等・児童家庭局長通知「児童養護施設等のケア形態の小規模化の推進について」による小規模グループケアをいう。以下同じ。）

職員

（1）小規模かつ地域分散化加算
　　地域小規模児童養護施設又は定員 4 名から 6 名の小規模グループケア（以下、地域小規模児童養護施設等という。）に必要な職員に加え、定員規模に応じて専任の職員として各生活単位につき児童指導員又は保育士を次のとおり加配し、他の職員と連携してケアを行うこと。
　　・定員 4 名の生活単位の場合　児童指導員又は保育士・・・・　1 名加配
　　・定員 5 名の生活単位の場合　児童指導員又は保育士・・・・最大 2 名加配
　　・定員 6 名の生活単位の場合　児童指導員又は保育士・・・・最大 3 名加配
　　なお、当該職員については、加算対象施設等の専任の職員とし、本体施設の勤務ローテーションに入らないこと。

（2）地域小規模児童養護施設等バックアップ職員加算
　　本体施設に地域小規模児童養護施設等に対するバックアップ職員 1 名を加配し、次に掲げる支援を行うこと。
　　・子どもの養育状況や職員間の人間関係等について、地域小規模児童養護施設等と本体施設の間での情報共有を徹底すること。
　　・地域小規模児童養護施設等の運営に対する適切な関与と必要に応じた支援の介入等、マネージメントに関する支援を行うこと。
　　・地域小規模児童養護施設等の職員のスーパーバイズを行うこと。
　　・地域小規模児童養護施設等の職員の悩み・ストレスを傾聴する等、メンタルヘルスに関する支援を行うこと。
　　・子どもの養育について、地域小規模児童養護施設等の職員だけでは対応困難な事案が発生した際の養育の応援支援を行うこと。
　　・地域社会との関係性の構築に関する支援を行うこと。
　　・その他、地域小規模児童養護施設等の養育上必要な支援を行うこと。

留意事項

　この通知に基づき、「小規模かつ地域分散化加算」及び「地域小規模児童養護施設等バックアップ職員加算」による職員配置を行う者は、次の要件をすべて満たしたうえで、都道府県知事（指定都市及び児童相談所設置市の市長を含む。以下同じ。）に対して加算認定の申請を行い、都道府県知事の認定を受けること。

　都道府県、指定都市及び児童相談所設置市民生主管部（局）長は、当該年度の4月末日までに別紙様式1により、4月末時点での申請及び認定の結果を当局家庭福祉課長まで報告するとともに、その実績について、翌年度4月末日までに別紙様式2により当局家庭福祉課長まで報告すること。

　（1）早期の家庭復帰や里親委託等に向けた専門的な支援を積極的に行っていること。

　（2）高機能化及び多機能化・機能転換、小規模かつ地域分散化に向けた職員の人材育成を行っていること。

　（3）概ね10年程度で小規模かつ地域分散化を進める計画を、人材育成も含めて策定していること。

⑶　地域小規模児童養護施設

　平成12年度に創設された国のグループホーム制度である。東京都は昭和57年に試行を開始し、昭和60年に本格実施しており、国が都の後追いとなった制度である。

　したがって、東京都では国の制度のグループホームと都の制度のグループホームが混在している。以下は国の制度である。

目的

　地域小規模児童養護施設(児童養護施設における本体施設の分園(グループホーム)のうち、この要綱に定める基準に適合するものとして都道府県知事、指定都市市長又は児童相談所設置市市長(以下「都道府県知事等」という。)の指定を受けたものをいう。以下同じ。)は、地域社会の民間住宅等を活用して近隣住民との適切な関係を保持しつつ、家庭的な環境の中で養護を実施することにより、子どもの社会的自立の促進に寄与することを目的とする。

運営主体

　地域小規模児童養護施設の運営主体は、地方公共団体及び社会福祉法人等であって、すでに本体施設を運営しているものとする。

対象となる子ども

　地域小規模児童養護施設の対象となる子どもは、児童養護施設に入所する子どものうち、本体施設から離れた家庭的な環境の下で養育することが適切なものとする。

定員等

　地域小規模児童養護施設の定員は、本体施設とは別に4人〜6人の範囲で設定するものとし、現員は定員と比較して1人を超えて下回らないようにすること(ただし、指定の直後はこの限りでない。)。

　また、地域小規模児童養護施設は本体施設に対する分園としての位置付けであることか

ら、施設の認可定員は、本体施設の定員と地域小規模児童養護施設を含む分園（グループホーム）の定員を合算したものであること。なお、本体施設及び地域小規模児童養護施設を除く分園(グループホーム)の措置費の算定に当たっては、地域小規模児童養護施設の定員は含まずに算定すること。

設備等
（1）日常生活に支障がないよう必要な設備を有し、職員が入所している子どもに対して適切な援助及び生活指導を行うことができる形態であること。
（2）個々の入所している子どもの居室の床面積は、一人当たり 4.95 ㎡以上(幼児については 3.3 ㎡以上)とすること。ただし、平成 22 年度において指定を受けているものにあっては、従前の例による。原則として一居室当たり 2 人までとすること。
（3）居間、食堂等入所している子どもが相互交流することができる場所を有していること。
（4）保健衛生及び安全について配慮されたものでなければならないこと。

職員
（1）地域小規模児童養護施設専任の職員として児童指導員又は保育士を 2 人置くこと。
（2）その他の職員(非常勤可)を置くこと。

運営に当たっての留意事項
（1）地域小規模児童養護施設は、本体施設から援助が得られる等常に適切な対応がとれる場所で実施するものとする。
（2）施設の運営に当たっては、児童相談所、福祉事務所、児童福祉施設、児童委員、学校及び入所している子どもの家庭等と密接に連携をとり、入所している子どもに対する自立支援が円滑かつ効果的に実施されるよう努めなければならない。
（3）特に、地域における近隣関係については、子どもは地域において育成されるという観点に立ち、積極的に良好な関係を築くよう努めること。
（4）本体施設から地域小規模児童養護施設に移行する子ども及びその保護者に対しては、事前にこの施設の目的及び内容を十分説明することにより、円滑な施設運営が実施されるよう留意すること。

経費
地域小規模児童養護施設の運営に要する経費は、「児童福祉法による児童入所施設措置費等国庫負担金について」（平成 11 年 4 月 30 日厚生省発児第 86 号厚生事務次官通知)によるものとする。

対象施設等
地域小規模児童養護施設の指定を受けようとする者は、都道府県知事等に対して申請を行い、本体施設において児童福祉法（昭和 22 年法律第 164 号）第 45 条第 1 項の規定により都道府県等が条例で定める基準が遵守されており、かつ、法人及び施設運営が適正に行われている場合に限り、都道府県知事等が指定するものとする。

なお、都道府県、指定都市及び児童相談所設置市（以下「都道府県等」という。）民生主管部(局)長は、実施状況について翌年度 4 月末日までに別添様式 1 により当局家庭福祉課長まで報告すること。また、地域小規模児童養護施設を新たに指定し、又は指定を取り消したときは、別添様式 2 により遅滞なく同課長まで報告すること。

⑷ 都の制度を含むグループホーム制度の仕組み

1 運営について

「東京都養護児童グループホーム制度実施要綱」に基づき、適正な運営を行うこと。
また、グループホームが孤立することのないよう、グループホームに対する本園(心理等専門職、管理職、主任等含む)の理解のもと、施設全体で連携体制及び応援体制をできるだけ確保すること。

2 職員の配置について

⑴ グループホーム職員の配置
グループホームに配置する職員経費として、
常勤2名十日中業務補助職員1名(週3日分)+宿直要員(週3日分)が支弁されているので、適正な職員配置を行うこと。
なお、日中業務の補助職員及び宿直要員については非常勤職員でも可、また、本園からの応援で同様の体制をとることでも可。

⑵ 特別指導費加算について
「年長児童に対する処遇体制の強化について」(平成21年6月29日雇児発第0629001号の8一部改正)の通知の趣旨(※)に沿つて、特別指導費加算を申請する国型グループホームは、(1)の配置を超えた職員配置及び内容が必要。措置費名簿の職員備考欄に「特別指導員」等を記載すること。
※ 年長児童(小学校高学年以上)が在籍し、各種スポーツやダンス、演劇、音楽等の表現活動について専門的指導を行う指導員が配置されていることが求められているので、留意すること。

3 グループホーム支援員の配置について
グループホームを3か所以上設置する施設に対して、マネージメント能力(第三者性、スーパーバイズ)を持ち、グループホーム専任職員への助言、指導等を行うグループホーム支援員の経費を支弁している。グループホームを4か所以上実施している施設については、支援員の配置(常勤)が可能なので、年度当初に支援員を申請(措置費支弁基準様式)し、翌年度に実績報告(「東京都養護児童グループホーム制度実施要綱」様式10号)を行うこと。(詳細は『グループホーム・ファミリーホーム設置促進事業』参照)。

東京都グループホーム・設置促進事業実施要綱　抜粋

平成28年９月16日付28福保子育第997号

目的

　本体施設から支援する職員の体制を手厚くすることにより、児童の自立を支える機能や体制を強化するとともに、質の高いグループホーム等の運営を図ることを目的とする。

　※サテライト型施設から支援を受けるグループホーム、ファミリーホームは除く。

１　本事業は、次の（１）及び（２）を目的として実施する。

（１）養護児童グループホーム（以下「グループホーム」という。）又は小規模住居型児童養育事業（以下「ファミリーホーム」といい、グループホームと合わせて「グループホーム等」という。）において、本体施設から支援する職員の体制を手厚くすることにより、児童の自立を支える機能や体制を強化するとともに、質の高いグループホーム等の運営を図ることを目的とする。

（２）グループホーム等における支援体制を手厚くすることにより、２に規定する実施主体がグループホーム等を開設しやすい環境を整備し、家庭的養護の推進を図ることを目的とする。

実施主体

　児童養護施設ごとのグループホーム設置数とファミリーホーム設置及び運営数を合わせた数が4か所以上になるもの。

２　この事業の実施主体は、次のいずれかに該当するもの（以下「実施者」という。）とする。

（１）東京都養護児童グループホーム制度実施要綱（平成14年12月６日付14福子育第49号。以下「グループホーム要綱」という。）第３条に規定するものであり、グループホームを４か所以上設置する児童養護施設を運営するもの。なお、5に定める「サテライト型」を実施する者は２か所以上。

（２）東京都ファミリーホーム事業（小規模住居型児童養育事業）設置・運営基準（平成22年３月23日付21福保子育第2335号。以下「ファミリーホーム基準」という。）第２のイに規定するものであり、ファミリーホームを４か所以上設置及び運営するもの。

（３）グループホーム要綱第３条に規定するものでかつファミリーホーム基準第２のイに規定するものであり、児童養護施設ごとのグループホーム設置数とファミリーホーム設置及び運営数を合わせた数が４か所以上になるもの。

事業の内容及び事業の類型

３　本事業の内容及び事業の類型は、次の（１）及び（２）のとおりとする。

（１）グループホーム等において、児童の自立を支える機能や体制を強化するとともに、質の高いグループホーム等の運営を図るために、グループホーム等を支援する職員を本体施設に配置する事業とし、事業の類型は「支援員配置型」とする。

（２）本体施設から離れた場所に設置されたグループホーム等の支援体制を手厚くすることにより、２に規定する実施主体がグループホーム等を開設しやすい環境を整備する事業とし、事業の類型は「サテライト型」とする。

（支援員配置型）

4　3（1）に定める「支援員配置型」は次のとおりとする。

（1）職員配置

　　実施者は、グループホーム等を支援する職員（以下「グループホーム等支援員」という。）を本体施設に配置すること。ただし2の（2）のものが事業を行う場合は、この限りではない。なお、グループホーム等支援員は、常勤職員であること。

（2）職員数

　　グループホーム等支援員は、グループホーム等を4か所設置している場合は1名、以降、グループホーム等の設置数が1か所増えるごとに、1名を追加して配置すること。なお、5（1）で定めるグループホーム等は、か所数に含めない。

（3）グループホーム等支援員の業務

　　グループホーム等支援員は以下の業務を行うこと。なお、日々の支援内容等については業務日誌等へ適切に記録を行うとともに施設長等へ報告すること。

　　　ア　グループホーム入所児童及びファミリーホーム委託児童からの苦情解決及び人権擁護

　　　イ　グループホーム等専任職員からの相談対応及び助言・指導

　　　ウ　グループホーム入所児童及びファミリーホーム委託児童の自立支援計画作成等に係る支援・助言

　　　エ　各種情報収集・提供

　　　オ　緊急時対応・支援

　　　カ　その他グループホーム等の運営に必要な支援

職員の配置

　　実施者は、グループホーム等支援員を本体施設に配置すること。ただし2の（2）のものが事業を行う場合は、この限りではない。

なお、グループホーム等支援員は、常勤職員であること。

職員数

　　グループホーム等支援員は、グループホーム等を3か所設置している場合は1名、以降、グループホーム等の設置数が1か所増えるごとに、1名を追加して配置すること。

グループホーム等支援員の業務

（1）グループホーム入所児童及びファミリーホーム委託児童からの苦情解決及び人権擁護

（2）グループホーム等専任職員からの相談対応及び助言・指導

（3）グループホーム入所児童及びファミリーホーム委託児童の自立支援計画作成等に係る支援・助言

（4）各種情報収集

（5）緊急時対応・支援

（6）その他グループホーム等の運営に必要な支援

※日々の支援内容等については業務日誌等へ適切に記録を行うとともに施設長等へ報告すること。

　　なお、実施要綱に記されていないが、平成29年1月20日の児童部会書記会実務研修で東京都より次のことが留意事項として説明されている。

・グループホーム等支援員は**専任の常勤職員**であること。**本園の直接処遇職員や基幹的職員等との兼務は認められない**ため注意すること。

・例えば、グループホームを４か所設置していても、グループホーム等支援員の配置数が１名の場合は、３か所の補助基準額が適用されるので留意すること。また、可能な限り設置数ごとに設定している基準額に応じた支援員の**配置**に努めること。

別表

1　項目	2　基準額		3　対象経費
支援員配置型 グループホーム等支援員配置経費	グループホーム・ファミリーホーム設置数	補助基準額(月額)	グループホーム等支援員の配置に係る経費 （職員俸給、職員諸手当、退職共済掛金、法定福利費）
	４か所	526,350円	
	５か所	1,073,600円	
	６か所	1,641,750円	
	７か所	2,230,800円	
	８か所	2,840,750円	
	９か所	3,471,600円	

※　10か所目以降については以下算式を補助基準額(月額)とする。
算式:｛515,900円＋10,450円×(設置数－3)｝×(設置数－3)

(注１)
　「東京都児童福祉施設の設備及び運営の基準に関する条例」第５４条の規定による職員配置基準を満たし、かつ、実施要綱第３に定めるグループホーム等支援員を配置している場合に補助対象月とする。

(注２)
　「２　補助基準額（月額）」に配置月数を乗じて得た額を当該年度の補助基準額とする。
　なお、配置月数とは、設置数から３を控除した数のグループホーム等支援員が配置されている月数のことをいう。

(注３)
　グループホーム等支援員の配置人数が、設置数から３を控除した数に満たない場合は、配置実績に応じた補助基準額を適用する。

サテライト型

5　3（2）に定める「サテライト型」は、以下に定める要件を満たすものとする。

（1）グループホーム等の設置

　本体施設から、通常の交通手段を利用しておおむね20分以上の時間を要する場所に、令和２年４月１日以降、グループホーム等を複数新設、又は１か所新設すると同時に２年後までに１か所以上新設する計画を立てること。ただし、「東京都サテライト型児童養護施設制度実施要綱」（平成27年９月15日付27福保子育第604号）第３条１に基づいて設置したグループホーム等を除く。

（2）サテライト型施設

（1）に定めるグループホーム等と連携の取れる範囲内（通常の交通手段を利用して、おおむね10分以内で移動できる距離）に本体施設の機能に準じたサテライト型施設を設置すること。

（3）サテライト型施設の要件

ア　サテライト型施設は、連携するグループホーム等（以下「連携グループホーム等」という。）全体を把握し職員を補佐・指導し統括する児童指導員及び事務職員並びに心理療法担当職員を配置すること。

イ　連携グループホーム等に対して以下の支援を行うこと。

別表

1 項目		2 基準額	3 対象経費
サテライト型児童養護施設の運営に係る職員配置経費	児童指導員配置経費	1施設あたり　8,420,640円（年額）	サテライト型児童養護施設の責任者（主任）の配置に係る経費（※1）
	事務職員配置経費	1　サテライト型児童養護施設と連携するグループホーム等が2か所以上の場合 1施設あたり　2,434,224円（年額） 2　サテライト型児童養護施設と連携するグループホーム等が1か所の場合 1施設あたり　1,703,952円（年額）	サテライト型児童養護施設の事務職員の配置に係る経費
	心理担当職員配置経費	1施設あたり　2,209,177円（年額）	サテライト型児童養護施設と連携するグループホーム等に入所する児童に対する心理療法を行う職員に対する経費
	事務所賃貸料	1施設あたり　1,800,000円（年額）	サテライト型児童養護施設の賃貸料
	開設準備経費	1施設あたり　450,000円（新規開設時1回のみ）	サテライト型児童養護施設の賃貸にかかる初期費用（敷金を除く）

（※1）職員の配置にかかる対象経費については、専門職員の配置に必要な、職員俸給、職員諸手当、非常勤職員給与、退職共済掛金、法定福利費、業務委託料とする。（旅費交通費や消耗品費等は含まない。）

（※2）年度途中に指定を受けた施設については、職員の配置にかかる「2 基準額」について、「1 項目」の各項目の1施設あたりの限度額を、12で除した金額（円未満切捨）に指定月数を乗じた額を限度額とする。（開設準備経費除く）

（ア）職員に対するOJT方式の指導や相談・助言等の人材育成

（イ）入所児童の自立支援計画作成等に係る支援・助言

（ウ）入所児童からの苦情解決及び権利擁護

（エ）入所児童に対する心理面接、治療的ケアの実施

（オ）緊急時対応、支援

（カ）小口現金管理や各種事務書類の作成

（キ）その他連携グループホーム等運営に必要な支援

ウ　イに定める業務以外に、地域の社会的養護の拠点機能を果たすため必要に応じて以下の取組みを行うこと。

（ア）児童養護施設退所者に対する支援

（イ）地域の要望等に応じた地域支援

エ　正当な理由がないにもかかわらず、連携グループホーム等の入所実績が9割を下回る状況が続かないこと。

オ　サテライト型を実施しようとする者は、児童福祉法施行規則第37条第6項による届出を行うこと。

留意事項

本事業の実施に当たっては、以下に留意すること。

（１）実施者は、児童相談所、福祉事務所、区市町村、児童福祉施設、児童委員、学校及び児童の家庭等と密接に連携を取り、施設に入所している児童及び施設退所後の児童の自立支援が円滑かつ効果的に実施されるよう努めなければならない。

（２）グループホーム等支援員は、社会福祉法人東京都社会福祉協議会児童部会グループホーム制度委員会に積極的に参加するなど、他施設との情報交換や連携、社会資源との連携を図るとともに、支援技術の向上に努めるものとする。

４　グループホーム・ファミリーホーム設備整備費補助金について

　グループホーム及びファミリーホームの転居等にかかる初度設備費について、「児童福祉施設等整備費補助要綱」に基づき申請書を提出すること。

対象施設等

　年度中に転居したグループホーム・ファミリーホーム（施設整備費助成を受けた自己所有物件を除く）

補助対象

　初度設備費：備品費、消耗品費、機械器具購入費（据付費含む）等

補助額等

（１）補助基準額

　　新規開設　８４，０００円×６名＝５０４，０００円

　　転　　居　４２，０００円×６名＝２５２，０００円

（２）補助方法

　　「補助基準額」と「補助対象経費×３／４」を比較して、低い方の額を補助額とする。

留意事項

　グループホーム・ファミリーホーム設備整備費補助金は、要綱上は児童福祉施設等整備費補助要綱の一部ですが、賃貸物件は国庫補助の対象とはなっておらず、都が独自に補助を行うものです。そのため、グループホーム・ファミリーホーム設備整備費補助金として単独で交付申請依頼を行っています。

参考資料・職員の配置の国と都の区分

①地域小規模型グループホーム（国型）

　　常勤２人+その他経費は措置費国基準

　　補助職員・宿直要員・GH 支援員は都加算

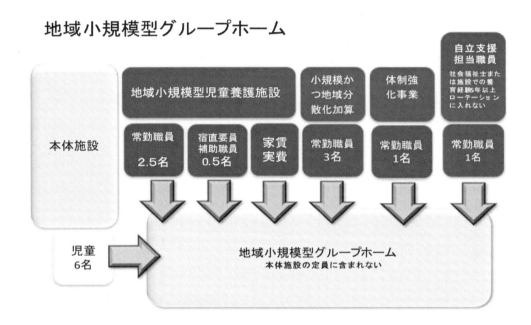

②小規模グループケア地域型ホーム

　　常勤２人のうち１人は本園から（措置費国基準）

　　もう１人の常勤と宿直要員は小規模グループケア加算（措置費国基準）

　　　補助職員・GH 支援員は都加算

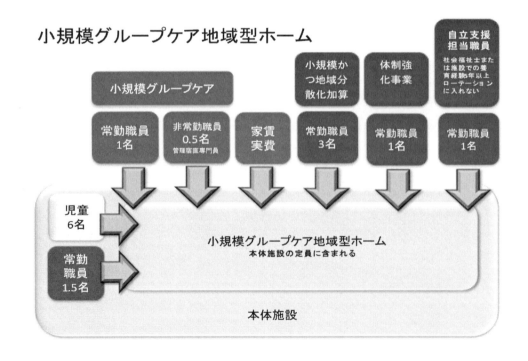

③施設分園型グループホーム（都型）

　　常勤１人は本園から（措置費国基準）

　　　　　常勤１人十補助職員・宿直要員・GH支援員は都加算

都型グループホーム

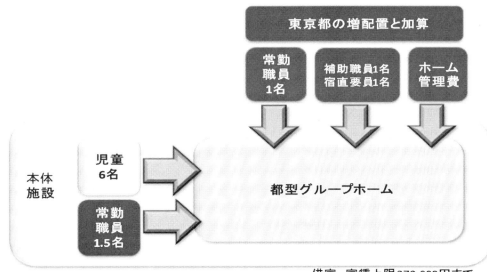

借家　家賃上限270,000円まで

書記会作成資料

４．グループホーム運営費の比較

　地域小規模型グループホーム(国型)、施設分園型グループホーム(都型)並びに小規模グループケア地域型ホームの補助額を比較する。非常勤についてはほぼ同等の補助が行われているが、常勤の人件費は算定の根拠が異なっており補助額に差がある。常勤職員２名分の算定の根拠と積算方法を整理すると次の表のようになる。

　常勤職員の雇上費用に限って比較すると、**地域小規模型グループホーム（国型）の額が高く、運営上有利といえる。**

　東京都の示す次々ページの「**東京都養護児童グループホームの概要**」では、都型グループホームと、地域小規模型児童養護施設と、小規模グループケア地域型ホームの運営経費の比較を行っている。本表では都型グループホームと小規模グループケア地域型ホームの運営経費を計算するにあたり、「一般事務費」の単価に児童６名分を乗じた金額を用いている。「一般事務費」の単価を使用すると、本体施設配置基準上の全職員の人件費と管理費の「定員分の６」を、グループホームの人件費と管理費等に充当することになる。本表により運営経費を比較するのであれば、以上のことを踏まえておくべきである。

東京都養護児童グループホームの概要（令和5年度）

資　料

区　分	施設分園型グループホーム（都型）	地域小規模型グループホーム（国型）	小規模グループケア地域型ホーム
目　的及び対象者	その生育歴、性向等から判断して、小集団による個別処遇が望ましい児童に対し、本園施設から独立した地域社会の民間住宅等を活用し、近隣住民との適切な関係を保持しつつ、より家庭的な環境の中で養護を実施することにより、児童の社会的自立の促進を支援する。 なお、小規模グループケア地域型ホームの対象児童は、小規模なグループによるケアが必要な児童とする。		
事業開始	昭和60年4月1日（東京都児童福祉審議会意見具申「新しい社会的養護形態に向かって」（昭和53年5月）を受け、昭和57〜59年度まで試行実施）	平成14年10月1日（国の制度開始は平成12年10月1日）	平成21年4月1日（小規模グループケアの制度開始は平成16年4月1日。都は20年度まで本体施設でのみ実施。）
実施方法	既存の児童養護施設が、その本体施設から独立した家屋において、児童の養育にあたる。		
設備等基準　児童定員	おおむね6人（本体施設定員内）	4〜6人（本体施設定員とは別枠）	4〜6人（本体施設定員内）
住居	自　己　所　有　又　は　借　家		
職員	児童指導員又は保育士の有資格者で原則として2名（常勤）＋補助職員（非常勤可）・宿直要員（小規模グループケア地域型ホームにおいては管理宿直等職員）＋グループホーム支援員（4か所以上グループホーム設置の場合）		
	常勤1人は本園から（措置費国基準） 常勤1人＋補助職員・宿直要員・GH支援員は都加算（補助）	常勤2人＋その他経費は措置費国基準 補助職員・宿直要員・GH支援員は都加算（補助） ※上記に加えて国基準の加配職員として、以下あり。 ・小規模かつ地域分散化加算（常勤3名（定員6名）、常勤2名（定員5名）、常勤1名（定員4名）） ・自立支援担当職員（常勤1名） ・体制強化事業（補助職員）（1名） ・地域小規模児童養護施設等バックアップ職員加算（1施設全体で常勤1名）	常勤2人のうち1人は本園から（措置費国基準）、もう1人及び管理宿直等職員は小規模グループケア加算（措置費国基準）、GH支援員は都加算（補助） ※上記に加えて国基準の加配職員として、以下あり。 ・小規模かつ地域分散化加算（常勤3名（定員6名）、常勤2名（定員5名）、常勤1名（定員4名）） ・自立支援担当職員（常勤1名） ・体制強化事業（補助職員）（1名） ・地域小規模児童養護施設等バックアップ職員加算（1施設全体で常勤1名）
設備	○　児童福祉施設最低基準に準ずること ○　児童居室は原則として一室当たり2人までとすること ○　居間、食堂等入所児童が相互交流できる場所を確保すること ○　区市町村条例に基づく防災機器を設置すること		

運営経費（月額）
＊R5年度実施単価（R5.2月時点）
（右記算定モデル）定員50名・特別区・民改費15%・職員配置4：1・小規模かつ地域分散化加算3人加配の施設

施設分園型（都型）	地域小規模型（国型）	小規模グループケア地域型ホーム
国基準措置費 一般事務費　223,860円 ×6名 ＝ 1,339,440円（本体から） 民改費　33,579円 ×6名 ＝ 201,474円（本体から） **都加算（補助）** 増配置職員経費　552,923円 宿直要員費　101,660円 補助職員雇上費　101,660円 GH支援員費（補助金）（GHか所設置）　517,000円 ホーム管理費（借家）　270,000円（上限） ホーム管理費（自己所有）　109,000円 消防設備整備補助金の交付を受けたホームは月額44,000円 開設準備費（礼金、枠介手数料、火災保険料等）　810,000円（上限）	**国基準措置費** 一般事務費　1,462,440円 ＝ 1,462,440円 民改費　219,366円 ＝ 219,366円 小規模かつ地域分散化加算　545,820円 × 3名 ＝ 1,637,460円 自立支援担当職員　545,820円 × ＝ 545,820円 体制強化事業（補助金）　4,080,000円/年 ÷ 12か月 ＝ 340,000円（上限） 地域小規模児童養護施設等バックアップ職員加算　10,910円 × 50名 ＝ 545,500円 賃借費加算　賃借に係る実費（礼金を含む） **都加算（補助）** 宿直要員費　101,660円 補助職員雇上費　101,660円 GH支援員費（補助金）（GHか所設置）　517,000円 開設準備費（枠介手数料、火災保険料等）　810,000円（上限） ※定員4〜6名で設定可能だが、小規模かつ地域分散化加算の職員数を除き、支弁額は基本的に同等となる。	**国基準措置費** 一般事務費　223,860円 × 6名 ＝ 1,343,160円（本体から） 民改費　33,579円 × 6名 ＝ 201,474円（本体から） 小規模化加算　13,230円 × 50名 ＝ 661,500円 小規模かつ地域分散化加算　10,910円 × 50名（児童）×3名（職員）＝ 1,636,500円 自立支援担当職員　10,910円 × 50名 ＝ 545,500円 体制強化事業（補助金）　4,080,000円/年 ÷ 12か月 ＝ 340,000円（上限） 地域小規模児童養護施設等バックアップ職員加算　10,910円 × 50名 ＝ 545,500円 賃借費加算　賃借に係る実費（礼金を含む） **都加算（補助）** GH支援員費（補助金）（GHか所設置）　517,000円 ホーム管理費（自己所有）　109,000円 開設準備費（枠介手数料、火災保険料等）　810,000円（上限） ※定員4〜6名で設定可能だが、小規模かつ地域分散化加算の職員数を除き、支弁額は基本的に同等となる。

根拠規程	東京都養護児童グループホーム制度実施要綱		
		地域小規模児童養護施設設置運営要綱（国）	「児童養護施設における小規模グループケア実施要綱」「児童養護施設における小規模なグループケア実施指針」

運営形態　その他 児童自立支援施設提携型	自立支援施設を退所し、高校等に進学した児童を対象としたグループホームを設置することにより、それら児童の自立を支援する。（実施3ヶ所）＜東京家庭学校＞　＜福音寮＞〔常勤2人＋非常勤1人＋提携型加算・非常勤1人〕		
設置数（R5年2月1日現在）	176か所		
	9か所	101か所	66か所

施設分園型（都型）グループホーム

国基準措置費	一般事務費 223,860 円 ×6名 ＝ 1,339,440 円（本体から）		
	民改費 33,579 円 ×6名 ＝ 201,474 円（本体から）
都加算（補助）	増配置職員経費 552,923 円
	宿直要員費 101,660 円
	補助職員雇上費 101,660 円
	GH支援員費（補助金）（GH4か所設置） 517,000 円
	ホーム管理費（借家） 270,000 円（上限）
	ホーム管理費（自己所有） 109,000 円 ※施設整備補助金の交付を受けたホームは月額44,000円
	開設準備費（礼金、仲介手数料、火災保険料等） 810,000 円（上限）

地域小規模型（国型）グループホーム

国基準措置費	一般事務費 1,462,440 円 ＝ 1,462,440 円		
	民改費 219,366 円 ＝ 219,366 円
	小規模かつ地域分散化加算 545,820 円 × 3名 ＝ 1,637,460 円
	自立支援担当職員 545,820 円 × ＝ 545,820 円
	体制強化事業（補助金） 4,080,000 円/年 ÷ 12か月 ＝ 340,000 円（上限）
	地域小規模児童養護施設等バックアップ職員加算 10,910 円 × 50名 ＝ 545,500 円
	賃借費加算 賃借に係る実費（礼金を含む）
都加算（補助）	宿直要員費 101,660 円
	補助職員雇上費 101,660 円
	GH支援員費（補助金）（GH4か所設置） 517,000 円
	開設準備費（仲介手数料、火災保険料等） 810,000 円（上限）

※定員4～6名で設定可能だが、小規模かつ地域分散化加算の職員数を除き、支弁額は基本的に同等となる。

小規模グループケア地域型ホーム

国基準 措置費	一般事務費 　　223,860 円　　　× 6名　　　　　　　　　= 　1,343,160 円　　（本体から）
	民改費 　　33,579 円　　　× 6名　　　　　　　　　= 　201,474 円　　（本体から）
	小規模GC加算 　　13,230 円　　　× 50名　　　　　　　= 　661,500 円
	小規模かつ地域分散化加算 　　10,910 円　　　× 50名（児童）×3名（職員）= 　1,636,500 円
	自立支援担当職員 　　10,910 円　　　× 50名　　　　　　　= 　545,500 円
	体制強化事業（補助金） 　　4,080,000 円/年 ÷ 12か月　　　　= 　340,000 円　　（上限）
	地域小規模児童養護施設等バックアップ職員加算 　　10,910 円　　　× 50名　　　　　　　= 　545,500 円
	賃借費加算 　　　　　　　　　　　　　　　賃借に係る実費（礼金を含む）
都加算 （補助）	GH支援員費（補助金） （GH4か所設置）　　　　　　　　　517,000 円
	ホーム管理費 （自己所有）　　　　　　　　　　　109,000 円
	開設準備費 （仲介手数料、火災保険料等）　　　810,000 円　　（上限）

※定員4～6名で設定可能だが、小規模かつ地域分散化加算の職員数を除き、支弁額は基本的に同等となる。

7. その他の事務費

(1) 施設機能強化推進費

　平成28年より、一般事業に社会体験・就労体験事業が追加されている。

　また令和3年度より、特別事業の児童養護施設分園型自活訓練事業が自立生活支援事業に変更し、新たに親子支援事業が追加されている。

　本加算は、施設の創意工夫でさまざまな事業の実施が可能となるので、他施設の取組み状況も参考にして申請すべきである。毎年4月末が申請、報告時期となっている。

目的

　児童福祉施設等において、(1)施設等がもつ専門的な知識や技術等を活かし、地域の人々を対象とした相談、指導等を実施するとともに、施設と地域等との交流を促進することにより、入所児(者)の生きがいの高揚や家庭復帰、社会復帰にむけての自立意欲の助長を図るため、(2)施設における火災・地震等の災害時に備え、職員等の防災教育及び災害発生時の安全かつ、迅速な避難・誘導体制を充実する等の施設の総合的な防災対策を図るため、(3)児童養護施設入所児童等に一定期間一人暮らし又は少人数での共同生活を体験することにより、施設退所児童等の社会的自立の促進を図るため、施設機能の充実強化を推進する。

一般事業

種類
① 社会復帰等自立促進事業
　ア．施設入所児等社会(家庭)復帰促進事業
　イ．心身機能低下防止事業
　ウ．処遇困難事例研究事業
　エ．社会体験・就労体験事業

② 専門機能強化事業
　ア．養育機能等強化事業
　イ．広域入所促進事業

③ 総合防災対策強化事業
　内容　別表のとおり

別表
<h1 style="text-align:center">施 設 機 能 強 化 推 進 費 事 業 内 容</h1>

	社 会 復 帰 等 自 立 促 進 事 業				専門機能強化事業		総合防災対策強化事業
	施設入所児等社会(家庭)復帰促進事業	心身機能低下防止事業	処遇困難事例研究事業	社会体験・就労体験事業	養育機能等強化事業	広域入所促進事業	
事業内容	ア 施設を退所し、社会復帰した者(児)を施設に招き、入所児(者)との交流活動を行うこと等により、就労のための心構え、社会性・協調性等入所児(者)の社会復帰への自立意欲の向上を図る。 イ 入所児童のうち、家庭に問題がある等のケースについてその保護者を施設に招き、家庭環境の整備、処遇方法等の指導を行うことにより、早期家庭復帰を図る。 ウ 施設を退所した者のうち、生活面や就労面の不安により一時的に施設に戻ることができるよう、施設における居場所を確保する。	地域の児童、学生グループ、老人クラブ等を定期的に施設に招き、入所児(者)との座談会、レクリエーション及び身寄りのない入所児(者)の1日親子対話等、交流の機会を設けることにより、入所児(者)の孤独感の解消、心身機能の低下防止等を図る。	在宅の障害児(者)等の介護経験者や在宅の非行等の問題行動を有する児童の養育経験者等を施設に招き、近隣の施設の指導者、保育士等と共に処遇困難ケースについての研究会を行うほか、職員の施設間交流により新たな処遇技術等を体得させる。	児童養護施設、児童自立支援施設、児童心理治療施設若しくはファミリーホームの入所児童又は里親委託児童のうち、中学生以上の児童に対し、社会体験や就労体験、職場体験学習等を実施することにより、退所後の自立の促進を図る。	家庭において、非行等の問題行動を有する児童を抱えている家族、または夫の暴力の問題等を抱えている母子世帯及び女性に対し養育や問題解決方法等についての相談にのり、指導することを通じて、家庭で行っている様々な養育の方法や夫の母子等に対する暴力等の実施を把握し、知識を深める。	母子生活支援施設において、夫の暴力等のため、住所地から避難するための寝具、調理器具等を準備することにより広域入所の円滑な実施を図る。	施設における火災・地震等の災害時に備え、職員の防災教育及び災害発生時の安全かつ迅速な避難誘導の体制を充実する等施設の総合的な防災対策の充実強化を図る。
実施方法(例)	ア ①施設経験者等部外者を招いし、講話、座談会を実施する。 ②入所児童の一般工場、事業所等への見学あるいは、事業主等への施設紹介などを実施する。 イ 保護者を招き、家庭環境の整備、処遇方法等の指導を行う。 ウ 施設内に空き居室など施設退所者を受け入れられるスペースがある場合に、施設退所者を一定期間住まわせ、必要に応じて、関係機関との連携や生活指導、就職指導等を行い、社会的自立の促進を図る。	部外者招へいによる入所児(者)との座談会、レクリエーション、1日親子等を実施する。	① 近隣施設の職員と共同で処遇困難な事例等の研究会を開催する。 ② 職員を県内又は県外の施設で実施研修させる。	加算を受ける施設等が、社会体験、就労体験等を行う児童の受入先を確保し、施設長等が当該事業を実施することが適当と認める中学生以上の児童に対し実施する。	パンフレット、スライド、ビデオ等により養育方法等を助言、指導する。	寝具、調理器具、日用品等の整備を図る経費を助成する。	① 現体制では夜勤体制及び宿直体制の確保が困難な施設に宿直専門員を雇上げる等夜間巡視体制の強化を図る。 ② 地域住民等への防災支援協力体制の整備及び合同避難訓練等を実施する。 ③ 職員等への防災教育、訓練の実施及び避難具の整備を促進する。
加算単価	(ア+イ) 30万円以内 (ウ) 30万円以内	30万円以内	30万円以内	10万円以内	15万円以内	45万円以内	45万円以内

「児童福祉施設（児童家庭局所管施設）における施設機能強化推進費について」別表
厚生省児童家庭局長通知（昭和62年5月20日児発第450号 令和4年2月18日子発0218第2号一部改正）

特別事業

① 自立生活支援事業 　※64ページに概要図

対象者

　措置（又は委託）解除前一定期間、自立のための一人暮らし又は少人数での共同生活体験を希望する者又は当該生活体験が必要であると施設長が認めた者であること。

対象者の居住場所

　指定施設等の敷地外の独立家屋又はアパート等とし、通常の生活に必要な設備を有すること。

支援期間・対象人員

　支援期間は、措置（又は委託）解除予定日前のおおむね1年以内とし、対象者の適性や能力等を勘案のうえ期間を設定すること。また、一度に実施する人員は、施設の支援・管理が行き届くよう、1施設等当たり最大6人までとすること。

事業の実施及び訓練の内容

　自立生活支援事業の全般についての実務上の責任者（事業担当責任者）を配置し、あらかじめ個別支援計画を定め、対象者の社会的自立に向けて生活指導等を行うこと。　一人暮らし又は少人数での共同生活のどちらの方法により支援を実施するかについては、対象者の希望及び適性・能力等を勘案のうえ決定すること。また、少人数での共同生活を実施する場合には、夜間において対象者だけの生活とならないよう職員の配置を考慮すること。

事業費の限度額

　本事業の実施に要する経費は、本事業の実施に必要な居住場所1人分につき年額809,800円を限度とする（年間最大6人分まで）。

② 親子支援事業

　　市町村、児童相談所及びその他関係機関と連携し、地域における要支援家庭等の親子を通所又は宿泊により受け入れて、親子分離に至る前に親子関係の再構築に向けた日常的な支援を行う事業。

対象児童及び家族等

　　以下に掲げる支援を必要とする家庭等のうち、市町村、児童相談所及びその他関係機関と連携のうえ、親子で通所又は宿泊により支援を行うことが適切であると、実施施設が認めた家庭等であること。

・地域の要支援家庭

・里親・特別養子縁組家庭

・特定妊婦　・家庭復帰間もない児童のいる家庭

・その他、実施施設、市町村、児童相談所及びその他関係機関が　必要と認めた家庭等

事業の実施及び内容

　　市町村及びその他関係機関等と連携し、地域における要支援家庭等の親子を通所又は宿泊により受け入れて、以下に掲げる支援を実施すること。

・子どもの発達段階に応じた育児・養育方法を一緒に行いながら学習させる支援（ペアレント・トレーニング等）

・育児・養育、生活に関する相談支援

・親子レスパイト支援

・子育て支援サービス等の情報提供や関係機関への接続等の支援

・その他、親子支援に資する取組み

事業の限度額

　　本事業の実施に要する経費は、1施設当たり年額5,450,000円とする。

③ 家族療法事業

事業の実施及び内容

　　対象児童等に対し、3か月から6か月を単位とした治療計画をたて面接治療、宿泊治療、親子レクリエーション、家庭訪問治療等を行うこと。

設 備

　　必要に応じて、親子相談室、心理治療室、宿泊治療室等の設備を設けること。

事業費の限度額

　　本事業の実施に要する経費は、実施延家族数に応じて1施設当たり次の額を限度とする。ただし年度内における実施延家族数が、年間75家族数を下回る場合はこの経費の支弁の対象としないこと。

　　（ア）　実施延家族数が年間 125 家族以上　年額 2,018,000 円

　　（イ）　実施延家族数が年間 125 家族未満　年額 1,009,000 円

④ 施設入所児童家庭生活体験事業

対象児童

　　本事業の対象児童は、児童養護施設、乳児院、児童自立支援施設及び児童心理治療施設の措置児童であって、里親あるいはボランティア家庭等（以下「委託家庭」という。）で家庭生活を体験させることが適当であると施設長が認める児童であること。なお、保護者のいない（死亡あるいは行方不明）児童、保護者がいる場合でも養育拒否等家庭復帰が見込まれない児童を優先すること。

事業の実施及び内容

　　児童養護施設等の入所児童を週末及び夏季休暇等の連続した休暇の期間等を利用して、委託家庭において家庭生活を体験させることにより、社会性の涵養、情緒の安定、退所後の自立を促進すること。

事業の限度額

　　本事業の実施に関する経費は、次のとおりとする。

　①委託先が未委託里親家庭及びボランティア家庭（子育て支援員研修（社会的養護コース）受講者等がいる家庭）である場合

　　加算額＝191,400円×その施設の年間対象者数

　②委託先が①以外の家庭である場合

　　加算額＝112,200円×その施設の年間対象者数

※都では、施設機能強化推進費（施設入所児童家庭生活体験事業）により、交流を行ったフレンドホームに対し施設が支払った謝礼に係る経費を支払うものとなっている。

【自立生活支援事業　概要図】

施設機能強化推進費における自立生活支援事業について

概要

① 目的
児童養護施設等入所児童に一定期間**一人暮らし又は少人数での共同生活**を体験をすることにより、施設退所児童等の**社会的自立の促進**を図る。

② 対象施設
国の**自立支援担当相談員を配置**している施設
※里親及び里親型ファミリーホームはフォスタリング機関に配置されている自立支援担当職員の支援を受けることが望ましい

③ 対象者
児童養護施設、自立援助ホーム、里親及びファミリーホームに措置又は委託により入所している者（措置延長者を含む。）で、**措置（又は委託）解除前一定期間、自立のための一人暮らし又は少人数での共同生活体験を希望する者又は当該生活体験が必要であると施設長が認めた者。**

④ 期間等
・措置（又は委託）解除前予定前の**おおむね1年以内**とし、対象者の適性や能力等を勘案のうえ期間を設定する
・一度に実施する児童数は1施設当たり**最大6人**まで

⑤ 事業内容等
・自立生活支援事業全般の実務上の責任者（事業担当責任者）を配置し、あらかじめ個別支援計画を定め、生活指導等を行う
・一人暮らし又は少人数での共同生活のどちらの方法により実施するかは、対象者の希望及び適性・能力等を勘案のうえ決定
・少人数での共同生活は、夜間において対象者だけの生活とならないよう職員の配置を考慮すること

支弁額

◆年額809,800円×居住場所数（最大6人分）
※ 3月の措置費で支弁する

実施の流れ

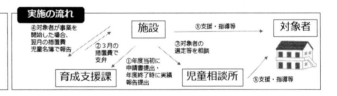

⑵ 児童養護施設等の職員の資質向上のための研修事業

平成 25 年 4 月 1 日より実施されている。

目的

児童福祉施設等の職員の研修参加を促進することで、利用者に対するケアの充実及び職員の資質向上を図り、施設間における処遇の差の改善を図る。

事業概要

（１）各種研修

施設の職員が、施設種別又は職種別に行われる宿泊を伴う研修へ参加した場合において、その経費を支給する。

（２）施設間研修

以下の研修が実施された場合、その経費を支給する。

ア　研修期間が１か月を超えない研修

イ　研修期間が１か月からおおむね３か月までの研修

実施根拠

児童養護施設等の職員の資質向上のための研修事業実施要項

実施方法等

東京都福祉人材センターに委託（申請、審査、研修経費の支払い）。東京都福祉人材センターより送付される「事業の手引き」参照。

⑶　児童養護施設等の職員人材確保事業

平成26年4月1日より実施されている。

目的
　児童養護施設等に入所している児童の抱える問題の複雑・多様化及び施設の小規模化の推進に伴い、より多くの質の高い職員の人材確保を積極的に行う必要があることから、児童養護施設等における実習体制等を充実させ、受け入れた実習生を就業につなげることにより、職員の人材確保を図ることを目的とする。

事業概要
（1）実習生に対する指導
　　児童養護施設等において、施設への就職を希望する学生が実習に来る際に、指導する職員の代替職員を雇う経費を補助する。
（2）実習生の就職促進
　　児童養護施設等で実習を受けた学生の就職を促進するため、施設において就職前に一定期間、非常勤職員として採用する際、その経費を補助する。

事業根拠
　児童養護施設等の職員人材確保事業実施要綱
　児童養護施設等の職員人材確保事業補助金交付要綱

実施方法
　実施根拠に基づき、都区が各施設に直接補助する。

補助単価（令和4年度）
（1）実習生に対する指導
　　実習1回あたり　86,200円
（2）実習生の就職促進
　　1日あたり　　　3,760円

⑷ 育児指導機能強化事業

平成 30 年 4 月 1 日より実施されている。

目的
　乳児院等に育児指導担当職員を配置し、入所児童やその家族はもとより、地域で子育て中の家庭等からの子育てに関する相談に応じ、子供の発達段階に応じた子育て方法を一緒に実践しながら伝えること等により、子育てに関する不安を解消するなど育児指導機能の充実を図る。

事業概要
　児童養護施設等に育児指導担当職員を配置し、育児指導機能強化事業全体の企画、関係機関との円滑な調整、支援対象者に面接や宿泊指導、親子レクリエーション、家庭訪問等の支援等を行う。

事業根拠
　育児指導機能強化事業実施要綱
　育児指導機能強化事業補助金交付要綱

実施内容（補助対象分のみ抜粋）
　本事業の内容は、次の（1）から（3）までのものとする。
（1）育児指導担当職員を配置すること。
（2）育児指導担当職員は、次のいずれかに該当する者をもって充てること。
　　ア　保育士（国家戦略特別区域法（平成 25 年法律第 107 号）第 12 条の 5 第 5 項に規定する事業実施区域内にある乳児院、児童養護施設及び母子生活支援施設にあっては、保育士又は当該事業実施区域に係る国家戦略特別区域限定保育士）の資格を有する者
　　イ　児童福祉施設の整備及び運営に関する基準（昭和 23 年厚生省令第 63 号）第 43 条に規定する児童指導員
　　ウ　上記の資格に準じた者又は子供の発達段階に応じた子育て方法の知識がある者であって、知事が適当と認めた者
（3）育児指導担当職員は、育児指導機能強化事業全体の企画、関係機関との円滑な調整、支援対象者に面接や宿泊指導、親子レクリエーション、家庭訪問等の支援等を行うこと。

⑸ 医療機関等連携強化事業

平成30年4月1日より実施されている。

目的

乳児院等における医療機関との連携強化を図るため、医療機関等連絡調整員を配置することにより、継続的な服薬管理や健康管理が必要な児童等（以下「医療的ケアが必要な児童等」という。）の円滑な受入を促進する。

事業概要

乳児院等に医療機関等連絡調整員を配置し、医療機関等との連絡調整や医師又は嘱託医との連携、医療的ケアが必要な児童等の医療機関への受診の付添等を行う。また、看護職員（保健師、看護師または准看護師）を配置した場合は、医療的なケアが必要な児童等に対する支援や健康管理等を行う。

事業根拠

医療機関等連携強化事業実施要綱
医療機関等連携強化事業補助金交付要綱

実施内容（補助対象分のみ抜粋）

本事業の内容は、次の（1）から（4）までのものとする。
（1）医療機関等連絡調整員を配置すること。
（2）医療機関等連絡調整員は、医療や保健分野等の知識がある者を配置すること。
（3）医療機関等連絡調整員は、医療機関等との連絡調整や医師又は嘱託医との連携、医療的ケアが必要な児童等の医療機関への受診の付添等を行うこと。
（4）（3）の業務に加え、以下の業務を行う場合は、保健師、看護師又は准看護師を配置すること。
　ア　医療的ケアが必要な児童等に対する支援及び緊急時における対応等
　イ　医療的ケアが必要な児童等の健康管理及び身体発達上や健康上の相談への対応
　ウ　その他医療的ケアが必要な児童等への支援のために必要な業務

⑹ 児童養護施設等体制強化事業

令和2年4月1日より実施されている。令和5年1月11日に児童相談所OB等によるスーパーバイズを事業内容へ追加された。

目的

児童養護施設等において、児童指導員や養育者等直接処遇職員の補助を行う者（以下「補助者」という。）を雇い上げること並びに施設職員が抱える悩み等を相談できる環境を整備することにより、直接処遇職員の業務負担を軽減し、離職防止を図るとともに、児童養護施設等の人材の確保を図ることを目的とする。

事業内容

（1）補助者等の雇上げによる直接処遇職員の業務負担軽減

児童指導員や養育者等の直接処遇職員（以下「直接処遇職員」という）の業務負担の軽減等に取り組んでいる児童養護施設等に対し、補助者の雇上げに必要な費用の一部を補助する。

① 児童指導員等となる人材の確保

児童指導員、母子支援員、児童自立支援専門員、児童生活支援員、指導員（以下「児童指導員等」という。）の資格要件を満たすことを目指す者を補助者として雇い上げ、将来的に児童指導員等となる人材の確保を図る。

② 夜間業務等の業務負担軽減

児童養護施設等における夜勤業務、子供間の暴力・性暴力への対応及び障害等を抱えた子供並びに外国籍の子ども等ケアニーズの高い子供への支援等へ対応するための補助者等を雇い上げ、直接処遇職員の業務負担軽減を図る。

（2）児童養護施設等に従事する職員に対する相談支援体制等の整備

児童養護施設等に従事する職員に対して、児童相談所OB等を活用したスーパーバイズを実施する児童養護施設等に対し、相談支援体制等の整備に必要な費用の一部を補助する。

① 児童相談所OB等を活用したスーパーバイズの実施

児童養護施設等において、児童相談所OBや児童養護施設等のOB等を雇い上げる等の方法により、児童養護施設等に従事する職員が抱える悩み・ストレス等を傾聴し、入所児童の養育に関する相談支援等スーパーバイズを実施することにより、職員の離職防止を図る。

② 児童養護施設等に従事する職員の相談支援体制の整備

都道府県等において、児童養護施設等に従事する職員が悩み・ストレス等を気軽に相談できる環境（職員同士のピアサポートを含む）を整備することにより、職員の離職防止を図る。

事業根拠

児童養護施設等体制強化事業実施要綱
児童養護施設等体制強化事業補助金交付要綱

補助基準額（令和４年度）
（1）児童指導員等となる人材の確保
　　　1人あたり　　4,079,000円
（2）夜間業務等の業務負担軽減
　　　1か所あたり　4,079,000円
（3）スーパーバイズによる支援
　　　1か所あたり　547,000円

⑺　児童養護施設等の高機能化及び多機能化・機能転換、小規模かつ地域分散化に必要な人材を育成する研修

　令和２年度より実施されている。

目的
　児童養護施設等における被虐待児や障害のある児童の増加に対応する専門性の高い人材、施設の高機能化及び多機能化・機能転換へ対応できる人材、施設の小規模かつ地域分散化に対応できる人材の育成を目的とした研修カリキュラムを構築し、研修を実施することを目的とする。

事業概要
　対象施設の高機能化及び多機能化・機能転換、小規模かつ地域分散化に必要な人材を育成するための研修を行う。

事業根拠
　児童養護施設等の高機能化及び多機能化・機能転換、小規模かつ地域分散化に必要な人材を育成する研修事業実施要綱

実施方法等
　東京都福祉人材センターに委託。東京都福祉人材センターより送付される「開催要項」参照。

⑻ 社会的養護自立支援事業

平成 29 年 4 月 1 日より実施されている。令和 4 年 1 月 25 日に事業の実施場所の拡大等として、事業内容に「自立後生活体験支援」の追加と対象者の居住場所に寮・寄宿舎等が追加された。

目的

里親等への委託や、児童養護施設等への施設入所措置を受けていた者で 18 歳（措置延長の場合は 20 歳）到達により措置解除された者のうち、自立のための支援を継続して行うことが適当な場合について、原則 22 歳に達する日の属する年度の末日まで、個々の状況に応じて引き続き必要な支援を実施することなどにより、将来の自立に結びつけることを目的とする。

事業内容　※東京都実施要綱から一部抜粋
（1）　継続支援計画の作成
　　　継続支援計画は、対象者が（2）の居住に関する支援の申込書を提出する際に、施設等と児童相談所で連携して作成し、児童相談所で承認する。
（2）　居住に関する支援
　　　児童養護施設等において居住の場を提供し、食事の提供など日常生活上の支援、金銭管理の指導、自立生活への不安や悩み等の相談に応じる。居住費支援。
（3）　生活費の支給
　　　（2）の居住に関する支援を実施する場合に生活費を支給する。生活費支援。児童用採暖費。
（4）　学習費等の支給
　　　特別育成費（基本分、資格取得等特別加算、補習費、補習費特別分）。就職支度費（一般分、特別基準分）。大学進学等自立生活支度費（一般分、特別基準分）。
（5）　自立後生活体験支援
　　　（2）により、児童養護施設等に居住している者について、当該居住する場から自立する前に、一定期間一人暮しを体験できるよう支援すること。
（6）　生活相談の実施
　　　「地域生活支援事業（ふらっとホーム事業）実施要綱」に基づき実施。
（7）　就労相談の実施
　　　「児童養護施設退所者等の就業支援事業実施要綱」に基づき実施。

事業根拠（参考資料）
　東京都社会的養護自立支援事業実施要綱
　社会的養護自立支援事業等における一人暮らし体験について
　民間児童養護施設に係る社会的養護自立支援事業の居住費及び生活費支援の取り扱いについて

【令和３年度実施場所の拡大等の内容】

社会的養護自立支援事業の実施場所の拡大等について

現行の社会的養護自立支援事業

① 対象者
・原則、措置延長を行った20歳到達後
・措置解除から継続の場合のみ対象

② 実施の流れ

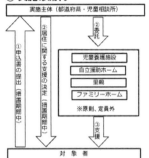

③ 実施場所
　児童養護施設、自立援助ホーム、里親宅、ファミリーホーム

④ 支弁額（月額） （単位：円）

	居住費支援	生活費支援	
		就学就労していない者	就学している者
児童養護施設	383,000	51,350	11,190
自立援助ホーム	240,000	51,350	※就学者自立生活援助事業
里親	90,000	62,860	23,340
ファミリーホーム	184,000	62,850	23,330

※　児童養護施設及び自立援助ホームは定員内で事業を実施する場合は、居住費支援の対象外。
※　上記のほかに学習費支援等あり。
※　令和３年10月時点の単価。

R3 実施場所の拡大等について

1 「自立後生活体験支援」の開始
・児童養護施設、自立援助ホーム、里親の居宅、ファミリーホームに居住している対象者（現に社会的養護自立支援事業利用中の者）が、当該居住する場から自立する前に、一定期間一人暮らしを体験
・居住する場の敷地外のアパート等を体験の場とする
・体験期間は、最長１年間
・自立後生活体験支援の実務上の責任者を施設等に配置し、自活のための生活指導等を実施
・現行の居住費支援、生活費支援等に加え、「自立後生活体験支援」として53,700円（家賃相当分。上限額）を支弁
※　児童養護施設、自立援助ホーム、法人型ＦＨはＲ３年度中に開始、里親、里親型ＦＨはＲ４年度開始予定。

2 寮、寄宿舎等での実施
・１とは別に、社会的養護自立支援事業の実施場所に寮や寄宿舎等が加わる（総務省の「要保護児童の社会的養護に関する実態調査の結果」に基づく勧告を踏まえた改正ということ。）
・都では原則、措置又は措置延長中から引き続いて当該寮や寄宿舎等に居住する場合に限って実施可とする
・定期的に施設の児童養護施設等の職員、里親等が様子を見に行くこと等により、日常生活上の不安や悩み等の相談に応じることができるよう、支援体制に十分配慮　※　Ｒ３年度中に開始予定。

1

実施場所拡大後の事業の流れ等

① 対象者（現行どおり）
・原則、措置延長を行った20歳到達後
・措置解除から継続の場合のみ対象

② 実施の流れ

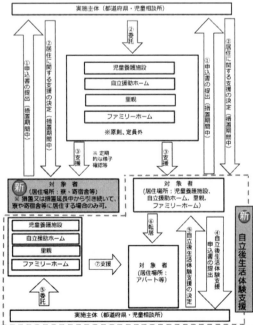

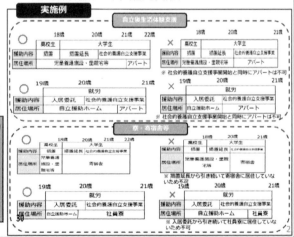

③ 支弁額（月額） （単位：円）

	居住費支援	生活費支援		自立後生活体験支援
		就学就労していない者	就学している者	
児童養護施設	383,000	51,350	11,190	上限 53,700
自立援助ホーム	240,000	51,350	※就学者自立生活援助事業	上限 53,700
里親	90,000	62,860	23,340	上限 53,700
ファミリーホーム	184,000	62,850	23,330	上限 53,700

※　児童養護施設及び自立援助ホームは定員内で事業を実施する場合は、居住費支援の対象外。
※　上記のほかに学習費支援等あり。
※　令和３年10月時点の単価。
※　自立後生活体験支援はアパート等の賃借料として支弁。

2

社会的養護自立支援事業との比較

	施設機能強化推進費における 自立生活支援事業	社会的養護自立支援事業における 自立後生活体験支援	自立支援強化事業における 居住費支援
対象者	措置（又は委託）児童（措置延長を含む） ※措置（又は委託）解除前一定期間、自立のための一人暮らし又は少人数での共同生活体験を希望する者又は当該生活体験が必要であると施設長が認めた者 ※1施設あたり最大6名	社会的養護自立支援事業利用者（20歳から22歳）のうち施設内に居住している者	18歳で措置解除となった者(措置延長後に解除となった者も可)、18〜22歳
対象施設	国の自立支援担当職員配置施設	―	国の自立支援担当職員または自立支援コーディネーター配置施設
期間	措置（又は委託）解除前のおおむね1年以内	最長1年間	措置解除後から引き続く4年以内、※特例(解除後の利用)あり
費用	年額809,800円（居住場所1人分当たり） ※他に通常の措置費の支弁あり。	月額53,700円（1人当たり） ※上記は家賃相当額。他に生活費等の支弁あり。	月額53,700円を上限とし、実費分を施設へ補助金として交付。
アパートの契約者	主なパターン(3つ) ①法人名義 ②理事長名義 ③施設長名義	主なパターン(3つ) ①法人名義 ②理事長名義 ③施設長名義	主なパターン(3つ) ①法人名義 ②理事長名義 ③施設長名義

社会的養護自立支援事業との比較

	施設機能強化推進費における 自立生活支援事業	社会的養護自立支援事業における 自立後生活体験支援	自立支援強化事業における 居住費支援
手続き	①施設は、対象者の選定を児相へ事前相談 ②施設が利用を決定したら、児相は援助方針会議で提案する ③施設は、所管自治体へ申請書を提出	①本人と調整した上で施設が、児相へ申込書を提出 ②児相は、援助方針会議で利用決定し、申込者へ通知(開始・終了時) ③施設は、措置費請求時に措置自治体へ請求	①児相は、措置解除前に利用の意向を聞き取る ②施設が、東京都育成支援課へ関係書類を提出 ③施設が、実績報告書(年間)を東京都育成支援課へ提出
その他①	定員内の実施	原則、定員外での実施	―
その他②	1人暮らし以外に入所児童の少人数での共同生活も可	―	―
備考	・措置解除後に引き続きケアリーバー支援の利用は不可。ただし、解除後一定期間経過した場合は利用可能な場合あり。	・ケアリーバー支援の利用は不可。一人暮らし体験利用後は、原則そのまま解除。	措置解除前に必ず本人へ案内する。既に事業を利用した者が対象期間中に再び利用を希望する場合は応相談。

(9)　児童養護施設等の生活向上のための環境改善事業

平成 27 年 4 月 1 日より実施されている。

目的
児童養護施設におけるケア単位の小規模化等、児童養護施設入所児童等の養育環境改善を
図るための改修、小規模住居型児童養育事業（以下「ファミリーホーム」という。）等を新
設する場合の建物の改修、地域子育て支援拠点事業を継続的に実施するため必要な改修等
を実施することにより、児童養護施設入所児童等の生活向上を図ることを目的とする。

事業内容等　社会福祉法人等は次の（1）、（2）、（3）及び（5）の事業を実施
（1）児童養護施設等の環境改善事業
　　　次のア又はイに該当する事業
　　　ア　児童養護施設及び乳児院において、小規模なグループによるケアを実施するた
　　　　め、施設の改修、設備整備及び備品購入を行う事業
　　　イ　児童養護施設等において、入所児童等の生活向上を図るため、老朽化した乳児・
　　　　児童用ベッド、乳児呼吸モニター、緊急地震速報受信装置等、児童の安全確保のた
　　　　めに必要な備品の購入や更新、フローリング貼・カーペット敷等の設備の購入、更
　　　　新及び改修を行う事業
（2）ファミリーホーム等開設支援事業
　　　ファミリーホーム等を新設し、事業を実施する場合に必要な改修整備、設備整備及び備
　　　品の購入を行う事業
（3）耐震物件への移転支援事業
　　　耐震性に問題のある賃貸物件において地域小規模児童養護施設等を設置している場合
　　　に、耐震物件への移転に伴う費用に対して支援を行う事業
（4）地域子育て支援拠点の環境改善事業
　　　地域子育て支援拠点事業を継続的に実施するために必要な改修、備品の整備
（5）児童養護施設等で使用する衛生用品の購入、児童養護施設等の消毒など新型コロナウ
　　　イルスの感染拡大防止を図る事業
　　　児童養護施設等において、施設等の消毒、感染予防の広報・啓発、施設等の個室化に要
　　　する改修、施設等の職員が感染症対策の徹底を図りながら業務を継続的に実施してい
　　　くための支援（※）など新型コロナウイルスの感染拡大防止を図る事業　（※）職員が
　　　感染症対策の徹底を図りながら業務を継続的に実施していくために必要な経費（研修
　　　受講、かかり増し経費等）を支援する。

【かかり増し経費等の例】
（ア）職員が勤務時間外に消毒・清掃等を行った場合の超過勤務手当や休日勤務手当等の割増賃金や、通常想定していない感染症対策に関する業務の実施に伴う手当など、法人（施設）の給与規程等に基づき職員に支払われる手当等のほか、非常勤職員を雇上した場合の賃金※手当等の水準については、社会通念上、適当と認められるものであること。
（イ）施設の感染防止対策の一環として、職員個人が施設や日常生活において必要とする物品等の購入支援
（ウ）濃厚接触者等の養育を担当する職員が家庭での感染拡大を予防するために宿泊施設等を利用する場合の宿泊費用など、濃厚接触者等を養育する際に必要なかかり増し費用
※実費相当額を上限

（1）から（4）の各事業については、事業を行う施設等1か所につき1回限りとする。ただし、児童養護施設において、小規模かつ地域分散化を図るために必要な改修整備、設備整備及び備品の購入を行う事業を実施する場合はこの限りではない。

事業根拠
　児童養護施設等の生活向上のための環境改善事業実施要綱
　児童養護施設等の生活向上のための環境改善事業補助要綱

補助限度額（令和3年度）
（1）　児童養護施設等の環境改善事業
　　　1施設当たり　8,000千円
（2）ファミリーホーム等開設支援事業
　　　1施設当たり　8,000千円
　　　※ファミリーホーム、地域小規模児童養護施設及び分園型小規模グループケアの開設に当たり、改修期間中に賃借料が発生する場合、当該費用（10,000千円を上限）を加算
（3）　耐震物件への移転支援事業
　　　1施設当たり　8,000千円
（4）　地域子育て支援拠点の環境改善事業
　　　1施設当たり　8,000千円
（5）　児童養護施設等で使用する衛生用品の購入、児童養護施設等の消毒など新型コロナウイルスの感染拡大防止を図る事業
（6）　1施設当たり　8,000千円

⑽　児童養護施設等における業務負担軽減等のためのＩＣＴ化推進事業

令和３年４月１日より実施されている。

目的
　タブレット端末の活用による児童の情報の共有化やペーパーレス化等により、児童養護施設等におけるＩＣＴ化を推進し、児童養護施設等の職員の業務負担の軽減を図る。

事業内容
　児童養護施設等の職員の業務において負担となっている書類作成等の業務について、タブレット端末の活用による児童の情報の共有化やペーパーレス化等、施設のＩＣＴ化の推進に資する機器等の整備を図る。なお、システムを導入する場合には、他の機能と連動した台帳の作成・管理機能、台帳と連動した指導計画の作成機能、台帳や指導計画と連動した日誌の作成機能などを備えたものが考えられる。

事業根拠
　児童養護施設等における業務負担軽減等のためのＩＣＴ化推進事業実施要綱
　児童養護施設等における業務負担軽減等のためのＩＣＴ化推進事業補助要綱

補助限度額（令和３年度）
　１施設当たり 1,000 千円

8. 事業費の内容

　事業費は主として直接に入所者のために支出される経費であり、日常生活全般にわたるために、入所施設では特に経費の内容が広範囲になっている。

　以下に事業費支弁基準の項目と、一部抜粋した国と都区から特段の通知、説明があるものについてこれを記す。詳細については支弁基準を参照のこと。

一般生活費	厚生事務次官　厚生省発児第 86 号平成 11 年 4 月 30 日 児童の給食に要する材料費等及び日常生活に必要な経常的諸経費。 算式(1) 次の表の一般生活費月額保護単価×その月初日の措置児童等数（通所部の場合は通所部の措置児童数とする。また、母子生活支援施設にあってはその月初日の入所者数とする。ただし、保育室のある場合には 3 歳以上入所児童又は 3 歳未満入所児童数とし、次の表に掲げる単価をそれぞれ乗じて得た額を上記により算出した額に合算するものとする。） 一般生活費保護単価表　（措置児童（者）等 1 人当たり） <table><tr><td>施設種別</td><td>一般生活費（月額）</td></tr><tr><td>児童養護施設</td><td>乳児分　60,130 円 乳児以外　52,120 円</td></tr></table>
被虐待児受入加算費	厚生事務次官　厚生省発児第 86 号平成 11 年 4 月 30 日 児童（世帯）を支援するための職員の雇上経費及び日常生活に必要な経常的諸経費。 次の算式により算定した額。 算式(1) 　別に定める基準による児童数×月額 26,100 円 **都区合同事務説明会　事業費の各項目の留意点** 1　被虐待児受入加算費 （1）申請書の提出日 被虐待児童受入加算費の承認申請については、下記のとおり実施します。 （表以下）

被虐待児受入加算費の表：

回	提出期限	対象となる児童の入所日（虐待判明日）
第 1 回	6 月 3 日	3 月 2 日から 6 月 1 日
第 2 回	9 月 3 日	6 月 2 日から 9 月 1 日
第 3 回	12 月 3 日	9 月 2 日から 12 月 1 日
第 4 回	3 月 3 日	12 月 2 日から 3 月 1 日

　※　提出期限は前後する可能性があります。正式な依頼は年度当初にお送りいたしますので、ご確認をお願いいたします。
　※　提出期限は育成支援課及び各区措置費担当課に必着日です。直近の提出期限に間に合わない場合、次回の提出期限までに書類をご提出ください。
（2）他施設から措置変更により入所した児童について
　　措置変更により入所した児童の場合、前施設での被虐待児童受入加算費の承認期間が終了していない児童については、その残余期間につき、変更後の施設においても支弁の対象となります。措置費の支弁にあたっては、変更後の施設から、該当児童の残余期間につき再度、承認申請する必要があります。
　　措置変更にて他施設から入所する児童については、下記項目につき前施設での承認状況を確認してください。
＜確認事項＞
1　前施設で被虐待児童受入加算の承認の有無
2　前施設で承認を受けていた場合
　　ア　承認通知の文書番号
　　イ　承認通知年月日
　　ウ　承認期間
＜対象となる施設種別＞
児童養護施設・児童自立支援施設・児童心理治療施設・乳児院・児童自立生活援助事業（自立援助ホーム）、小規模住居型児童養護事業（ファミリーホーム）、母子生活支援施設等

	(3) 他施設へ措置変更となる児童についての照会 　　被虐待児童受入加算費の対象期間終了前に、児童が他施設に措置変更した場合は、変更後の施設から上記「確認事項」の照会がありますので回答してください。
幼稚園費	**厚生事務次官　厚生省発児第 86 号平成 11 年 4 月 30 日** 幼稚園及び支援法第 19 条第 1 項第 1 号の認定を受け 児童（支援法第 11 条に規定する子どものための教育・保育給付費の支給を受けている児童に限る。）が利用する施設・事業所（以下「幼稚園等」）という。）の就園に必要な経費。 次の算式により算定した額。 　　その施設等のその月またはその年度におけるその措置児童につき、幼稚園等に就園している児童であって、幼稚園等の就園に必要な入学金、保育料、制服等の実費（寄付金は除く。）を合算した額。 　　ただし、各自治体において幼稚園就園奨励費の補助又は施設等利用給付費の支給がある場合においては、その額を控除した額とする。 **都区合同事務説明会　事業費の各項目の留意点** 　2　幼稚園費 　　(1) 幼稚園費の支弁について 　　　幼稚園に就園している児童であって、幼稚園就園に必要な入学金、保育料、制服等の実費（寄付金を除く。）を合算した額を支弁します。 　　　ただし、各自治体において幼稚園就園奨励費の補助又は施設等利用給付費の支給がある場合においては、その額を控除した額とします。 　　　なお、幼稚園就園奨励費以外に各自治体において独自の補助事業を実施している場合においても、その補助金を控除した額とします。 　　(2) 支弁対象 　　・2 歳児クラスや延長保育は支弁対象外ですが、特別な理由がある場合は個別にご相談ください。 　　・入園料、保育料に追加して必要な経費が生じる場合、その経費が通園にともない、必ず発生するものであれば支弁対象です。（任意で参加する行事等は対象外） 　　≪支弁対象例≫ 　　全員参加のお泊り保育、保護者会が徴収している父母会費や卒園対策費、動きやすい服、お弁当箱・コップ、おしぼりトレイン（ケース）、タオル、布代（上履き用鞄等の手作り用）　等 　　　<u>（幼稚園に通うために各自で購入するものについては、施設で所有しているもので対応 できない場合に限り、支弁対象です。）</u>
教育費	**厚生事務次官　厚生省発児第 86 号平成 11 年 4 月 30 日** 義務教育諸学校又は特別支援学校の高等部に在学中のもの及び特別支援学校の高等部第 1 学年に入学するもの。 次に掲げる経費 (1)その児童の義務教育（特別支援学校高等部の教育を含む。）に必要な学用品費 (2)教材代 (3)通学のための交通費 (4)部活動費 (5)学習塾費 (6)児童自立支援施設の教材費 (7)その児童の特別支援学校高等部入学に必要な学用品費等 (8)特別支援学校高等部の児童が就職又は進学に役立つ資格取得又は講習等の受講をするための経費 次の算式(1)によって算定した額。 　　ただし、教材代、通学のための交通費、部活動費又は学習塾費を支弁すべき児童があるときは、それぞれ算式(2)から算式(5)により算定した額を、児童自立支援施設においては、教材費として算式(6)により算定した額を、特別支援学校高等部第 1 学年に入学する児童があるときは算式(7)により算定した額を、資格取得又は講習等の受講をした特別支援学校高等部に在学する児童であって別に定めるものがあるときは算式(8)により算定した額を、それぞれ算式(1)によって算定した額に加算する。なお、算式(7)については 4 月分の措置費等として支弁する。

算式(1)
　　次の表の教育費学年別月額保護単価×その月の学年別就学措置児童数
教育費保護単価表（措置児童数1人当たり）

学年別	小学校	中学校	特別支援学校高等部
保護単価（月額）	2,210円	4,380円	4,380円

算式(2)
　　その施設又は里親のその月におけるその措置児童の別に定めるところにより教科書に準ずる正規の教材として学校長が指定するものの購入に必要な実費を合算した額。
算式(3)
　　その施設又は里親のその月におけるその措置児童であって、交通費の支給を必要と認めるものがあるときは、その児童が最も経済的な通常の経路及び方法により通学する場合のその普通旅客運賃の定期乗車券（定期乗車券のない場合にあっては、これに準ずるもの。）の実費を合算した額。
算式(4)
　　その施設又は里親のその月におけるその措置児童のうち部活動に入部している児童であって、部活動に必要な道具代、遠征費等の実費を合算した額。
算式(5)
　　その施設又は里親のその月におけるその措置児童の中学生のうち学習塾に通っている児童であって、学習塾に必要な授業料（月謝）、講習会費等の実費を合算した額。
算式(6)
　　教材費月額保護単価小学校該当児200円、中学校該当児290円×その月の児童自立支援施設の小学校又は中学校別該当措置児童数（ただし、算式(2)及び算式(3)の対象児童を除く。）
算式(7)
　　入学時特別加算費年額保護単価86,300円×特別支援学校の高等部第1学年入学措置児童数
算式(8)
　　資格取得等特別加算費年額保護単価57,620円×該当児童数（資格取得又は講習等の受講をした特別支援学校高等部に在学する児童であって別に定めるものの数）
厚生省児童家庭局長通知　児発第416号平成11年4月30日
第4　教育費の取扱いについて
　1　教育費のうち、「教科書に準ずる正規の教材」として学校長が指定するものの購入に必要な教材代の支弁に当たっては、学校長の指定証明を徴すること。
　2　前記の「教科書に準ずる正規の教材」の範囲は、学校において当該学級の全児童が必ず購入することになっている副読本的図書、ワークブック、和洋辞書及び正規授業である特別活動のうち、クラブ活動において当該クラブの全児童が購入することになっている用具類に限られること。
　　なお、特別支援学校の高等部の通学児及び児童自立支援施設の就学児については他の施策により教科書代の支給が無い場合には、これを支弁して差し支えないこと。
　3　母子生活支援施設に入所している児童にあっては、特別支援学校高等部第1学年に入学する際の入学時特別加算費のみ支弁できること。
　4　資格取得等特別加算費は、児童の自立支援や就職支援を目的とするために特別支援学校高等部第3学年を対象とするものであるが、例えば特別支援学校高等部第3学年以外に支弁することが適当と判断される場合には支弁して差し支えないこと。
　　なお、支弁に当たっては、別紙様式（3）を徴することとし、特別支援学校高等部在学中に1回限りの支弁とするので、同一児童に重複して支弁されないよう留意すること。
　5　学習塾費については、施設内等において受講する通信教育等に必要な経費（授業料等）について支弁ができること。
　6　母子生活支援施設に入所している中学生の学習塾費については、特別育成費にて支弁できること。
　7　小学生に対する学習支援は、平成20年6月12日雇児発第0612014号の6本職通知「年長児童に対する処遇体制の強化について」により、別途定めること。

	都区合同事務説明会　事業費の各項目の留意点
	3　教育費 　教材費や給食費の振込に係る手数料についても請求が可能です。ただし、学校等から振込を指定されている場合に限る。 　（1）教材費 　対象となる副教材は以下のとおりです。 　≪副教材の定義≫ 　　「学校において全児童が一括購入を指示された教材及び用具類」 　≪請求の対象≫ 　　<u>入進学支度金及び学校教育費の定額分で購入するもの以外のもの</u>であること。 　　また、「○○セット」は<u>基本セット</u>のみ対象。 　　転校時や破損時の教科書代（本来無償であるが新たに購入しなければならなかった）は、支弁の対象です。 ☆入進学支度金及び学校教育費の定額分等で対応するもの　<u>（教材費では支弁対象外）</u>

項　目	例
通学用品、学用品等	「靴」「上履き」「制服」「体操着」「ジャージ」「体育館履き」「水着」「水泳帽」「水着袋」「指定かばん」等 学校指定以外の「鉛筆」「ノート」「下敷き」等の学用品
遠足、社会科見学費用等	「遠足費用」「社会科見学費用」「演劇鑑賞費用」「学年活動費」　等
卒業対策費用	「卒業アルバム」等
その他	「課外クラブ用品」「行事費」「校章」「学力判定テスト（模試等）」「連絡帳」「写真代」「PTA 会費」「生徒手帳」「予備費」「証明書発行費用」等

	（2）部活動費 　その月における措置児童の中学生及び特別支援学校高等部に在学中の児童のうち、部活動に入部している児童について、部活動に必要な道具代、遠征費等実費を合計した額を支弁します。 　※　対象となる部活動とは、学校教育活動の一部として行う部活動であって、地域の野球チームやサッカーチームなどは対象外ですが、地域の野球チーム等であっても、学校が部活動とみなしている場合には対象となります。 　（3）学習塾費 　その月における措置児童の中学生のうち、学習塾に通っている児童について、学習塾に必要な授業料（月謝）、講習会費等の実費を合計した額を支弁します。領収書等金額のわかる資料を提出してください。 　≪支弁対象経費≫ 　学習塾（※）に通うために支出した経費（入会金、授業料（月謝）、講習会費、教材費、模擬テスト代、交通費、夏期講習、冬期講習の受講料。<u>なお、模擬テストについては、塾で受験とりまとめを行うもののみを対象とします。</u>） 　（※）通信教育や映像授業塾も含む。 　ただし、以下の経費は支弁対象外。 　ア　施設の中で使用する学習机、いす、パソコン、本棚等の物品購入費及び参考書、問題集、学習用カセットテープ等の図書購入費等 　イ　家庭教師への月謝（謝礼）、教材費等 　※ただし、特別育成費補習費特別保護単価に該当する場合、家庭教師の利用は支弁対象（定額）となります。 　ウ　ピアノ、舞踊、スイミングスクール、武道、習字、そろばん、外国語会話など、いわゆるお稽古ごとに支出した経費
学校給食費	**厚生事務次官　厚生省発児第 86 号平成 11 年 4 月 30 日** 学校給食を実施している義務教育諸学校又は特別支援学校の高等部に在学中のもの。 その児童のその学校給食に必要な経費。 その施設又は里親のその月におけるその措置児童がその義務教育諸学校又は特別支援学校の高等部から学校給食費として徴収される実費を合算した額。
見学旅行費	**厚生事務次官　厚生省発児第 86 号平成 11 年 4 月 30 日** 小学校第 6 学年、中学校第 3 学年若しくは高等学校第 3 学年（特別支援学校の高等部を含む。）の在学中のもので、その学校の教育課程において実施される見学旅行（通常の「見学旅行」をいう。）に参加するもの。 その児童の見学旅行に直接必要な交通費、宿泊費等。

	次の算式により算定した額の合算額
	算式
	次の表の見学旅行費学年別年額保護単価×その月の学年別見学旅行参加措置児童数

見学旅行費保護単価表（措置児童（者）１人当たり）

学 年 別	保護単価（年額）
小学校第６学年	22,690 円
中学校第３学年	60,910 円
高等学校第３学年（特別支援学校高等部を含む）	111,290 円

厚生省児童家庭局長通知　児発第 416 号平成 11 年 4 月 30 日

第５　見学旅行費の取扱いについて

　　　見学旅行費は、学校において児童の保護者よりその実施前に所要経費の全額を前納させる場合も考えられるので、見学旅行参加予定児童数及び見学旅行の時期等を考慮し、予め概算支弁する等実情に応じた措置をとること。

　　　なお、見学旅行費は学校の最終学年の教育課程において実施される見学旅行の参加に要する経費に充てられるものであるが、上級学校進学又は就職等の関係で、例えば、中学第２学年在学時において繰り上げ実施される場合には、これを確認のうえ支弁して差し支えないこと。

　　　また、見学旅行には、疾病等による特別な事情がない限り参加させるよう配慮すること。

都区合同事務説明会　事業費の各項目の留意点

5　見学旅行費・夏季等特別行事費

　　　見学旅行費については、見学旅行（修学旅行）の内容がわかる学校からの通知（お便り）等を添付して参加した翌月に請求してください。

　　　※　学校からの通知等には児童名・学年・見学旅行費と夏季等特別行事費のどちらであるかを補記してください。

　　　※　高校生の見学旅行費の定額分（111,290 円）を超過した金額について、特別育成費の範囲で支弁が可能です。ただし見学旅行費と重複請求は不可。

　　　（例）見学旅行費の実費が 161,290 円だった場合、特別育成費では 50,000 円（＝ 161,290 円－111,290 円）が請求できます。学校からの通知の余白や請求書の備考欄でわかるように記載をしてください。

入進学支度金

厚生事務次官　厚生省発児第 86 号平成 11 年 4 月 30 日

小学校第１学年に入学し、又は中学校第１学年に進学するもの。

その児童の入進学に際して必要な学用品等の購入費。

次の算式によって算定した額の合算額とし、4 月分の措置費等として支弁する。

　算式

　　次の表の入進学支度金学年別年額保護単価×学年別入進学措置児童数

入進学支度金保護単価表　（措置児童１人当たり）

学 年 別	保護単価(年額)
小学校第１学年入学児童	64,300 円
中学校第１学年入学児童	81,000 円

厚生省児童家庭局長通知　児発第 416 号平成 11 年 4 月 30 日

第６　入進学支度金の取扱いについて

　　　入進学支度金については、原則として施設において新たに小学校第１学年（義務教育学校前期課程含む。）に入学し又は中学校第１学年（義務教育学校後期課程含む。）に進学するものに対して支弁するものであるが、その施設に新たに措置された児童が転校を余儀なくされ、制服等に指定がある場合には、その学籍に応じて第１学年に在籍しているものとみなして支弁して差し支えないこと。

　　　なお、現物給付を原則とするが、特に母子生活支援施設については、支援の状況に応じ、母親に現金を預けて現物を購入させ、領収書等により確認する等の柔軟な運用を図られたい。（教育費及び特別育成費の入学時特別加算費についても同じ。）

都区合同事務説明会　事業費の各項目の留意点

6　入進学支度金

　　　入進学支度金について、施設において新たに小学校１学年に入学し又は中学校１学年に進学する児童に対し支弁していますが、その施設において新たに措置された児童が転校等により制服の購入など特別な学用品費用等が発生した場合、第１学年に在籍しているものとみなして支弁の対象とします。

　　　※転校の場合は、制服購入に係る領収書等、費用が発生したことが分かる資料を添付してください。

	☆3月末に解除となる児童の入進学支度金の取扱いについて 　3月末等に措置解除（または措置変更）となる児童について、入学の準備のために制服などの物品等を購入した事実がある場合、3月追加分措置費請求時にご請求ください。 　請求する際は必ず児童名簿の異動状況記載欄に当該児童の情報を記入するとともに、物品等購入の事実が分かる資料（領収書等）を添付してください。
特別育成費	厚生事務次官　厚生省発児第86号平成11年4月30日 高等学校に在学しているもの及び高等学校第1学年に入学するもの及び義務教育終了児童のうち高等学校等に在籍していないもの（既に就職しているものは除く。）又は別に定めるもの（第3欄の(4)、(5)及び(6)に限る）。 次に掲げる経費 (1)その児童の高等学校在学中における教育に必要な授業料、クラブ費等の学校納付金、教科書代、学用品費等の教科学習費等 (2)通学のための交通費 (3)その児童の高等学校入学に際し必要な学用品費 (4)就職又は進学に役立つ資格取得又は講習等の受講をするための経費 (5)学習塾等を利用した場合にかかる経費 (6)特別な配慮を必要とする入所児童が個別学習支援を受けた場合にかかる経費 次の算式によって算定した額の合算額。 ただし、算式(3)については4月分の措置費等として支弁する。 　算式(1) 　　次の表の特別育成費公私別月額保護単価を上限として、実費を合算した額。 　　特別育成費保護単価表　（措置児童1人当たり） | 公　私　別	保護単価（月額） | |---|---| | 国・公立高等学校 | 23,330 円 | | 私立高等学校 | 34,540 円 | 　算式(2) 　　その施設又は里親のその月におけるその措置児童であって、交通費の支給を必要と認めるものがあるときは、その児童が最も経済的な通常の経路及び方法により通学する場合のその普通旅客運賃の定期乗車券（定期乗車券のない場合にあっては、これに準ずるもの。）の実費を合算した額。 　算式(3) 　　入学時特別加算費年額保護単価86,300円を上限として、実費を合算した額。 　算式(4) 　　資格取得等特別加算費年額保護単価57,620円を上限として、実費を合算した額。（対象児童は、資格取得又は講習等の受講をした児童であって別に定めるもの） 　算式(5) 　　補習費保護単価20,000円（高等学校第3学年は25,000円）を上限として、実費を合算した額。（対象児童は、学習塾等を利用した児童であって別に定めるもの） 　算式(6) 　　補習費特別保護単価25,000円を上限として、実費を合算した額。（対象児童は、個別学習支援を受けた児童であって別に定めるもの） 厚生省児童家庭局長通知　児発第416号平成11年4月30日 第7　特別育成費の取扱いについて 　1　特別育成費は交付要綱に定める額を上限として実費とする（通学のための交通費を除く）。 　　　なお、特別育成費は年間の所要経費を満たすものとして算定されているので、必要に応じて数月分を合わせてあらかじめ支弁する等実情に応じた運用を図るよう留意すること。 　2　特別育成費のうち通学のための交通費については、最も経済的な通常の経路及び方法により通学する場合のその通学定期旅客運賃の実費とし、新幹線や座席指定等の料金は除くこと。 　　　なお、全寮制の高等学校に通う児童等が施設や里親家庭等に帰省する際に必要な交通費など高等学校生活に必要な交通費についても、支弁の対象として差し支えないこと。 　3　資格取得等特別加算費は、児童の自立支援や就職支援を目的とするために高等学校第3学年を対象とするものであるが、高等学校第3学年以外に支弁することが適当と判断される場合には支弁して差し支えないこと。また、高等学校第3学年相当の年齢の児童で、高等学校に在学していない児童についても、支

給対象となるので、高等学校第３学年の児童と同様に取扱われたい。なお、支弁に当たっては、別紙様式（３）を徴することとし、高等学校在学中に１回限りの支弁とするので、同一児童に重複して支弁されないよう留意すること。

4 補習費は、学習塾などを利用した際に係る通塾費用等に充てられる経費であり、高校生（母子生活支援施設においては、中学生を含む。）等を支弁の対象としている。なお、施設内等において受講する通信教育等に必要な経費（授業料等）についても支弁ができること。

5 補習費特別保護単価は、集団学習に馴染むことが困難であると考えられる中学生及び高校生等に対し、家庭教師等を施設に招き個別学習支援を行う方法等により実施した場合に支弁対象とするものである。

都区合同事務説明会　事業費の各項目の留意点

9 特別育成費

令和元年度より単価を上限とする実費払いとなっております。

定額分（公立新規・継続、私立新規・継続）及び補習費は年度末の一括精算といたします。

（１）定額分（公立新規・継続、私立新規・継続）

対象経費となるものについては文部科学省の「子供の学習費調査」における学校教育費の対象に準ずるものと考えています。

【参考】令和３年度子供の学習費調査の結果について

子供の学習費調査 項目別定義

項目名		定義（含まれる費用の範囲）
学校教育費		学校教育のために各家庭が支出した全経費で，学校が一律に徴収する経費及び必要に応じて各家庭が支出する経費の合計額
	入学金・入園料	入学するに当たり要した入学金・入園料（複数の学校を受験した結果，実際には入学しなかった学校へ支払ったものも含む）
	入学時に納付した施設整備費等	入学するに当たり，入学時に学校へ一括で支払った納付金のうち，入学金・入園料及び授業料・保育料以外のものの額（複数の学校を受験した結果，実際には入学しなかった学校へ支払ったものも含む）
	入学検定料	入学するに当たり要した入学検定料（受験した全ての学校の検定料）
	授業料	幼稚園保育料，私立小中学校・公私立高等学校の授業料として支払った経費
	施設整備費等	私立学校において，本年度分として学校へ一括で支払った納付金のうち，授業料・保育料以外の経費（入学時に納付した施設整備費等を除く）
	修学旅行費	修学旅行を行うために支払った経費（修学旅行用のかばんなど個人的に要した経費を除く）
	校外活動費	遠足，見学，野外活動，集団宿泊活動，移動教室などのために支払った経費（校外活動用のかばんなど個人的に要した経費を除く）
	学級・児童会・生徒会費	学級・学年の活動や全校の児童・生徒会活動のために支払った経費
	その他の学校納付金	保健衛生費，日本スポーツ振興センター共済金等の安全会掛金，冷暖房費，学芸会費等，学校に対し支払った費用で，授業料・保育料，施設整備費等，修学旅行費，校外活動費，学級・児童会・生徒会費に該当しない経費。
	ＰＴＡ会費	ＰＴＡの会費として支払った会費
	後援会等会費	後援会や同窓会など，学校を支援する外部団体に支払った会費等
	寄附金	学校に対し，任意で寄付した寄附金（全く個人的な寄附金や，保護者以外の者が寄附したものを除く）
	教科書費・教科書以外の図書費	授業で使う教科書（高等学校のみ）及び各教科などの授業（幼稚園の場合，保育上使用）のために，先生の指示などにより購入した必須図書等の購入費
	学用品・実験実習材料費	学校の各教科などの授業で必要な文房具類，体育用品，楽器，製図・技術用具，裁縫用具等の購入費及び調理用の材料購入費等
	教科外活動費	クラブ活動（課外の部活動を含む），学芸会・運動会・芸術鑑賞会，各教科以外の学級活動（ホームルーム活動），児童会・生徒会，臨海・林間学校などのために，家庭が直接支出した経費（飲食，お土産等の個人的に要した経費を除く）
	通学費	通学のための交通費，スクールバス代，自転車通学が認められている学校での通学用自転車購入費等
	制服	学校が通学のために指定した制服一式（標準服を含む）で，いわゆる学生服以外にブレザー，ネクタイ，シャツ・ブラウス等を含むが，制服以外の衣類は除く
	通学用品費	通学のために必要な物品の購入費で，ランドセル，かばん，雨傘などの購入費
	その他	上記のいずれにも属さない経費で，学校の徽章・バッジ，上ばき，卒業記念写真・アルバムの代金等

【支弁可否の具体例】
　下表に、問い合わせがあったものの一例を記載します。ただし、支弁の可否は、物や事に対して一律に判断するものではなく、その使用目的やケースによって個別に判断することが基本となりますので、下表はあくまで参考としてご覧ください。

支弁の対象となるもの	支弁の対象外となるもの
・通学自転車の防犯登録・保険料 ・リモート授業用のヘッドホン ・通学靴用の防水スプレー ・受験書類の郵送料（書留等） ・就職用の履歴書用写真代 ・公務員模擬試験代（資格取得費で支弁可能。ただし、交通費は支弁不可） ・物品の購入に必須だったレジ袋 　　　　　　　　　　　　　　　等	・独学用の参考書・問題集・単語帳 ・学習塾を通さない模擬試験代 ・制服のクリーニング代、丈詰め代（一般生活費では支弁可能） ・三者面談参加時の職員の交通費 ・授業内容の自宅練習で必要な道具（学校の案内なし） ・滑り止めの学校の入学金　　　　等

（2）通学交通費
　　最も経済的な通常の経路及び方法により通学する場合のその通学定期旅客運賃の実費とし、支弁します。（新幹線や座席指定等の料金は除くこと。）
　　なお、全寮制の高等学校に通う児童等が施設や里親家庭等に帰省する際に必要な交通費など高等学校生活に必要な交通費についても、支弁の対象とします。（令和3年度から）
（3）大学受験料
　　大学等を受験する高校生に対し、年額１０５，０００円を上限に支弁します。（ただし（1）定額分にかかった実費が、その児童の年間上限額を超えた場合に限る）。
　　対象となるものは大学等受験料のみです（願書購入費用や郵送料は対象とはなりません。）。
※請求システム上、特別育成費定額分で不足する場合にのみ請求が可能となります。
※受験校数に制限はありません。
（4）補習費
≪概要≫
　　国措置費分と都・各区上乗せ分を合計した金額を毎月支弁します。
≪単価≫
　　高校１、２年生：40，000円（国措置費分20，000＋上乗せ分20，000）
　　高校３年（特別な配慮を必要とする児童）：50,000円
　　　　　　　　　　　　　　　　　　（国措置費分25,000＋上乗せ分25,000）
　　通塾代が月額２万円未満で、毎月の請求を行うことで年度末の返還が生じてしまう場合は、年度途中から請求をやめても差し支えはありません。
≪請求例≫
　　補習費保護単価が４万円、通塾費が２万円の場合（年間実績24万円）
　　・毎月請求する場合：４万円×12か月＝48万円請求→年度末に24万円の返還
　　・帳尻を合わせて請求する場合：４月～９月分は請求し、10月～３月分は請求しない
　　　　　　　　　　　＝４万円×６か月＝24万円請求　→年度末の返還なし

≪注意事項≫
・毎月通塾している場合は、毎月請求してください（年度末等にまとめて請求することは避けてください）。
・通信教育や映像授業塾についても、特別育成費（補習費）の範囲で支弁の対象となります。領収書等金額のわかる資料を提出してください。
　　参考：特別育成費（補習費・大学受験料）の拡充事業実施要綱
・補習費で上限を超えた分について、特別育成費定額分に計上することは基本的にはできません。

夏季等特別行事費	厚生事務次官　厚生省発児第86号平成11年4月30日 義務教育諸学校に在学しているもので、その学校又は教育委員会が、当該学年の児童・生徒の全員を参加させて行う夏季等の臨海、林間学校等の行事に参加するもの。 その児童の夏季等特別行事に参加するために必要な交通費等。 次の算式によって算定した額 　算式 　　夏季等特別行事費１件当たり保護単価3,150円×夏季等特別行事参加措置児童数 都区合同事務説明会　事業費の各項目の留意点 ※上記、見学旅行費に記載

期末一時扶助費	厚生事務次官　厚生省発児第 86 号平成 11 年 4 月 30 日 児童の年末における被服等の購入費。 次の算式によって算定した額とし、12 月分の措置費等又は一時保護所費として支弁する。 　　算式 　　　期末一時扶助費年額保護単価 5,500 円×12 月初日の措置又は一時 保護児童数
医療費	厚生事務次官　厚生省発児第 86 号平成 11 年 4 月 30 日 疾病等により医師、歯科医師等によって診察、治療、投薬、手術等の医療を受けるためにその支弁を必要と認められるもの。 その児童等の医療に必要な経費。 次の算式によって算定した額 算式 　　その施設等のその月におけるその措置児童等につき、診療報酬の算定方法及び入院時食事療養費の算定基準に準じて算定した額（その医療機関が社会保険の指定医療機関であり、かつ、その措置児童等が社会保険の被扶養者等である場合においては、その社会保険において給付が行われる額を控除した額とする。）を合算した額。 　　なお、その措置児童等の移送に要する費用についても健康保険法の取扱いの場合に準じて支弁して差し支えない。ただし、自立援助ホームの入所児童にあっては、別に定める期間において、医療機関や薬局の窓口で負担した実費の額。 厚生省児童家庭局長通知　児発第 416 号平成 11 年 4 月 30 日 第 8　医療費の取扱いについて 　　医療費については、特に次の点に留意し、適正なる支弁を行われたいこと。 　1　嘱託医又は保健所等を活用し、健康管理の徹底を図り疾病の予防に努めること 　2　施設の常備薬等による治療が困難と思料される場合は、直ちに嘱託医の診療を受けるなど早期治療に努めるよう指導すること。 　3　措置児童等が社会保険の被保険者、組合員又は、被扶養者であるかどうかの把握及び確認を行い、医療の給付を受ける際はこれを適用すること。 　4　医療費の支弁に際しては、その請求の内容を十分審査するものとし、また、この経費は、施設を経由せずに直接医療機関に支払うようにすること。 　5　都道府県知事又は指定都市、中核市若しくは児童相談所設置市の長においては、医療費の支弁を行った後においてこれを施設別、入院通院別、病類別等に分類整理し、医療費の支弁状況を常時把握しておくこと。 　6　自立援助ホームの入所児童については、就労し、最初の賃金を得る月までの間を対象とし、国民健康保険等に加入している（国民健康保険等の加入手続き中の場合や国民健康保険等に加入できない特段の事情がある場合を含む）入所児童（者）が医療機関又は薬局で支払った自己負担額について、4 によらず直接施設に支弁するものとする。なお、支弁にあたっては、領収書等を徴すること。 都区合同事務説明会　事業費の各項目の留意点 １０　医療費 　　医療費については、措置児童の医療に必要な経費として、保険診療及び保険対象外の実費及び通院交通費等について支弁しているところです。 　　なお、嘱託医及び保健所等を活用し、日頃の健康管理及び疾病の予防対策に一層努めてください。 （1）受診券が使用できず、措置費の医療費で請求可能なものについて 　　　児童の福祉上医療を受けることが必要と認められるものは請求可能です。 　　・接骨院・柔道整復師会等の**保険診療に係るもの** 　　一旦窓口で自己負担分を支払い、領収書及び施術療養の内訳を記載した書類を添付し、措置費の医療費として請求してください。 　　**※受給資格の確認のため受診券の提示は必要ですが、使用はできません。** 　　・社保又は国保を併用する児童が保険医療を受診した後に、受診日時点で扶養から外れていた又は被保険者ではないことが判明した場合に、発生する医療費 　　・治療用装具（補装具）の療養費 　　　眼鏡（修理代含む）、コンタクトレンズ（下記取扱参照）、松葉杖、補聴器等

	（２）保険診療外の部分について 　　児童の福祉上医療を受けることが必要と認められる場合には、支弁することができる場合もございますので、ご相談ください。なお、保険診療外の請求の際には、領収書の他に医師の診断書を必ず添付してください。 　　　・児童相談センター治療指導課（ぱお）の診療 　　　・交通事故等（第三者行為）に起因する診療 　　　　　加害者側の負担額決定後、自己負担額が生じる場合はその自己負担額を措置費の医療費で請求してください。 　　　　　保険適用外のため、一旦窓口で全額負担になります。 （３）措置費の医療費で請求不可のもの 　　・心理カウンセラーによるカウンセリング 　　・検査代（性感染症の検査等） 　　・ガーゼ代等消耗品についての一部自己負担分、診断書発行料 　　　　…事務費（保健衛生費）で対応してください。 　　・保険診療外の通院に係る交通費 【眼鏡・コンタクトレンズの取扱】 ・　措置児童が健康診断の結果、眼鏡等が必要となった場合の取り扱いについては、医師その他専門機関が、その児童が眼鏡等を使用しなければ、現に、若しくは将来児童の福祉に著しい支障があると認める場合にあっては、これを措置費の医療費のうちから支弁して差し支えないこととなっています。（支給を受けた眼鏡等の修理についても同様。） ・　眼鏡とコンタクトレンズは併用可能です。 ・　請求にあたっては、処方箋及び措置児童の眼鏡の費用であることがわかる領収書等（施設名、もしくは児童名が記載されているもの、レシートの場合でも同様）を添付してください。 ・　コンタクトレンズは、必ずしも２weeksである必要はありません（１dayのコンタクトレンズと比べて大きな価格差がないため。）。 【医療費（通院交通費）でのタクシー代】 　医療費（通院交通費）としてのタクシー代の支弁については、「緊急を要する時等、やむを得ずタクシーを使用した場合」にのみ請求できます。請求の際は、必ず領収書等を添付し、タクシー利用の理由を記載してください。 【歯科矯正費用の取扱い】 　医師が、その児童が歯科矯正を実施しなければ、現に、若しくは将来児童の福祉に著しい支障があると認める場合にあっては、この費用を支弁対象とします。医師の意見書及び処置費用に係る領収書を添付し、ご請求ください。 【通院交通費に係る注意点】 　児童の通院の付き添いによって発生した職員の方の通院交通費は請求可能ですが、職員の方のみで医療機関に行かれる場合には対象外となります。
職業補導費	**厚生事務次官　厚生省発児第86号平成11年4月30日** 義務教育を終了した後、公共職業訓練施設等の職業補導機関に通うもの。 次に掲げる経費 (1) その児童の交通費 (2) その児童に係る教科書代等 次の算式により算定した額の合算額 算式(1) 　その施設又は里親のその月におけるその措置児童が最も経済的な通常の経路及び方法により通う場合のその普通旅客運賃の定期乗車券（定期乗車券のない場合にあってはこれに準ずるもの）の実費 算式(2) 　職業補導費月額保護単価5,030円×その月の職業補導機関に通っている措置児童数
冷暖房費	**厚生事務次官　厚生省発児第86号平成11年4月30日** 児童の冷暖房費。 算式(1) 　次の表の冷暖房費級地別月額保護単価×その月初日の措置児童等数 冷暖房費保護単価表　（措置児童等1人当たり）

級地別 施設種別	1級地	2級地	3級地	5級地	その他
児童養護施設	5,290円	4,980円	4,920円	3,780円	870円

	（注1）この表における「1級地から4級地」については、国家公務員の寒冷地手当に関する法律（昭和24年法律第200号）第1条第1号及び2号に定める地域とし、その他は1級地から4級地までの地域以外の地域とする。 厚生省児童家庭局長通知　児発第416号平成11年4月30日 第9　冷暖房費の取扱いについて 　　自立援助ホームにおける冷暖房費について、別に定める基準に該当する児童等は、以下に該当するものをいう。なお、支弁に当たっては、別紙（2）を徴収すること。 　1　障害等を有しており、就労等が困難で収入がない児童等（子どもシェルターに保護されている児童等を含む。）。なお、このうち企業等を退職した場合（月初日を除く。）は翌月から対象とすること。 　2　児童養護施設等に入所できない高校生であって就労等による収入がない児童等
就職支度費	厚生事務次官　厚生省発児第86号平成11年4月30日 児童が就職するためその措置が解除されることとなったもの。 (1)その児童の就職に際し必要な寝具類、被服類等の購入費 (2)その児童の就職に際し必要な住居費、生活費等 次の算式(1)によって算定した額とし、措置が解除される日の属する月の措置費等として支弁する。 　ただし、別に定める基準に該当する場合においては、算式(2)によって算定した額を加算する。 　算式(1) 　　就職支度費1件当たり保護単価82，760円×その月の就職による措置解除児童数 　算式(2) 　　就職支度費1件当たり特別基準保護単価198,540円×その月の別に定める基準による就職による措置解除児童数 厚生省児童家庭局長通知　児発第416号平成11年4月30日 第10　就職支度費の取扱いについて 　1　就職支度費は、施設において児童の就職に際し必要な寝具類、被服等の購入費に充て、入所措置が解除される日の属する月に現物給付の方法で支給することとし、支弁に当たっては、雇用先の採用証明書等を徴すること。 　　就職の形態については正規雇用が望ましいが、正規雇用以外の場合でも支弁して差し支えないこと。 　　なお、昼間課程の高校生及び大学生のアルバイトは就職に該当しないこと。 　　また、就職支度費は、入所措置が解除された場合に1回限り支弁できるものであることから、過去に就職支度費を支弁された児童等は対象外である。 　2　特別基準については、就職支度費の支弁対象児童のうち、次に掲げる要件のいずれかに該当するものについて、別に定めるところにより認定された場合に、1の外に支弁できるものであること。 　　ただし、公的年金給付（児童扶養手当法（昭和36年法律第238号）第3条第2項の公的年金給付をいう。）の受給者である場合には対象とならないこと。 　（1）　保護者のいない（死亡あるいは行方不明）児童等 　（2）　保護者がいる場合でも、養育拒否、虐待、放任等養育が適切でなく、保護者から就職するために必要な経済的援助が見込まれない児童等 　3　自立援助ホームに入所している児童等についても、1と同様の取扱いとすること。 都区合同事務説明会　事業費の各項目の留意点 　7　就職支度費 　　就職支度費については、正規雇用が望ましいですが、正規雇用以外の場合でも対象になります。アルバイトの場合は、事前にご相談ください。ただし、昼間課程の高校生及び大学生のアルバイトは、就職に該当しません。単価は令和3年度のものです。 　　【単価】　一般　82，760円 　　　　　　　特別基準加算　198，540円
大学進学等自立生活支度費	厚生事務次官　厚生省発児第86号平成11年4月30日 児童が大学等へ進学するためその入所の措置が解除されることとなったもの。なお、自立援助ホームの入所児童については、既に大学等へ進学しているものを含む。 (1)　その児童の進学に際し必要な学用品及び参考図書類等の購入費 (2)　その児童の進学に際し必要な住居費、生活費等 次の算式(1)によって算定した額とし、措置が解除される日の属する月の措置費等として支弁する。

	ただし、別に定める基準に該当する場合においては、算式(2)によって算定した額を加算する。 算式(1) 　　大学進学等自立生活支度費1件当たり保護単価82,760円×その月の進学による措置解除児童数 算式(2) 　　大学進学等自立生活支度費1件当たり特別基準保護単価 198,540 円×その月の別に定める基準による進学による措置解除児童数 **厚生省児童家庭局長通知　児発第 416 号平成 11 年 4 月 30 日** 第10　就職支度費の取扱いについて 　1　就職支度費は、施設において児童の就職に際し必要な寝具類、被服等の購入費に充て、入所措置が解除される日の属する月に現物給付の方法で支給することとし、支弁に当たっては、雇用先の採用証明書等を徴すること。 　　　就職の形態については正規雇用が望ましいが、正規雇用以外の場合でも支弁して差し支えないこと。 　　　なお、昼間課程の高校生及び大学生のアルバイトは就職に該当しないこと。 　　　また、就職支度費は、入所措置が解除された場合に1回限り支弁できるものであることから、過去に就職支度費を支弁された児童等は対象外である。 　2　特別基準については、就職支度費の支弁対象児童のうち、次に掲げる要件のいずれかに該当するものについて、別に定めるところにより認定された場合に、1の外に支弁できるものであること。 　　　ただし、公的年金給付（児童扶養手当法（昭和 36 年法律第 238 号）第 3 条第 2 項の公的年金給付をいう。）の受給者である場合には対象とならないこと。 　（1）　保護者のいない（死亡あるいは行方不明）児童等 　（2）　保護者がいる場合でも、養育拒否、虐待、放任等養育が適切でなく、保護者から就職するために必要な経済的援助が見込まれない児童等 　3　自立援助ホームに入所している児童等についても、1と同様の取扱いとすること。 **都区合同事務説明会　事業費の各項目の留意点** 8　大学進学等自立生活支度費 【単価】　一般 ８２，７６０円　　特別基準加算 １９８，５４０円 ［就職支度費又は大学進学等自立生活支度費の特別基準支弁に係る関係書類］ ＊　施設長は、請求時に「就職支度費特別基準申請書」又は「大学進学等自立生活支度費特別基準申請書」を当該児童の措置費支払い担当課に提出してください。（事前に、児童相談所に、確認（記入）を依頼する） ＊　当該児童に当該特別基準の支度費を支給したのちに、速やかに「就職支度費特別基準支給報告書」又は「大学進学等自立生活支度費特別基準支給報告書」を提出してください。 　　　なお、就職支度費及び大学進学等自立生活支度費の特別基準については、就職及び大学等進学のいずれにも該当する場合は、就職支度費の特別基準のみ請求できます。 ＊　就職支度費特別基準の対象児童等への支給については、「支弁された額を遅滞なく当該児童等の口座に振り込むこと」としてください（平成 7 年 4 月 3 日児企第 25 号厚生省児童家庭局企画課長通知）。大学進学等自立生活支度費特別基準の対象児童等への支給についても同様です。 　　　「特別基準支給報告書」の提出の際、当該児童等の口座への振込が確認できるものを添付すること。（銀行口座が無い場合には、本人からの領収書）
葬祭費	**厚生事務次官　厚生省発児第 86 号平成 11 年 4 月 30 日** 死亡児の火葬又は埋葬納骨その他葬祭のために必要な経費。 次の算式により算定した額。 　ただし、その死亡児の葬祭に要した費用の額が 159,040 円を超える場合であって、その総額のうち火葬に要した費用の額が 450 円を超えるときはその超える額を、自動車料金その他死体の運搬に要した費用の額が 10,760 円を超えるときは 9,190 円の範囲内においてその超える額を、それぞれ加算する。 　算式　　葬祭費1件当たり保護単価 159,040 円×死亡児数
予防接種費	**厚生事務次官　厚生省発児第 86 号平成 11 年 4 月 30 日** 別に定める予防接種を受けるためにその支弁を必要と認められるもの。 その児童等の予防接種に必要な経費。 その施設又は里親の措置児童等が予防接種を受ける場合のその予防接種にかかる実費。

厚生省児童家庭局長通知　児発第 416 号平成 11 年 4 月 30 日

第 17　予防接種費について

　　予防接種費について、別に定める予防接種は以下のものをいう。

　　・予防接種法（昭和 23 年法律第 68 号）に規定する A 類疾病を予防するための予防
　　　接種

　　・ロタウイルス

　　・破傷風トキソイド

　　・R S ウイルス感染症

　　・流行性耳下腺炎

都区合同事務説明会　事業費の各項目の留意点

１１　予防接種費について

　　令和 5 年 2 月 1 3 日現在、対象となる予防接種は以下のとおりです。

（１）予防接種法（昭和 23 年法律第 68 号）に規定する A 類疾病を予防するための予防
接種

（２）ロタウィルス

（３）破傷風トキソイド

（４）R S ウイルス感染症

（５）流行性耳下腺炎

【参考】

　○予防接種法　第 2 条　第 2 項

　　この法律において「A 類疾病」とは、次に掲げる疾病をいう。

　　1　ジフテリア　2　百日せき　3　急性灰白髄炎　4　麻しん　5　風しん

　　6　日本脳炎　7　破傷風　8　結核　9　Hib 感染症

　　10　肺炎球菌感染症(小児がかかるものに限る。)

　　11　ヒトパピローマウイルス感染症

　　12　前各号に掲げる疾病のほか、人から人に伝染することによるその発生及びまん
　　延を予防するため、又はかかった場合の病状の程度が重篤になり、若しくは重篤に
　　なるおそれがあることからその発生及びまん延を予防するため特に予防接種を行
　　う必要があると認められる疾病として政令で定める疾病

　○予防接種法施行令　第 1 条

　　予防接種法第 2 条第 2 項第 12 号の政令で定める疾病は、次に掲げる疾病とする。

　　1　痘そう　2　水痘　3　B 型肝炎　4　ロタウイルス感染症

　○インフルエンザは予防接種法において B 類疾病と規定されているため、対象となり
　　ません。

書記会作成資料

[参考資料・1] 事務費一般分の保護単価積算推計

1. 措置費積算推計の意義

　児童福祉法などにみられる「福祉の措置」は、憲法第25条の生存権保障と児童福祉法の理念が具体化されたものである。この「措置」により、児童ひとりひとりの福祉の向上が図られ、その権利が保障されている。

　したがって、児童の福祉のあり方を考えるならば、まず「措置」の中身を検討しなければならないことになる。この「措置」の中身は、実際には児童福祉施設設備と運営の基準によって規定されており、措置費保護単価の積算の中身には、児童福祉施設設備と運営の基準に示されている国と措置の実施主体である自治体の負うべき公的責任の内容が数字として具現化されている。措置費積算推計は、児童の権利を護っていく上で、欠かせないものと考えている。

2. 措置費積算推計の経緯

　措置費の中の事務費は、「一般分」「幼児加算事務費」「民間施設給与等改善費」「加算職員雇用経費」等に分類され、これが施設の人件費・管理費の財源となっているが、措置費の年総額を定員と12月で除した「保護単価」と呼ばれる数字だけが示されており、それがどのような積算に基づいているかは不明となっている。この経緯は概ね次のとおりである。

(1) 「現員現給制度」から「保護単価制度」へ

　昭和30年度より、措置費の支弁方式として採用されていた「現員現給制度」は、個々の施設の職員構成や、現給の実情を勘案して支弁単価を設定していた。これが昭和48年度になると、施設の事務費を保護単価として設定する「保護単価制度」に改められた。この「保護単価制度」への移行により、措置費の交付額の通知は、措置費の年総額を定員と12月で除した「保護単価」で示されることになった。このため新しい費目の積み上げによる改定の中身は公開されるものの、措置費の構成の中身は公表されずに現在に至っている。

(2) 措置費の運用の弾力化施策

　さらに、昭和49年の社施第100号「社会福祉施設における運営費の運用について」により、一部費目間の経費の流用が認められた。これ以後、社施第50号、社施第175号、社施第111号、社施第39号を経て、平成16年の雇児発第0312001号を頂点とし、措置費は大幅に弾力的運用が認められるに至った。このため措置費は各々の施設の運営上、その実情に応じた運用が可能となった。この点で一連の施策は評価されている。しかしながら、一方では収入財源と支出項目の突き合わせができなくなり、運営上の責任が施部設置者側に偏り、措置費単価の水準の検討が困難となった。本来問われるべき国の公的責任の具体的中身が曖昧となってしまっている。

　当書記会は「事務費一般分」の内容を明らかにすることの重要性を踏まえ、過去の資料の中から根拠を求め積算を行ってきた。これを次ページ以降に示す。

令和4年度　児童養護施設措置費一般分保護単価積算推計表
職員配置　4：1　地域区分　20/100

	項　　目				20名定員		25名定員		30名定員		35名定員
基本給	施設長　福4-1	275,900	×	12 月 (定員51名以上)		0				0	
	〃　　　福2-33	257,900	×	12 月 (定員50名以下)	1	3,094,800	1	3,094,800	1	3,094,800	1	3,094,800
	事務員　行Ⅰ2-9	209,400	×	12 月	1	2,512,800	1	2,512,800	1	2,512,800	1	2,512,800
	主任指導員 福2-17	(235,400 + 4,708)×		12 月		0		0		0		0
	同特殊業務手当	0 + 9,300 ×		12 月		0		0		0		0
	小規模他加算、家庭支援専門員、個別対応職員 福2-5	(216,500 + 4,330)×		12 月	3	7,949,880	3	7,949,880	3	7,949,880	3	7,949,880
	同特殊業務手当	0 + 9,300 ×		12 月	3	334,800	3	334,800	3	334,800	3	334,800
	児童指導員 福2-5	(216,500 + 4,330)×		12 月	1	2,649,960	1	2,649,960	2	5,299,920	2	5,299,920
	同特殊業務手当	0 + 9,300 ×		12 月	1	111,600	1	111,600	2	223,200	2	223,200
	主任保育士 福1-33	(207,100 + 4,142)×		12 月	1	2,534,904	1	2,534,904	1	2,534,904	1	2,534,904
	同特殊業務手当	0 + 7,800 ×		12 月	1	93,600	1	93,600	1	93,600	1	93,600
	保育士　福1-29	(201,500 + 4,030)×		12 月	3.0	7,399,080	4.2	10,358,712	4.5	11,098,620	5.7	14,058,252
	同特殊業務手当	0 + 7,800 ×		12 月	3.0	280,800	4.2	393,120	4.5	421,200	5.7	533,520
	調理員等　行Ⅱ1-37	176,200	×	12 月	3	6,343,200	3	6,343,200	3	6,343,200	3	6,343,200
	栄養士　医Ⅱ2-5	194,700	×	12 月	0	0	0	0	0	0	0	0
	小計A			A	13.0	33,305,424	14.2	36,377,376	15.5	39,906,924	16.7	42,978,876
	扶養手当	158,200				2,056,600		2,246,440		2,452,100		2,641,940
	小計B　　小計A ＋ 扶養手当			B		35,362,024		38,623,816		42,359,024		45,620,816
	調整手当	(小計B＋管理職手当)×	0.20			7,134,300		7,786,659		8,533,700		9,186,059
	基本給計　小計B ＋ 調整手当			C		42,496,324		46,410,475		50,892,724		54,806,875
手当等	期末勤勉手当	基本給計 × 4.45 ÷ 12				15,759,053		17,210,551		18,872,718		20,324,216
	同加算施設長 >51	352,418 × 4.45 × 0.10 =	156,826									
	同　施設長 <50	330,458 × 4.45 × 0.05 =	73,527			73,527		73,527		73,527		73,527
	同　主任指導員	315,110 × 4.45 × 0.05 =	70,112									
	特業手当	2,500 × 12 =	30,000		8.0	240,000	9.2	276,000	10.5	315,000	11.7	351,000
	超勤手当	1,169 × 96 時間 =	112,190		12.0	1,346,276	13.2	1,480,904	14.5	1,626,751	15.7	1,761,378
	夜勤手当	@	644,205		2	1,288,410	2	1,288,410	2	1,288,410	2	1,288,410
	住居手当	年額 @	16,780		13.0	218,140	14.2	238,276	15.5	260,090	16.7	280,226
	通勤手当	年額 @	30,948		13.0	402,324	14.2	439,462	15.5	479,694	16.7	516,832
	管理職手当	施設長本俸の10%				309,480		309,480		309,480		309,480
	年休代替　(処遇)	5,920 × 20 日 =	118,400		8.0	947,200	9.2	1,089,280	10.5	1,243,200	11.7	1,385,280
	年休代替　(調理)	5,320 × 20 日 =	106,400		3	319,200	3	319,200	3	319,200	3	319,200
	非常勤保育士	5,920 × 314 ÷ 8 =	232,360		8.0	1,858,880	9	2,137,712	10.5	2,439,780	12	2,718,612
	非常勤調理	5,320 × 314 + 5,997 =	1,670,480		1	1,670,480	1	1,670,480	1	1,670,480	1	1,670,480
	看護代替保育士	5,920 × 0.3333 =	2,000		20	40,000	25	50,000	30	60,000	35	70,000
	その他											
	社保負担分	(小計C ＋ 管理職手当) ×	0.21328			9,129,621		9,964,432		10,920,406		11,755,216
	嘱託医手当	@	325,680		1	325,680	1	325,680	1	325,680	1	325,680
	手当等計			D		33,928,271		36,873,393		40,204,415		43,149,536
人件費推計額合計	C+D			E		76,424,595		83,283,868		91,097,139		97,956,411
	庁費	@	54,400		10.0	544,000	11.2	609,280	12.5	680,000	13.7	745,280
	特別管理費	@				802,000		802,000		802,000		802,000
	業務省力化(処遇)	@	285,700		8.0	2,285,600	9.2	2,628,440	10.5	2,999,850	11.7	3,342,690
	業務省力化(調理)	@	276,640		3.0	829,920	3.0	829,920	3.0	829,920	3.0	829,920
	補修費	@	361			0		23,916		167,865		191,781
	研修費	@	3,040		10.0	30,400	11.2	34,048	12.5	38,000	13.7	41,648
	苦情解決対策経費	@	25,920		1	25,920	1	25,920	1	25,920	1	25,920
	管理宿直専門員	@	1,393,200		1	1,393,200	1	1,393,200	1	1,393,200	1	1,393,200
	小計			F		5,911,040		6,346,724		6,936,755		7,372,439
	消費税加算　F×0.10			G		591,104		634,672		693,675		737,243
	旅費	@	5,617	H1	10.0	56,170	11.2	62,910	12.5	70,213	13.7	76,953
	保健衛生費	@	4,800	H2	20	96,000	25	120,000	30	144,000	35	168,000
	職員健診費	@	6,368	H3	13.0	82,784	14.2	90,426	15.5	98,704	16.7	106,346
	自立支援指導員	@	1,975,002	H4	0.0	0	0	0	1	1,975,002	1	1,975,002
管理費推計額合計	F+G+H1+H2+H3+H4			I		6,737,098		7,254,732		9,918,349		10,435,983
措置費推計額総計	E+I			J		83,161,693		90,538,600		101,015,488		108,392,394
措置費推計額総計÷定員÷12	J÷定員÷12			K		346,507		301,795		280,599		258,077
20名、50名、100名、150名施設の保護単価を使って、比例配分で、30,40,60,70,80,90,110,120等の施設の保護単価を計算する。(比例配分)				L		346,507				304,828		
新方式の移行にあたっての補正(減額を3分の2にとどめる) 1の位が5の施設の保護単価は左右の施設の保護単価の平均値				M		346,507		321,629		296,751		276,634
20名に栄養士を、50名施設に小規模加算を入れて保護単価を算出し、比例配分を行い40名の保護単価を出す。40名と50名の保護単価の平均が45名の保護単価である。				O		367,245						
45名定員単価の新方式の移行にあたっての補正 (増額を3分の2にとどめる)												
積算推計から求めた保護単価　M、N、O				P		346,507		321,629		296,751		276,634
国の示す保護単価				Q		347,720		322,320		296,920		276,780
国の示す保護単価×定員×12　Q×12×定員				R		83,452,800		96,696,000		106,891,200		116,247,600
保護単価誤差　Q-P				S		1,213		691		169		146
年総額誤差　S×12×定員				T		291,107		207,250		60,738		61,253

令和4年度　児童養護施設措置費一般分保護単価積算推計表
職員配置　4：1　地域区分　20/100

項目	計算内容	記号	40名定員 人数	40名定員 金額	45名定員 人数	45名定員 金額	50名定員 人数	50名定員 金額	55名定員 人数	55名定員 金額
施設長 福4-1	275,900 × 12月(定員51名以上)								1	3,310,800
〃 福2-33	257,900 × 12月(定員50名以下)		1	3,094,800	1	3,094,800	1	3,094,800		
事務員 行I2-9	209,400 × 12月		1	2,512,800	1	2,512,800	1	2,512,800	1	2,512,800
主任指導員 福2-17	(235,400 + 4,708)× 12月			0		0		0		0
同特殊業務手当	0 9,300 × 12月			0		0		0		0
小規模他加算、家庭支援専門員・個別対応職員 福2-5	(216,500 + 4,330)× 12月		3	7,949,880	3	7,949,880	2	5,299,920	2	5,299,920
同特殊業務手当	0 9,300 × 12月		3	334,800	3	334,800	2	223,200	2	223,200
児童指導員 福2-5	(216,500 + 4,330)× 12月		3	7,949,880	3	7,949,880	5	13,249,800	5	13,249,800
同特殊業務手当	0 9,300 × 12月		3	334,800	3	334,800	5	558,000	5	558,000
主任保育士 福1-33	(207,100 + 4,142)× 12月		1	2,534,904	1	2,534,904	1	2,534,904	1	2,534,904
同特殊業務手当	0 7,800 × 12月		1	93,600	1	93,600	1	93,600	1	93,600
保育士 福1-29	(201,500 + 4,030)× 12月		6.0	14,798,160	7.2	17,757,792	6.5	16,031,340	7.7	18,990,972
同特殊業務手当	0 7,800 × 12月		6.0	561,600	7.2	673,920	6.5	608,400	7.7	720,720
調理員等 行II1-37	176,200 × 12月		3	6,343,200	3	6,343,200	3	6,343,200	3	6,343,200
栄養士 医II2-5	194,700 × 12月		0	0	1	2,336,400	1	2,336,400	1	2,336,400
小計A		A	18.0	46,508,424	20.2	51,916,776	20.5	52,886,364	21.7	56,174,316
扶養手当	158,200			2,847,600		3,195,640		3,243,100		3,432,940
小計B 小計A + 扶養手当		B		49,356,024		55,112,416		56,129,464		59,607,256
調整手当	(小計B+管理職手当)× 0.20			9,933,100		11,084,379		11,287,788		11,987,667
基本給計 小計B + 調整手当		C		59,289,124		66,196,795		67,417,252		71,594,923
期末勤勉手当	基本給計 4.45 ÷ 12			21,986,383		24,547,978		25,000,564		26,549,783
同加算施設長 >51	352,418 4.45 × 0.10 = 156,826									156,826
同 施設長 <50	330,458 4.45 × 0.05 = 73,527					73,527		73,527		73,527
同 主任指導員	315,110 4.45 × 0.05 = 70,112									
特業手当	2,500 × 12 = 30,000		13.0	390,000	14.2	426,000	14.5	435,000	15.7	471,000
超勤手当	1,169 × 96時間 = 112,190		17.0	1,907,225	19.2	2,154,042	19.5	2,187,699	20.7	2,322,327
夜勤手当	@ 644,205		2	1,288,410	2	1,288,410	2	1,288,410	2	1,288,410
住居手当	年額 16,780		18.0	302,040	20.2	338,956	20.5	343,990	21.7	364,126
通勤手当	年額 @ 30,948		18.0	557,064	20.2	625,150	20.5	634,434	21.7	671,572
管理職手当	施設長本俸の10%			309,480		309,480		309,480		331,080
年休代替(処遇)	5,920 × 20日 = 118,400		13.0	1,539,200	14.2	1,681,280	14.5	1,716,800	15.7	1,858,880
年休代替(調理)	5,320 × 20日 = 106,400		3	319,200	3	319,200	3	319,200	3	319,200
非常勤保育士	5,920 × 314 ÷ 8 = 232,360		13	3,020,680	14	3,299,512	14.5	3,369,220	16	3,648,052
非常勤調理	5,320 × 314 + 5,997 = 1,670,480		1	1,670,480	1	1,670,480	2	3,340,960	2	3,340,960
看護代替保育士	5,920 × 0.3333 = 2,000		40	80,000	45	90,000	50	100,000	55	110,000
その他										
社保員担分	(小計C +管理職手当)× 0.21328			12,711,190		14,184,458		14,444,757		15,340,377
嘱託医手当	@ 325,680		1	325,680	1	325,680	1	325,680	1	325,680
手当等計		D		46,480,558		51,334,152		53,889,721		57,098,272
人件費推計額合計 C+D		E		105,769,682		117,530,947		121,306,973		128,693,195
庁費	@ 54,400		15.0	816,000	17.2	935,680	17.5	952,000	18.7	1,017,280
特別管理費	@			802,000		640,000		640,000		640,000
業務省力化(処遇)	@ 285,700		13.0	3,714,100	14.2	4,056,940	14.5	4,142,650	15.7	4,485,490
業務省力化(調理)	@ 276,640		3.0	829,920	3.0	829,920	3.0	829,920	3.0	829,920
補修費	@ 361			215,698		239,614		263,530		287,356
研修費	@ 3,040		15.0	45,600	17.2	52,288	17.5	53,200	18.7	56,848
苦情解決対策経費	@ 25,920		1	25,920	1	25,920	1	25,920	1	25,920
管理宿直専門員	@ 1,393,200		1	1,393,200	1	1,393,200	1	1,393,200	1	1,393,200
小計		F		7,842,438		8,173,562		8,300,420		8,736,014
消費税加算 F × 0.10		G		784,243		817,356		830,042		873,601
旅費	@ 5,617	H1	15.0	84,255	17.2	96,612	17.5	98,298	18.7	105,038
保健衛生費	@ 4,800	H2	40	192,000	45	216,000	50	240,000	55	264,000
職員健診費	@ 6,368	H3	18.0	114,624	20.2	128,634	20.5	130,544	21.7	138,186
自立支援指導員	@ 1,975,002	H4		1,975,002		1,975,002		1,975,002		1,975,002
管理費推計額合計 F+G+H1+H2+H3+H4		I		10,992,562		11,407,166		11,574,306		12,091,841
措置費推計額総計 E+I		J		116,762,244		128,938,113		132,881,278		140,785,036
措置費推計額総計÷定員÷12 J÷定員÷12		K		243,255		238,774		221,469		213,311
20名、50名、100名、150名施設の保護単価を使って、比例配分で、30,40,60,70,80,90,110,120等の施設の保護単価を計算する。(比例配分)		L		263,148				221,469		
新方式の移行にあたっての補正(減額を3分の2にとどめる) 1の位が5の施設の保護単価は左右の施設の保護単価の平均値		M		256,517				221,469		216,271
20名に栄養士を、50名施設に小規模加算を入れて保護単価を算出し、比例配分を行い40名の保護単価を出す。40名と50名の保護単価の平均が45名の保護単価である。		O		277,026		254,471		231,916		
45名定員単価の新方式の移行にあたっての補正 (増額を3分の2にとどめる)						249,239				
積算推計から求めた保護単価 M、N、O		P		256,517		249,239		221,469		216,271
国の示す保護単価		Q		256,640		251,100		223,860		217,780
国の示す保護単価×定員×12 Q×12×定員		R		123,187,200		135,594,000		134,316,000		143,734,800
保護単価誤差 Q-P		S		123		1,861		2,391		1,509
年総額誤差 S×12×定員		T		59,023		1,005,129		1,434,722		996,139

令和4年度　児童養護施設措置費一般分保護単価積算推計表
職員配置　4：1　地域区分　20/100

項目					60名定員		65名定員		70名定員		75名定員	
基本給	施設長　福4-1	275,900	×	12月（定員51名以上）	1	3,310,800	1	3,310,800	1	3,310,800	1	3,310,800
	〃　福2-33	257,900	×	12月（定員50名以下）								
	事務員　行Ⅰ2-9	209,400	×	12月	1	2,512,800	1	2,512,800	1	2,512,800	1	2,512,800
	主任指導員 福2-17	(235,400+4,708)×		12月		0		0		0		0
	同特殊業務手当	0	9,300×	12月		0		0		0		0
	小規模他加算、家庭支援専門員、個別対応職員 福2-5	(216,500+4,330)×		12月	2	5,299,920	2	5,299,920	2	5,299,920	2	5,299,920
	同特殊業務手当	0	9,300×	12月	2	223,200	2	223,200	2	223,200	2	223,200
	児童指導員 福2-5	(216,500+4,330)×		12月	5	13,249,800	5	13,249,800	5	13,249,800	5	13,249,800
	同特殊業務手当	0	9,300×	12月	5	558,000	5	558,000	5	558,000	5	558,000
	主任保育士 福1-33	(207,100+4,142)×		12月	1	2,534,904	1	2,534,904	1	2,534,904	1	2,534,904
	同特殊業務手当	0	7,800×	12月	1	93,600	1	93,600	1	93,600	1	93,600
	保育士　福1-29	(201,500+4,030)×		12月	9.0	22,197,240	10.2	25,156,872	11.5	28,363,140	12.7	31,322,772
	同特殊業務手当	0	7,800×	12月	9.0	842,400	10.2	954,720	11.5	1,076,400	12.7	1,188,720
	調理員等　行Ⅱ1-37	176,200	×	12月	3	6,343,200	3	6,343,200	3	6,343,200	3	6,343,200
	栄養士　医Ⅱ2-5	194,700	×	12月	1	2,336,400	1	2,336,400	1	2,336,400	1	2,336,400
	小計A			A	23.0	59,502,264	24.2	62,574,216	25.5	65,902,164	26.7	68,974,116
	扶養手当	158,200				3,638,600		3,828,440		4,034,100		4,223,940
	小計B　小計A＋扶養手当			B		63,140,864		66,402,656		69,936,264		73,198,056
	調整手当	（小計B+管理職手当）×		0.20		12,694,388		13,346,747		14,053,468		14,705,827
	基本給計　小計B＋調整手当			C		75,835,252		79,749,403		83,989,732		87,903,883
手当等	期末勤勉手当	基本給計× 4.45÷ 12				28,122,239		29,573,736		31,146,192		32,597,689
	同加算施設長 >51	352,418× 4.45× 0.10=	156,826			156,826		156,826		156,826		156,826
	同　施設長 <50	330,458× 4.45× 0.05=	73,527									
	同　主任指導員	315,110× 4.45× 0.05=	70,112									
	特業手当	2,500 × 12=	30,000		17.0	510,000	18.2	546,000	19.5	585,000	20.7	621,000
	超勤手当	1,169× 96時間=	112,190		22.0	2,468,173	23.2	2,602,801	24.5	2,748,648	25.7	2,883,275
	夜勤手当	@	644,205		2	1,288,410	2	1,288,410	2	1,288,410	2	1,288,410
	住居手当	年額 @	16,780		23.0	385,940	24.2	406,076	25.5	427,890	26.7	448,026
	通勤手当	年額 @	30,948		23.0	711,804	24.2	748,942	25.5	789,174	26.7	826,312
	管理職手当	施設長本俸の10%				331,080		331,080		331,080		331,080
	年休代替（処遇）	5,920× 20日=	118,400		17.0	2,012,800	18.2	2,154,880	19.5	2,308,800	20.7	2,450,880
	年休代替（調理）	5,320× 20日=	106,400		3	319,200	3	319,200	3	319,200	3	319,200
	非常勤保育士	5,920× 314÷ 8=	232,360		17	3,950,120	18	4,228,952	20	4,531,020	21	4,809,852
	非常勤調理	5,320× 314+ 5,997=	1,670,480		2	3,340,960	2	3,340,960	2	3,340,960	2	3,340,960
	看護代替保育士	5,920× 0.3333=	2,000		60	120,000	65	130,000	70	140,000	75	150,000
	その他											
	社保負担分	（小計C＋管理職手当）×	0.21328			16,244,755		17,079,565		17,983,942		18,818,752
	嘱託医手当	@	325,680		1	325,680	1	325,680	1	325,680	1	325,680
	手当等計			D		60,287,987		63,233,107		66,422,821		69,367,942
人件費推計額合計	C+D			E		136,123,239		142,982,510		150,412,553		157,271,825
	庁費	@	54,400		20.0	1,088,000	21.2	1,153,280	22.5	1,224,000	23.7	1,289,280
	特別管理費	@				640,000		640,000		640,000		370,000
	業務省力化（処遇）	@	285,700		17.0	4,856,900	18.2	5,199,740	19.5	5,571,150	20.7	5,913,990
	業務省力化（調理）	@	276,640		3.0	829,920	3.0	829,920	3.0	829,920	3.0	829,920
	補修費	@	361			311,182		335,008		358,834		382,660
	研修費	@	3,040		20.0	60,800	21.2	64,448	22.5	68,400	23.7	72,048
	苦情解決対策経費	@	25,920		1	25,920	1	25,920	1	25,920	1	25,920
	管理宿直専門員	@	1,393,200		1	1,393,200	1	1,393,200	1	1,393,200	1	1,393,200
	小計			F		9,205,922		9,641,516		10,111,424		10,277,018
	消費税加算 F×0.10			G		920,592		964,151		1,011,142		1,027,701
	旅費	@	5,617	H1	20.0	112,340	21.2	119,080	22.5	126,383	23.7	133,123
	保健衛生費	@	4,800	H2	60	288,000	65	312,000	70	336,000	75	360,000
	職員健診費	@	6,368	H3	23.0	146,464	24.2	154,106	25.5	162,384	26.7	170,026
	自立支援指導員	@	1,975,002	H4	1	1,975,002	1	1,975,002	1	1,975,002	1	1,975,002
管理費推計額合計	F+G+H1+H2+H3+H4			I		12,648,320		13,165,855		13,722,335		13,942,870
措置費推計額総計	E+I			J		148,771,559		156,148,365		164,134,888		171,214,694
措置費推計額総計÷定員÷12	J÷定員÷12			K		206,627		200,190		195,399		190,239
20名、50名、100名、150名施設の保護単価を使って、比例配分で、30,40、60,70,80,90,110,120等の施設の保護単価を計算する。（比例配分）				L		213,295				205,122		
新方式の移行にあたっての補正（減額を3分の2にとどめる）1の位が5の施設の保護単価は左右の施設の保護単価の平均値				M		211,073		206,477		201,881		197,737
20名に栄養士を、50名施設に小規模加算を入れて保護単価を算出し、比例配分を行い40名の保護単価を出す。40名と50名の保護単価の平均が45名の保護単価である。				O								
45名定員単価の新方式の移行にあたっての補正（増額を3分の2にとどめる）												
積算推計から求めた保護単価　M、N、O				P		211,073		206,477		201,881		197,737
国の示す保護単価				Q		211,710		207,390		203,070		198,030
国の示す保護単価×定員×12	Q×12×定員			R		152,431,200		161,764,200		170,578,800		178,227,000
保護単価誤差	Q-P			S		637		913		1,189		293
年総額誤差	S×12×定員			T		458,927		712,379		998,939		263,911

令和4年度　児童養護施設措置費一般分保護単価積算推計表

職員配置　4：1　地域区分　20/100

	項　目			記号	80名定員		85名定員		90名定員		95名定員	
基本給	施設長　福4-1	275,900	×　12月(定員51名以上)		1	3,310,800	1	3,310,800	1	3,310,800	1	3,310,800
	〃　　福2-33	257,900	×　12月(定員50名以下)									
	事務員　行Ⅰ2-9	209,400	×　12月		1	2,512,800	1	2,512,800	1	2,512,800	1	2,512,800
	主任指導員 福2-17	(235,400 + 4,708)×	12月			0		0		0		0
	同特殊業務手当	0　9,300 ×	12月			0		0		0		0
	小規模他加算、家庭支援専門員、個別対応職員 福2-5	(216,500 + 4,330)×	12月		2	5,299,920	2	5,299,920	2	5,299,920	2	5,299,920
	同特殊業務手当	0　9,300 ×	12月		2	223,200	2	223,200	2	223,200	2	223,200
	児童指導員 福2-5	(216,500 + 4,330)×	12月		6	15,899,760	6	15,899,760	7	18,549,720	7	18,549,720
	同特殊業務手当	0　9,300 ×	12月		6	669,600	6	669,600	7	781,200	7	781,200
	主任保育士 福1-33	(207,100 + 4,142)×	12月		1	2,534,904	1	2,534,904	1	2,534,904	1	2,534,904
	同特殊業務手当	0　7,800 ×	12月		1	93,600	1	93,600	1	93,600	1	93,600
	保育士 福1-29	(201,500 + 4,030)×	12月		13.0	32,062,680	14.2	35,022,312	14.5	35,762,220	15.7	38,721,852
	同特殊業務手当	0　7,800 ×	12月		13.0	1,216,800	14.2	1,329,120	14.5	1,357,200	15.7	1,469,520
	調理員等　行Ⅱ2-37	176,200	×　12月		3	6,343,200	3	6,343,200	4	8,457,600	4	8,457,600
	栄養士　医Ⅱ2-5	194,700	×　12月		1	2,336,400	1	2,336,400	1	2,336,400	1	2,336,400
	小計A			A	28.0	72,503,664	29.2	75,575,616	31.5	81,219,564	32.7	84,291,516
	扶養手当	158,200				4,429,600		4,619,440		4,983,300		5,173,140
	小計B　小計A + 扶養手当			B		76,933,264		80,195,056		86,202,864		89,464,656
	調整手当	(小計B+管理職手当)×	0.20			15,452,868		16,105,227		17,306,788		17,959,147
	基本給計　小計B + 調整手当			C		92,386,132		96,300,283		103,509,652		107,423,803
手当等	期末勤勉手当	基本給計 × 4.45 ÷ 12				34,259,857		35,711,354		38,384,829		39,836,326
	同加算施設長 >51	352,418 4.45 0.10 =	156,826			156,826		156,826		156,826		156,826
	同　施設長 ＜50	330,458 4.45 0.05 =	73,527									
	同　主任指導員	315,110 4.45 0.05 =	70,112									
	特業手当	2,500 × 12 =	30,000		22.0	660,000	23.2	696,000	24.5	735,000	25.7	771,000
	超勤手当	1,169 × 96時間 =	112,190		27.0	3,029,122	28.2	3,163,750	30.5	3,421,786	31.7	3,556,413
	夜勤手当	=	644,205		2	1,288,410	2	1,288,410	3	1,932,614	3	1,932,614
	住居手当	年額 @	16,780		28.0	469,840	29.2	489,976	31.5	528,570	32.7	548,706
	通勤手当	年額 @	30,948		28.0	866,544	29.2	903,682	31.5	974,862	32.7	1,012,000
	管理職手当	施設長本俸の10%				331,080		331,080		331,080		331,080
	年休代替(処遇)	5,920 × 20日 =	118,400		22.0	2,604,800	23.2	2,746,680	24.5	2,900,800	25.7	3,042,880
	年休代替(調理)	5,320 × 20日 =	106,400		3	319,200	3	319,200	4	425,600	4	425,600
	非常勤保育士	5,920 × 314 ÷ 8 =	232,360		22	5,111,920	23	5,390,752	25	5,692,820	26	5,971,652
	非常勤調理	5,320 × 314 5,997 =	1,670,480		2	3,340,960	2	1	2	3,340,960	2	3,340,960
	看護代替保育士	5,920 × 0.3333 =	2,000		80	160,000	85	170,000	90	180,000	95	190,000
	その他											
	社保負担分	(小計C + 管理職手当)×	0.21328			19,774,726		20,609,537		22,147,151		22,981,961
	嘱託医手当	@	325,680		1	325,680	1	325,680	1	325,680	1	325,680
	手当等計			D		72,698,965		72,303,127		81,478,578		84,423,699
人件費推計額合計	C+D			E		165,085,097		168,603,410		184,988,230		191,847,502
	庁費	@	54,400		25.0	1,360,000	26.2	1,425,280	27.5	1,496,000	28.7	1,561,280
	特別管理費	@				208,000		208,000		154,000		
	業務省力化(処遇)	@	285,700		22.0	6,285,400	23.2	6,628,240	24.5	6,999,650	25.7	7,342,490
	業務省力化(調理)	@	276,640		3.0	829,920	3.0	829,920	4.0	1,106,560	4.0	1,106,560
	補修費	@	361			406,486		430,312		454,138		477,964
	研修費	@	3,040		25.0	76,000	26.2	79,648	27.5	83,600	28.7	87,248
	苦情解決対策経費	@	25,920		1	25,920	1	25,920	1	25,920	1	25,920
	管理宿直専門員	@	1,393,200		1	1,393,200	1	1,393,200	1	1,393,200	1	1,393,200
	小計			F		10,584,926		11,020,520		11,713,068		11,994,662
	消費税加算　F×0.10			G		1,058,492		1,102,052		1,171,306		1,199,466
	旅費	@	5,617	H1	25.0	140,425	26.2	147,165	27.5	154,468	28.7	161,208
	保健衛生費	@	4,800	H2	80	384,000	85	408,000	90	432,000	95	456,000
	職員健診費	@	6,368	H3	28.0	178,304	29.2	185,946	31.5	200,592	32.7	208,234
	自立支援指導員	@	1,975,002	H4	1	1,975,002	1	1,975,002	1	1,975,002	1	1,975,002
管理費推計額合計	F+G+H1+H2+H3+H4			I		14,321,149		14,838,685		15,646,436		15,994,572
措置費推計額総計	E+I			J		179,406,246		183,442,095		200,634,666		207,842,073
措置費推計額総計÷定員÷12	J÷定員÷12			K		186,882		179,845		185,773		182,318
20名、50名、100名、150名施設の保護単価を使って、比例配分で、30.40、60.70.80.90.110.120等の施設の保護単価を計算する。(比例配分)				L		196,948				188,775		
新方式の移行にあたっての補正(減額を3分の2にとどめる) 1の位が5の施設の保護単価は左右の施設の保護単価の平均値				M		193,593		190,683		187,774		184,188
20名に栄養士を、50名施設に小規模加算を入れて保護単価を算出し、比例配分を行い40名の保護単価を出す。40名と50名の保護単価の平均が45名の保護単価である。				O								
45名定員単価の新方式の移行にあたっての補正 (増額を3分の2にとどめる)												
積算推計から求めた保護単価　M、N、O				P		193,593		190,683		187,774		184,188
国の示す保護単価				Q		193,000		191,130		189,250		185,110
国の示す保護単価×定員×12	Q×12×定員			R		185,280,000		194,952,600		204,390,000		211,025,400
保護単価誤差	Q-P			S		△ 593		447		1,476		922
年総額誤差	S×12×定員			T		△ 569,035		455,456		1,593,859		1,051,299

令和４年度　児童養護施設措置費一般分保護単価積算推計表

職員配置　４：１　地域区分　20/100

	項　目							100名定員		105名定員		110名定員		115名定員	
基本給	施設長	福4-1	275,900		×	12 月 (定員51名以上)		1	3,310,800	1	3,310,800	1	3,310,800	1	3,310,800
	〃	福2-33	257,900		×	12 月 (定員50名以下)									
	事務員	行Ⅰ2-9	209,400		×	12 月		1	2,512,800	1	2,512,800	1	2,512,800	1	2,512,800
	主任指導員 福2-17	(235,400 +	4,708)×		12 月			1	2,881,296	1	2,881,296	1	2,881,296	1	2,881,296
	同特殊業務手当	0	9,300	×	12 月			1	111,600	1	111,600	1	111,600	1	111,600
	小規模他加算、家庭支援専門員、個別対応職員 福2-5	(216,500 +	4,330)×		12 月			2	5,299,920	2	5,299,920	2	5,299,920	2	5,299,920
	同特殊業務手当	0	9,300	×	12 月			2	223,200	2	223,200	2	223,200	2	223,200
	児童指導員 福2-5	(216,500 +	4,330)×		12 月			7	18,549,720	7	18,549,720	7	18,549,720	7	18,549,720
	同特殊業務手当	0	9,300	×	12 月			7	781,200	7	781,200	7	781,200	7	781,200
	主任保育士 福1-33	(207,100 +	4,142)×		12 月			1	2,534,904	1	2,534,904	1	2,534,904	1	2,534,904
	同特殊業務手当	0	7,800	×	12 月			1	93,600	1	93,600	1	93,600	1	93,600
	保育士 福1-29	(201,500 +	4,030)×		12 月			16.0	39,461,760	17.2	42,421,392	18.5	45,627,660	19.7	48,587,292
	同特殊業務手当	0	7,800	×	12 月			16.0	1,497,600	17.2	1,609,920	18.5	1,731,600	19.7	1,843,920
	調理員等 行Ⅱ1-37	176,200		×	12 月			4	8,457,600	4	8,457,600	4	8,457,600	4	8,457,600
	栄養士 医Ⅱ2-5	194,700		×	12 月			1	2,336,400	1	2,336,400	1	2,336,400	1	2,336,400
	小計A						A	34.0	88,052,400	35.2	91,124,352	36.5	94,452,300	37.7	97,524,252
	扶養手当	158,200							5,378,800		5,568,640		5,774,300		5,964,140
	小計B	小計A + 扶養手当					B		93,431,200		96,692,992		100,226,600		103,488,392
	調整手当	(小計B+管理職手当)×			0.20				18,752,456		19,404,814		20,111,536		20,763,894
	基本給計　小計B + 調整手当						C		112,183,656		116,097,806		120,338,136		124,252,286
手当等	期末勤勉手当	基本給計×	4.45 ÷	12					41,601,439		43,052,936		44,625,392		46,076,889
	同加算施設長 >51	352,418 ×	4.45 ×	0.10 =	156,826				156,826		156,826		156,826		156,826
	同　施設長 <50	330,458 ×	4.45 ×	0.05 =	73,527										
	同　主任指導員	315,110 ×	4.45 ×	0.05 =	70,112				70,112		70,112		70,112		70,112
	特業手当	2,500		×	12 =	30,000		27.0	810,000	28.2	846,000	29.5	885,000	30.7	921,000
	超勤手当	1,169 ×	96 時間	=	112,190			33.0	3,702,260	34.2	3,836,888	35.5	3,982,734	36.7	4,117,362
	夜勤手当			ⓐ	644,205			3	1,932,614	3	1,932,614	3	1,932,614	3	1,932,614
	住居手当		年額	ⓐ	16,780			34.0	570,520	35.2	590,656	36.5	612,470	37.7	632,606
	通勤手当		年額	ⓐ	30,948			34.0	1,052,232	35.2	1,089,370	36.5	1,129,602	37.7	1,166,740
	管理職手当	施設長本俸の10%							331,080		331,080		331,080		331,080
	年休代替（処遇）	5,920 ×	20 日	=	118,400			27.0	3,196,800	28.2	3,338,880	29.5	3,492,800	30.7	3,634,880
	年休代替（調理）	5,320 ×	20 日	=	106,400			4	425,600	4	425,600	4	425,600	4	425,600
	非常勤保育士	5,920 ×	314 ÷	8 =	232,360			27.0	6,273,720	28	6,552,552	30	6,854,620	31	7,133,452
	非常勤調理	5,320 ×	314 +	5,997 =	1,670,480			2	3,340,960	2	3,340,960	2	3,340,960	2	3,340,960
	看護代替保育士	5,920 ×	0.3333	=	2,000			100	200,000	105	210,000	110	220,000	115	230,000
	その他														
	社保負担分	(小計C ＋ 管理職手当)		×	0.21328				23,997,142		24,831,952		25,736,330		26,571,140
	嘱託医手当			ⓐ	325,680			1	325,680	1	325,680	1	325,680	1	325,680
	手当等計						D		87,986,985		90,932,106		94,121,821		97,066,941
人件費推計額合計	C+D						E		200,170,641		207,029,912		214,459,957		221,319,227
	庁費			ⓐ	54,400			30.0	1,632,000	31.2	1,697,280	32.5	1,768,000	33.7	1,833,280
	特別管理費			ⓐ					0						0
	業務省力化（処遇）			ⓐ	285,700			27.0	7,713,900	28.2	8,056,740	29.5	8,428,150	30.7	8,770,990
	業務省力化（調理）			ⓐ	276,640			4.0	1,106,560	4.0	1,106,560	4.0	1,106,560	4.0	1,106,560
	補修費			ⓐ	361				501,790		523,089		544,388		565,687
	研修費			ⓐ	3,040			30.0	91,200	31.2	94,848	32.5	98,800	33.7	102,448
	苦情解決対策経費			ⓐ	25,920			1	25,920	1	25,920	1	25,920	1	25,920
	管理宿直専門員			ⓐ	1,393,200			1	1,393,200	1	1,393,200	1	1,393,200	1	1,393,200
	小計						F		12,464,570		12,897,637		13,365,018		13,798,085
	消費税加算 F×0.10						G		1,246,457		1,289,763		1,336,501		1,379,808
	旅費			ⓐ	5,617	H1		30.0	168,510	31.2	175,250	32.5	182,553	33.7	189,293
	保健衛生費			ⓐ	4,800	H2		100	480,000	105	504,000	110	528,000	115	552,000
	職員健診費			ⓐ	6,368	H3		34.0	216,512	35.2	224,154	36.5	232,432	37.7	240,074
	自立支援指導員			ⓐ	1,975,002	H4		1	1,975,002	1	1,975,002	1	1,975,002	1	1,975,002
管理費推計額合計	F+G+H1+H2+H3+H4						I		16,551,051		17,065,806		17,619,506		18,134,262
措置費推計額総計	E+I						J		216,721,692		224,095,718		232,079,462		239,453,488
措置費推計額総計÷定員÷12　J÷定員÷12							K		180,601		177,854		175,818		173,517
20名、50名、100名、150名施設の保護単価を使って、比例配分で、30,40,60,70,80,90,110,120等の施設の保護単価を計算する。（比例配分）							L		180,601				178,266		
新方式の移行にあたっての補正（減額を3分の2にとどめる）1の位が5の施設の保護単価は左右の施設の保護単価の平均値							M		180,601		179,026		177,450		176,380
20名に栄養士を、50名施設に小規模加算を入れて保護単価を算出し、比例配分を行い40名の保護単価を出す。40名と50名の保護単価の平均が45名の保護単価である。							O								
45名定員単価の新方式の移行にあたっての補正（増額を3分の2にとどめる）							P								
	積算推計から求めた保護単価　M、N、O						P		180,601		179,026		177,450		176,380
	国の示す保護単価						Q		180,960		179,730		178,500		176,510
	国の示す保護単価×定員×12　Q×12×定員						R		217,152,000		226,459,800		235,620,000		243,583,800
	保護単価誤差　Q-P						S		359		704		1,050		130
	年総額誤差　S×12×定員						T		430,308		887,569		1,386,330		179,062

令和4年度　児童養護施設措置費一般分保護単価積算推計表

職員配置　4：1　地域区分　20/100

項目		120名定員		125名定員		130名定員		135名定員	
施設長 福4-1	275,900 × 12月（定員51名以上）	1	3,310,800	1	3,310,800	1	3,310,800	1	3,310,800
〃 福2-33	257,900 × 12月（定員50名以下）								
事務員 行Ⅰ2-9	209,400 × 12月	1	2,512,800	1	2,512,800	1	2,512,800	1	2,512,800
主任指導員 福2-17	（235,400 + 4,708）× 12月	1	2,881,296	1	2,881,296	1	2,881,296	1	2,881,296
同特殊業務手当	0 9,300 × 12月	1	111,600	1	111,600	1	111,600	1	111,600
小規模他加算、家庭支援専門員、個別対応職員 福2-5	（216,500 + 4,330）× 12月	2	5,299,920	2	5,299,920	2	5,299,920	2	5,299,920
同特殊業務手当	0 9,300 × 12月	2	223,200	2	223,200	2	223,200	2	223,200
児童指導員 福2-5	（216,500 + 4,330）× 12月	7	18,549,720	8	21,199,680	8	21,199,680	8	21,199,680
同特殊業務手当	0 9,300 × 12月	7	781,200	8	892,800	8	892,800	8	892,800
主任保育士 福1-33	（207,100 + 4,142）× 12月	1	2,534,904	1	2,534,904	1	2,534,904	1	2,534,904
同特殊業務手当	0 7,800 × 12月	1	93,600	1	93,600	1	93,600	1	93,600
保育士 福1-29	（201,500 + 4,030）× 12月	21.0	51,793,560	21.2	52,286,832	22.5	55,493,100	23.7	58,452,732
同特殊業務手当	0 7,800 × 12月	21.0	1,965,600	21.2	1,984,320	22.5	2,106,000	23.7	2,218,320
調理員等 行Ⅱ1-37	176,200 × 12月	5	10,572,000	5	10,572,000	5	10,572,000	5	10,572,000
栄養士 医Ⅱ2-5	194,700 × 12月	1	2,336,400	1	2,336,400	1	2,336,400	1	2,336,400
小計A	A	40.0	102,966,600	41.2	106,240,152	42.5	109,568,100	43.7	112,640,052
扶養手当	158,200		6,328,000		6,517,840		6,723,500		6,913,340
小計B 小計A + 扶養手当	B		109,294,600		112,757,992		116,291,600		119,553,392
調整手当 （小計B+管理職手当）× 0.20			21,925,136		22,617,814		23,324,536		23,976,894
基本給計 小計B + 調整手当	C		131,219,736		135,375,806		139,616,136		143,530,286
期末勤勉手当 基本給計 × 4.45 ÷ 12			48,660,652		50,201,861		51,774,317		53,225,814
同加算施設長 >51 352,418 × 4.45 × 0.10 = 156,826			156,826		156,826		156,826		156,826
同 施設長 <50 330,458 × 4.45 × 0.05 = 73,527									
同 主任指導員 315,110 × 4.45 × 0.05 = 70,112			70,112		70,112		70,112		70,112
特業手当 2,500 × 12 = 30,000		32.0	960,000	33.2	996,000	34.5	1,035,000	35.7	1,071,000
超勤手当 1,169 × 96時間 112,190		39.0	4,375,398	40.2	4,510,026	41.5	4,655,873	42.7	4,790,500
夜勤手当 @ 644,205		3	1,932,614	3	1,932,614	3	1,932,614	3	1,932,614
住居手当 年額 @ 16,780		40.0	671,200	41.2	691,336	42.5	713,150	43.7	733,286
通勤手当 年額 @ 30,948		40.0	1,237,920	41.2	1,275,058	42.5	1,315,290	43.7	1,352,428
管理職手当 施設長本俸の10%			331,080		331,080		331,080		331,080
年休代替（処遇） 5,920 × 20日 = 118,400		32.0	3,788,800	33.2	3,930,880	34.5	4,084,800	35.7	4,226,880
年休代替（調理） 5,320 × 20日 = 106,400		5	532,000	5	532,000	5	532,000	5	532,000
非常勤保育士 5,920 × 314 ÷ 8 = 232,360		32	7,435,520	33	7,714,352	35	8,016,420	36	8,295,252
非常勤調理 5,320 × 314 + 5,997 = 1,670,480		1	1,670,480	1	1,670,480	1	1,670,480	1	1,670,480
看護代替保育士 5,920 × 0.3333 = 2,000		120	240,000	125	250,000	130	260,000	135	270,000
その他									
社保負担分 （小計C + 管理職手当）× 0.21328			28,057,158		28,943,564		29,847,942		30,682,752
嘱託医手当 @ 325,680		1	325,680	1	325,680	1	325,680	1	325,680
手当等計	D		100,445,441		103,531,869		106,721,584		109,666,704
人件費推計額合計 C+D	E		231,665,177		238,907,675		246,337,720		253,196,990
庁費 @ 54,400		35.0	1,904,000	36.2	1,969,280	37.5	2,040,000	38.7	2,105,280
特別管理費			0		0		0		0
業務省力化（処遇） @ 285,700		32.0	9,142,400	33.2	9,485,240	34.5	9,856,650	35.7	10,199,490
業務省力化（調理） @ 276,640		5.0	1,383,200	5.0	1,383,200	5.0	1,383,200	5.0	1,383,200
補修費 @ 361			586,986		608,285		629,584		650,883
研修費 @ 3,040		35.0	106,400	36.2	110,048	37.5	114,000	38.7	117,648
苦情解決対策経費 @ 25,920		1	25,920	1	25,920	1	25,920	1	25,920
管理宿直専門員 @ 1,393,200		1	1,393,200	1	1,393,200	1	1,393,200	1	1,393,200
小計	F		14,542,106		14,975,173		15,442,554		15,875,621
消費税加算 F×0.10	G		1,454,210		1,497,517		1,544,255		1,587,562
旅費 @ 5,617	H1	35.0	196,595	36.2	203,335	37.5	210,638	38.7	217,378
保健衛生費 @ 4,800	H2	120	576,000	125	600,000	130	624,000	135	648,000
職員健診費 @ 6,368	H3	40.0	254,720	41.2	262,362	42.5	270,640	43.7	278,282
自立支援指導員 @ 1,975,002	H4	1	1,975,002	1	1,975,002	1	1,975,002	1	1,975,002
管理費推計額合計 F+G+H1+H2+H3+H4	I		18,998,633		19,513,389		20,067,089		20,581,845
措置費推計額総計 E+I	J		250,663,810		258,421,064		266,404,808		273,778,835
措置費推計額総計÷定員÷12 J÷定員÷12	K		174,072		172,281		170,772		168,999
20名、50名、100名、150名施設の保護単価を使って、比例配分で、30,40,60,70,80,90,110,120等の施設の保護単価を計算する。（比例配分）	L		175,930				173,594		
新方式の移行にあたっての補正（減額を3分の2にとどめる）1の位が5の施設の保護単価は左右の施設の保護単価の平均値	M		175,311		173,982		172,654		171,531
20名に栄養士を、50名施設に小規模加算を入れて保護単価を算出し、比例配分を行い40名の保護単価を出す。40名と50名の保護単価の平均が45名の保護単価である。	O								
45名定員単価の新方式の移行にあたっての補正（増額を3分の2にとどめる）									
積算推計から求めた保護単価 M、N、O	P		175,311		173,982		172,654		171,531
国の示す保護単価	Q		174,510		173,420		172,320		171,700
国の示す保護単価×定員×12 Q×12×定員	R		251,294,400		260,130,000		268,819,200		278,154,000
保護単価誤差 Q-P	S		△ 801		△ 562		△ 334		169
年総額誤差 S×12×定員	T		△ 1,153,066		△ 843,330		△ 520,571		273,053

基本給（基本）　手当等（手当等）

令和4年度　児童養護施設措置費一般分保護単価積算推計表

職員配置　4：1　地域区分　20/100

書記会作成資料

項目						140名定員		145名定員		150名定員
基本給	施設長　福4-1	275,900	×	12 月（定員51名以上）	1	3,310,800	1	3,310,800	1	3,310,800
	〃　　　福2-33	257,900	×	12 月（定員50名以下）						
	事務員　　行Ⅰ2-9	209,400	×	12 月	1	2,512,800	1	2,512,800	1	2,512,800
	主任指導員 福2-17	(235,400 + 4,708)×		12 月	1	2,881,296	1	2,881,296	1	2,881,296
	同特殊業務手当	0	9,300 ×	12 月	1	111,600	1	111,600	1	111,600
	小規模他加算、家庭支援専門員、個別対応職員 福2-5	(216,500 + 4,330)×		12 月	2	5,299,920	2	5,299,920	2	5,299,920
	同特殊業務手当	0	9,300 ×	12 月	2	223,200	2	223,200	2	223,200
	児童指導員 福2-5	(216,500 + 4,330)×		12 月	8	21,199,680	8	21,199,680	8	21,199,680
	同特殊業務手当	0	9,300 ×	12 月	8	892,800	8	892,800	8	892,800
	主任保育士 福1-33	(207,100 + 4,142)×		12 月	1	2,534,904	1	2,534,904	1	2,534,904
	同特殊業務手当	0	7,800 ×	12 月	1	93,600	1	93,600	1	93,600
	保育士　　　福1-29	(201,500 + 4,030)×		12 月	25.0	61,659,000	26.2	64,618,632	27.5	67,824,900
	同特殊業務手当	0	7,800 ×	12 月	25.0	2,340,000	26.2	2,452,320	27.5	2,574,000
	調理員等　行Ⅱ1-37	176,200	×	12 月	5	10,572,000	5	10,572,000	6	12,686,400
	栄養士　　医Ⅱ2-5	194,700	×	12 月	1	2,336,400	1	2,336,400	1	2,336,400
	小計A				A	45.0 115,968,000	46.2	119,039,952	48.5	124,482,300
	扶養手当	158,200				7,119,000		7,308,840		7,672,700
	小計B　　小計A ＋ 扶養手当				B	123,087,000		126,348,792		132,155,000
	調整手当	（小計B+管理職手当）×		0.20		24,683,616		25,320,014		26,497,216
	基本給計　　小計B ＋ 調整手当				C	147,770,616		5,114,258		158,652,216
手当等	期末勤勉手当	基本給計 ×	4.45 ÷	12		54,798,270		1,896,537		58,833,530
	同加算施設長 >51	352,418 ×	4.45 ×	0.10 = 156,826		156,826		156,826		156,826
	同　施設長　<50	330,458 ×	4.45 ×	0.05 = 73,527						
	同　主任指導員	315,110 ×	4.45 ×	0.05 = 70,112		70,112		70,112		70,112
	特業手当	2,500	×	12 = 30,000	37.0	1,110,000	38.2	1,146,000	39.5	1,185,000
	超勤手当	1,169 ×	96 時間	= 112,190	44.0	4,936,347	45.2	5,070,974	47.5	5,329,011
	夜勤手当		@	644,205	3	1,932,614	3	1,932,614	3	1,932,614
	住居手当		年額 @	16,780	45.0	755,100	46.2	775,236	48.5	813,830
	通勤手当		年額 @	30,948	45.0	1,392,660	46.2	1,429,798	48.5	1,500,978
	管理職手当	施設長本俸の10%				331,080		331,080		331,080
	年休代替（処遇）	5,920 ×	20 日	= 118,400	37.0	4,380,800	38.2	4,522,880	39.5	4,676,800
	年休代替（調理）	5,320 ×	20 日	= 106,400	5	532,000	5	532,000	5	532,000
	非常勤保育士	5,920 ×	314 ÷	8 = 232,360	37	8,597,320	38	8,876,152	39.5	9,178,220
	非常勤調理	5,320 ×	314 +	5,997 = 1,670,480	2	3,340,960	2	3,340,960	2	3,340,960
	看護代替保育士	5,920 ×	0.3333	= 2,000	140	280,000	145	290,000	150	300,000
	その他									480,000
	社保負担分	（小計C ＋ 管理職手当）	×	0.21328		31,587,129		1,161,381		33,907,957
	嘱託医手当		@	325,680	1	325,680	1	325,680	1	325,680
手当等計					D	114,526,898		31,858,230		122,894,598
人件費推計額合計	C+D				E	262,297,514		36,972,488		281,546,814
	庁費		@	54,400	40.0	2,176,000	41.2	2,241,280	42.5	2,312,000
	特別管理費		@			0		0		0
	業務省力化（処遇）		@	285,700	37.0	10,570,900	38.2	10,913,740	39.5	11,285,150
	業務省力化（調理）		@	276,640	5.0	1,383,200	5.0	1,383,200	6.0	1,659,840
	補修費		@	361		672,182		693,481		714,780
	研修費		@	3,040	40.0	121,600	41.2	125,248	42.5	129,200
	苦情解決対策経費		@	25,920	1	25,920	1	25,920	1	25,920
	管理宿直専門員		@	1,393,200	1	1,393,200	1	1,393,200	1	1,393,200
	小計				F	16,343,002		16,776,069		17,520,090
	消費税加算　F×0.10				G	1,634,300		1,677,606		1,752,009
	旅費		@	5,617	H1	40.0 224,680	41.2	231,420	42.5	238,723
	保健衛生費		@	4,800	H2	140 672,000	145	696,000	150	720,000
	職員健診費		@	6,368	H3	45.0 286,560	46.2	294,202	48.5	308,848
	自立支援指導員		@	1,975,002	H4	1 1,975,002	1	1,975,002	1	1,975,002
管理費推計額合計	F+G+H1+H2+H3+H4				I	21,135,544		21,650,299		22,514,672
措置費推計額総計	E+I				J	283,433,058		58,622,787		304,061,486
措置費推計額総計÷定員÷12　　J÷定員÷12					K	168,710		33,691		168,923
20名、50名、100名、150名施設の保護単価を使って、比例配分で、30,40、60,70,80,90,110,120等の施設の保護単価を計算する。（比例配分）					L	171,259				168,923
新方式の移行にあたっての補正（減額を3分の2にとどめる）1の位が5の施設の保護単価は左右の施設の保護単価の平均値					M	170,409		169,666		168,923
20名に栄養士を、50名施設に小規模加算を入れて保護単価を算出し、比例配分を行い40名の保護単価を出す。40名と50名の保護単価の平均が45名の保護単価である。					O					
45名定員単価の新方式の移行にあたっての補正（増額を3分の2にとどめる）										
積算推計から求めた保護単価　M、N、O					P	170,409		169,666		168,923
国の示す保護単価					Q	171,090		170,040		168,990
国の示す保護単価×定員×12　　Q×12×定員					R	287,431,200		295,869,600		304,182,000
保護単価誤差　　　　Q-P					S	681		374		67
年総額誤差　　　S×12×定員					T	1,143,747		650,546		120,514

[参考資料・2] 事務費一般分に含まれる児童指導員・保育士の人数の推定

　措置費の事務費一般分を推計する場合、まず各職種ごとの本俸合計を求めなければならない。施設長、事務員、調理員等、栄養士は人数が明示されているが、児童指導員と保育士については、「通じて定員6名に対し1名」と表現されているにとどまり、その内訳は示されていない。児童指導員と保育士では本俸の金額が異なっているので、各々の配置の内訳を推定する必要がある。

年次（昭和年)	～37	39～	41～	46～	47～	50～	51～
児童指導員・保育士の定数	10：1	9：1	8：1	7.5：1	7：1	80名以下1名増	6：1

　上記の表のように、昭和52年以降児童指導員と保育士の定数は改善されずに今日に至ってる。すなわち、平成5年度においては「児童指導員と保育士は通じて定員6名に1名」となっている。例えば、50名定員の場合は8名が児童指導員と保育士の定数である。この8名のうち何名が児童指導員で、何名が保育士なのか、その算定方法を知る必要がある。ここでは昭和47年度に児童部会書記会が措置費積算の推計を行った際の推定方法を示す。

定員	昭和30年度		昭和47年度	
	児童指導員数	保育士数	児童指導員数	保育士数
30名	1	2	1	3
50名	②	3	③	4
100名	4	6	4	10
150名	7	8	7	14

　昭和30年度の児童指導員・保育士の定数は全養協通信 NO.10 掲載によるものである。昭和47年度児童指導員・保育士の定数は推計である。比較してみると50名定員施設の児童指導員数のみが1名増えているが、他の定員施設の児童指導員数は変動していないことがわかる。つまり定数改善があっても児童指導員数は 10：1 当時と同じであり、定数増の分は保育士に充てられているということである。この仮定から逆算すると、昭和47年度の児童指導員と保育士の人数を割り出す計算式が成り立つ。
◇50名定員
　10：1の場合　児童指導員・保育士数　　　　　　　　　　　　　50名÷10＝5名
　　　　　　　児童指導員・保育士数のうち1名は職業指導員の配置なので差し引く
　　　　　　　　　　　　　　　　　　　　　　　　　　　　　　5名－1名＝4名
　　　　　　残りの半数が児童指導員である。　　　　　　　　　4名÷2＝2名

※10：1における職業指導員数は保育士の人数に含める。他の定員の場合も同様である。

　7：1の場合（昭和47年度）

　　　　　　　児童指導員・保育士数　　　　　　　　　　　　　50名÷7＝7名

　　　　　　　児童指導員数は10：1当時と同じ2名であるから、保育士の

　　　　　　　人数はその残りの数である。　　　　　　　　　7名－2名＝5名

　ところが昭和46年度（7.5：1）において小規模加算が50名定員から45名定員まで下がったとき、50名定員施設は6.66…となり、定数が実質的に増加しない不利益を少なくするために、本来保育士とされるべき枠を、児童指導員で置き換える措置がとられた。したがって児童指導員数が3名となり、保育士数が4名となった。

◇100名定員

　10：1の場合　児童指導員・保育士数　　　　　　　　　100名÷10＝10名

　　　　　　　児童指導員・保育士数のうち1名は職業指導員なので差し引く

　　　　　　　　　　　　　　　　　　　　　　　　　　　10名－1名＝9名

　　　　　　　残りの半数が児童指導員である。　　9名÷2＝4名（端数切り捨て）

　7：1の場合（昭和47年度）

　　　　　　　児童指導員・保育士数　　　　　　　　　　　100名÷7＝14名

　　　　　　　児童指導員数は10：1当時と同じ4名であるから、保育士の

　　　　　　　人数はその残りの数である。　　　　　　　14名－4名＝10名

この計算式は平成6年度においても成り立つ。

　10：1の場合　児童指導員・保育士数　　　　　　　　　100名÷10＝10名

　　　　　　　児童指導員・保育士数のうち1名は職業指導員なので差し引く

　　　　　　　　　　　　　　　　　　　　　　　　　　　10名－1名＝9名

　　　　　　　残りの半数が児童指導員である。　　9名÷2＝4名（端数切り捨て）

　6：1の場合（平成6年度）

　　　　　　　児童指導員・保育士数　　　　　　　　　　　100名÷6＝17名

　　　　　　　児童指導員数は10：1当時と同じ4名であるから、保育士の

　　　　　　　人数はその残りの数である。　　　　　　　17名－4名＝13名

　平成24年に児童指導員、保育士の配置基準が5.5:1に改定された際も、増員は保育士であり、児童指導員の人数は10：1の時代から変わることはなかった。

　ただし、平成28年に4：1が予算上で実現した際の措置費一般分事務費の積算では、5.5：1のときの児童指導員と保育士の割合で、4：1の職員配置を決めたと言われている。

［参考資料・3］ 事務費一般分の基準定員以外施設の保護単価（比例配分）

　　措置費の保護単価は長い間、定員が 30 名、50 名、100 名、150 名、300 名の基準定員施設で設定され、その中間の定員の施設（例えば 40 名とか 80 名の施設）では、その前後の基準定員施設の保護単価を単純に比例で配分するという方法がとられてきた。

　　しかし、平成 24 年に、①従来の方法による保護単価の設定から、②10 名きざみのすべての定員で保護単価を職員配置基準に基づき積算することとなり、最終的に②を採用することをめざしつつも、その移行にあたり減額を 25％にとどめることとされた。

　　このことにより措置費の積算推計は複雑を極めることとなった。

　　平成 28 年には、保護単価を設定する基準定員施設が、30 名、50 名、100 名、150 名、300 名定員から、20 名、50 名、100 名、150 名、300 名施設に変更された。

　　これにより 30 名、35 名施設が保護単価設定上有利となった。

［参考資料・4］ 措置費の額と定員の関係

　　措置費一般分の保護単価は、20 名、50 名、100 名、150 名、300 名定員施設において、職員配置基準から積算され設定されている。

　　その他の 30 名、40 名、60 名、70 名などのその中間にある施設の保護単価を単純に比例で配分している。必ずしもその定員の職員の配置基準に連動していない。

　　その極端な例として、栄養士は定員 41 名以上の施設に配置されることになっているが、定員を 40 名から 41 名に増やしたとしても、措置費は増えず逆に減ることになり栄養士の人件費は確保できない。

　　定員の 1 の位が 0 または 5 でない施設も不利である。例えば定員が 31 名の施設には 35 名定員施設の単価が適用されるで、措置費の額は 35 名定員の 31/35 となり、11％もの減額となる。職員配置基準により職員配置を決めても、それに見合う措置費が支弁されず運営が苦しくなる。

　　定員の設定によっては施設運営に支障を及ぼす場合がある。したがって地域小規模型グループホームの開始や暫定定員の適用などで定員を変更する場合、**措置費の支弁額は必ずしも職員配置基準に連動していない**ことを念頭に入れておくべきである。

　　次のページに定員別の職員 1 人当りの措置費事務費の年額のグラフを掲載している。基準外職員は配置せず、配置基準どおりの配置をするという方針の施設はこのグラフで有利な定員をさがすことができる。

措置費の額と定員の関係
（令和４年度単価　地域区分：20/100　職員配置：４：１　加算職員を含む）

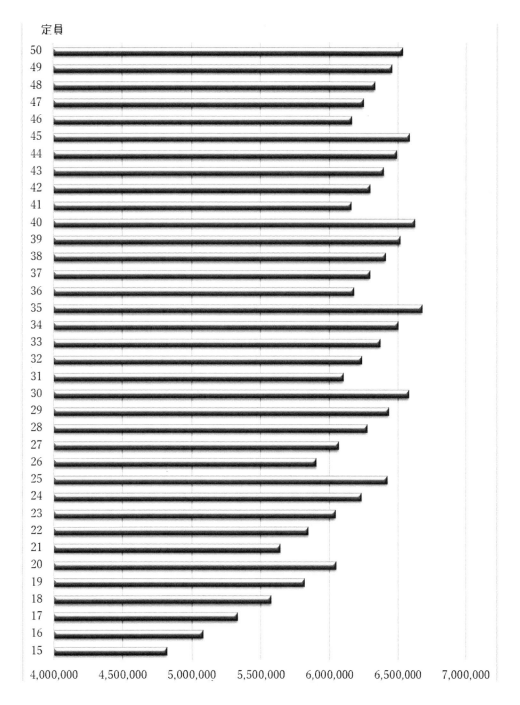

常勤職員１名当りの措置費事務費

書記会作成資料

［参考資料・5］ 措置費一般分保護単価の設定方法の変遷

1．平成23年度までの一般分保護単価の設定方法

　一般分の保護単価を設定するにあたり、職員配置基準から積算して保護単価を計算しているのは、30名、50名、100名、150名、300名施設のみである。　その他の定員の保護単価は、単純に比例で配分されていた。(前ページ参照)

　この設定方法は、家庭支援専門相談員、小規模グループケア職員、心理担当職員、個別対応職員等のほとんどの一般分費目の保護単価の設定の際に用いられてきた。

2．平成24年度一般分保護単価積算の主な変更点

①小規模加算、家庭支援専門相談員、個別対応職員を**一般分保護単価に算入**

定員規模	算入方法
定員30名、35名、40名、45名の施設	児童指導員　3名分増
定員50名以上の施設	児童指導員　2名分増

②児童指導員、保育士の配置　6：1を**5.5：1に改定**

増員された職種	保育士
職員数の計算方法	小数2位切り捨て、小数1位までを有効数字として計算
〃計算例（定員30名）	30÷5.5＝5.454545・・　小数第二位を切捨 5.4名で全ての積算(基本給、諸手当、管理費)を行っている。

　　　　　　　　　　　　　　　　　　　　　　　　　| 書記会作成資料 |

③10名刻みで積算

　10名刻みで積算することにより保護単価を設定し、定員規模による損得をなくしている。

④5名刻みで保護単価を設定

　5名きざみで比例配分により保護単価を設定し、35名、45名、55名等の施設が不利にならないようにしている。小規模化に取り組みやすくするための措置である。

⑤今まで恩恵を受けていた定員施設の減額

　70名、80名のように今まで恩恵を受けていた施設は**減額**するが、その減額を3分の1に緩和されている。

⑥150名以上の定員施設の事務員を2名から1名に減とした。

⑦家庭支援専門相談員、個別対応職員、里親支援専門相談員、心理担当職員等を民改費の加算対象とした。

３．平成26年度一般分保護単価積算の主な変更点

本体施設のみでは定員41名を満たしていないが、地域小規模型児童養護施設と合計した場合に定員41名以上となる施設にも**栄養士を配置**する。

４．平成27年度一般分保護単価積算の主な変更点

予算上の措置であるが、児童指導員・保育士の配置４：１が実現している。

①　減額措置

児童指導員・保育士配置４：１の実施時から２．の⑤の減額緩和措置は廃止され、全額が減額される予定であると言われてきたが、４：１実施以降の保護単価でもそのような**減額は行われていない。**

比例配分の優位性を４：１の実施時に解消するという方針が24年度に示されたが、今回は実施されなかった。

24年度に比例配分の恩恵のうち3分の１が減額された

４対１が実現すると、緩和せずに減額する。70名、80名施設、120名、130名施設の優位性が完全になくなると予告されていた。

しかし27年度以降はそのような減額措置は実施されなかった。

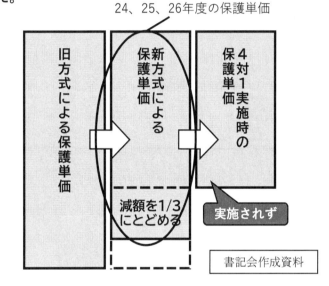

24、25、26年度の保護単価

書記会作成資料

②　20名・25名定員の施設が設置可能に

平成27年度から、20名定員施設と25名定員施設の保護単価が設定された。

30名定員の施設が暫定定員の対象となった場合、施設の維持が難しくなるという課題があったが、これが解消されている。

あわせて、かなり小規模の児童養護施設の設置が可能となった。

国の職員別職員定数表によると、30名未満の施設長は児童指導員を兼務することができるとなっているが、**20名・25名定員**の積算推計結果からは、施設長と児童指導員は各々算入されていて、数字上では兼務をする必要はなくなっている。

③　比例配分の基準施設の変更

一般分の保護単価を設定するにあたり、職員配置基準から積算して保護単価を計算しているのは、30名、50名、100名、150名、300名施設のみであったが、これが、**20名定員施設の保護単価が設定されたことにより、20名、50名、100名、150名、300名施設に変った。**

これにより、定員35名施設を中心に比例配分の恩恵にあずかることとなり大幅に支弁額が増額している。【参考資料・４】参照

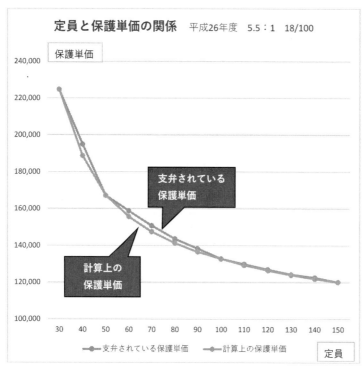

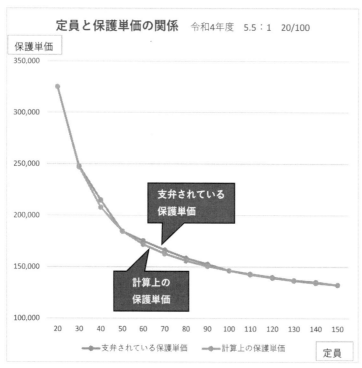

書記会作成資料

④4：1への移行に伴う措置費の増減

　厚労省は平成27年度予算において、児童養護施設の小学生以上の児童指導員・保育士の配置基準を段階的に5.5：1、5：1、4.5：1、4：1の4つの保護単価を設けることにより、それぞれの施設の職員配置状況に応じた保護単価を設定することとした。
児童福祉施設の設備及び運営に関する基準の職員配置は5.5：1のままで改定されていないので、どの配置を選択するかは施設の裁量に任されている。

　これらの保護単価の積算を推計したところ、4：1に近づくにつれ、国の示す単価が大幅に積算推計額をかなり上回っていた。

　積算推計は、同じ条件で職員数だけを増やして行っているので、**4：1にするほど、運営費は有利になる。**

第2章　東京都補助金

Ⅰ. 東京都補助金の推移

1. 第二次世界大戦後より平成初期

　第二次世界大戦後より平成初期に至るまで、東京都の補助金いわゆる法外援護費（児童福祉法に拠らない単独の援護費）は、当然国が実施すべき事業の財政的裏付けを補完すると共に、新たな福祉ニーズに基づいた独自の事業の実施にともない予算化されてきた。他府県に比してその額も種類も多いとされ、各々明確な目的や理由により、長年の施設関係者の努力と東京都の理解とによって積み重ねられてきた。

　これらは**東京都施設運営費都加算制度**として、事務費では、常勤職員の保育士、児童指導員、調理員の増配置、非常勤職員では児童指導員、事務員、栄養士等の増配置を中心としており、入所児童の処遇体制の充実と職員の労働条件の改善が図られてきた。

　また、国の措置費の保護単価に含まれる人件費相当額では、安定した給与の昇給財源の維持が困難であることから、昭和47年より**職員給与公私格差是正事業**を実施し、都下の社会福祉施設の給与制度の整備を行ってきた。このことは施設の運営に安定をもたらし、職員増配置とあわせて入所者処遇の向上のために大きな成果をあげてきた。

　事業費では、国の支弁している一般生活費、教育費、その他の事業費を補完することによって、より幅の広い処遇を可能にしてきた。

　特に、児童福祉施設における高等学校就学のための特別育成費は、国に先がけて予算化され各種学校等修学金等もあわせ、とりわけ児童養護施設の児童の自立を支える上で大きな役割を果たしてきた。

　他にも、**養育家庭制度**、**ファミリーグループホーム制度**、**自立援助ホーム制度**、**フレンドホーム制度等**、養護児童をとりまく多様化するニーズに対応するために、さまざまな制度が実施されてきた。

2. 東京都民間社会福祉施設サービス推進費補助制度への移行

　平成9年、東京都は未曾有の財政難により、東京都財政健全化計画の中で都加算制度及び公私格差是正事業の見なおしに着手した。国の社会福祉基礎構造改革の影響も大きく、見直しはかつてない大幅なものとなった。

　従来の都の補助金は、措置費の不足する部分を補うものであり、使途が明確であったが、「施設の特色をいかしたサービスの提供や職員の能力に応じた給与の決定など、施設設置者による自主的かつ柔軟な施設運営を促進し、社会状況の変化に的確に対応できる仕組みに改める」とし、補助金の使途の縛りを一切廃止し、併せて補助額をカットした。

　独自に積み上げてきた東京都施設運営費都加算制度、職員給与公私格差是正制度を平成11年12月31日付けで廃止し、同12年1月、**東京都民間社会福祉施設サービス推進費補助制度**を発足させた。

　養育家庭制度は、平成11年度から13年度までの養育家庭制度推進費補助金と平成14年度の養育家庭制度移行推進事業を経て廃止された。

　東京都は平成12年12月、平成16年度までの5年間を計画期間とする**東京都福祉改革推進プラン**を発表した。このプランでは①利用者と事業者の間の契約に基づき、利用者指向のサービスの提供が行なわれること。②利用者が自らの責任で選択し、適切な負担により

サービスが利用できる。③地域に根ざした多様な提供主体によりきめ細やかなサービスが利用できる。④提供主体の間で利用者指向のサービス競争が活発に行なわれる等を改革の基本方向とした。

　全体の分野では「選択」「競い合い」「地域」の３つのキーワードの下に改革方針が掲げられ、児童養護等の分野別事業プランでは、グループホーム、里親等の地域における家庭的養護を社会的養護の中心に据え、児童養護施設は抜本的にそのあり方を再構築するとした。

　平成 16 年 4 月には発足間もない都サービス推進費を東京都は早くも見直しし、都の加算は都としての最低基準の維持であるという考え方から、基本的な施設運営は措置費で可能であるという考え方に転換した。再構築の補助体制は、**①都として望ましいサービス水準を確保するために必要な基本補助**を実施、**②他の施設より努力している内容に対してその努力が報われるよう努力実績加算**を実施することとされた。

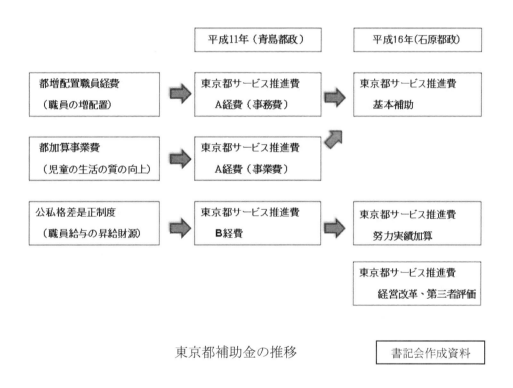

東京都補助金の推移　　　　　　　書記会作成資料

Ⅱ. 東京都補助金の内容

1. 東京都民間社会福祉施設サービス推進費補助制度

⑴ 東京都民間社会福祉施設サービス推進費補助制度の概要

東京都民間社会福祉施設サービス推進費補助制度の概略は次の図のとおりである。

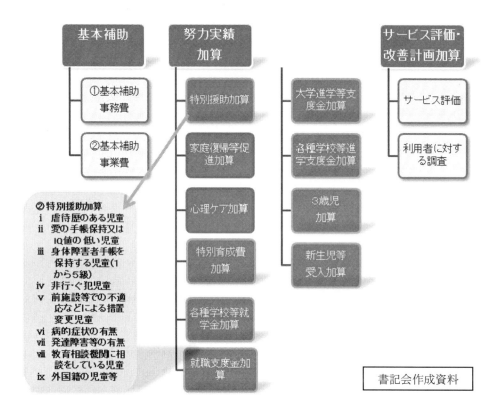

⑵ サービス推進費基本補助

①サービス推進費基本補助に算入されている費目とその経緯

　平成12年、「職員増配置等東京都加算事業」が「東京都サービス推進費補助金Ａ経費」に移行し、実績・実情に応じた対応方式から、総額補助方式に転換され、いわゆる包括化がおこなわれた。また平成16年には「東京都サービス推進費補助金Ａ経費」が廃止され、「東京都サービス推進費基本補助」に移行した。基本補助単価は、定員規模別に設定され、事務費・事業費の区分となった。算入された費目は次のとおりである。

東京都サービス推進費基本補助事務費	
平成11年までの職員増配置等東京都加算事業の費目	①地域格差是正費　②給食指導費　③民間施設振興費　④特殊勤務手当　⑤嘱託医手当　⑥健康管理費　⑦夜間警備事務費　⑧非常勤職員賃金加算　⑨自立支援指導員加算　⑩労災保険加算　⑪３歳児加算　⑫保母(保育士)加算　⑬指導員加算　⑭非常勤栄養士雇用経費　⑮調理員加算　⑯非常勤指導員　⑰事務員増配置経費　⑱妊産婦代替職員費
平成12年東京都サービス推進費補助金Ａ経費に算入された費目	上記の費目が包括化されかつ減額された。積算根拠は示されなかったので実際に何が算入されているか不明。
平成25年東京都サービス推進費基本補助の改定	大学進学支度金加算・各種学校等進学支度金加算が努力・実績加算に移行したことにより、基本補助事務費が減額された。 基本補助の単価調整が事務費での取り扱いとなった経緯は不明である。

東京都サービス推進費基本補助事業費	
平成11年までの東京都事業費加算の費目	①一般生活費　②生活指導訓練費　③冬期暖房費④学校教育費　⑤入進学支度金　⑥特別育成費　⑦各種学校等修学金　⑧幼児教育費　⑨定時制高校入学支度金　⑩各種学校等入学支度金　⑪大学入学支度金　⑫就職支度費　⑬連れもどし費　⑭自立特別訓練費　⑮地域クラブ参加促進費
平成12年東京都サービス推進費補助金Ａ経費に算入された費目	上記の費目が包括化された。積算根拠は示されなかったので実際に何が算入されているか不明。
平成16年東京都サービス推進費基本補助の改定	特別育成費、就職支度費が努力実績加算に移行した。

書記会作成資料

②サービス推進費基本補助単価表（月額）

東京都が示している基本補助の単価は次のとおりである。（平成28年度）

（1）都内施設及び都外独占施設　　　　　　　　　　　　　　　　（単位：円）

規模		月額単価	事務費	事業費
地域小規模	6人	45,000	26,300	18,700
	～25人	81,000	62,300	18,700
	26～30人	72,000	53,300	18,700
	31～35人	53,100	34,400	18,700
	36～40人	48,400	29,700	18,700
	41～45人	45,500	26,800	18,700
	46～50人	43,000	24,300	18,700
	51～60人	42,700	24,000	18,700
	61～70人	40,900	22,200	18,700
	71～80人	39,400	20,700	18,700
	81～90人	38,600	19,900	18,700
	91～100人	37,800	19,100	18,700
	101～110人	37,000	18,300	18,700
	121～130人	36,200	17,500	18,700

（2）都外非独占施設

区分	月額単価	事務費	事業費	所在地
Ⅰ	28,700	10,000	18,700	神奈川県
Ⅱ	25,600	6,900	18,700	千葉県
Ⅲ	26,400	7,700	18,700	茨城県
Ⅳ	25,400	6,700	18,700	茨城県

東京都作成資料

③サービス推進費基本補助の積算推計

上表の東京都サービス推進費基本補助に含まれていると思われる費目は次の表のとおり。

都サービス推進費基本補助事務費に算入されている費目と単価の確認のための推計

	30名施設				40名施設				50名施設			
	単価	人員	月数	金額	単価	人員	月数	金額	単価	人員	月数	金額
保育士	国の4：1の実施によりカットされる　27年度より											
児童指導員	国の4：1の実施によりカットされる　28年度より											
非常勤栄養士	6,290	104	1	654,160	6,290	104	1	654,160	0	0	0	0
調理員	404,826	1	12	4,857,912	404,826	1	12	4,857,912	404,826	1	12	4,857,912
非常勤指導員	国の4：1の実施によりカットされる　28年度より											
非常勤事務員	124,710	1	12	1,496,520	124,710	1	12	1,496,520	124,710	1	12	1,496,520
妊産婦代替				0				0				0
嘱託医手当	10,000	1	12	120,000	10,000	1	12	120,000	10,000	1	12	120,000
健康管理費	1,980	14	1	27,720	1,980	16	1	31,680	1,980	18	1	35,640
夜間警備事務費	513,250	1	12	6,159,000	0	0	0	0	0	0	0	0
非常勤職員賃金加算	126,260	8	1	1,010,080	126,260	10	1	1,262,600	126,260	11	1	1,388,860
〃	28,800	4	1	115,200	28,800	4	1	115,200	28,800	4	1	115,200
〃	563,400	1	1	563,400	563,400	1	1	563,400	563,400	1	1	563,400
自立支援指導員賃金加算	61,560	1	12	738,720	61,560	1	12	738,720	61,560	1	12	738,720
労災保険加算	1,950	13	1	25,350	1,950	15	1	29,250	1,950	17	1	33,150
小計（1）				15,768,062	小計（2）			9,869,442	小計（3）			9,349,402

	都の示す単価	人員	月数	金額	都の示す単価	人員	月数	金額	都の示す単価	人員	月数	金額
都サービス推進費基本補助事務費	53,300	30	12	19,188,000	29,700	40	12	14,256,000	24,300	50	12	14,580,000

差引（コア人材加算相当）	3,419,938	差引（コア人材加算相当）	4,386,558	差引（コア人材加算相当）	5,230,598

書記会作成資料

④国の配置基準改定と東京都サービス推進費基本補助事務費の削減

　国の４：１への移行に伴い、都サービス推進費基本補助事務費が減額された。

　下図は定員40名の保育士・児童指導員の配置の例である。平成27年度から児童指導員・保育士の10名の配置が可能となり、都が保育士、児童指導員、非常勤指導員を増配置することによって維持してきた都基準を上回ることとなった。

　このため、都は、平成27年度で5.5：1を5：1にするための保育士加算を、平成28年度には定員によらず増配置してきた児童指導員1名と非常勤指導員1名の加算を廃止し、基本補助事務費を減額した。

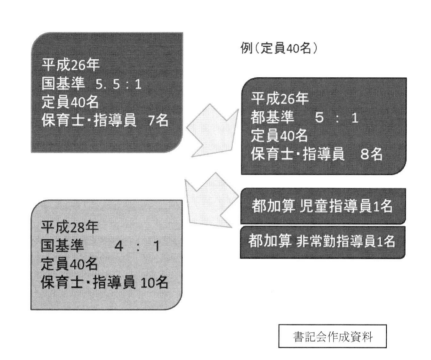

書記会作成資料

　定員による減額の状況は下表のとおりである。

定員	改定前		改定後		減額
	月額単価	年総額	月額単価	年総額	
25	109,500	32,850,000	62,300	18,690,000	14,160,000
30	92,700	33,372,000	53,300	19,188,000	14,184,000
35	67,200	28,224,000	34,400	14,448,000	13,776,000
40	58,400	28,032,000	29,700	14,256,000	13,776,000
45	51,600	27,864,000	26,800	14,472,000	13,392,000
50	37,000	22,200,000	24,300	14,580,000	7,620,000
60	42,600	30,672,000	24,000	17,280,000	13,392,000
70	37,600	31,584,000	22,200	18,648,000	12,936,000
80	34,200	32,832,000	20,700	19,872,000	12,960,000
100	34,400	41,280,000	19,100	22,920,000	18,360,000
110	31,900	42,108,000	18,300	24,156,000	17,952,000
130	25,100	39,156,000	17,500	27,300,000	11,856,000

書記会作成資料

⑤減額後の定員ごとの基本補助事務費の年額

減額後の定員ごとの基本補助事務費の年額は次のとおりである。

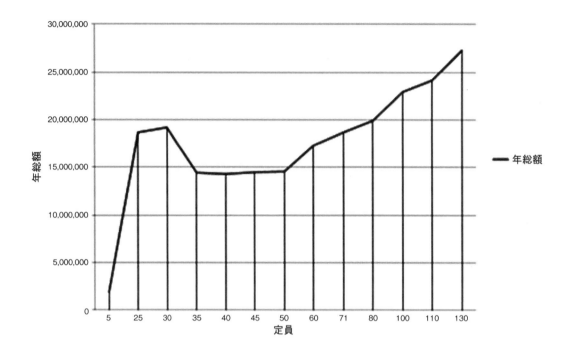

書記会作成資料

⑶ 努力・実績加算

①努力・実績加算への移行までの経緯

　職員給与公私格差是正制度は平成 12 年からの**東京都民間社会福祉施設サービス推進費補助制度Ｂ経費**を経て平成 16 年には努力実績加算に移行した。

　努力実績加算は、施設が努力を積み重ねた結果に対して補助をするという位置づけではあるが、職員の定期昇給財源であった職員給与公私格差是正制度並びに**東京都民間社会福祉施設サービス推進費補助制度Ｂ経費**を置き換えたものであることから、施設は経営上これを人件費の補てんに充てざるを得ない。同時に移行の度に減額を繰り返していることから、その使途範囲は狭められ硬直化しているといえる。

平成 11 年までの職員給与公私格差是正制度	平成 12 年からの東京都民間社会福祉施設サービス推進費補助制度Ｂ経費	平成 16 年からの東京都民間社会福祉施設サービス推進費補助制度努力実績加算
格付け制度により都の基準を準用して、個々の職員の給料を都が決定した。施設は都が決定した給与の額の支払いを義務付けられた。	平均勤続年数を基にした助成率を定めた。個々の職員の給料は、施設が決定する。補助額は引き下げられた。	サービス提供対象児童並びに家庭の状況及びそれに対応した支援や取組みに対する加算 ※コア人材分が基本補助単価に算定されたといわれている。

児童部会作成資料

②努力実績加算の構成

　現在の努力実績加算の構成は次のとおりである。

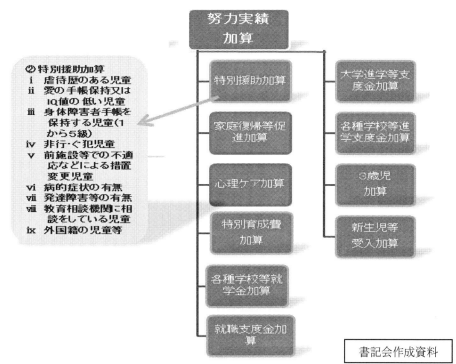

書記会作成資料

努力・実績加算算定基準表

別表2　（要綱第4-2関係）

努力・実績加算算定基準表　　　　　　　　　　　　　　　　　　　　　　　　　　（単位：円）

	努力・実績加算		単　価		算定基準
1	特別援助加算	1～2項目該当児童	月額	13,880	単価×各月初日の加算対象者数
		3～5項目該当児童		18,480	
		6項目以上該当児童		25,680	
2	家庭復帰等促進加算	家庭復帰		84,040	単価×加算対象者数
		里親委託		76,140	
3	心理ケア加算	指定施設 (1) 非常勤職員	月額	13,880	単価×各月初日の加算対象者数
		指定施設 (2) 常勤的非常勤職員		11,570	
		指定施設 (3) 常勤職員		10,000	
		指定外施設	月額	24,460	
4	特別育成費加算			実績による	下記（注1）による
5	各種学校等修学金加算			実績による	下記（注2）による
6	就職支度金加算	特別加算		127,070	単価×加算対象者数
		住居費加算	上限とする	93,000	下記（注3）による
7	大学進学等支度金加算		上限とする	700,000	下記（注4）による
8	各種学校等進学支度金加算		上限とする	600,000	下記（注5）による
9	3歳児加算		月額	86,300	単価×各月初日の加算対象者数
10	新生児等受入加算	～3か月	日額	2,970	単価×延在籍日数
		4～6か月		1,490	
		7～12か月		750	

（注1）私立高等学校に通学する児童にかかる経費のうち、義務分（入学金・授業料・施設関係費の実費）及び定額分（義務分以外の経費でPTA等の会費、学用品、通学用品、交際費等）との合計額から、措置費等国庫負担金における特別育成費（4月分特別加算分含む）、見学旅行費（参加児童のみ）及び要綱第4の1の基本補助に算入されている公立分の都補助経費相当分を除いた額とする。

（注2）各種学校に通学する児童にかかる経費のうち、義務分（入学金・授業料・実習費の実費）及び定額分（義務分以外の経費でPTA等の会費、学用品、通学用品、交際費等）との合計額から、措置費等国庫負担金における特別育成費（4月分特別加算）、見学旅行費（参加児童のみ）及び要綱第4の1の基本補助に算入されている公立分の都補助経費相当分を除いた額とする。

（注3）加算対象者1人当たり〔入居時（契約時）までに支払った額＋1か月分の家賃一敷金（ただし93,000円を超えない額とする。）〕の合計額とする。

（注4）加算対象者1人当たり大学、短期大学進学時初年度納入金実費（ただし700,000円を超えない額とする。）の額とする。

（注5）加算対象者1人当たり各種学校、専門学校等進学時初年度納入金実費（ただし600,000円を超えない額とする。）の額とする。

（注6）上記2の加算項目については、加算対象者1人につき、連続3年間を限度として交付する。

（注7）上記3の加算項目については、支援を実施した月について交付する。また、指定外施設については、各月初日の加算対象者数の上限を9人とする。

（注8）心理ケア加算（指定施設）の(2)常勤的非常勤職員とは、「1日6時間以上かつ月20日以上勤務する非常勤職員、複数の非常勤職員により左記の時間数等を満たす場合を含む。」とする。

（注9）都外非独占施設については、上記4から10までの加算項目を対象とする。

東京都作成資料

※東京都民間社会福祉施設サービス推進費補助取扱要領

努力実績加算の加算対象は多岐にわたっており、その詳細を把握していないと、いわゆる「請求漏れ」が生じる。本資料でその詳細を述べることは不可能なので、「**東京都民間社会福祉施設サービス推進費補助取扱要領（児童養護施設等）**」を精読していただきたい。

※見込による申請の必要性

3月初旬締切の最終交付申請では、就職支度金特別加算、同住居費加算などのように3月末の児童の進路が不確定のケースも加算の対象となる。**最終交付申請では可能性のある加算はすべて申請し、加算要件が最終的に発生しなかった場合は、翌年度に返還すればよい。最終交付申請で申請していない加算は、たとえ後日、要件が発生しても加算されない。**

※特別育成費加算

　私立高校に児童が進学する場合、東京都サービス推進費により、入学金、授業料、施設費は、実費相当額が補助対象とされている。このことにより、児童の高校進学がほぼ保障されている。

　ただし、都の補助額は**平成10年度までの加算をそのまま踏襲している**ので、①入学金、授業料、施設費以外の納入金、②通学交通費、③クラブ活動費、④修学旅行費は、一定の額の範囲でやり繰りすることとなる。毎週のように遠征試合に行くようなクラブ活動のある高校、海外の修学旅行を実施している高校等は、公的財源を超える支出になる。

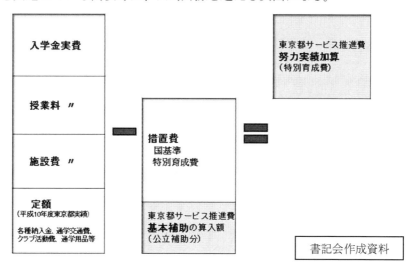

書記会作成資料

⑷　サービス評価・改善計画加算　　福祉サービス第三者評価の受審促進事業

別表3　（要綱第4－3関係）
サービス評価・改善計画加算単価表
（単位：円）

	加算の種類		補助基準額		算出基準
1	サービス評価・改善計画加算	第三者評価受審	都内	600,000	「東京都民間社会福祉施設運営情報等公表事業実施要綱」別表2に定める「サービス改善計画・実施状況の公表」のうち「福祉サービス第三者評価を活用したサービス改善計画・実施状況の公表」を行う1施設あたり年額
			都外	1,100,000	ただし、措置費等国庫負担金の第三者評価受審費加算の支弁を受けた施設は、左記単価から、当該加算額を控除した額を単価とする。
		利用者に対する調査実施	都内	200,000	「東京都民間社会福祉施設運営情報等公表事業実施要綱」別表2に定める「利用者に対する調査を活用したサービス改善計画・実施状況の公表」を行う1施設あたり年額
			都外	300,000	

東京都作成資料

⑸ 運営上の留意事項

別表4

社会福祉施設の運営上の留意事項（児童養護施設等）

　社会福祉法人等は、交付対象施設の運営等に当たっては、次の各事項に留意し、遵守するものとする。

1　交付対象施設運営の原則
　　交付対象施設の運営については、法令等の定めるところにより運営しなければならない。

2　会計処理、支出対象経費及び相互流用
　（1）社会福祉法人は、この補助金の交付の対象となる社会福祉施設が適正に運営されている場合に限り、次により会計処理を行うことができる。社会福祉法人以外のものもこれに準ずる。
　　ア　この補助金は、交付対象施設の施設経理区分のサービス区分（サービス区分を設けない場合は「拠点区分」）の大区分「児童福祉事業収入」、中区分「その他の事業収入」、小区分「補助金事業収益」）として取扱い、事務費及び事業費に区分すること。ただし、当該年度における、平成16年3月12日付雇児、社援、老発第0312001号厚生労働省雇用均等・児童家庭局長・社会・援護局長・老健局長連名通知「社会福祉法人が経営する社会福祉施設における運営費の運用及び指導について」（以下「0312001号通知」という。）の3の（3）に定める施設の整備等に係る経費に充当するために、本則第4の1により算定された事務費の2パーセントの範囲内の額を拠点区分又はサービス区分で支出する場合は、その額を対象となる同一法人が経営する社会福祉施設等の拠点区分又はサービス区分に繰入れすることができるものとする。

　　イ　施設区分において、次に示す額の範囲内の額を、当該施設のための施設の整備等に係る本則第3の3の（2）に規定する施設整備費として支出あるいは積み立てることができる。
　　　　　児童養護施設．　24，600円に定員を乗じた額

　　ウ　補助金収入の一部を当該施設のために本則第3の3の（1）に規定する運営費として施設区分において、施設運営費積立金（事務費、事業費）として積み立てることができる。

　（2）この補助金の支出対象経費及び相互流用については、0312001号通知の3の規定に準じる。ただし、「運営費」を「補助金」と読み替える。
　　　なお、職員の配置については、次による。ただし、国の定める基準を下回ってはな

らない。

ア　直接処遇職員については、別表４－２の補助金算定上の職員配置により、それぞれ
　　必要な総数を確保しなければならない。直接処遇職員の数は、常時勤務する者で確保
　　することが原則であるが、繁忙時に多数の職員を配置すること等により、利用者処遇
　　の向上が図られる場合で、つぎの条件を満たす場合には、その一部に非常勤職員を充
　　てても差し支えない。
　　（ア）いずれの職種においても常勤職員が１名以上配置されていること。
　　（イ）常勤職員に代えて非常勤職員を充てる場合の勤務時間数が、常勤職員を充て
　　　　　る場合の勤務時間数を上回ること。

イ　直接処遇職員以外の職員については、施設の実態に応じ、利用者の処遇に支障がな
　　いよう必要な配置を行なわなければならない。

（３）特別援助加算を含む施設の努力・実績に対する加算（別表２の１及び５から９を除
　　く。）については、グループホームの職員体制の充実に必要な経費として執行するこ
　　とも可能である。

⑹ 職員配置

補助金算定上の職員配置（児童養護施設）

配置職員職種			国基準と都加算の内容		国基準+都加算	説明	支弁方法	根拠通知
施　設　長			国基準	1	1		国分事務費経常事務費で支弁される額に含まれている	
直接処遇職員	小規模加算		国基準	1	1	定員45人以下施設の施設に児童指導員を1名配置	国分事務費経常事務費で支弁される額に含まれている	
	職業指導員加算		国基準	1	1	職業指導の時間、設備等の状況等基準にそって職業指導員が配置されて協議により認定された場合加算される	右の通知に基づき申請し認可されかつ該当職員を配置している施設に支弁される	雇児発0405第11号平成24年4月5日付厚生労働省雇用均等・児童家庭局長通知
	幼児	2歳児未満	国基準	1.6：1	1.6：1	看護師が必置	国分事務費幼児加算で支弁	
		2歳児	国基準	2：1	2：1		国分事務費幼児加算で支弁	
		3歳児	国基準	3：1	2：1		国分事務費幼児加算で支弁	
			都加算	上記を2：1にするために保育士を加算		概ね2歳児加算と年少児加算の差額が補助される	東京都サービス推進費努力実績加算3歳児加算にて補助	
		年少児	国基準	3：1	3：1		国分事務費幼児加算で支弁	
	一般児童		国基準	4：1	4：1		国分事務費経常事務費で支弁される額に含まれている	
	その他	家庭支援専門相談員	国基準	1	1	児童の早期家庭復帰、里親委託等の支援を専門に担当する職員（FSW）の配置	国分事務費経常事務費で支弁される額に含まれている	雇児発0405第11号平成24年4月5日付厚生労働省雇用均等・児童家庭局長通知
		里親支援専門相談員		1	1		右の通知に基づき申請し認可されかつ該当職員を配置している施設に支弁される	雇児発0405第11号平成24年4月5日付厚生労働省雇用均等・児童家庭局長通知

		小規模グループケア加算	国基準	1	1	虐待等の理由により、他者との関係性の回復や愛着障害のケアが必要な児童を対象に、小規模なグループでケアを行う体制整備のための職員の配置	右の通知に基づき申請し認可されかつ該当職員を配置している施設に支弁される	雇児発 0330008 号平成 17 年 3 月 30 日付厚生労働省雇用均等・児童家庭局長通知
		同管理宿直等職員加算	国基準	1	1			
		特別指導費加算	国基準	非1	非1	年長児童の処遇強化(学習指導、特別指導)のための非常勤指導員の配置	右の通知に基づき該当職員を配置している施設に支弁される	雇児発 0612014 号の 6 平成 20 年 6 月 12 日付厚生労働省雇用均等・児童家庭局長通知
		指導員特別加算	国基準	非1	非1	定員35人以下施設に非常勤指導員の配置		
		個別対応職員	国基準	1	1	被虐待児等特に個別の対応が必要とされる児童への個別面接、生活場面での1対1の対応、保護者への援助、里親への照会、他の児童指導員等への助言指導等を行う職員の配置	国分事務費経常事務費で支弁される額に含まれている	雇児発 0405 第 11 号平成 24 年 4 月 5 日付厚生労働省雇用均等・児童家庭局長通知
		心理療法担当職員	国基準	非1	非1	虐待等の理由により心理療法を必要とする児童が10名以上入所している施設に、心理療法担当職員の配置	右の通知に基づき申請し認可されかつ該当職員を配置している施設に支弁される	雇児発 0405 第 11 号平成 24 年 4 月 5 日付厚生労働省雇用均等・児童家庭局長通知
				非(常勤的)1	非(常勤的)1			
				1	1			
		医療的ケアを担当する職員	国基準	1	1	医療的ケアが必要被虐待児や障害児等継続的な服薬管理などの医療的ケア及び健康管理(以下「医療的ケア」という。)を必要とする児童に対し、日常生活上の観察や体調把握、緊急時の対応などを行い医療的支援体制の強化を図ることを目的とする。医療的ケアを担当する職員を配置する施設は、医療的ケアを必要とする児童が15人以上入所している児童養護施設とする。	右の通知に基づき申請し認可されかつ該当職員を配置している施設に支弁される	雇児発 0405 第 11 号平成 24 年 4 月 5 日付厚生労働省雇用均等・児童家庭局長通知

	定員						
調理員等	定員　　　〜　　２９人	国基準	3十非1	3十非1	＊調理業務の全部を委託する施設にあっては調理員を置かないことが出来る	国分事務費経常事務費で支弁される額に含まれている	
	定員　３０〜　５９人	国基準	3十非1	4十非1	〃	国分事務費経常事務費で支弁される額に含まれている	
		都加算	1		〃	東京都サービス推進費基本補助事務費に算入されている	
	定員　６０〜　８９人	国基準	3十非1	5	〃	国分事務費経常事務費で支弁される額に含まれている	
		都加算	2一非1		〃	東京都サービス推進費基本補助事務費に算入されている	
	定員　９０〜　９９人	国基準	3十非2	6	〃	国分事務費経常事務費で支弁される額に含まれている	
		都加算	3一非2		〃	東京都サービス推進費基本補助事務費に算入されている	
	定員１００〜１１９人	国基準	4十非1	6	〃	国分事務費経常事務費で支弁される額に含まれている	
		都加算	2一非1		〃	東京都サービス推進費基本補助事務費に算入されている	
	定員１２０〜１４９人	国基準	4十非2	7	〃	国分事務費経常事務費で支弁される額に含まれている	
		都加算	3一非2		〃	東京都サービス推進費基本補助事務費に算入されている	
	定員１５０〜１７９人	国基準	5十非2	8	〃	国分事務費経常事務費で支弁される額に含まれている	
		都加算	3一非2		〃	東京都サービス推進費基本補助事務費に算入されている	

栄養士	定員40人以下施設	都加算	非1	非1		東京都サービス推進費基本補助事務費に算入されている	
	定員41人以上施設	国基準	1	1		国分事務費経常事務費で支弁される額に含まれている	
事務員		国基準	1	1＋非1		国分事務費経常事務費で支弁される額に含まれている	
		都加算	非1		チェック体制の強化のため事務員1名を複数体制にするために必要な経費	東京都サービス推進費基本補助事務費に算入されている	
夜間警備員		都加算	非1	非1	直接処遇職員が10人未満	東京都サービス推進費基本補助事務費に算入されている	
嘱託医		国基準	1	1		国分事務費経常事務費で支弁される額に含まれている	
地域小規模児童養護施設		国基準	2：1	2：1	地域社会の民間住宅等を活用して近隣住民との適切な関係を保持しつつ、家庭的な環境の中で養護を実施することにより、子どもの社会的自立の促進に寄与することを目的とする。	国分事務費1.2歳児加算で支弁	雇児発489号平成12年5月1日付厚生労働省児童家庭局長通知
		国基準	3：1	3：1		地域小規模児童養護施設の保護単価に含まれている	
		国基準	非1	非1		右の通知に基づき該当職員を配置している施設に支弁される	雇児発0612014号の6平成20年6月12日付厚生労働省雇用均等・児童家庭局長通知

東京都作成資料を書記会で再編集

⑺ 補助金請求事務

　東京都サービス推進費請求、報告事務の年間の大まかな流れは次のとおりである。

　この中でも３月初旬の最終交付申請は多くの労力を必要とする。これらの業務を正確に期限内に完了させるには計画的取組が必要となる。

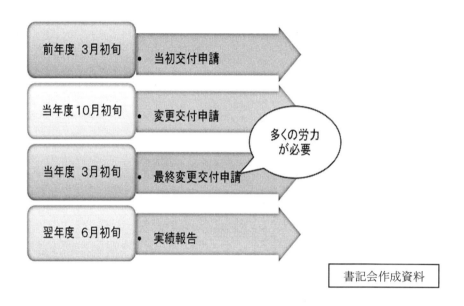

※最終交付申請の業務を事務職員のみで処理することは不可能であり、施設内の各部門の協力が必要となる。下の図は各部門の協力体制のもと変更交付申請を行う一例である。

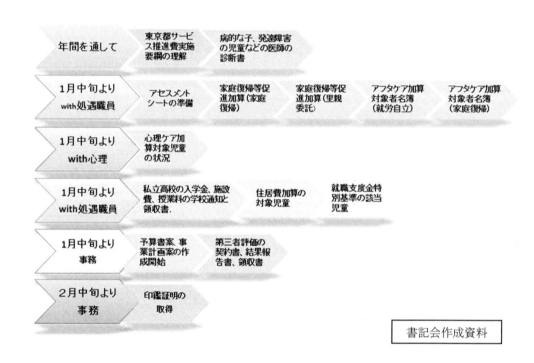

⑻ 福祉サービス改善計画、実施状況及び財務情報等の公表

東京都は、**東京都民間社会福祉施設運営情報等公表事業実施要綱**で、サービス改善計画・実施状況と財務情報等の公表を定めている。

公表しない場合には、東京都サービス推進費が減額される。

東京都民間社会福祉施設運営情報等公表事業は、民間社会福祉施設の運営情報等を利用者に公表することにより、利用者本位の福祉の実現を図り、都民の福祉の向上に資することを目的とする。

事業の種類及び内容

（１）　種類

　　ア　サービス改善計画・実施状況の公表

　　イ　財務情報等の公表

（２）　内容　　**別表1**のとおり

別表1

事業の種類		事業内容		備　　考
		実施内容	公表方法等	
サービス改善計画・実施状況の公表 【福祉サービス第三者評価（「東京都における福祉サービス第三者評価の指針について（通知）（平成24年9月7日付24福保指指第638号）」に規定するものをいう。以下本表において同じ。）等の活用】	福祉サービス第三者評価を活用したサービス改善計画・実施状況の公表	１　福祉サービス第三者評価の受審・結果の公表 　福祉サービス第三者評価の受審及び結果の公表を行う。	「東京都における福祉サービス第三者評価の指針について（通知）（平成24年9月7日付24福保指指第638号）」に定めるとおり。	１ 少なくとも3年に1回以上は実施する。 ２ 前年度及び前々年度に実施しない施設は実施する。 ３ 新たに事業を開始する施設については、実施内容の2は、実施内容の1を初めて実施した年度の翌年度から実施する。
		２　サービス改善計画・実施状況の作成・公表 　福祉サービス第三者評価又は利用者に対する調査（以下「第三者評価等」という。）の結果をより一層のサービスの質の向上に向けた取組に活用するとともに、その取組の計画及び実施状況を別に定める様式により利用者に公表する。	**様式3**により、改善計画は第三者評価等の実施時期が属する年度の3月31日時点のものを翌年度4月30日までに、実施状況は、第三者評価等の実施時期が属する年度の翌年度4月30日時点のものを同年度5月31日までに作成する。 　作成後、**様式3**を施設内に掲示するとともに、利用者へ配布すること等により、その内容を周知する。 　ただし、都による公表方法は別表2のとおり。	

	利用者に対する調査を活用したサービス改善計画・実施状況の公表	1 利用者に対する調査の実施・結果の公表 　福祉サービス第三者評価における利用者調査を参考として、利用者に対する調査の実施及び結果の公表を行う。参考の方法は別紙2のとおり。	実施結果は、利用者やその家族に周知するとともに、施設内に保管し、希望者に対して閲覧させる。 　ただし、都による公表方法は別表2のとおり。	1 「福祉サービス第三者評価を活用したサービス改善計画・実施状況の公表」を実施しない年度に実施する。 2 新たに事業を開始する施設については、実施内容の2は、実施内容の1を初めて実施した年度の翌年度から実施する。
		2 サービス改善計画・実施状況の作成・公表 　第三者評価等の結果をより一層のサービスの質の向上に向けた取組に活用するとともに、その取組の計画及び実施状況を別に定める様式により利用者に公表する。	**様式3**により、改善計画は第三者評価等の実施時期が属する年度の3月31日時点のものを翌年度4月30日までに、実施状況は、第三者評価等の実施時期が属する年度の翌年度4月30日時点のものを同年度5月31日までに作成する。 　作成後、**様式3**を施設内に掲示するとともに、利用者へ配布すること等により、その内容を周知する。 　ただし、都による公表方法は別表2のとおり。	
財務情報等の公表		施設運営に係る基本的な財務状況、利用状況及び職員状況を所定の様式により、わかりやすく利用者に公表し、利用者本位のサービスの実現を図る。 特に、民間社会福祉施設サービス推進費補助の実績は詳細に利用者に公表することにより、同補助が利用者サービス向上のための取組を促進していることを利用者に対して示す。	**様式4**により、6月1日までに前年度のものを作成する。 作成後、様式4を施設内に掲示するとともに、利用者へ配布すること等により、その内容を周知する。	毎年度実施する。

「福祉サービス第三者評価」等を踏まえたサービス改善計画・実施状況

施設名		受審(実施)年度 (※)	年度	施設番号	―

※第三者評価または利用者調査実施の年度

項目	評価結果に基づく現状分析 (　　　年度)	改善計画 (　　　年度末時点)	実施状況(予定を含む) (　　年 4 月 30 日時点)	左記実施状況に実施予定が あった場合の実施状況 (　　年 4 月 30 日時点)
について			1 実施済み 2 実施予定 　(　　年　月ごろ) 具体的には以下のとおりです。	1 実施済み 　(　　　年　月) 具体的には以下のとおりです。
について			1 実施済み 2 実施予定 　(　　年　月ごろ) 具体的には以下のとおりです。	1 実施済み 　(　　　年　月) 具体的には以下のとおりです。
について			1 実施済み 2 実施予定 　(　　年　月ごろ) 具体的には以下のとおりです。	1 実施済み 　(　　　年　月) 具体的には以下のとおりです。

※この様式は、「東京都民間社会福祉施設サービス推進費補助金交付要綱」等の規定に基づき、利用者の皆様にお知らせするためのものです。

※「項目」は、第三者評価における「さらなる改善が望まれる点」などを参照に、施設が独自に決めています。

※第三者評価(又は利用者に対する調査)の結果は、施設において公表しているほか、「とうきょう福祉ナビゲーション」によりインターネットでも閲覧できます。

東京都作成資料

私たちの施設は、都及び国からの補助や利用者からの利用料等によって運営されています。

<児童養護施設>

施設名		施設番号	62－

年度における施設データ

総事業費(事業活動支出)	円
うち人件費	円
定員	人
利用者数(　　年4月1日時点)	人
常勤職員数(　　年4月1日時点)	人
非常勤職員数(　　年4月1日時点)	人

施設の収入（サービス推進費などの状況）【　　　年度実績】

措置費(国が定める運営費補助【負担率 国1/2、都道府県1/2】)		円
他の自治体等からの補助		円
サービス推進費交付額(都独自の運営費補助) ①+②		円
①社会福祉法人の施設経営にかかる基本部分の経費(基本補助)	計	円
②施設の努力に対する加算	計	円
第三者評価の受審・サービス向上に向けた計画策定	第三者評価又は利用者に対する調査	円
退所児童へのアフターケア (職場訪問、家庭訪問、来所・電話相談など)	人	円
	主な支援内容	
一人一人に配慮した細やかな支援の実施	人	円
「家庭復帰」又は「里親委託」に向けた必要な支援	人	円
児童の悩みや心配ごとに対する専門相談の実施	人	円
	配置職員の種別	
3歳児の受入	人	円
新生児の受入	人	円
高校、各種学校などの修学支援	人	円
就職のための支援	人	円
大学、各種学校などの入学支援	人	円

※この様式は、「東京都民間社会福祉施設サービス推進費補助金交付要綱」の規定に基づき、利用者の皆様にお知らせするためのものです。

※事業報告書、財産目録、貸借対照表及び収支計算書は、閲覧を希望する方に公開しています。

東京都作成資料

⑼ 都サービス推進費の減額または交付停止の措置

東京都は、次に示す東京都サービス推進費の減額または交付停止の措置を設けているので留意すること

1. 福祉サービス第三者評価及び利用者調査を実施しない施設

東京都は、「東京都民間社会福祉施設運営情報等公表事業Q＆A（平成24年3月）」で、福祉サービス第三者評価及び利用者調査を実施しない施設に対し、補助金の一部を交付しないことを定めている。

2. 福祉サービス第三者評価結果を活用したサービス改善計画実施状況及び財務情報等を公表しない施設

東京都は、「東京都民間社会福祉施設サービス推進費補助金に係る補助金の減額に関する事務処理要綱」で、福祉サービス第三者評価、その評価結果を活用したサービス改善計画実施状況及び財務情報等を公表しない施設に対し、補助金の一部を交付しないことを定めている。

3. 指導検査の文書指摘事項の改善がなされていない施設

東京都は、「東京都民間社会福祉施設サービス推進費補助金に係る補助金交付停止に関する事務処理要綱」で、指導検査等の改善状況によっては、補助金の交付を停止することを定めている。

要綱等は以下のとおりである。

東京都民間社会福祉施設　運営情報等公表事業Q＆A　平成24年3月（抜粋）
東京都民間社会福祉施設サービス推進費補助金に係る補助金の減額

Q1　減額の内容と時期はどうなっているのか。

A1　減額はサービス推進費（基本分）の 50％とし、毎月の支払い分からそれぞれ基本分の50％を減額した上で交付します。
減額はほぼ一律なので、事由や個別事業による変更はありません。
時期は、規定どおり第三者評価の受審等または利用者に対する調査の実施等を行わなかった年度の翌々年度交付分から減額します。
例えば、23 年度に第三者評価及び利用者に対する調査のいずれも実施しない場合は、25年度のサービス推進費（基本分）を減額します。

Q2　評価機関に第三者評価や利用者に対する調査の依頼を受けてもらえなかった場合でも、サービス推進費は減額されるのか

A2　減額に関して個別の事情は加味しないことから、理由にかかわらず、第三者評価及び利用者調査のいずれも実施しない場合は、減額の対象となります。

平成 23 年 11 月 1 日現在、「契約受付中」の評価機関は 124 あり、評価機関の数は十分充足していると考えますが、都としては評価者研修等の取組を行い、体制の確保と評価制度の向上を図っていきます。

　　なお、ご希望の評価機関と契約できないこともありえますが、その場合、前年度又は前々年度に第三者評価を受審していれば、利用者に対する調査の実施で対応していただくことも可能なのでご検討ください。

　　また、ご希望の評価機関と契約するために、年度の早い時期に実施するか、実施が難しい場合は、少なくとも評価機関との接触は早い時期から行っていただくようご準備ください。

Q3　減額の期間はどのくらいか。

A3　1 年間です。例えば、23 年度に減額事由に該当して 25 年度に減額されても、24 年章に規定どおり第三告評価の受審等を実施すれは、26 年度は全額交付されます。

東京都民間社会福祉施設サービス推進費補助金に係る補助金交付停止に関する事務処理要綱

平成 23 年 5 月 16 日付 22 福保総企第 1102 号

目的

　　この要綱は、東京都民間社会福祉施設サービス推進費補助金交付要綱（以下「補助要綱」という。）第 3 の第 2 項に規定する補助金の一部を交付しないことができる場合（以下「**補助金の減額**」という。）の基準及び手続等に関し必要な事項を定め、もつて、補助金の適正な執行を確保することを目的とする。

対象施設

　　東京都民間社会福祉施設運営情報等公表事業実施要綱（以下「事業実施要綱」という。）に基づく運営情報等公表事業を実施しない施設（ただし、都外協定施設を除く。）

補助金の減額基準

　　補助金の減額の基準は、別表のとおりとする。
ただし、年度途中に新規に開設した施設における開設日を含む年度については、別表中「サービス改善計画・実施状況の公表」は適用しない。

法人等への通知

　　補助金の減額については、関係資料に基づき運営所管部において決定し、その結果を別記様式により法人あて通知する。

別表

運営情報等公表事業の種類		措置要件	減額内容	
			時期	金額
サービス改善計画・実施状況の公表【福祉サービス第二者評価（「「東京都における福祉サービス第三者評価（指針）」の改正について(通)（平成21年5月29日付21福保指指第235号）」に規定するものをいう。以下本表において同じ。）等の活用】	福祉サービス第二者評価を活用したサービス改善計画,実施状況の公表	事業実施要綱別表1に定めるところにより福祉サービス第二者評価の受審及び結果の公表を行わないもの	評価の受審及び結果の公表を行うべき年度の翌々年度	東京都民間社会福祉施設サービス推進費補助金の**基本補助の算定額（事務費及び事業費の合算額）の5割に相当する額**
		事業実施要綱別表1に定めるところによりサービス改善計画・実施状況の公表を行わないもの	公表を行うべき年度の翌々年度	
	利用者に対する調査を活用したサービス改善計画。実施状況の公表	事業実施要綱別表1に定めるところにより利用者に対する調査の実施及び結果の公表を行わないもの	調査の実施及び結果の公表を行うべき年度の翌々年度	
		事業実施要綱別表1に定めるところによりサービス改善計画・実施状況の公表を行わないもの	公表を行うべき年度の翌々年度	
財務情報等の公表		事業実施要綱別表1に定めるところにより財務情報等の公表を行わないもの（別表確認）	公表を行うべき年度の翌々年度	

東京都作成資料

東京都民間社会福祉施設サービス推進費補助金に係る補助金交付停止に関する事務処理要綱

平成 19 年 1 月 31 日付 18 福保総企第 630 号

目的

　この要綱は、東京都民間社会福祉施設サービス推進費補助金交付要綱（以下「補助要綱」という。）第3の第2項に規定する補助金を交付しないことができる場合（以下「補助金の交付停止」という。）の基準及び手続等に関し必要な事項を定め、もって、補助金の適正な執行を確保することを目的とする。

補助金の交付停止基準

　補助金の交付停止の基準は、別表1の第1欄の措置要件のとおりとする。

審査委員会の意見

　補助金の交付停止を行う場合は、あらかじめ別に定める審査委員会に、停止の可否及び停止期間について意見を求めるものとする。
審査委員会は、補助金の交付停止を適当と認める場合は、別表第1の第3欄に定めるところにより、停止期間について意見を付すものとする。

法人等への通知

　補助金の交付停止を決定するときは、前条に規定する審査委員会の意見その他関係資料に基づき、運営所管部において、停止の可否、停止期間及び停止理由について総合的に判断した上で決定し、その結果を様式1により法人あて通知する。

停止期間の変更等

　前条の規定に基づき、補助金の交付停止期間中の法人及び施設において、特別の事由又は極めて悪質な事由が明らかになったとき及び停止事由の改善の見込みがないと認められるときは、別表1の第3欄に定める期間の範囲内で停止期間を変更することができる。

停止期間終了後の措置

　補助金の交付停止期間を終了した法人及び施設は、補助要綱第11の規定に基づき、交付停止期間を除いた期間について、当該年度の補助金の申請を行うことができる。

附　　則(平成19年1月31日付18福保総企第630号)

第1　この要綱は、平成19年4月1日から施行する。

別表1

号	第1欄(措置要件)		第2欄(交付停止期間の標準)	第3欄停止期間の決定
1	一般指導検査おける、文書指摘事項について、度重なる指導にもかかわらず改善しないもの又は改善の見込みがないもの（おおむね同一の項目について、3回以上の文書指摘をした場合）		2か月以内	ア.停止期間は、第2欄の期間を標準とし、事案の重大性、指導の継続状況等を総合的に判断し、12か月以内の期間で、月を単位として定める。イ.停止期間の変更を行う場合は、12か月以内の期間で、月を単位として、短縮又は延長することができる。
2	特別指導検査おける、文書指摘事項について、度重なる指導にもかかわらず改善しないもの又は改善の見込みがないもの(おおむね同一の項目について、2回以上の文書指摘をした場合)		3か月以内	
3	社会福祉法その他の関係法令の規定に違反したもの	改善命令等	6か月以内	
		業務停止命令	12か月以内	

東京都作成資料

⑽ 施設に備える関係書類と東京都監査事務局の監査

　東京都サービス推進費は、取扱要綱別表２により「施設に備える関係書類」を定めている。数年に一度、東京都監査事務局の監査が行われる。支給された東京都サービス推進費と「施設に備える関係書類」の照合が行われる。

　次の表の「施設に備えておくべき書類」を毎年漏れなく作成することが求められる。

項目	加算の種類		施設に備える関係書類
基本補助			利用者名簿(各月別)、職員名簿(各月別)
努力加算	特別援助加算		①処遇記録
	家庭復帰等促進加算	家庭復帰	①処遇記録 ②児童自立支援計画書
		里親委託	①処遇記録 ②児童自立支援計画書
	心理ケア加算	指定施設	①心理ケア記録
		指定外施設	①心理ケア記録
	新生児加算		①在籍児童名簿 ②修正月齢を使用している児童については修正月齢を確認できる書類
	特別育成費加算		①領収書 ②学校の納入通知、在学証明書等
	各種学校修学金加算		①領収書 ②学校の納入通知、在学証明書等
	就職支度金加算	特別加算	①領収書、金融機関振込証明
		住居費加算	①領収書 ②契約書(写)
	大学等進学支度金加算		①領収書 ②学校の納入通知
	各種学校等進学支度金加算		①領収書 ②学校の納入通知
サービ評価・改善計画加算	東京都民間社会福祉施設運営情報等公表事業実施要綱に定める各様式		

東京都作成資料

２．東京都専門機能強化型児童養護施設制度

(1) 制度の概要

　近年、児童養護施設は、個々の子どもの状態に配慮しながら生活支援、自立支援を行うために、可能な限り小規模な単位でケアを提供するとともに、発達障害や被虐待により、情緒機能の障害、非行等の行動化が著しい子ども達に対し、心理療法等の高度な治療的、専門的ケアを行うことができる支援体制の構築が求められてきた。

　東京都は平成17、18年の２年間にわたり、東京都家庭的養護推進モデル事業の指定により、民間児童養護施設でさまざまな機能の実施とその検証を行った後、**東京都専門機能強化型児童養護施設制度実施要綱**（平成19年6月15日付19福保子育第203号）を発し、民間２施設を東京都専門機能強化型児童養護施設に指定した。

　制度の目的は、治療的・専門的ケアが必要な児童への適切な支援を行い、もって児童の社会的自立の促進を図ることであり、実施の内容は、児童養護施設に**精神科医師・治療指導担当職員**を配置し治療的・専門的ケアが実施出来る体制を付加し、さらにユニットケア形態で運営を行っている施設に対しては個別ケア職員を配置し、個別ケアの充実を図るものである。

　制度発足時点においては、都の児童養護施設のなかでも「高度かつ専門性を有する基幹施設」として位置づけ、指定基準の条件もハードルを高く設定し（グループホーム４カ所以上の実施等）、指定施設を２施設に限定し開始した。しかしながら、**今日の児童養護施設は、どの施設においても虐待等の不適切な養育等により専門的、治療的ケアが必要な児童が増加する傾向にあり、適切な支援体制を整備することが重要な課題**となっていた。

　平成21年4月、東京都は専門機能強化型児童養護施設を東京の児童養護施設の標準装備と位置づけるため実施要綱を改定し指定基準の条件を緩和した。平成25年度には39施設が指定されている。

[専門機能強化型児童養護施設実施施設の推移]

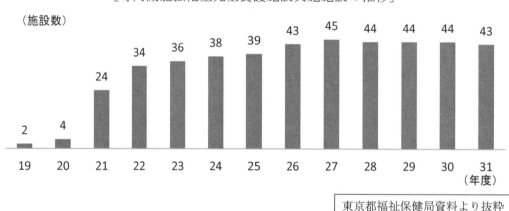

東京都福祉保健局資料より抜粋

目的

　治療的、専門的ケアが必要な児童への適切な支援を行い、もって児童の社会的自立の促進を図ることを目的とする。

運営

専門機能強化型施設は、通常の児童養護施設の職員配置に加え、治療的専門的ケアが必要な児童に対する手厚い支援ができる体制等を整備し、以下の取組みを行う。

(1)ユニットケアでの運営を推進し、入所児童が抱える課題解決や社会的自立に向けた支援を行う。

(2)精神科医師等との連携によりケア職員の個別的ケア能力等の向上を図る。

(3)児童相談所と連携した治療的。専門的ケアを行い児童の自立を促進する。

(4)個別的ケア、治療的・専門的ケアの向上に向け、他施設等との情報交換、交流会、合同研修等を行う。

(5)外部の機関や専門家等を活用し、施設運営の向上の取組みを行う。

指定基準

児童養護施設の一般的な基準を超える機能(職員配置を含む。)を有し、以下の取組み等が行われていること。

(1)非常勤精神科医師及び治療指導担当職員が配置されていること。

(2)第三者評価又は利用者調査を毎年度受審していること及び苦情解決の仕組みを構築していること。

(3)「東京都養護児童グループホーム制度実施要綱」により指定を受けたグループホームの実施又は、「児童養護施設における小規模グループケア実施要綱」に基づく小規模グループケアを実施していること。

(4)施設独自の自活訓練事業、自立支援事業等、地域支援事業(児童ショートステイ、トゥイライトステイ等)及び先駆的な事業等のうちいずれかの事業を実施(受託)していること。

(5)第三者評価機関による評価事項、指導監査による指摘事項などを踏まえ、施設が自ら運営上の目標口課題を設定し外部の機関や専門家等を活用した、「施設運営向上事業」を実施すること。

専門職員の業務内容等

専門機能強化型施設に配置された非常勤精神科医師及び治療指導担当職員は、以下の業務等を行うものとする。

(1)職員への事例研修、ケースカンファレンス

(2)子どもへの面接、心理ケア

(3)児童指導員等職員令のケア技術等に関する助言・指導

(4)生活場面での児童の状況観察及び児童指導員等職員へのコンサルテーション

(5)心理治療プログラム等の検討・実施

(6)施設内の治療的環境づくり

指定申請

施設長は、専門機能強化型施設の実施を希望するときは、年度ごとに知事の指定を受けなければならない。

補助対象経費

別表
(1) 基本分

1 項目		2 基準額	3 対象経費
専門職員の配置	精神科医等配置経費	1日あたり 36,300円 ただし、1日の勤務時間が6.4時間に満たない場合は、1時間あたり5,600円に勤務時間数を乗じた額を1日あたりの基準額とする。 また、1施設あたり1,887,600円を限度とする。	専門機能強化型児童養護施設を運営するために必要な精神科医等の配置に係る経費
	治療指導担当職員配置経費	(1)及び(2)のいずれかの額。ただし、施設あたり、年額4,342,000円を限度とする。 (1)非常勤職員配置の場合 　1日あたり 16,700円 　ただし、補助対象日数は、1施設あたり260日を限度とする。 (2)常勤職員配置の場合(常勤職員と非常勤職員を配置する場合を含む。) 　1施設あたり 4,342,000円	専門機能強化型児童養護施設を運営するために必要な治療指導担当職員の配置に係る経費
施設運営向上事業経費		1施設あたり 年額 290,400円	専門機能強化型児童養護施設において、実施要綱第3条(5)に規定する施設運営の向上の取組に係る経費

(注1) 専門職員の配置にかかる対象経費については、専門職員の配置に必要な、職員俸給、職員諸手当、非常勤職員給与、退職共済掛金、法定福利費、業務委託料とする。(旅費交通費や消耗品費等は含まない。)
(注2) 年度途中に指定を受けた施設については、専門職員の配置にかかる「2 基準額」について、「1 項目」の各項目の1施設あたりの限度額を、12で除した金額(円未満切捨)に指定月数を乗じた額を限度額とする。
(注3) 専門職員に配置にかかる「2 基準額」に1日あたりの基準額について、非常勤を複数配置している場合は、1日・一人あたりの基準額として算定する。

(2) 加算分

1 項目		2 算定基準		3 対象経費
		単価	算式	
個別ケア加算		個別ケア職員 1人あたり 月額 572,400円	ユニット定員8名以下 単価×対象ユニット数×1名×対象月数 ユニット定員9名から15名まで 単価×対象ユニット数×0.5名×対象月数	専門機能強化型児童養護施設のうち、ユニットケアで運営を行っている施設において、個別ケア職員を配置し、個別ケアを実施するために必要な経費
専門職員の配置	治療指導担当職員配置経費	(1)及び(2)のいずれかの額。ただし、施設あたり、年額4,342,000円を限度とする。 (1)非常勤職員配置の場合 　1日あたり 16,700円 　ただし、補助対象日数は、1施設あたり260日を限度とする。 (2)常勤職員配置の場合(常勤職員と非常勤職員を配置する場合を含む。) 　1施設あたり 4,342,000円		専門機能強化型児童養護施設を運営するために必要な治療指導担当職員の配置に係る経費

(注1) ユニット運営の条件に適合しているユニットであり、「児童福祉法による児童入所施設措置費等国庫負担金について」(平成11年4月30日付厚生省児発第86号)及び「東京都民間社会福祉施設サービス推進費補助金交付要綱(児童養護施設等)」(平成16年3月30日付15福保子育第1664号)による職員配置基準を満たした上、個別ケア職員を配置してる場合に対象月とする。
(注2) 補助対象となるユニット数は、本園定員から小規模グループケア(小規模グループケア地域型含む)及び施設分園型グループホームの定員を差引いた人数を6名で除した数(小数点以下切捨)を上限とする。
(注3) 治療指導担当職員増配置の対象となる施設の要件は、基本分のほかに常勤職員(もしくは常勤的非常勤職員)を配置しており、定員規模(地域小規模型児童養護施設を含む)51名以上かつ前年における実施要綱第9条に定める状況報告で該当項目が複数ある児童が25人以上であることをいう。
(注4) (注3)で設ける増配置に係る要件については、毎年度東京都が該当施設の適否を確認する。

東京都作成資料

<加算分治療指導担当職員増配置の要件>
　1 定員規模(地域小規模児童養護施設含む)51名以上
　2 前年における実施要綱に定める第9条に定める状況報告で該当項目が複数ある児童が
　　25名以上
　　※前年度ではなく、前年1月～12月のこと。

3.東京都自立支援強化事業

　東京都と児童部会が協働して実施した「東京都における児童養護施設等退所者へのアンケート調査」の報告書が平成23年7月に東京都から出された。本調査は、過去10年間に退所した児童のうち、施設等が連絡先を把握している児童を対象に調査したものである。この調査により児童養護施設等を退所した直後の支援として4割以上が「生活相談、仕事相談、対人関係の相談等、相談全般の窓口」「就職先や進学への経済的支援」を挙げていることが明らかになった。この結果を受け、東京都は平成24年度に「自立支援強化事業」が創設し、**自立支援コーディネーター**が配置されることとなった令和3年度に自立支援担当職員が国で配置されたことに伴い配置要件が変更となった。また、令和4年度には退所者に対する居住費支援が追加された。

事業内容
　(1)　自立支援コーディネーター
　　　本園に職業指導員を配置している施設。
　(2)　居住費支援
　　　社会福祉法人等が、児童養護施設・法人型ファミリーホーム退所者の宿舎を借り上げた場合にその居住費の一部を補助する。退所後から22歳までが対象。
　(3)　居住費支援対象児童への支援にあたり必要となる事業費

職員
　本事業を実施する者は、自立支援コーディネーターを配置すること。なお、自立支援コーディネーターは、次に掲げる要件を満たす者であること。
・児童養護施設又は自立援助ホームにおいて**児童の養育・支援に5年以上従事**した者、社会福祉士又は精神保健福祉士の資格を有する者のいずれかであること。
・直接処遇職員等とは別の専任の職員であること。
・都が別に指定する研修を受講すること。

業務
　自立支援コーディネーターは、次の取組み等を通じた自立支援の実施及び施設における自立支援のマネジメントを行う。
・自立支援計画作成への助言及び進行管理
・児童の学習・進学支援、就労支援等に関する社会資源との連携、他施設や関係機関との連携
・高校中退者など個別対応が必要な児童に対する生活支援、再進学又は就労支援等
・施設退所者に対する継続的な状況把握及び援助

留意事項
・本事業の実施に当たっては、児童相談所、福祉事務所、区市町村、児童福祉施設、児童委員、学校及び児童の家庭等と密接に連携をとり、施設に入所している児童及び施設退所後の児童の自立支援が円滑かつ効果的に実施されるよう努めなければならない。
・自立支援コーディネーターは、社会福祉法人東京都社会福祉協議会児童部会リービングケア委員会に参加し、他施設との情報交換や連携、社会資源との連携を図るとともに、支援

技術の向上に努めるものとする。
・自立支援コーディネーターは、**施設の直接処遇の勤務ローテーションに入らず**、上記の業務を専任で行うものとする。

1　項目	2　補助基準額	3　対象経費
自立支援コーディネーター配置経費	（1） 職業指導員が配置されている本園における当該年度の実績が、アフターケア対象者 20 人以上かつ支援回数 240 回以上の場合 ①常勤職員を配置する施設は、1 施設当たり 　　年額　7,071,940 円 ②非常勤職員を配置する施設は、1 施設当たり 年額　3,429,054 円	自立支援コーディネーターの配置に係る経費 （職員俸給、職員諸手当、退職共済掛金、法定福利費）
	（2） 職業指導員が配置されている本園における当該年度の実績が、アフターケア対象者 10 人以上かつ支援回数 120 回以上の場合 　　1 施設当たり　年額　3,429,054 円	

（注1）「東京都児童福祉施設の設備及び運営の基準に関する条例」第54条の規定による職員配置基準を満たし、かつ、実施要綱第3に定める自立支援コーディネーターを配置している場合に補助対象月とする。

（注2）支援回数は、次の支援を行った場合を対象とする。
　　　① アフターケア対象者の職場や自宅等を訪問し、相談支援等を行った場合
　　　② **アフターケア対象者が施設等を来所し、相談支援等を行った場合**
　　　③ **アフターケア対象者等に対して電話やメール等により相談支援等を行った場合**

（注3）年度途中に配置した施設は、「2　補助基準額」を 12 で除した金額（円未満切捨）に配置月数を乗じた額を補助基準額とする。

東京都作成資料

1　項目	2　補助基準額	3　対象経費
居住費	対象者一人につき 1 か月あたり 53,700 円	児童の居住に係る経費（賃料、仲介手数料、礼金、保証料等） 法人名義で契約すること（児童名義は不可）

（注）補助の対象は、児童の入居を予定した賃貸借契約期間とする。**対象期間は原則措置解除後に引き続く 4 年間。**

	施設機能強化推進費における 自立生活支援事業	社会的養護自立支援事業における 自立後生活体験支援	自立支援強化事業における 居住費支援
対象者	措置（又は委託）児童（措置延長を含む） ※措置（又は委託）解除前一定期間、自立のための一人暮らし又は少人数での共同生活体験を希望する者又は当該生活体験が必要であると施設長が認めた者 ※１施設あたり最大６名	社会的養護自立支援事業利用者（20歳から22歳）のうち施設内に居住している者	18歳で措置解除となった者（措置延長後に解除となった者も可）、18～22歳
対象施設	国の自立支援担当職員配置施設	―	国の自立支援担当職員または自立支援コーディネーター配置施設
期間	措置（又は委託）解除前のおおむね１年以内	最長１年間	措置解除後から引き続く４年以内、※特例(解除後の利用)あり
費用	年額809,800円（居住場所１人分当たり） ※他に通常の措置費の支弁あり。	月額53,700円（１人当たり） ※上記は家賃相当額。他に生活費等の支弁あり。	月額53,700円を上限とし、実費分を施設へ補助金として交付。
アパートの契約者	主なパターン(3つ) ①法人名義 ②理事長名義 ③施設長名義	主なパターン(3つ) ①法人名義 ②理事長名義 ③施設長名義	主なパターン(3つ) ①法人名義 ②理事長名義 ③施設長名義

	施設機能強化推進費における 自立生活支援事業	社会的養護自立支援事業における 自立後生活体験支援	自立支援強化事業における 居住費支援
手続き	①施設は、対象者の選定を児相へ事前相談 ②施設が利用を決定したら、児相は援助方針会議で提案する ③施設は、所管自治体へ申請書を提出	①本人と調整した上で施設が、児相へ申込書を提出 ②児相は、援助方針会議で利用決定し、申込者へ通知(開始・終了時) ③施設は、措置費請求時に措置自治体へ請求	①児相は、措置解除前に利用の意向を聞き取る ②施設が、東京都育成支援課へ関係書類を提出 ③施設が、実績報告書（年間）を東京都育成支援課へ提出
その他①	定員内の実施	原則、定員外での実施	―
その他②	1人暮らし以外に入所児童の少人数での共同生活も可	―	―
備考	・措置解除後に引き続きケアリーバー支援の利用は不可。ただし、解除後一定期間経過した場合は利用可能な場合あり。	・ケアリーバー支援の利用は不可。一人暮らし体験利用後は、原則そのまま解除。	措置解除前に必ず本人へ案内する。既に事業を利用した者が対象期間中に再び利用を希望する場合は応相談。

令和５年度　児童養護施設に係る措置費・補助金事務説明会（都区合同）資料

４．児童養護施設等職員宿舎借り上げ支援事業

目的
　　児童養護施設等に勤務する職員の宿舎を借り上げるための費用の一部を支援することによって、人材確保及び職場定着を図ることを目的とする。

事業内容
　児童養護施設等を運営する事業者が、職員用の宿舎を借り上げた場合に、借り上げる費用の一部を補助する。

対象職員
　　児童養護施設等に勤務する常勤及び常勤的非常勤（１日６時間以上かつ月 20 日以上勤務）の直接処遇職員（保育士、児童指導員及び看護師に限る）のうち、児童養護施設等に採用された日から起算して５年以内の者とする。

補助額

補助基準額	対象経費	補助率
一戸あたり　月額82,000円	対象宿舎の借り上げに係る費用	1/2

５．施設と地域との関係強化事業

目的
　　入所児童の支援の充実、高齢者等の活躍促進及び施設と地域との関係強化を図る。

事業内容
　　児童養護施設等における非常勤職員の雇用又はボランティアの活用に要する費用等の一部を補助する

対象職員
　・当該年度の４月１日現在又は年度の途中で雇用する場合はその雇用する時点において満 40 歳以上であること。
　・児童養護施設等と同一自治体又は近隣の自治体に居住していること。
　・職員配置基準以外の職員であること。
　・入所児童（者）処遇特別加算費の加算対象ではないこと。

対象業務
　入所児童との話し相手及び相談相手、身の回りの世話、通院、買い物等の付き添い等

補助額

対象	総雇用時間数	補助基準額 （１施設当たりの年額）
（ア）　非常勤職員雇用経費 （イ）　ボランティア活動受け入れに係る経費	400 時間以上 800 時間未満	435,000 円
	800 時間以上 1200 時間未満	726,000 円
	1200 時間以上	1,016,000 円
（ウ）ボランティア活動受入れに係る事務費	400 時間以上	100,000 円

※補助基準額と対象経費のうち低いほうの金額で申請すること。

※（ア）と（イ）は併用して申請することはできない（（ア）及び（イ）のみで総雇用時間が 400 時間を超えること）

※（ア）と（イ）の雇用時間、ボランティア活動者の活動時間は、合算することはできない。

６．一時保護委託における保護単価設定

　一時保護委託に要した経費は、都の定める「**児童相談所における児童一時保護委託の取扱**」に基づき児童相談所長が支弁する。

　平成 28 年度より、**東京都サービス推進費の基本補助、努力実績加算の補助額に見合う加算が実施**されることとなった。これにより、一時保護委託児童の日常諸費の上乗せ、生活指導訓練費（こづかい、お年玉）等の財源が保障された。詳細は、一時保護委託ガイドラインを参照すること。

７．東京都産休等代替職員制度

目的

　産休等代替職員制度は、児童福祉施設等の職員が出産又は傷病のため長期間にわたって継続する休業を必要とする場合、その職員の職務を行わせるための産休等代替職員を当該児童福祉施設等の設置者が臨時的に任用し、都がその所要経費を負担することとし、もって職員の母体の保護又は専心療養の保障を図りつつ、施設における児童等の処遇を確保することを目的とする。

対象職員

　施設の措置費に算入されている等国庫負担（補助）対象となっている。（ただし、養護老人ホーム及び軽費老人ホームについては、各省令及び通知に基づく配置基準による）職員及び保育所の職員のうち以下の職種

　　　保育士、保育教諭、看護師、介護職員、保健師、児童生活支援員、児童自立支援専門員、指導員（児童指導員、生活指導員、母子支援員、職業指導員等）、セラピスト（作業療法士、理学療法士）、栄養士、調理員

その他　　　詳細は「東京都産休等代替職員制度実施要綱」「同補助要綱」参照

8. フレンドホーム制度

目的

　学校の休業期間などを活用して、施設に在籍する児童に家庭生活を体験させることにより、当該児童の情緒の安定や社会性の発達を促し、児童の健全な育成に寄与することを目的とする。あわせて、本制度の実施を通じて、社会的養護への理解をフレンドホームに促し、もって養育家庭制度の普及に寄与することを目的とする。

対象児童

　この制度の対象となる児童は、施設に在籍する東京都の措置児童であって、施設長が児童相談所の了解を得た上で、その生育歴、性向及び家族の状況から、フレンドホームとの交流を行うことにより家庭生活を体験させることが望ましいと判断したものとする。

経費

　措置児童と交流を行ったフレンドホームに対し、施設が支払った謝礼に係る経費（交流経費）は施設機能強化推進費により支出される。

　交流経費は、1日当たり2,300円とし、児童1人1日を単位として、1回の交流につき7日を限度に支払うものとする。

※交流中の事故によりフレンドホーム又は交流児童が損害賠償責任を負うときは都が加入する損害賠償責任保険により処理される。

第3章　措置費請求事務

1　措置費請求の受付

措置費請求事務については、今年度同様に毎月5日までに届くように発送すること。
なお、事務の都合上遅れる場合は、予め連絡すること。

2　請求事務の留意事項

(1)　請求者
施設設置法人代表者(法人理事長等)になるが、施設長に委任した場合は施設長となる。この場合委任状の提出が必要。

なお、都の会計年度は独立しているので、請求者を確認するため、年度当初に施設設置法人代表者の印鑑証明が必要。

(2)　請求日
措置費の請求内容については、各月1日時点。請求書の請求日については、実際に請求する日。添付資料の日付が請求日後にならないよう留意すること。

(3)　請求書
2部提出。1部は金額をすべて記入(鉛筆不可)、1部は金額を記入しないで提出。
請求書(日付を入れる)。事務費明細書・事業費明細書、
請求内訳書の順。2部とも各ページの上部に捨印を押印すること。

地域小規模型児童養護施設を設置している場合は、本園と地域小規模型児童養護施設それぞれの事務費明細書。事業費明細書請求内訳書を提出すること。
請求書等については、ホチキス止めはしない。

(4)　添付書類
1部提出。必ず請求書の内容の順に綴り、該当児童名及び対象費目等をわかりやすく記入すること。

(職員名簿作成上の留意点)
・本園名簿の上部の欄(幼児数や小規模グループケア実施数等を記載)を埋める。
・地域小規模施設に特別指導費対象職員が配置されている場合は、該当職員の備考欄にその旨記載する。
・支弁基準改正によって措置費の加算項目としては、家庭支援専門相談員加算、個別対応職員加算、小規模グループケア管理宿直加算は一般分保護単価に統合されたが、職員を配置することは必要(小規模グループケア管理宿直担当職員は実施施設のみ各ユニットにつき、0.5以上の配置)なので、名簿様式から削らないこと。
(児童名簿作成上の留意点)
・名簿の年齢が低い順に記載する。
　(途中入所児童については、該当する年齢の列に入れて記載)
　年度当初には継続在籍児童については、年齢、学年が上がるので、忘れずに変更する。

・停止の児童は記入しない。
・学年欄には、「1歳児」「2歳児」「3歳児」「年少児」と明記する。
（「児童養護施設における2歳児とは、入所の措置が行われた日の属する月の初日において2歳以上で3歳に達していない児童をいい、その児童がその年度中に3歳に達した場合においてもその年度中に限り2歳児とみなすものとするのでご留意願いたい。1歳児、3歳児、年少児についても同様の考え方。）
・高校生については、「特別支援学校」、「公立、私立」、「新規・継続」がわかるよう記載する。
・グループホーム名(都型)、学校名がわかるように記載する。

3　4月分措置費請求について

4月分措置費請求に際して、例月の書類のほか次の書類を提出すること。

(1)　施設設置法人代表者の印鑑登録証明書

施設長に権限を委任する場合は、委任状を提出。なお、この場合、受任者名(施設長名)に必ず法人名も入れること。

(2)　添付書類

①特別指導費対象職員名簿

　(地域小規模型児童養護施設に特別指導員を配置する場合は、本園とは別に地域小規模型児童養護施設分も添付)

②個別対応職員名簿

③基幹的職員第簿

④家庭支援専門相談員名簿

⑤小規模グループケア担当職員名簿(2か所申請する場合は別々に作成)グループホーム支援員名簿

⑦中学生・高校生・特別支援学校高等部に進学。在籍する児童の進学・在学証明書

　(小、中学生は自治体発行の入学通知書の写し、高校(特別支援校を含む)1年生は合格許可証等の写し、高校2・3年生は施設長証明)

③借家のグループホームの賃貸借契約書

　※上記以外の加算職員の名簿は別途連絡する。

(3)　支払金口座振替依頼書〔口座情報払用〕

必要事項を記入し、1部提出すること。

また、年度途中で口座を変更する必要が生じたら、速やかに育成支援課に連絡すること。

なお、理事長名の変更等口座情報に変更が生じる施設については、支払金口座振替依頼書を2部(前年度追加分と新年度分)提出すること。

⑷　その他

　3月追加分で請求すべき経費(3月中の実績部分で支払った経費等)は新年度4月分の請求書とは別に請求すること。3月追加分の請求書の請求年月日は3月31日。名簿についても請求年月日と同様の時点のものを添付すること。提出期限は4月15日。

　添付資料の証明年月日が請求日以降になることがないようにすること。

［資料］　措置費、東京都補助金の変遷

措置費の変遷

措置・措置費制度の成立

　第二次大戦後、当時の日本政府は戦争による壊滅的打撃を受けたことからも、社会福祉制度の制定にあたっては、民間社会福祉事業を活用せざるを得ない状況におかれていた。一方で、ＧＨＱの公私分離をめざす福祉政策があり、新憲法第25条では社会福祉増進の国家責任が、また第89条では慈善事業への公金支出の禁止が明確にうたわれていた。この狭間で考えだされたのが、公的な分野に属する福祉サービスを、国家が民間社会福祉事業に委託し、その対価を支払うという「措置委託制度」である。これが昭和22年の児童福祉法の制定に繋がり、昭和23年の同法施行にあたっては、児童保護措置費補助金が予算化され、措置費国庫負担金制度のスタートとなった。

　以後、社会的養護を必要とする児童のために、国及び都道府県の責任において、民間児童養護施設に措置費が支弁されることとなった。

昭和 21 年(1946 年)

　　旧生活保護法公布

昭和 22 年(1947 年)

　　児童福祉法公布(12 月 12 日)

昭和 23 年(1948 年)

　　児童福祉法施行(1 月 1 日 1 部施行、4 月 1 日全面施行)とともに措置費国庫負担制度が発足

　　児童福祉施設最低基準(厚生省令第 63 号)　同基準第 68 条で職員配置を定める

　　(保母・指導員配置　10：1)

　　100 名定員

　　　施設長 1 名、児童指導員 4 名、書記 1 名、保母 5 名、職業指導員 1 名、雇傭人 4 名、嘱託医 1 名

　　50 名定員

　　　施設長 1 名、児童指導員 2 名、書記 1 名、保母 2 名、職業指導員 1 名、雇傭人 2 名、嘱託医 1 名

　　30 名定員

　　　施設長 1 名、児童指導員 1 名、書記 1 名、保母 2 名、職業指導員 1 名、雇傭人 1 名、嘱託医 1 名

　　事務費の設定　最低基準に定める職員数を根拠とする

　　　100 名定員：月額 713 円 10 銭　　　　　　50 名定員：月額 839 円 70 銭

　　　30 名定員：月額 847 円 10 銭

　　事業費の設定

　　　賄費(飲食費)　日額　31 円 16 銭

　　　その他の事業費(日常諸費)　日額　13 円 64 銭

昭和 24 年(1949 年)

　　シャウプ税制使節団勧告(地方財政平衡交付金制度の設置)

　　身体障害者福祉法公布・施行

昭和 25 年(1950 年)

　　生活保護法公布・施行　「福祉三法」体制へ

　　措置費が地方財政平衡交付金に繰り入れられる

昭和 26 年(1951 年)

　　社会福祉事業法公布・施行　　旅費、庁費の新設　　葬祭費の設定

昭和 28 年(1953 年)

　　措置費が地方財政平衡交付金から国庫負担金制度に復帰

　　学校教育費、職業補導費の新設

昭和 29 年(1954 年)

　　児童用採暖費の新設

昭和 30 年(1955 年)

　　現員現給制度の実施　個々の施設の職員構成や現給などの実情を勘案した支弁単価決定方式の採用

昭和 32 年(1957 年)

　　超過勤務手当の新設

　　飲食物費に間食費の加算

昭和 33 年(1958 年)

　　期末手当 0．5 月の新設

　　補修費の新設

昭和 35 年(1960 年)

　　精神薄弱者福祉法制定(現在の知的障害者福祉法)

　　期末一時扶助費、学校給食費(実費払)

　　見学旅行費の新設

昭和 36 年(1961 年)

期末手当が国家公務員に準じて 3 ケ月となる

入進学支度金の新設

昭和 37 年(1962 年)

小規模施設加算の新設

昭和 38 年(1963 年)

昭和 40 年度にかけて、施設職員の給与を職種別に国家公務員の等級号俸に格付けし、これを基に人件費を算定する方式が確立された。

老人福祉法制定

就職支度費の新設

福祉六法体制のスタート

昭和 30 年代、日本はこれまでにない経済成長をなしとげ高度経済成長期に入る。労働力の不足による失業者が減少、農村から都市への人口の移動、核家族の増加等は社会福祉サービスのニーズを多様化させた。

昭和 38 年には老人福祉法が、昭和 35 年には精神薄弱者福祉法(知的障害者福祉法)が、昭和 39 年には母子福祉法(母子及び寡婦福祉法)が制定され、福祉六法体制がスタートする。いずれも措置制度、措置費制度によるもので、これらのサービスを受けるにはすべて行政による福祉の措置に拠った。

昭和 39 年(1964 年)

母子福祉法制定　「福祉六法」体制へ

事務費の本俸格付けが国家公務員に準じて設定

保母・指導員配置　9：1 に改定される

職業指導員加算の新設

通勤手当、社会保険料事業主負担金の新設

生活指導訓練費の新設

夜勤手当の新設

昭和 40 年(1965 年)

保健衛生費の新設

昭和 41 年(1966 年)

民間施設経営調整費の新設

保母・指導員配置　8：1 に改定される

3 才未満児加算　5：1 の新設

暫定定員払制

同じく昭和 30 年代は、児童養護施設の現員が定員を下回る状況がみられ、昭和 39 年、厚生省は各都道府県にたいし、児童養護施設の定員変更あるいは他種別への転換方策の検討を要請した。昭和 42 年には、事務費の定員払いの見直しが示されこれは撤回されたが、昭和 46 年には、開差が 20％以上ある施設の定員が改定される「暫定定員払制」が実施された。昭和 47 年には、開差は 17％以上認めないという方針に改められた。

昭和 42 年(1967 年)

昭和 46 年度まで「標準施設方式」（施設種別ごとの標準規模施設を設定したうえ、一施設当たりの所要数に基づいて算定する方式）がとられた。

昭和 43 年(1968 年)

　　年少児加算　7：1 の新設

　　児童入所施設の徴収基準の実施

昭和 44 年(1969 年)

　　年少児加算　6：1 に改定される

　　保育材料費の新設

昭和 45 年(1970 年)

　　3 才未満児加算　3：1 に改定される

　　住居手当の新設

　　雇傭人を調理員等に名称変更

昭和 46 年(1971 年)

　　保母・指導員配置　7.5：1 に改定される

　　年少児加算　5：1　に改定される

　　暫定定員払制　開差が 20％以上ある施設にたいし定員が改定される

昭和 47 年(1972 年)

　　昭和 47 年度以降「はりつけ方式」(施設の種別および規模によって定められた職種別職員定数に人
　　件費単価を乗じて算定する方式)がとられた。これによって措置費水準は向上した。

　　保母・指導員配置　7：1 に改定

　　特殊業務手当 4％の新設

　　暫定定員払制の開差が 17％以上は認められないこととされる

　　民間施設給与等改善費の設定

保護単価制度

　　昭和 48 年には、措置費事務費の支弁方式が、長年実施されてきた「現員現給制度」から、国の示す
事務費の保護単価をそのまま施設の事務費の保護単価として設定する「保護単価制度」に改められた。

　　この保護単価制度の実施により、措置費事務費の内容の公表は一部にとどまり、必要とされる経費
の積み上げであるはずの措置費の内容が未公開となった。福祉サービスの委託のその対価としての措
置費が、この「保護単価制度」の導入を境に、措置の受託側で推計する以外、その中身を知ることは
できないこととなった。

昭和 48 年(1973 年)

　　事務費の保護単価制度が実施される　国の示す保護単価が、そのまま施設の事務費の保護単価とし
　　て設定されることになる

　　日常諸費、生活指導訓練費、保育材料費が日常諸費に統合

　　特別育成費の新設

特別育成費の新設

　　特別育成費が新設されたのは、15 歳以上の 91％超の児童が高校へ進学し、日教組が高校全入運動
をしていた時期である。最低限の生活保障は義務教育が対象であり、高校進学の保障は特別なことと
されていた。

昭和 49 年(1974 年)

　　社施第 100 号厚生省社会局長・児童家庭局長通知　費目間経費の流用等措置費運用の弾力化が認め
　　られる

栄養士定員 101 名以上の施設に配置

民間施設給与等改善費の改定

年休代替要員費(処遇)6 日の新設(当時名称：指導福祉費)

飲食物費と日常諸費を一般生活費に統合

昭和 50 年(1975 年)

財政制度審議会第 2 特別部会(福祉政策)「社会保障についての報告」で公的医療、年金の受益者負担の導入を課題とし、社会保障の分野でも国庫補助金の見直しの必要性について触れる

栄養士定員 81 名以上の施設に配置

調理員定員 50 名以下 2〜3 人。

特別給与改善費 6%、管理職手当 8%

嘱託医手当、職員研修費の新設

昭和 51 年(1976 年)

保母・指導員配置　6：1 に改定される

年少児加算 4：1 に改定される

3 才未満児加算 2：1 に改定される

民間施設給与等改善費 8.5%に改定される

年休代替要員費(調理)6 日の新設(当時名称：指導福祉費)

看護代替保母の新設

昭和 52 年(1977 年)

栄養士定員 71 名以上の施設に配置

調理員定員 90 名以下に 4 人

管理職手当 10%に改定される

年休代替要員費(処遇)8 日

年休代替要員費(調理)8 日

民間施設給与等改善費 9.0%に改定される

昭和 53 年(1978 年)

特殊業務手当、特別管理費、職員健康管理費の新設

年休代替要員費(処遇)10 日

年休代替要員費(調理)10 日

昭和 54 年(1979 年)

社施第 50 号通知　1 定の範囲内で措置費を建物の修繕、設備の整備のための費用に充当すること等が認められる

栄養士定員 41 名以上の施設に配置

主任指導員の新設

年休代替要員費(処遇)12 日　年休代替要員費(調理)12 日

夏季特別行事費の新設

昭和 55 年(1980 年)

社施第 150 号厚生省社会局長・児童家庭局長通知相次ぐ社会福祉施設の不正経理問題への対応として、指導・監督の強化が指示される

書記を事務員に名称変更

昭和 56 年(1981 年)

第 2 次臨調(臨時行政調査会)第 1 次答申(緊急提言)

社施第 175 号厚生省社会局長・児童家庭局長通知　施設運営費の運用　①支出対象経費の拡大　②運

営費の年度繰越等の措置費運用の一層の弾力化が認められるとともに、指導監督の強化を 150 号通に引き続き指示

業務省力化経費（週 48 時間を 44 時間への第 1 年次 40 分）

福祉見直し施策

昭和 50 年に、戦後はじめての赤字国債が発行された。その後のオイルショックに始まる低成長経済への移行により税収は伸び悩み、また、昭和 54 年の一般消費税導入について国民の理解が得られなかったことから、増税なき財政再建が唱えられることとなり、昭和 56 年には臨時行政調査会（第 2 次臨調）が発足した。第 2 次臨調は行財政改革の具体的改革方策を示し、とくに高率補助金の総合的見直しについては、発足いらい提言がされ、このことは臨時行政改革審議会でも引き継がれた。これらを受け、昭和 60 年度予算編成にさいしては、大蔵省、厚生省、自治省の 3 省合意により、2 分の 1 をこえる高率補助金の 1 割り削減が決定し、児童福祉関係の措置費の国庫補助率も 10 分の 8 から 10 分の 7 に引き下げられた。

昭和 60 年 5 月には、補助金問題検討会が 3 省の事務次官経験者、学識経験者の構成で設置された。この補助金問題検討会の報告では、「わが国の社会保障制度は昭和 20 年代に国が地方自治体を行財政面で主導する形で発足したが、30 年を経過し、地方自治体をめぐる情勢は変化し、国の関与のありかた、実施主体、費用負担のあり方については見なおす時期にきている。また多様なニーズにきめ細かく対応していけるよう、地方自治体の自主性の尊重から、入所の措置は団体委任事務に改めることとし、また施設の最低基準についてはできるかぎり簡素・合理化する。これらの見直しによって地方自治体の自主性にもとづいた行政に改められるので、国の負担割合は 2 分の 1 とする」とされた。

このことを内容とする「国の補助金の臨時特例等に関する法律」が昭和 61 年に成立し、あわせて提言された団体委任事務化についても「地方公共団体の執行機関が国の機関として行う事務の整理及び合理化に関する法律」として同年暮れに成立した。

この一連の福祉見直し施策により、地方自治体の負担は増加と最低基準の緩和は福祉の水準の実質的な格差を引き起こし、入所措置の抑制は暫定定員の急増につながった。

昭和 57 年（1982 年）

第 2 次臨調（臨時行政調査会）第 2 次答申（許認可提言）

第 2 次臨調（臨時行政調査会）第 3 次答申（基本答申）

業務省力化経費（週 48 時間を 44 時間への第 2 年次 90 分）

昭和 58 年（1983 年）

第 2 次臨調（臨時行政調査会）第 4 次答申

第 2 次臨調（臨時行政調査会）第 5 次答申（最終答申）

業務省力化経費（週 48 時間を 44 時間への第 3 年次 120 分）

昭和 59 年（1984 年）

臨時行政改革推進審議会「民間活力の発揮推進のための行政改革のあり方」

業務省力化経費（週 48 時間を 44 時間への第 4 年次 165 分）

昭和 60 年（1985 年）

措置費の国庫補助率が 8 割から 7 割に削減

臨時行政改革推進審議会「行政改革の推進に関する答申」

業務省力化経費（週 48 時間を 44 時間への第 5 年次 200 分）

昭和 61 年（1986 年）

福祉関係 3 審議会・合同企画分科会発足身体障害者福祉審議会、中央社会福祉審議会、中央児童福祉審議会答申

入所事務等の団体委任事務化について

措置費の国庫補助率が7割から5割に削減される「国の補助金等の臨時特例等に関する法律(昭和63年度までの暫定措置)」

臨時行政改革推進審議会「今後における行財政改革の基本方向」

業務省力化経費(週48時間を44時間への最終年次240分)

運営費の弾力化と支出対象経費の拡大

　昭和49年に、厚生省は社施第100号通知　「社会福祉施設における運営費の運用について」により、1部費目間の流用を認めた。この後の、社施第50号通知、社施第175号通知、社施第111号通知を経、平成5年の社施第39号通知を頂点として、大幅な運営費の弾力化と支出対象経費の拡大が認められるに至っている。こうした施策は、1面では施設の効率的運営につながるものの、低い水準におかれている措置費の内容をいっそう不明確なものとするものであった。特に大幅な弾力化が認められた社施第111号通知は、昭和62年という補助率見直しの時期に通知されており、公的責任の所在を曖昧化する一連の施策のひとつとしてとらえられている。

昭和62年(1987年)

　社会福祉施設の最低基準の緩和　一定の資格を要件としない職種であって直接処遇に当たらない事務員、用務員の必置規制が削減される　成人施設において、調理業務の外部委託を認めその場合は調理員は置がなくともよいとされる　直接処遇職員総数の8割以上が常勤職員であればパート職員を活用できるものとされる　直接処遇職員の配置を弾力化し、総数のみを規定される。

　社会福祉関係事務の団体委任事務化

　社会福祉士および介護福祉士法成立

　社施第111号厚生省社会局長・児童家庭局長通知　①費目間流用の緩和　②施設会計から本部会計への繰入れの拡大③　引当金の新設と繰入れ　④引当金および　前期繰越金の取崩による法人支出対象経費への充当

　など大幅な運営費の弾力化

　福祉関係3審議会・合同企画分科会意見具申「社会福祉施設における費用徴収基準の当面のあり方について」

　特別指導費加算の設定(3年計画　第1年次定員70名以上)

　施設機能強化推進費の新設

昭和63年(1988年)

　民間施設給与等改善費の配分方法の改定

　特別指導費(第2年次定員50名以上)

福祉関係3審議会意見具申

　平成1年の福祉関係3審議会の意見具申「今後の社会福祉のあり方」では、21世紀福祉改革の端緒となる構想が示された。この具申では①市町村の役割重視、②在宅福祉の充実、③民間福祉サービスの健全育成、④福祉と保健・医療の連携強化、総合化、⑤福祉の担い手の養成と確保、⑥サービスの総合化、効率化を推進するための福祉情報提供体制の整備があげられている。

　措置制度については「手続きの簡素化のことは別として、現在の制度のもつ機能は必要と考える」としているが、社会福祉施設は措置委託施設中心の運営だけでなく、地域福祉のセンター的役割をはたすことも求められており、利用契約施設としてのサービスの供給も、新たな施設のもつべき機能として述べられている。この考え方は福祉関係八法の改正へとつながっていく。

平成 1 年(1989 年)

福祉関係 3 審議会・合同企画分科会意見具申「今後の社会福祉の在り方について」

年休代替要員費(処遇)13 日。年休代替要員費(調理)13 日

特別指導費(最終年次定員 50 名未満)

施設機能強化推進費に総合防災対策強化事業が追加

特別育成費の支弁にあたり、公立と私立の保護単価が別だての設定となり、1 年生には特別加算の支給が開始

福祉関係八法の改正

　　平成 2 年、戦後最大といわれる社会福祉関係八法の改正が行われた。これは「21 世紀の本格的な高齢社会の到来を目前に控え、高齢者の保健・福祉の推進を図るため、住民に最も身近な市町村で在宅福祉サービスと施設福祉サービスが、きめ細かく一元的かつ計画的に提供される体制づくりを進めるため」に改正されたものである。

　　改正の要点は次のとおりである。①在宅福祉サービスが福祉各法に位置づけられた。②特別養護老人ホーム等および身体障害者更生援護施設への入所措置決定の事務が市町村に委譲された。③市町村および都道府県は老人保健福祉計画を策定し、計画達成のための努力を行う。④障害者関係施設の範囲の拡大、⑤有料老人ホームの設置を事後届出制から事前届出制へ。

平成 2 年(1990 年)

福祉関係八法の改正

「家庭養育支援事業の実施について」厚生省児童家庭局長通知

期末手当加算の新設

年休代替要員費(処遇)14 日。年休代替要員費(調理)14 日

管理宿直専門員の新設(定員 71 名以上)

指導員特別加算の新設　　定員 31 名～35 名定員施設

入所児童(者)処遇特別加算の新設

施設機能強化推進費に入所児(者)家庭生活体験事業を追加

単身赴任手当加算の新設

平成 3 年(1991 年)

弓掛論文　養護施設の将来展望で「養護ホーム構想」が示される

「父子家庭等児童夜間養護事業の実施について」厚生省児童家庭局長通知

主任保母の新設

業務省力化経費(週 44 時間を 42 時間への第 1 年次　30 分)

管理宿直専門員(定員 51 名以上)

指導員特別加算(定員 35 名以下の施設に非常勤指導員の配置)

年休代替要員費(処遇)15 日。年休代替要員費(調理)15 日

厚生省児童家庭局通知「養護施設における不登校児童の指導の強化について」に基づき、不登校指導費の設定

平成 4 年(1992 年)

業務省力化経費(週 44 時間を 42 時間への第 2 年次　90 分、10 月実施)

管理宿直専門員(定員 41 名以上)

年休代替要員費(非常勤職員分)11 日

職員研修費非常勤職員分の新設

職員健康管理費非常勤職員分の新設

施設機能強化推進費に分園型自活訓練事業を追加

保育所制度の改革案

　平成 5 年 2 月、厚生省の設置した「保育問題検討会」で、保育所制度の改革案が審議された。ここでは従来の措置による保育所入所の他、自由契約による直接入所の制度の導入が審議された。この改革案には委員の中でも異論があり、措置制度を維持・拡充し措置による入所を発展的に改善すべきとする意見と、措置入所に併せて直接入所方式の導入を支持する意見の異例の両論併記という報告書となった。

平成 5 年 (1993 年)

　　保育問題検討会報告

　　社施第 39・40 号通知

　　全養協制度検討小委員会「わが国における養護施設の近未来像」

　　子どもの未来 21 プラン研究会報告

　　管理宿直専門員（定員 31 名以上）

　　年休代替要員費（非常勤職員分）12 日

平成 6 年 (1994 年)

　　「養護施設の近未来像」試案　全養協制度検討特別委員会

　　都市家庭在宅支援事業の開始

　　年休代替要員費（処遇）16 日。年休代替要員費（調理）16 日

　　年休代替要員費（非常勤職員分）13 日

　　管理宿直専門員（定員 30 名以下）

　　業務省力化等勤務条件改善費加算分の設定　各施設の就業規則等で定める週所定労働時間に応じて支弁される

　　入院時食事療養費の新設

　　見学旅行費が、高校生を支弁の対象に含める

---

21 世紀福祉ビジョン

　日本はバブル崩壊後の経済不況にあって、戦後の経済の根本的見直しを迫られ、福祉も経済問題としてとらえられることとなった。

　平成 6 年、厚生大臣の私的懇談会である「高齢社会福祉ビジョン懇談会」は、21 世紀のめざすべき福祉社会像として「公的保障中心の高福祉・高負担型福祉社会」「自助努力中心の低福祉・低負担型福祉社会」「中間型の福祉社会」のいずれを選択するかが重要であると指摘し、我が国では、公民の適切な組み合わせによる適正給付、適正負担という独自の福祉社会の実現をめざすべきと提言している。

平成 7 年 (1995 年)

　　地方分権推進委員会が機関委任制度を廃止へ

　　業務省力化等勤務条件改善費の改善

　　養護施設入所児童早期家庭復帰促進事業の新設

平成 8 年 (1996 年)

　　業務省力化等勤務条件改善費の改善

　　施設機能強化推進費の改善

　　養護施設児童特別指導費の新設

> **保育所は利用者が選択する方式へ**
>
> 平成 9 年、児童福祉法が改正され、保育所は利用者が保育所を選択できる方式に改められた。保育所に支弁されていた保育所措置費は保育所運営費という名称に改められた。

平成 9 年(1997 年)

> 児童福祉法改正
>
> 保育所は利用者が保育所を選択できる方式へ
>
> 養護施設を児童養護施設に、母子寮を母子生活支援施設に、教護院を児童自立支援施設に呼称変更
>
> 乳児院と情緒障害児短期治療施設の年齢などの要件緩和
>
> 児童家庭支援センターの設置等家庭支援機能の追加
>
> 児童福祉施設最低基準の改正
>
> 施設長の懲戒権の濫用禁止
>
> 業務省力化等勤務条件改善費の改善

> **社会福祉基礎構造改革**
>
> 平成 10 年、中央社会福祉審議会社会福祉構造改革分科会において「社会福祉基礎構造改革を進めるにあたって」がとりまとめられた。現行の基本的枠組みは，終戦直後の生活困窮者を対象としたものであり、現状のままでは増大、多様化する福祉需要に対応できず、社会福祉の基礎構造を抜本的に改革する必要があるとしている。この提言に基づき、関係各法の改正が行なわれることになる。

平成 10 年(1998 年)

> 児童養護施設等入所児童の自立支援非常勤職員の配置の経費の導入

平成 11 年(1999 年)

> 年休代替要員費(処遇)17 日。年休代替要員費(調理)17 日
>
> 年休代替要員費(非常勤職員分)13 日
>
> 心理療法担当職員雇上費の新設
>
> 施設機能強化推進費の改善

> **社会福祉事業法を社会福祉法に改正**
>
> 社会福祉事業法は、限られた者の保護・救済が対象であったということから、国民全体を対象として、社会連帯の考え方によった支援を行ない、誰もが人としての尊厳をまもられ、家族や地域の中で障害の有無や年齢にかかわらず、その人らしい自立した生活を送れるように支援することがこれからの社会福祉の目的であり理念であるとした。
>
> 基本的な方向性は、①サービスの利用者と提供者の対等な関係の確立、②個人の多様な需要への地域での総合的な支援、③幅広い需要に応える多様な主体の参入促進、④信頼と納得が得られるサービスの質と効率性の向上、⑤情報公開などによる事業運営の透明性の確保、⑥増大する費用の公平かつ公正な負担、⑦住民の積極的な参加による福祉の文化の創造であり、これにそった改革の推進を提示している。

平成 12 年(2000 年)

> 介護保険制度スタート
>
> 社会福祉事業法を社会福祉法に改正
>
> 児童虐待の防止等に関する法律
>
> 福祉職給料表への対応
>
> 年休代替要員費(処遇)18 日。年休代替要員費(調理)18 日
>
> 地域小規模児童養護施設の創設

介護保険制度のスタート

　社会福祉基礎構造改革がめざすものは、中央集権から地方分権への流れの中で、利用者本位の福祉社会を創設することであり、同時に安定した福祉財源の確保することである。このさきがけとして平成12年に介護保険制度が福祉改革の成否を問う試金石としてスタートした。

　すべての介護費用から、利用者負担(認定の枠内であれば1割、それ以上であれば全額)を除いて、半分が公費負担(国、都道府県、市町村)で、残り半分が介護保険の保険料収入でまかなう。社会保険方式をとっている。

　保育所、特別養護老人ホームといえば、数的にも社会福祉施設の大半を占めており、これにより介護保険、利用、選択契約方式が、我が国の福祉の主流となる。

　平成13年には、助産施設、母子生活支援施設が、保育所と同様に利用者が施設を選択する方式へ改められ、平成15年には、知的障害者施設、身体障害者施設(知的障害児施設、肢体不自由児施設等を除く)も措置から利用に改められた。

　これらの一連の改定作業に伴い、国庫負担割合は減少し公的責任という考え方がさらに後退した。措置制度であれば、国及び地方自治体が本来すべき福祉事業を民間に措置し、そのために必要な費用を負担するという責任の所在が明確であったが、新制度では利用者負担と公的助成のバランスの変更を縛るものは見当たらない。介護保険についても保険料率や利用者負担率の変更はいつでも可能になる。昭和61年の国の補助金見直しに伴う国庫負担率の削減は、地方自治体への負担増を目的としたものであったが、社会福祉基礎構造改革は、地方自治体の財政難もあり、国庫負担の削減を利用者が負担し、かつ社会福祉法人の財政的自立を促す方向に改められたものといえる。

措置制度の課題と効用

　措置制度の運用上の問題点として指摘されてきたのは次の点である。①民間社会福祉施設に独自財源がない。ほとんどを措置費に依存してきた。②措置児童のみを受け入れる施設として経営されている。地域とのかかわりを持ちにくい。③利用者は施設を選択できない。施設も利用者を選択できない。④措置費の単価が生活保護の保護基準に連動しているので、処遇の水準が低位におかれてきた。⑤措置費の運用に弾力性がない。

　また措置制度の効用としては次の点があげられる。①民間社会福祉施設に依存する部分の多いなかで、その経営基盤を安定させてきた。②措置制度は社会福祉施設最低基準とともに、福祉サービスのナショナルミニマムの設定とそれを維持する働きをした。③国と地方公共団体の社会福祉サービスに対する公的責任を明らかにした。

　戦後の社会福祉は、憲法25条の国民の生存権、国の保障義務を根拠とし、行政的には措置制度、財政的には措置費制度を中心としてきた。

　社会福祉基礎構造改革は、憲法13条の個人の尊重と幸福追求権を基盤とし、利用、選択契約を中心とする福祉サービスへの転換がはかられてきた。

　児童養護施設、乳児院などは、①行政が公的介入しない限り子どもの権利を擁護できない。親権に対抗できない。子どもの命さえ奪われる。②介護や保育は国民にとって一般的な問題となり、利用あるいは選択契約という方式はとれるものの、児童養護施設の利用は親子分離であり、これを一般化した問題としてはとらえられない等の理由から、利用、選択契約への大きな流れから除外され、措置制度は維持されることになった。

平成13年(2001年)

　助産施設、母子生活支援施設で利用者が希望する施設を選択する方式に改められる

　個別対応職員雇上費加算の新設

　苦情解決対策経費の新設

年休代替要員費(処遇)20 日。年休代替要員費(調理)20 日

平成 14 年(2002 年)

乳児院にも個別対応職員の配置

平成 15 年(2003 年)

平成 16 年(2004 年)

暫定定員払制が、開差は 10%以上認めないという方針に改められる

定員 50 名未満施設にも個別対応職員の配置

家庭支援専門相談員の新設

児童養護施設の小規模グループケアの推進費の新設

被虐待児受入加算費の新設

平成 17 年(2005 年)

児童養護施設以外への小規模グループケア担当職員加算の対象拡大

平成 18 年(2006 年)

地方分権改革推進法が 3 年間の時限立法で成立

国家公務員の俸給見直しに伴う改正

心理療法担当職員の常勤配置

地域主権改革

　　国から地方へ権限と税財源を移す地方分権をめぐっては、平成 7 年の地方分権推進委員会、平成 13 年の地方分権改革推進会議の取組を経て、平成 18 年に地方分権改革推進法が 3 年間の時限立法で成立した。この法律の成立を受け、平成 19 年 4 月に地方分権改革推進委員会が発足し、平成 20 年 5 月「第 1 次勧告～生活者の視点に立つ『地方政府』の確立～」を勧告した。この勧告では、「保育所や老人福祉施設等の最低基準という位置づけを見直し、国は標準を示すにとどめ、具体的な基準は地方自治体が地域ごとに条例により独自に決定し得ることとする」と言及した。政府はこれを受け地方分権改革推進要綱(第 1 次)を決定し、勧告を最大限に尊重し新分権一括法案(仮称)を平成 21 年度中に国会に提出し、地方分権改革推進計画を策定するための作業に着手するとした。

　　平成 21 年 10 月、地方分権改革推進委員会は「第 3 次勧告～自治立法権の拡大による「地方政府」の実現へ～」を勧告し、児童福祉施設最低基準について、廃止または(地方自治体への)条例委任として見直しを求めた。

　　政府は、地域主権戦略会議の初会合を、平成 21 年 12 月に開催し、地方分権改革推進計画案を閣議決定した。

　　平成 22 年の第 174 回通常国会に、地域主権改革の推進を図るための関係法律の整備に関する法律案が上程・審議された。本法案には、地方分権改革推進計画に基づき、児童福祉施設最低基準について、国から都道府県・指定等市等の条例に委任する内容が含まれていた。参議院先議で可決、現在衆議院で継続審議となり、臨時国会でも可決にいたらなかったが、翌平成 23 年通常国会で「地域の自主性及び自立性を高めるための改革の推進を図るための関係法律の整備に関する法律」として可決成立した。

平成 20 年(2008 年)

地方分権改革推進委員会「第 1 次勧告～生活者の視点に立つ『地方政府』の確立～」

政府「地方分権改革推進要綱(第 1 次)」を決定

看護師の配置

施設機能強化推進費の充実

平成 21 年(2009 年)

地方分権改革推進委員会「第 3 次勧告～自治立法権の拡大による「地方政府」の実現へ～」

地方分権改革推進計画案を閣議決定

児童福祉法改正(①里親制度の改正、②小規模住居型児童養育事業の創設、③要保護児童対策地域協議会の機能強化、④家庭支援機能の強化、⑤年長児の自立支援策の見直し、⑥被措置児童虐待の防止、⑦社会的養護の提供体制)

社保審児童部会に親権の在り方に関する専門委員会設置

ファミリーホームの創設

基幹的職員の格付け

幼稚園費の新設

中学生に対し部活動費、学習塾費の新設

平成 22 年(2010 年)

地域主権戦略大綱が閣議決定され、「ひも付き補助金」の一括交付金化があげられる

地域主権改革の推進を図るための関係法律の整備に関する法律案(地域主権改革一括法案)」が 174 回通常国会において参議院で可決

平成 23 年(2011 年)

地域の自主性及び自立性を高めるための改革の推進を図るための関係法律の整備に関する法律成立

平成 24 年(2012 年)

児童指導員・保育士の職員配置基準の改善　6：1⇒5.5：1

1 歳児加算の改善　1 歳児 2：1⇒1.6：1

看護士配置「の改善　乳児 1.7：1⇒1.6：1

里親支援専門相談員の配置

家庭支援専門相談員、個別対応職員が必置となる

心理療法を行う必要があると認められる児童10人以上の場合、心理療法担当職員が必置となる

小規模加算、家庭支援専門相談員、個別対応職員を経常事務費に算入

経常事務費保護単価を定員 5 名きざみで設定

150 名以上施設の事務員を 1 名に減

里親支援専門相談員、心理療法担当職員、小規模グループケア加算職員が民間施設給与等改善費の加算対象となる

平成 26 年(2014 年)

本体施設定員が 40 名以下であっても、地域小規模型児童養護施設の定員を合算して 40 名を超える施設には栄養士を配置する

平成 27 年(2015 年)

児童指導員・保育士の職員配置基準の改善　5.5：1⇒4：1(予算措置)

1 歳児の職員配置基準の改善　1 歳児 1.6：1⇒1.3：1(予算措置)

年少児の職員配置基準の改善　年少児 4：1⇒3：1(予算措置)

民間施設給与等改善費の改善　上限 14 年⇒20 年　16％⇒25％　並びに各階級で 2～3％の加算の増

20 名定員施設、25 名定員施設の保護単価が設定される

経常事務費の比例配分の基準施設が、30 名、50 名、100 名、150 名、300 名から 20 名、50 名、100 名、150 名、300 名となる。

児童養護施設等の職員人材確保事業の新設

> **都道府県社会的養育推進計画**
>
> 　平成28年の児童福祉法等の一部を改正する法律（平成28年法律第63号）において、子どもが権利の主体であることが位置付けられるとともに、子どもの家庭養育優先原則が明記された。また、平成29年の児童福祉法及び児童虐待の防止等に関する法律の一部を改正する法律（平成29年法律第69号）において、在宅での養育環境の改善を図るため、保護者に対する指導への司法関与や、家庭裁判所による一時保護の審査の導入など、司法の関与の強化等がなされた。
>
> 　これら児童福祉法等の抜本的な改正を受けて、平成29年8月に「新たな社会的養育の在り方に関する検討会」において、今後の社会的養育の在り方を示す「新しい社会的養育ビジョン」が取りまとめられた。改正児童福祉法等の理念のもと、「新しい社会的養育ビジョン」で掲げられた取組を通じて、「家庭養育優先原則」を徹底し、子どもの最善の利益を実現していくことが求められている。

平成28年（2016年）

　児童福祉法改正（児童福祉法の理念の明確化等、①児童の福祉を保障するための原理の明確化、②家庭と同様の環境における養育の推進、③しつけを名目とした児童虐待の禁止④、児童虐待の発生予防、児童虐待発生時の迅速・的確な対応、④児童相談所設置自治体の拡大、⑤児童相談所の体制強化、⑥一時保護の目的の明確化、被虐待児童の自立支援）

　家庭支援専門相談員の複数配置（定員30名以上）の新設

　地域小規模型児童養護施設の管理費（賃借費）が「建物の賃借に係る実費」となる

> **新しい社会的養育ビジョン〜　改正児童福祉法の理念を具体化〜**
>
> １．　家庭（代替養育家庭も含む）で生活している子どもへの支援
> ２．子どもの権利保障のための児童相談所の在り方
> ３．一時保護の在り方
> ４．代替養育
> ５．代替養育を必要とする子どもと特別養子縁組
> ６．自立支援（リービング・ケア、アフター・ケア）
> ７．子どもの権利を守る評価制度の在り方
> ８．統計の充実、データベース構築及び調査研究

平成29年（2017年）

　民間施設給与等改善費の加算率の改定

　社会的養護処遇改善加算費の創設

　社会的養護自立支援事業の新設

　（①支援Co②生活相談支援③就労相談支援④措置解除後22歳年度末迄支援継続）

平成30年（2018年）

　乳児院等多機能化推進事業の新設

　育児指導機能強化事業の新設

　医療機関等連携強化事業の新設

　産前・産後母子支援事業の新設

　ファミリーホームの一般分保護単価区分の見直し

平成31年（2019年）

　小規模かつ地域分散化加算の創設（①小規模グループケアの定数6〜8人を6人に変更②地域小規模および小規模グループケア地域型に職員1人加配　6:4）

　民間施設給与等改善費の加算率の改定

事務用採暖費、寒冷地手当、児童用採暖費（事業費）を再編し、冷暖房費（事業費）を創設

特別育成費が単価を上限とする実費払いとなる

医療的ケア児受入加算の新設

令和2年（2020年）

児童福祉法改正（①児童の権利擁護、児童相談所の体制強化及び関係機関間の連携強化等、②児相相談所の体制強化等、③児童相談所の設置促進、④関係機関間の連携強化）

特別育成費（補習費）の拡充事業　国と同等額(高1・2：2万円、高3：2万5千円)を都が新たに単独補助し、実質倍額に。従来定額だったが、国分含めて実費上限額の補助になった。

児童養護施設等体制強化事業の新設（①指導員を目指す者　複数配置可能②補助職員配置）

小規模かつ地域分散化の更なる推進（③地域小規模及び小規模GC地域型GH職員の増配置最大3名6:6, 5:5, 4:4）

社会的養護出身者ネットワーク形成事業の新設

職員の資質向上のための研修等事業　都は東社協へ委託

自立支援担当職員の配置

フォスタリング機関の創設

里親のリクルート、研修・トレーニング、マッチング、委託後支援・交流

児童養護施設退所者等に対する自立支援資金貸付事業の新設

新型コロナウイルス感染症に関連したかかり増し経費の創設

新型コロナウイルスの感染拡大防止に図る事業の創設

支援対象児童等見守り強化事業の新設

ひとり親家庭等生活向上事業／子どもの生活・学習支援事業の新設

令和3年（2021年）

加算職員の拡充（家庭支援専門相談員、心理療法担当職員、里親支援専門相談員の加配）

社会的養護自立支援事業の充実（⑤医療連携支援⑥自立後生活体験支援⑦法律相談支援⑧事務費）

フォスタリング事業の拡充　自治体の負担率を嵩上げ1/2→2/3、自立支援担当職員の配置

親子支援事業の新設

ファミリーホームの養育負担の軽減

グループホームの定員要件の緩和　児童養護施設におけるレスパイトケアの対象にファミリーホームを追加

自立支援担当職員加算の新設

地域小規模児童養護施設等バックアップ職員加算の新設

入所児童等の円滑な自立に向けた取組強化

自立生活支援事業の新設

予防接種費用の対象拡大　RSウィルス感染症、流行性耳下腺炎を追加

児童養護施設等民有地マッチング事業の新設

新型コロナウイルスの感染拡大防止に図る事業の継続

社会的養護従事者処遇改善事業の創設

子育て短期支援整備事業（整備費）の新設

子育て短期支援臨時特例事業（運営費）の新設

ひとり親家庭等の子どもの食事等支援事業

令和4年（2022年）

児童養護施設体制強化事業の拡充　（③児相OB等を活用したSV実施④児童指導員等の相談支援）

身元保証人確保対策事業の新設

社会的養護魅力発信等事業の新設

子どもの居場所支援モデル事業の新設

新型コロナウイルスの感染拡大防止に図る事業の継続

児童福祉法改正（①市区町村に「こども家庭センター」設置の努力義務、②虐待を受けた子どもなどの「一時保護」では、裁判所が必要性を判断する「司法審査」を導入、③虐待などに対応する児童福祉司を自治体が認容する際は、十分な知識や技術を求める、④児童養護施設の子どもの自立支援で、年齢制限の撤廃、⑤子どもへのわいせつ行為などで登録を取り消された保育士の再登録を厳格化）

こども基本法　〜基本理念〜

① 全てのこどもについて、個人として尊重されること・基本的人権が保障されること・差別的取扱いを受けることがないようにすること

② 全てのこどもについて、適切に養育されること・生活を保障されること・愛され保護されること等の福祉に係る権利が等しく保障されるとともに、教育基本法の精神にのっとり教育を受ける機会が等しく与えられること

③ 全てのこどもについて、年齢及び発達の程度に応じ、自己に直接関係する全ての事項に関して意見を表明する機会・多様な社会的活動に参画する機会が確保されること

④ 全てのこどもについて、年齢及び発達の程度に応じ、意見の尊重、最善の利益が優先して考慮されること

⑤ こどもの養育は家庭を基本として行われ、父母その他の保護者が第一義的責任を有する　との認識の下、十分な養育の支援・家庭での養育が困難なこどもの養育環境の確保

⑥ 家庭や子育てに夢を持ち、子育てに伴う喜びを実感できる社会環境の整備

こども家庭庁設置法　〜趣旨〜

　こども（心身の発達の過程にある者をいう。以下同じ。）が自立した個人としてひとしく健やかに成長することのできる社会の実現に向け、子育てにおける家庭の役割の　重要性を踏まえつつ、こどもの年齢及び発達の程度に応じ、その意見を尊重し、その最善の利益を優先して考慮することを基本とし、こども及びこどものある家庭の福祉の　増進及び保健の向上その他のこどもの健やかな成長及びこどものある家庭における子育てに対する支援並びにこどもの権利利益の擁護に関する事務を行うとともに、当該　任務に関連する特定の内閣の重要政策に関する内閣の事務を助けることを任務とするこども家庭庁を、内閣府の外局として設置することとし、その所掌事務及び組織に関する事項を定める。

東京都補助金の変遷

昭和 25 年 (1950 年)

特別育成費制度の発足　高校へ進学する児童に奨学金支給を開始

昭和 26 年 (1951 年)

就職支度金の支弁を開始

昭和 31 年 (1956 年)

特別育成費の加算にあたり、新規と継続で区分して支弁を開始

昭和 34 年 (1959 年)

給食指導費の加算を開始　給食指導職員が児童の給食指導をするための給食費の支弁

飲食物費の加算を開始

昭和 35 年 (1960 年)

正月給食費の加算を開始

昭和 36 年 (1961 年)

日常被服費の加算を開始

昭和 38 年 (1963 年)

冬季暖房費の加算を開始

就職支度金の加算にあたり必需品の購入費用と就職後の生活費の現金支給相当額の支弁を開始

昭和 40 年 (1965 年)

行事用諸経費、入進学支度金、

大学入学支度金の加算を開始

昭和 41 年 (1966 年)

行事給食費の加算を開始

昭和 42 年 (1967 年)

児童福祉施設退所児童指導旅費支弁を開始

昭和 44 年 (1969 年)

施設事務費級地格差是正、誕生祝費、学校教育費の加算を開始

昭和 45 年 (1970 年)

民間施設振興費を設定

生活指導訓練費の加算を開始

昭和 46 年 (1971 年)

保母加算 (6：1 へ加算)、調理員等加算を開始

東京都社会福祉審議会「東京都における社会福祉事業の経営のあり方に関する中間答申」(職員給与公私格差是正事業) 答申民間社会福祉事業に従事する職員と東京都職員との給与格差を是正する事業を開始に導く

退所児童後保護費の加算を開始

賠償責任保険へ加入　全国の他の地方自治体に先駆けて、民間社会福祉施設被保険者とする損害賠償責任保険契約を締結

昭和 47 年(1972 年)

保母・指導員配置 6：1 へ加算

東京都児童福祉審議会意見具申「東京都における里親制度のあり方について」（養育家庭制度）　養護に欠ける児童に、より個別的な処遇を与えるために、家庭での養護が望ましい児童を期間を定めて里親に委託し、専門性を持った養護施設等の施設との協働のもとで養育する常勤栄養士の配置定員 50 名以上で、かつ国が栄養士配置をしていない施設に配置

保育材料費の加算を開始

東京都産休等代替職員制度を制定

昭和 48 年(1973 年)

東京都社会福祉振興財団の設立

特別育成費の加算にあたり、私立高校進学児童のための保護単価を設定

昭和 49 年(1974 年)

保母指導員配置 5．5：1 へ

3 才児加算、指導員加算、嘱託医手当の加算と　理髪代、定時制高校入学支度金の加算を開始

アフターケア補助金を新設

昭和 50 年(1975 年)

各種学校等修学金の加算を開始

各種学校等へ進学する児童に対し、入学金授業料、実習費の実費の支弁を開始

昭和 51 年(1976 年)

保母・指導員配置東京都　5．5：1

特別育成費の加算にあたり、入学金、授業料、各種納入金、教科書代、通学交通費の実費支弁を開始（限度額あり）

昭和 52 年(1977 年)

各種学校入学支度金の加算を開始(定額)

昭和 53 年(1978 年)

東京都児童福祉審議会意見具申「要養護児童をめぐるコミュニティーサービス展開の方策(ファミリーグループホーム制度)

健康管理費の加算を開始　保母・指導員、調理員を対象

昭和 54 年(1979 年)

保母指導員配置　5：1 へ

国の栄養士の配置により、定員 40 名以下の施設に非常勤栄養士を増配置

昭和 55 年(1980 年)

幼児教育費の加算を開始

昭和 56 年(1981 年)

生活指導訓練費としてお年玉の加算を開始

昭和 57 年(1982 年)

飲食物費、正月給食費、日常被服費、行事用諸経費、行事給食費、誕生祝費、退所児童後保護費、保育材料費、理髪代を一般生活費都加算として統合

中途新規入所児童に一般生活費の加算を開始

「東京都ファミリーグループホーム制度試行要綱」ファミリーグループホーム制度 3 年間の試行

宿泊事業補助金を新設

昭和 59 年(1984 年)

　　非常勤指導員の加算を開始

　　自立援助ホーム制度を実施

昭和 60 年(1985 年)

　　「東京都ファミリーグループホーム制度実施要綱」ファミリーグループホーム制度を本格実施

昭和 61 年(1986 年)

　　ショートステイホーム制度発足

昭和 62 年(1987 年)

　　特別育成費の加算にあたり、入学金、授業料、施設費についての上限額を撤廃

　　各種学校入学支度金の加算にあたり、入学時納付金の支弁へ

　　自立特別訓練費の加算を開始

昭和 63 年(1988 年)

　　就職支度金の加算にあたり、アパート入居の際の家賃、礼金等の補助のための住宅加算を開始

　　入所施設の夜間におきた火災を契機に夜間警備事務費の加算を開始

平成 1 年(1989 年)

　　非常勤事務員の増配置経費の加算を開始　定員 70 名以上 150 名未満

　　妊産婦代替職員費の加算を開始　労働基準法第 66 条(妊産婦の就業制限)の対応

　　地域クラブ参加費の加算を開始

　　連れ戻し費の加算を開始　国はこの経費の支弁対象を教護院に限っているが東京都は養護施設も支弁の対象とした

　　フレンドホーム制度実施要綱　フレンドホーム制度を実施

平成 3 年(1991 年)

　　非常勤事務員の増配置経費の加算　定員 70 名未満の施設にも配置

　　職員勤務時間改善費の加算を開始

平成 4 年(1992 年)

　　健康管理費の加算の支弁対象に施設長、事務員、栄養士等全常勤職員を加える

　　非常勤職員賃金の加算を開始

平成 5 年(1993 年)

　　健康管理費の加算の支弁対象に保護単価の設定されている非常勤職員分も加える

　　労災保険の加算を開始

平成 6 年(1994 年)

　　東京都児童福祉審議会「地域における子ども家庭支援システムの構築とその推進に向けて」(中間のまとめ)意見具申にある「別掲民間社会福祉施設職員給与のあり方」において、給与決定の自主性の尊重という理由から、公私格差是正事業の格付け方式の緩和の方向性が示され弾力幅が拡大された。

　　「最近の都財政に関する研究会」事務事業見直しの提言

平成 9 年(1997 年)

　　財政健全化計画実施案が示され、見なおし項目に、「公私格差是正事業」と「都加算事業」が挙げられる。東社協が予算対策委員会のもとに「公私格差是正事業対策委員会」を設置

　　福祉局総務部長より公私格差是正事業対策委員会正副委員長との懇談会で「新しい助成方式」が示される。

　　東社協、折衝委員会を設置

平成 10 年(1998 年)

　　東社協「東京の福祉水準の維持・拡充を求める請願」を都議会に提出

東京都より折衝委員会に「民間社会福祉施設に対する補助金の再構築について」が提示される。「施設の自主的、弾力的運営を促進することで、施設サービスの向上の推進を図るのが新制度の目的」と説明される。児童部会は受け入れを拒否する。

都議会予算特別委員会は、再構築の実施について「東社協に参加している民間社会福祉施設の代表者の理解が得られるまでは，新制度に移行しないこと」とする付帯決議を採択する。

平成 11 年 (1999 年)

新制度の 4 月実施が見送られる。

石原氏の都知事就任決定に伴い、東社協予算対策委員会は再構築案の受け入れを表明。但し相当の準備期間が必要であること、施設運営に支障が生じないよう配慮を行なうことを申し入れた。

施設運営費都加算制度、職員給与公私格差是正制度の廃止 (12 月)

民間社会福祉施設サービス推進費補助制度のスタート (平成 12 年 1 月より経過措置の開始、平成 14 年 4 月より本則実施)

平成 12 年 (2000 年)

東京都福祉改革推進プランを発表。①利用者と事業者の間の契約に基づき、利用者指向のサービスの提供が行なわれること。②利用者が自らの責任で選択し、適切な負担によりサービスが利用できる。③地域に根ざした多様な提供主体によりきめ細やかなサービスが利用できる。④提供主体の間で利用者指向のサービス競争が活発に行なわれる等を改革の基本方向としている。

平成 13 年 (2001 年)

東京福祉改革 STEP2 を策定し、地域での自立を支える新しい福祉をめざし、施設偏重の画一的な福祉から地域の住まいを重視した福祉を実現する。多様な供給主体の参入により競争を促し公立、社会福祉法人中心の供給主体を改革していくことを 2 つのコンセプトとして福祉改革をすすめるとした。

平成 13 年度末をもって養育家庭センターが廃止された。

平成 15 年 (2003 年)

東京都福祉局は「民間社会福祉施設サービス推進費補助再構築の考え方」を示し、①都として望ましいサービス水準を確保するために必要な補助を実施、②他の施設より努力している内容に対して、その努力が報われるよう加算を次年度より実施することとした。

平成 16 年 (2004 年)

東京都福祉局は民間社会福祉施設サービス推進費補助要綱を大幅に改定した。職員増配置経費を大幅に削減し、職員の勤続年数に見合う昇給財源の補助を廃止した。

同時に削減した補助金の 1 部により、努力・実績加算として、アフターケア加算、家庭復帰等促進加算、心理ケア加算、特別育成費加算、各種学校修学金加算、就職支度金加算、3 才児加算を新設あるいは復活させた。全種別施設を対象にサービス第 3 者評価受審費を、また経営改革加算として経営改革支援経費、経営改革人材要請経費を新設した。補助金の激変緩和のために 5 年間の経過措置が設定された。

平成 18 年 (2006 年)

東京都サービス推進費努力実績加算の心理ケア加算を「非常勤職員、常勤的非常職員、常勤職員」の 3 区分に改正。

平成 19 年 (2007 年)

東京都専門機能強化型児童養護施設制度実施要綱を交付

東京都サービス推進費努力実績加算の特別援助加算に「非行・ぐ犯児童」を追加し、複数事項該当児童の加算単価を増額した。

東京都サービス推進費努力実績加算のアフターケア加算の加算対象期間を退所後 3 年間とした。

平成 20 年(2008 年)

東京都サービス推進費経営改革等推進事業加算は 20 年度をもって廃止

平成 21 年(2009 年)

東京都専門機能強化型児童養護施設制度実施要綱の指定基準を緩和して交付

平成 24 年(2012 年)

基本補助単価の変更 国基準が「6:1」から「5.5:1」に変更されたことにより、都基準の職員配置経費が減額された。46 人以上の施設)

第三者評価の取扱いの変更 国の措置費において 3 年に 1 度 30 万円の受審費用が支弁されることから、サービス推進費の支払い額からその額が控除された。

平成 25 年(2013 年)

努力実績加算特別援助加算が 960 円増額される

大学進学支度金加算、各種学校等進学支度金加算が基本補助単価に含まれた定額払いから努力実績加算の実績払いに変更される。

私立大学 700,000 円(上限)、専門学校 600,000 円(上限)

大学進学支度金加算、各種学校等進学支度金加算が基本補助から努力・実績加算に変わったことにより、基本補助単価が削減される。

東京都児童福祉審議会が「家庭的養護を一層推進するため、グループホームにおいても子ども一人ひとりの特性に応じた個別的支援が強化できるよう職員体制の充実を図ること。」と緊急提言したことを受け、努力実績加算の特別援助加算、家庭復帰等促進加算、心理ケア加算をグループホームの職員体制の充実に必要な経費として執行することが可とされた。

平成 26 年(2014 年)

東京都サービス推進費努力実績加算アフターケア加算の廃止

平成 27 年(2015 年)

国保護単価の学齢児分の改正(5.5：1⇒4：1)に伴い、都がサービス推進費の基本単価で加算していた 0.5 人分(旧国措置費単価設定 5.5：1 と都基準 5：1 との差)の単価が削減される。国保護単価の学齢区分の改正により、これまでの都基準を上回る単価設定がされたことから、都がサービス推進費の基本単価で加算していた指導員加算(1 人)、非常勤指導員(1 人)が削減される。国保護単価の 3 歳児分の改正(4：1⇒3：1)に伴い、都がサービス推進費の努力実績加算で加算していた 3 歳児加算(2：1)のうち、旧国措置費単価設定 4：1 と新国措置費単価設定 3：1 との差に相当する分が削減される。なお、児童指導員、非常勤指導員の削減の実施は 28 年度以降となる。

平成 28 年(2016 年)

努力実績加算大学進学支度金加算、各種学校等進学支度金加算の補助対象経費が「入学時納付金」から「初年度納付金」に拡大される。

グループホーム・ファミリーホーム設置促進事業は、法人が、グループホーム・ファミリーホームを 3 か所以上設置する場合に、本園から支援する職員の体制を強化することにより、OJT 等の人材育成の体制を確保し、養育の質の向上を図る。グループホーム等における支援体制を手厚くすることにより、法人がグループホーム等を開設しやすい環境を整備して家庭的養護の推進を図る。本園からグループホーム等を支援する「グループホーム等支援員」を配置する経費を都が補助する。グループホーム支援員がグループホーム数により常勤化、複数配置となる。

平成 29 年(2017 年)

自立支援強化事業は、支援対象者（社会的自立 10 年・家庭復帰 5 年以内）80 人、年間支援回数 480 回を満たす施設に自立支援 Co を複数配置。非常勤も設定されたが、要件が常勤と同一。

平成 31 年(2019 年)

児童養護施設等宿舎借り上げ支援事業は、職員の住居を事業者が借り上げる場合、基準額 82,000 円に対して半額を都が補助。

施設と地域との関係強化事業は、国の入所児童（者）処遇特別加算費（満 60 歳以上及び障がい者）の対象を拡大して補完。

令和 2 年(2020 年)

グループホーム支援員は、3 ホームからの配置、以降 1 ホーム増える毎に 1 人ずつ増員となる。

サテライト型児童養護施設　グループホーム・ファミリーホーム設置促進事業に編入。施設不在区市の要件外れ、本体からの遠隔地であれば実施可能。

特別育成費補習費は、国と同等額(高 1・2：2 万円、高 3：2 万 5 千円)を都が新たに単独補助し、実質倍額に従来定額だったが、国分含めて実費上限額の補助になった。

特別区児童相談所設置に伴う措置費請求システムの運用開始。(都区の事務担当者会において単価改定等による更新作業が行われる) 措置費の請求先の一元化ができないため、請求シートのフォーマットを作成する方法により、施設の事務負担増の軽減策が提案され、東京都と、特別区長会事務局と、書記会が合同で定期的に検討会を開催している。

令和 3 年(2021 年)

自立支援強化事業は、可能な限り国の自立支援担当職員に移行。不可の場合は Co 継続。二人目の配置は「対象者 80 人かつ支援回数 480 回以上」から、「対象者 40 人以上・支援回数 580 回以上かつ 40 人の中に 48 回以上の支援を受けた退所者が 2 人以上」に変更。

特別育成費　大学受験料の支援を拡充

児童相談所と児童養護施設が円滑に連携することで、児童養護施設において一時保護委託児童と施設入所児童が、ともに安心して過ごせるよう、「児童養護施設における一時保護委託ガイドライン」を定める。

令和 4 年(2022 年)

自立支援強化事業の拡充。措置解除後、民間アパートでの一人暮らし等の居住費を最長 4 年間支援する。高校卒業後、就職や大学等に進学する者のうち、一定程度自立が見込める者（自炊や金銭管理等）が対象。対象範囲は 22 歳まで。

施設運営力向上コンサルテーション事業※は、被措置児童虐待が発生する等、運営に課題を抱える施設に対して、個別コンサルテーションを実施し、人材育成や組織管理能力を向上させ、重大事故の再発・未然防止を図る。

※本事業は令和 5 年度も実施

参考文献 著者、編者敬称略、順不同

「児童福祉施設における措置費体系の課題と展望」平田清正

「今後の養護施設のあり方研究会報告」渡辺茂雄

「事業費について」村岡末広

「保護単価積算推計と収支モデル分析」浅見直之、児島 充

「児童福祉改革」古川孝順

「福祉改革と福祉補助金」成瀬龍夫、小沢修司、武田宏、山本隆

「戦後措置制度の成立と変容」北場　勉

「児童保護措置費手帳」日本児童福祉協会　厚生省児童家庭局監修

「児童保護措置費保育所運営費手帳」日本児童福祉協会、こども未来財団

「児童保護措置費・保育給付費手帳」中央法規出版　児童育成協会監修

「日本における民間社会福祉財政」財団法人社会福祉研究所

「新社会福祉概論」千葉茂明

「東京都専門機能強化型施設説明会資料」社会福祉法人　至誠学舎立川　至誠学園

「専門機能強化型児童養護施設の取組について」児童養護施設　二葉学園

「民間社会福祉施設サービス推進費補助の手引2004」東京都社会福祉協議会児童部会

「措置費説明会資料」東京都福祉保健局少子社会対策部育成支援課

「都の社会的養護の課題と取組状況」東京都福祉保健局少子社会対策部育成支援課

「事務処理の手引」神戸澄雄、八十島歌子、小坂和夫、木村政枝、杉本一枝

「事務処理の手引」（改訂版）神戸澄雄、浅見直之、児島充、古滝幸子、東海林昭、
　　千葉茂明、山崎泰子、中杉修二、柳瀬晴一郎、吉賀智子

「事務処理の手引」（新訂版）浅見直之、亀井朝日、古滝幸子、児島充、髙橋康雄、
　　岩淵明久、岩田節子、南山徳英、吉賀智子、渡辺道代、渡辺保、河原一郎

「事務処理の手引」（第三次改訂版）　浅見直之、児島充、髙橋康雄、石井喜和、
　　佐伯眞理、三階広明、中藤祥誉、林謙二、平野幸生、岩淵明久、岩田久子、
　　勝目八栄子、黒田哲之、輿水理一、永井智幸、星野俊和、吉賀智子、河原一郎

「事務処理の手引」（第四次改訂版）　平野幸生、福島尚樹、河原一郎

「事務処理の手引」（第五次改訂版）　平野幸生、福島尚樹、河原一郎

会計編

第1章　社会福祉法人会計基準について

★新しい会計基準…平成 28 年 3 月 31 日外厚生労働省令第 79 号により定められた。

Ⅰ．社会福祉法人会計基準（以下「会計基準」という。）の基本的な考え方

（1）　第一条　社会福祉法人は、この省令でさだめるところに従い、会計処理を行い、会計帳簿、計算書類（貸借対照表及び収支計算書をいう。以下同じ。）その付属明細書及び財産目録を作成しなければならない。

　　2　社会福祉法人は、この省令に定められるもののほか、一般に公正妥当と認められる社会福祉法人会計の慣行を勘酌しなければならない。

　　3　この省令の規定は、社会福祉法人が行う全ての事業に関する会計に適用する。

（2）　（会計の原則　第二条　社会福祉法人は、次に掲げる原則に従って、会計処理を行い、計算書類、その付属明細書及び財産目録（以下「計算書類等」という。）を作成しなければならない。

　　一　計算書類は、資金収支及び純資産の増減の状況並びに資産、負債及び純資産の状態に関する真実な内容を明瞭に表示すること。

　　二　計算書類は、正規の簿記の原則に従って正しく記帳された会計帳簿に基づいて作成すること。

　　三　採用する会計処理の原則及び手続並びに計算書類の表示方法については、毎会計年度継続して適用し、みだりにこれを変更しないこと。

　　四　重要性の乏しいものについては、会計処理の原則並び手続並びに計算書類の表示方法の適用に際して、本来の厳密な方法によらず、他の簡便な方法によることができること。

Ⅱ．財務三表の役割

①　貸借対照表

　「資産」「負債」「純資産」の状態を明らかにする。

　・ある時点での財政状態を明らかにする。

　・左側（借方）の「資産の部」と右側（貸方）の「負債の部」及び「純資産の部」に大別される。

　・左右の合計額は必ず一致（バランス）するので、「バランスシート B/S」とも呼ばれる。

②　資金収支計算書

　「支払資金」の収入及び支出の内容を明らかにする。

　　支払資金＝流動資産—流動負債（1年基準、引当金除く）

　＊社会福祉法人の支払資金の収入と支出を明らかにする計算書。企業会計におけるキャッシュフロー計算書に似た内容ではあるが、対象とする資金の範囲が現預金のみではなく短期間内に回収されて現預金になる事業未収金等も含まれるため、企業会計のキャッシュフロー計算書よりも広い意味でのお金の動きを表した表といえる。

③　事業活動計算書

「純資産」の増減の内容を明らかにする。

事業活動の成果の明確化。

＊企業会計における損益計算書にあたるもので、一定期間における経営成績を明らかにするもの。一定期間で事業を行うことによって得た収益からその期間で事業のために使った費用を差し引いて期間損益を計算する。

・サービス活動増減の部…本業から生じた収益・費用を計上する。

・サービス活動外増減の部…本業以外の収益・費用で、経常的に発生するもの。(受取利息、支払利息等)

・特別増減の部…経常的には発生しない特別な収益・費用。(施設整備等補助金収益、固定資産売却損等)

・いくら利益がでたか…純資産がいくら増えたか➡資産総額―負債総額

Ⅲ．社会福祉充実財産

社会福祉充実財産＝活用可能な財産―控除対象財産（社会福祉法に基づく事業に活用している不動産等）＋（再生産に必要な財産）＋控除対象財産（必要な運転資金）

・事業継続に必要な財産と余裕財産を明確に区分し、其々の内容を明らかにする仕組みを構築。

・余裕財産について地域のニーズに対応した新しいサービスの展開、人材への投資、社会福祉に関する地域公益活動への計画的な再投下を促す仕組みを構築。

➡◎社会福祉充実計画については、社会福祉法人が保有する財産のうち、事業継続に必要な「控除対象財産」を控除してもなお残額が生じた場合に、「社会福祉充実残額」を明らかにした上で、社会福祉事業等に計画的な再投資を促すとともに、公益性の高い法人としての説明責任の強化を図るために策定するもの。

> 事業内容については、職員の処遇改善を含む人材への投資、サービスの質の向上につながる建物・設備の充実、地域のニーズに対応した新たなサービスの展開など、法人の実情に応じた取組みを計画に盛り込む。

第2章　減価償却について

Ⅰ．減価償却の扱い

（1）　減価償却の方法

　① 　減価償却資産の範囲

　　　　減価償却資産は、建物、構築物、機械及び装置、車輌運搬具、器具及び備品等の時の経過又は使用等によりその価値が減少するもので、耐用年数が1年を超え、1個もしくは1組の金額が10万円以上の資産とする。

　② 　取得価額及び残存価額

　　　　減価償却資産の評価額は取得価額とする。また、残存価額は原則として1割とする。但し、平成19年度の税制改正に伴い新規購入資産については残存価額を0とし、全ての資産を備忘価額（1円）まで償却することが可能となった。この変更は経理規程の改訂が必要であり、適用は各法人の判断に委ねられる。

　③ 　耐用年数

　　　　耐用年数は「減価償却資産の耐用年数等に関する省令」（昭和40年3月31日大蔵省令第15号）によることができるものとする。

　④ 　償却方法

　　　　減価償却資産の償却方法は原則として定額法とするが、これによりがたい場合には定率法によることができるものとする。

（2）　年度中途で取得した固定資産等に係る減価償却

　　　　会計年度の中途で取得した固定資産等に係る減価償却の計算は、当該資産について計算される年間減価償却額を月数按分したものによる。また中古で取得した固定資産については、経過年数等を勘案して残存可能期間を適正に見積もることとする。

　① 　耐用年数の一部を経過している場合

　　　　　耐用年数―経過年数＋（経過年数×20%）＝中古資産の耐用年数

　② 　耐用年数の全部を経過している場合

　　　　　耐用年数×20%＝中古資産の耐用年数

　　　　　上記計算において1年未満の端数は切り捨て、計算結果が2年未満の場合は2年とする。

（3）　減価償却の按分

　　　　複数の会計単位又は各経理区分に共通する減価償却については、人数、面積等の合理的な基準に基づいて各経理区分に配分することとする。なお、選択した按分基準については、原則として継続的に適用することとする。

（4）　その他

　　　　減価償却を実施するに際して、適正な資産評価及び減価償却費の計上を行うために、各法人においては固定資産管理台帳を作成し、適正に管理することとする。

Ⅱ．減価償却費の計算方法について

　減価償却費の計算は、個々の固定資産ごとに次の算式で計算し、減価償却後の帳簿価額の残高が残存価額に達するまで減価償却費を計上する。減価償却の対象となる資産には、建物の有形固定資産に限らず、ソフトウェア購入費用等の無形固定資産もふくまれる。

　当該会計年度の減価償却費＝
　　（取得価額―残存価額）／耐用年数×使用した当該会計年度の月数／12ヶ月

第3章　仕訳例について

　仕訳とは、施設会計において発生した取引に関してその内容を勘定科目別に「借方」「貸方」に分類して記録していくことです。会計基準において考えてみると、あるひとつの取引に関して①事業コスト計算（損益計算）としての事業活動収支計算書と②収支予算管理としての資金収支計算書の二つの計算書を作成することになります。

例えば　　教材費として学校へ1500円支払った場合。

①事業活動収支計算書

金　額	借　　方	摘　　　　要	貸　　方	金　額
1,500	教育指導費	教材費　●●学校	現金預金	1,500

②資金収支計算書

金　額	借　　方	摘　　　　要	貸　　方	金　額
1,500	教育指導費支出	教材費　●●学校	支払資金	1,500

となります。

多くのソフトでは、事業活動収支計算書の伝票を入力することにより、資金収支計算書の仕訳を、貸借勘定科目は「支払資金」という勘定科目により、自動的に行ってくれるようです。

支払資金を図に表すと上図のようになります。

支払資金＝流動資産－流動負債　です。資金収支計算書は、支払資金の動きをみていますので、事業活動収支計算書の仕訳を起こした場合に、支払資金に変動があった場合に仕訳が発生し、変動がなければ発生しません。

例えば　お出かけの費用として、100,000円を支払いました。

金　額	借　　方	摘　　　　要	貸　　方	金　額
100,000	仮払金	お出かけ費用仮払い	現金預金	100,000

となります。

「仮払金」と「現金預金」は、両方とも流動資産の科目ですので、流動資産の金額は変わらず、よって、支払資金の金額も変動はありません。よって、資金収支計算書の仕訳はありません。

それでは、仕訳の具体例をいくつか挙げてみます。ただし、あくまで例であって、各施設の仕訳に従っていただくようお願いします。

例1　入所児童にお小遣い 100,000 円を支払いました。

① 事業活動収支計算書

金　額	借　　方	摘　　　　　要	貸　　方	金　額
100,000	本人支給金	小遣い	現金預金	100,000

② 資金収支計算書

金　額	借　　方	摘　　　　　要	貸　　方	金　額
100,000	本人支給金支出	小遣い	支払資金	100,000

例2　給食材料（野菜）を 5,000 円買いました。

①事業活動収支計算書

金　額	借　　方	摘　　　　　要	貸　　方	金　額
5,000	給食費	給食材料（野菜）	現金預金	5,000

②資金収支計算書

金　額	借　　方	摘　　　　　要	貸　　方	金　額
5,000	給食費支出	給食材料（野菜）	支払資金	5,000

例3　措置費事務費 5,000,000 円、事業費 1,000,000 円の収入がありました。

① 事業活動収支計算書

金　額	借　　方	摘　　　　　要	貸　　方	金　額
6,000,000	現金預金	措置費事務費入金 措置費事業費入金	措置費事務費収益 措置費事業費収益	5,000,000 1,000,000

② 資金収支計算書

金　額	借　　方	摘　　　　　要	貸　　方	金　額
6,000,000	支払資金	措置費事務費入金 措置費事業費入金	措置費事務費収入 措置費事業費収入	5,000,000 1,000,000

例4　遊園地へお出かけをすることになり、100,000 円仮払いをしました。

① 事業活動収支計算書の勘定科目はなく、貸借対照表の科目。

金　額	借　　方	摘　　　　　要	貸　　方	金　額
100,000	仮払金	遊園地費用仮払い	現金預金	100,000

② 資金収支計算書の仕訳なし

※仮払金…銀行口座から引き出すよう指導されています。

例5　遊園地から帰ってきて、精算しました。
　　　入園料…児童 30,000 円、職員 20,000 円。食事代…30,000 円。交通費…児童 5,000
　　　円、職員 3,000 円。残金戻入 12,000 円。

① 事業活動収支計算書

金　　額	借　　方	摘　　　　要	貸　　方	金　　額
30,000	教養娯楽費	遊園地入園料児童分	仮払金	30,000
20,000	雑費（事務）	遊園地入園料職員分	仮払金	20,000
30,000	給食費	遊園地食事代	仮払金	30,000
5,000	教養娯楽費	遊園地交通費児童分	仮払金	5,000
3,000	旅費交通費	遊園地交通費職員分	仮払金	3,000
12,000	現金預金	遊園地残金戻入	仮払金	12,000

② 資金収支計算書

金　　額	借　　方	摘　　　　要	貸　　方	金　　額
30,000	教養娯楽費支出	遊園地入園料児童分	支払資金	30,000
20,000	雑支出（事務）	遊園地入園料職員分	支払資金	20,000
30,000	給食費支出	遊園地食事代	支払資金	30,000
5,000	教養娯楽費支出	遊園地交通費児童分	支払資金	5,000
3,000	旅費交通費支出	遊園地交通費職員分	支払資金	3,000
		遊園地残金戻入の仕訳はなし		

※付添職員の入園料や交通費を「教養娯楽費」にしているところがあると思います。
※付添職員の食事代は、月末に「事務雑費」に振替ます。
※残金戻入は銀行等へ振込みます。

例6　月末に職員給食費 300,000 円を振替ます。
① 事業活動収支計算書

金　　額	借　　方	摘　　　　要	貸　　方	金　　額
300,000	利用者等外給食費	●月分職員給食費振替	給食費	300,000

② 資金収支計算書

金　　額	借　　方	摘　　　　要	貸　　方	金　　額
300,000	利用者等外給食費支出	●月分職員給食費振替	支払資金	300,000
300,000	支払資金	●月分職員給食費振替	給食費支出	300,000

例7　自動車Aを購入しました。3,000,000 円でした。
① 事業活動収支計算書の勘定科目はなく、貸借対照表の科目。

金　　額	借　　方	摘　　　　要	貸　　方	金　　額
3,000,000	車輌運搬具	自動車A	現金預金	3,000,000

② 資金収支計算書

金　　額	借　　方	摘　　　　要	貸　　方	金　　額
3,000,000	車輌運搬具取得支出	自動車A	支払資金	3,000,000

例8 例7で購入した自動車Aが1年経過し、減価償却の計算をします。(耐用年数 6 年)

① 事業活動収支計算書

金　額	借　　方	摘　　　要	貸　　方	金　額
500,000	減価償却費	自動車A当年度減価償却費を計上	車両運搬具減価償却累計額	500,000

②資金収支計算書の仕訳　なし

例9 購入費用 235,000,000 円、国庫補助金 176,250,000 円の建物Aについて、年度末減価償却の計算をしました。(耐用年数 47 年)

① 事業活動収支計算書

金　額	借　　方	摘　　　要	貸　　方	金　額
5,000,000	減価償却費	建物A初年度減価償却費を計上	車両運搬具減価償却累計額	5,000,000
3,750,000	国庫補助金等特別積立金	建物A初年度減価償却うち国庫補助金等の額計上	国庫補助金等特別積立金取崩額	3,750,000

② 資金収支計算書の仕訳　なし

※事業活動収支計算書に「国庫補助金等特別積立金」は「事業活動収支」と「特別活動収支」にあります。例9のように毎年経常的な仕訳は「事業活動収支」です。「特別活動収支」は廃棄の時などに使用します。

例10 前年度3月分食料品請求書(200,000 円)届きました。

前年度

① 事業活動収支計算書

金　額	借　　方	摘　　　要	貸　　方	金　額
200,000	給食費	3月分食料品代	事業未払金	200,000

② 資金収支計算書

金　額	借　　方	摘　　　要	貸　　方	金　額
200,000	給食費支出	3月分食料品代	支払資金	200,000

例11 例10の食料品代を支払いました。

新年度

① 事業活動収支計算書の勘定科目はなく、貸借対照表の科目。

金　額	借　　方	摘　　　要	貸　　方	金　額
200,000	事業未払金	3月分食料品代	現金預金	200,000

② 資金収支計算書の仕訳なし

例12 前年度措置費実績分(3,000,000円)を請求しました。

前年度

① 事業活動収支計算書の勘定科目はなく、貸借対照表の科目。

金　額	借　　方	摘　　　　要	貸　　方	金　額
3,000,000	事業未収金	措置費実績分	措置費収益	3,000,000

② 資金収支計算書

金　額	借　　方	摘　　　　要	貸　　方	金　額
3,000,000	支払資金	措置費実績分	措置費収入	3,000,000

例13 例12の措置費が振り込まれました。

新年度

① 事業活動収支計算書の勘定科目はなく、貸借対照表の科目。

金　額	借　　方	摘　　　　要	貸　　方	金　額
3,000,000	現金預金	措置費実績分	事業未収金	3,000,000

② 資金収支計算書の仕訳　なし

例14 年度末に3,000,000円施設整備等積立金に繰入れします

① 事業活動収支計算書の勘定科目はなく、貸借対照表の科目

金　額	借　　方	摘　　　　要	貸　　方	金　額
3,000,000	施設整備等積立資産	施設整備等積立金に繰入	現金預金	3,000,000

② 資金収支計算書

金　額	借　　方	摘　　　　要	貸　　方	金　額
3,000,000	施設整備等積立資産支出	施設整備等積立金に繰入	支払資金	3,000,000

※理事会承認が必要。最終補正予算だけではなく、議案として、「積立金使用計画書」にて、
この場合、3,000,000円積み立てることを明記し、承認を得る必要があります。

例15 東京都社会福祉協議会従事者共済会

※「従事者共済会会計処理の手引き」をよく読んでください。

（1） 給与支払時に加入者掛金 6,900 円を控除します。

① 事業活動収支計算書の勘定科目はなく、貸借対照表の科目

金　額	借　　方	摘　　　　要	貸　　方	金　額
6,900	現金預金	○月分共済会掛金徴収	職員預り金	6,900

② 資金収支計算書の仕訳　なし

（2） ○月分共済会掛金 6,900 円が引き落とされました。

① 事業活動収支計算書の勘定科目はなく、貸借対照表の科目

金　額	借　　方	摘　　　　要	貸　　方	金　額
6,900	職員預り金	○月分共済会掛金支払い	現金預金	6,900

② 資金収支計算書の仕訳　なし

③ 事業活動収支計算書の勘定科目はなく、貸借対照表の科目

金　額	借　　方	摘　　　　要	貸　　方	金　額
6,900	退職給付引当資産	○月分共済会掛金負担分	現金預金	6,900

④ 資金収支計算書の仕訳

金　額	借　　方	摘　　　　要	貸　　方	金　額
6,900	退職給付引当資産支出	○月分共済会掛金負担分	支払資金	6,900

⑤ 事業活動収支計算書の仕訳

金　額	借　　方	摘　　　　要	貸　　方	金　額
6,900	退職給付引当金繰入	○月分共済会掛金計上	退職給付引当金	6,900

⑥ 資金収支計算書の仕訳　なし

（3） 加入者が退職しました。

※3月31日付退職者は次年度会計に入れる。

※ここでは、簡便的方法を例示します。

●契約者掛金累計額を上回る退職共済金を給付する場合

　契約者掛金累計額…452,160円　　給付金額……593,440円

　加入者拠出額………452,160円　　給付合計額…1,045,600円

① 事業活動収支計算書の仕訳

金　額	借　方	摘　　　要	貸　方	金　額
141,280	退職給付費用	共済会退職金支払い	その他収益 共済会退職金収入	141,280

② 資金収支計算書の仕訳

金　額	借　方	摘　　　要	貸　方	金　額
141,280	退職給付支出	共済会退職金支払い	雑収入 共済会退職金収入	141,280

③ 事業活動収支計算書の仕訳

金　額	借　方	摘　　　要	貸　方	金　額
452,160	退職給付引当金	退職者分資産取崩し及び 退職給与引当金戻入	退職給付引当資産	452,160

④ 資金収支計算書の仕訳

金　額	借　方	摘　　　要	貸　方	金　額
452,160	退職給付支出	退職者分資産取崩し及び 退職給与引当金戻入	退職給付引当資産 取崩収入	452,160

●契約者掛金累計額を下回る退職共済金を給付する場合

契約者掛金累計額…452,160 円　　給付金額……310,880 円

加入者拠出額………452,160 円　　給付合計額…763,040 円

① 事業活動収支計算書の仕訳

金　額	借　方	摘　　要	貸　方	金　額
310,880	退職給付引当金	退職者分資産取崩し及び退職給与引当金戻入	退職給付引当資産	310,880

② 資金収支計算書の仕訳

金　額	借　方	摘　　要	貸　方	金　額
310,880	退職給付支出	退職者分資産取崩し及び退職給与引当金戻入	退職給付引当資産取崩収入	310,880

③ 事業活動収支計算書の仕訳

金　額	借　方	摘　　要	貸　方	金　額
141,280	退職給付引当金	退職共済引当金戻入	事務雑費 社協退職共済調整金	141,280

④ 資金収支計算書の仕訳　なし

⑤ 事業活動収支計算書の仕訳

金　額	借　方	摘　　要	貸　方	金　額
141,280	事務雑費 社協退職共済調整金	退職共済損失計上	退職給付引当資産	141,280

⑥ 資金収支計算書の仕訳なし

第4章　試算表の確認ポイント

①預金残高や金銭残高の確認

②貸借対照表の「次期繰越活動収支差額」「うち当期活動収支差額」と、事業活動収支計算書の「次期繰越活動収支差額」「うち当期活動収支差額」の額がそれぞれ一致しているか。

③貸借対照表の「流動資産」―「流動負債」（1年基準　引当金除く）の額と、資金収支計算書「当期末支払資金残高」の額が一致しているか。

以上3点は最低限確認します。

平成二十八年厚生労働省令第七十九号
　　社会福祉法人会計基準
　社会福祉法（昭和二十六年法律第四十五号）第四十四条第一項及び第三項の規定に基づき、社会福祉法人会計基準を次のように定める。
目次

　　　第一章　総則
（社会福祉法人会計の基準）
第一条　社会福祉法人は、この省令で定めるところに従い、会計処理を行い、会計帳簿、計算書類（貸借対照表及び収支計算書をいう。以下同じ。）、その附属明細書及び財産目録を作成しなければならない。
2　社会福祉法人は、この省令に定めるもののほか、一般に公正妥当と認められる社会福祉法人会計の慣行を斟酌しなければならない。
3　この省令の規定は、社会福祉法人が行う全ての事業に関する会計に適用する。
（会計原則）
第二条　社会福祉法人は、次に掲げる原則に従って、会計処理を行い、計算書類及びその附属明細書（以下「計算関係書類」という。）並びに財産目録を作成しなければならない。
　一　計算書類は、資金収支及び純資産の増減の状況並びに資産、負債及び純資産の状態に関する真実な内容を明瞭に表示すること。
　二　計算書類は、正規の簿記の原則に従って正しく記帳された会計帳簿に基づいて作成すること。
　三　採用する会計処理の原則及び手続並びに計算書類の表示方法については、毎会計年度継続して適用し、みだりにこれを変更しないこと。
　四　重要性の乏しいものについては、会計処理の原則及び手続並びに計算書類の表示方法の適用に際して、本来の厳密な方法によらず、他の簡便な方法によることができること。
（総額表示）
第二条の二　計算関係書類及び財産目録に記載する金額は、原則として総額をもって表示しなければならない。
（金額の表示の単位）
第二条の三　計算関係書類及び財産目録に記載する金額は、一円単位をもって表示するものとする。
　　　第二章　会計帳簿
（会計帳簿の作成）
第三条　社会福祉法（昭和二十六年法律第四十五号。以下「法」という。）第四十五条の二十四第一項の規定により社会福祉法人が作成すべき会計帳簿に付すべき資産、負債及び純資産の価額その他会計帳簿の作成に関する事項については、この章の定めるところによる。
2　会計帳簿は、書面又は電磁的記録をもって作成しなければならない。
（資産の評価）
第四条　資産については、次項から第六項までの場合を除き、会計帳簿にその取得価額を付さなければならない。ただし、受贈又は交換によって取得した資産については、その取得時における公正な評価額を付すものとする。
2　有形固定資産及び無形固定資産については、会計年度の末日（会計年度の末日以外の日において評価すべき場合にあっては、その日。以下この条及び次条第二項において同じ。）において、相当の償却をしなければならない。
3　会計年度の末日における時価がその時の取得原価より著しく低い資産については、当該資産の時価がその時の取得原価まで回復すると認められる場合を除き、時価を付さなければならない。ただし、使用価値を算定することができる有形固定資産又は無形固定資産であって、当該資産の使用価値が時価を超えるものについては、取得価額から減価償却累計額を控除した価額を超えない限りにおいて、使用価値を付することができる。
4　受取手形、未収金、貸付金等の債権については、徴収不能のおそれがあるときは、会計年度の末日においてその時に徴収することができないと見込まれる額を控除しなければならない。
5　満期保有目的の債券（満期まで所有する意図をもって保有する債券をいう。第二十九条第一項第十一号において同じ。）以外の有価証券のうち市場価格のあるものについては、会計年度の末日においてその時の時価を付さなければならない。
6　棚卸資産については、会計年度の末日における時価がその時の取得原価より低いときは、時価を付さなければならない。
（負債の評価）
第五条　負債については、次項の場合を除き、会計帳簿に債務額を付さなければならない。
2　次に掲げるもののほか、引当金については、会計年度の末日において、将来の費用の発生に備えて、その合理的な見積額のうち当該会計年度の負担に属する金額を費用として繰り入れることにより計上した額を付さなければならない。
　一　賞与引当金
　二　退職給付引当金
　三　役員退職慰労引当金
（純資産）
第六条　基本金には、社会福祉法人が事業開始等に当たって財源として受け入れた寄附金の額を計上するものとする。
2　国庫補助金等特別積立金には、社会福祉法人が施設及び設備の整備のために国、地方公共団体等から受領した補助金、助成金、交付金等（第二十二条第四項において「国庫補助金等」という。）の額を計上するものとする。
3　その他の積立金には、将来の特定の目的の費用又は損失の発生に備えるため、社会福祉法人が理事会の議決に基づき事業活動計算書の当期末繰越活動増減差額から積立金として積み立てた額を計上するものとする。

第三章　計算関係書類
第一節　総則
（成立の日の貸借対照表）
第七条　法第四十五条の二十七第一項の規定により作成すべき貸借対照表は、社会福祉法人の成立の日における会計帳簿に基づき作成される次条第一項第一号イからニまでに掲げるものとする。

2　社会福祉法人は、次の各号に掲げる場合には、前項の規定にかかわらず、当該各号に定める書類の作成を省略することができる。
　一　事業区分（法第二条第一項に規定する社会福祉事業又は法第二十六条第一項に規定する公益事業若しくは収益事業の区分をいう。以下同じ。）が法第二条第一項に規定する社会福祉事業のみである場合　次条第一項第一号ロ
　二　拠点区分（社会福祉法人がその行う事業の会計管理の実態を勘案して設ける区分をいう。以下同じ。）の数が一である場合　次条第一項第一号ロ、ハ及びニ
　三　事業区分において拠点区分の数が一である場合　次条第一項第一号ハ

（各会計年度に係る計算書類）
第七条の二　法第四十五条の二十七第二項の規定により作成すべき各会計年度に係る計算書類は、当該会計年度に係る会計帳簿に基づき作成される次に掲げるものとする。
　一　次に掲げる貸借対照表
　　イ　法人単位貸借対照表
　　ロ　貸借対照表内訳表
　　ハ　事業区分貸借対照表内訳表
　　ニ　拠点区分貸借対照表
　二　次に掲げる収支計算書
　　イ　次に掲げる資金収支計算書
　　　（１）　法人単位資金収支計算書
　　　（２）　資金収支内訳表
　　　（３）　事業区分資金収支内訳表
　　　（４）　拠点区分資金収支計算書
　　ロ　次に掲げる事業活動計算書
　　　（１）　法人単位事業活動計算書
　　　（２）　事業活動内訳表
　　　（３）　事業区分事業活動内訳表
　　　（４）　拠点区分事業活動計算書

2　社会福祉法人は、次の各号に掲げる場合には、前項の規定にかかわらず、当該各号に定める計算書類の作成を省略することができる。
　一　事業区分が法第二条第一項に規定する社会福祉事業のみである場合　前項第一号ロ並びに第二号イ（２）及びロ（２）
　二　拠点区分の数が一である場合　前項第一号ロ及びハ並びに第二号イ（２）及び（３）並びにロ（２）及び（３）
　三　事業区分において拠点区分の数が一である場合　前項第一号ハ並びに第二号イ（３）及びロ（３）

第八条　削除
第九条　削除

（会計の区分）
第十条　社会福祉法人は、計算書類の作成に関して、事業区分及び拠点区分を設けなければならない。
2　拠点区分には、サービス区分（社会福祉法人がその行う事業の内容に応じて設ける区分をいう。以下同じ。）を設けなければならない。

（内部取引）
第十一条　社会福祉法人は、計算書類の作成に関して、内部取引の相殺消去をするものとする。

第二節　資金収支計算書
（資金収支計算書の内容）
第十二条　資金収支計算書は、当該会計年度における全ての支払資金の増加及び減少の状況を明瞭に表示するものでなければならない。

（資金収支計算書の資金の範囲）
第十三条　支払資金は、流動資産及び流動負債（経常的な取引以外の取引によって生じた債権又は債務のうち貸借対照表日の翌日から起算して一年以内に入金又は支払の期限が到来するものとして固定資産又は固定負債から振り替えられた流動資産又は流動負債、引当金及び棚卸資産（貯蔵品を除く。）を除く。）とし、支払資金残高は、当該流動資産と流動負債との差額とする。

（資金収支計算の方法）
第十四条　資金収支計算は、当該会計年度における支払資金の増加及び減少に基づいて行うものとする。
2　資金収支計算を行うに当たっては、事業区分、拠点区分又はサービス区分ごとに、複数の区分に共通する収入及び支出を合理的な基準に基づいて当該区分に配分するものとする。

（資金収支計算書の区分）
第十五条　資金収支計算書は、次に掲げる収支に区分するものとする。
　一　事業活動による収支
　二　施設整備等による収支
　三　その他の活動による収支

（資金収支計算書の構成）
第十六条　前条第一号に掲げる収支には、経常的な事業活動による収入（受取利息配当金収入を含む。）及び支出（支払利息支出を含む。）を記載し、同号に掲げる収支の収入から支出を控除した額を事業活動資金収支差額として記載するものとする。
2　前条第二号に掲げる収支には、固定資産の取得に係る支出及び売却に係る収入、施設整備等補助金収入、施設整備等寄附金収入、設備資金借入金収入、設備資金借入金元金償還支出その他施設整備等に係る収入及び支出を記載し、同号に掲げる収支の収入から支出を控除した額を施設整備等資金収支差額として記載するものとする。
3　前条第三号に掲げる収支には、長期運営資金の借入れ及び返済、積立資産の積立て及び取崩し、投資有価証券の購入及び売却等資金の運用に係る収入（受取利息配当金収入を除く。）及び支出（支払利息支出を除く。）並びに同条第一号及び第二号に掲げる収支に属さない収入及び支出を記載し、同条第三号に掲げる収支の収入から支出を控除した額をその他の活動資金収支差額として記載するものとする。

4　資金収支計算書には、第一項の事業活動資金収支差額、第二項の施設整備等資金収支差額及び前項のその他の活動資金収支差額を合計した額を当期資金収支差額合計として記載し、これに前期末支払資金残高を加算した額を当期末支払資金残高として記載するものとする。

5　法人単位資金収支計算書及び拠点区分資金収支計算書には、当該会計年度の決算の額を予算の額と対比して記載するものとする。

6　前項の場合において、決算の額と予算の額とに著しい差異がある勘定科目については、その理由を備考欄に記載するものとする。

（資金収支計算書の種類及び様式）

第十七条　法人単位資金収支計算書は、法人全体について表示するものとする。

2　資金収支内訳表及び事業区分資金収支内訳表は、事業区分の情報を表示するものとする。

3　拠点区分資金収支計算書は、拠点区分別の情報を表示するものとする。

4　第一項から前項までの様式は、第一号第一様式から第四様式までのとおりとする。

（資金収支計算書の勘定科目）

第十八条　資金収支計算書に記載する勘定科目は、別表第一のとおりとする。

　　　第三節　事業活動計算書

（事業活動計算書の内容）

第十九条　事業活動計算書は、当該会計年度における全ての純資産の増減の内容を明瞭に表示するものでなければならない。

（事業活動計算の方法）

第二十条　事業活動計算は、当該会計年度における純資産の増減に基づいて行うものとする。

2　事業活動計算を行うに当たっては、事業区分、拠点区分又はサービス区分ごとに、複数の区分に共通する収益及び費用を合理的な基準に基づいて当該区分に配分するものとする。

（事業活動計算書の区分）

第二十一条　事業活動計算書は、次に掲げる部に区分するものとする。

　一　サービス活動増減の部
　二　サービス活動外増減の部
　三　特別増減の部
　四　繰越活動増減差額の部

（事業活動計算書の構成）

第二十二条　前条第一号に掲げる部には、サービス活動による収益及び費用を記載し、同号に掲げる部の収益から費用を控除した額をサービス活動増減差額として記載するものとする。この場合において、サービス活動による費用には、減価償却費等の控除項目として国庫補助金等特別積立金取崩額を含めるものとする。

2　前条第二号に掲げる部には、受取利息配当金収益、支払利息、有価証券売却益、有価証券売却損その他サービス活動以外の原因による収益及び費用であって経常的に発生するものを記載し、同号に掲げる部の収益から費用を控除した額をサービス活動外増減差額として記載するものとする。

3　事業活動計算書には、第一項のサービス活動増減差額に前項のサービス活動外増減差額を加算した額を経常増減差額として記載するものとする。

4　前条第三号に掲げる部には、第六条第一項の寄附金及び国庫補助金等の収益、基本金の組入額、国庫補助金等特別積立金の積立額、固定資産売却等に係る損益その他の臨時的な損益（金額が僅少なものを除く。）を記載し、同号に掲げる部の収益から費用を控除した額を特別増減差額として記載するものとする。この場合において、国庫補助金等特別積立金を含む固定資産の売却損又は処分損を記載する場合には、特別費用の控除項目として国庫補助金等特別積立金取崩額を含めるものとする。

5　事業活動計算書には、第三項の経常増減差額に前項の特別増減差額を加算した額を当期活動増減差額として記載するものとする。

6　前条第四号に掲げる部には、前期繰越活動増減差額、基本金取崩額、その他の積立金積立額及びその他の積立金取崩額を記載し、前項の当期活動増減差額にこれらの額を加減した額を次期繰越活動増減差額として記載するものとする。

（事業活動計算書の種類及び様式）

第二十三条　法人単位事業活動計算書は、法人全体について表示するものとする。

2　事業活動内訳表及び事業区分事業活動内訳表は、事業区分の情報を表示するものとする。

3　拠点区分事業活動計算書は、拠点区分別の情報を表示するものとする。

4　第一項から前項までの様式は、第二号第一様式から第四様式までのとおりとする。

（事業活動計算書の勘定科目）

第二十四条　事業活動計算書に記載する勘定科目は、別表第二のとおりとする。

　　　第四節　貸借対照表

（貸借対照表の内容）

第二十五条　貸借対照表は、当該会計年度末現在における全ての資産、負債及び純資産の状態を明瞭に表示するものでなければならない。

（貸借対照表の区分）

第二十六条　貸借対照表は、資産の部、負債の部及び純資産の部に区分し、更に資産の部は流動資産及び固定資産に、負債の部は流動負債及び固定負債に区分しなければならない。

2　純資産の部は、基本金、国庫補助金等特別積立金、その他の積立金及び次期繰越活動増減差額に区分するものとする。

（貸借対照表の種類及び様式）

第二十七条　法人単位貸借対照表は、法人全体について表示するものとする。

2　貸借対照表内訳表及び事業区分貸借対照表内訳表は、事業区分の情報を表示するものとする。

3　拠点区分貸借対照表は、拠点区分別の情報を表示するものとする。

4　第一項から前項までの様式は、第三号第一様式から第四様式までのとおりとする。

（貸借対照表の勘定科目）

第二十八条　貸借対照表に記載する勘定科目は、別表第三のとおりとする。

　　　第五節　計算書類の注記

第二十九条　計算書類には、法人全体について次に掲げる事項を注記しなければならない。

　一　会計年度の末日において、社会福祉法人が将来にわたって事業を継続するとの前提（以下この号において「継続事業の前提」という。）に重要な疑義を生じさせるような事象又は状況が存在する場合であって、当該事象又は状況を解消し、又は改善するための対応をしてもなお継続事業の前提に関する重要な不確実性が認められる場合には、継続事業の前提に関する事項

二　資産の評価基準及び評価方法、固定資産の減価償却方法、引当金の計上基準等計算書類の作成に関する重要な会計方針
　　三　重要な会計方針を変更した場合には、その旨、変更の理由及び当該変更による影響額
　　四　法人で採用する退職給付制度
　　五　法人が作成する計算書類並びに拠点区分及びサービス区分
　　六　基本財産の増減の内容及び金額
　　七　基本金又は固定資産の売却若しくは処分に係る国庫補助金等特別積立金の取崩しを行った場合には、その旨、その理由及び金額
　　八　担保に供している資産に関する事項
　　九　固定資産について減価償却累計額を直接控除した残額のみを記載した場合には、当該資産の取得価額、減価償却累計額及び当期末残高
　　十　債権について徴収不能引当金を直接控除した残額のみを記載した場合には、当該債権の金額、徴収不能引当金の当期末残高及び当該債権の当期末残高
　　十一　満期保有目的の債券の内訳並びに帳簿価額、時価及び評価損益
　　十二　関連当事者との取引の内容に関する事項
　　十三　重要な偶発債務
　　十四　重要な後発事象
　　十五　合併又は事業の譲渡若しくは譲受けが行われた場合には、その旨及び概要
　　十六　その他社会福祉法人の資金収支及び純資産の増減の状況並びに資産、負債及び純資産の状態を明らかにするために必要な事項
　2　前項第十二号に規定する「関連当事者」とは、次に掲げる者をいう。
　　一　当該社会福祉法人の常勤の役員又は評議員として報酬を受けている者
　　二　前号に掲げる者の近親者
　　三　前二号に掲げる者が議決権の過半数を有している法人
　　四　支配法人（当該社会福祉法人の財務及び営業又は事業の方針の決定を支配している他の法人をいう。第六号において同じ。）
　　五　被支配法人（当該社会福祉法人が財務及び営業又は事業の方針の決定を支配している他の法人をいう。）
　　六　当該社会福祉法人と同一の支配法人をもつ法人
　3　前項第四号及び第五号に規定する「財務及び営業又は事業の方針の決定を支配している」とは、評議員の総数に対する次に掲げる者の数の割合が百分の五十を超えることをいう。
　　一　一の法人の役員（理事、監事、取締役、会計参与、監査役、執行役その他これらに準ずる者をいう。）又は評議員
　　二　一の法人の職員
　4　計算書類には、拠点区分ごとに第一項第二号から第十一号まで、第十四号及び第十六号に掲げる事項を注記しなければならない。ただし、拠点区分の数が一の社会福祉法人については、拠点区分ごとに記載する計算書類の注記を省略することができる。
　　　　第六節　附属明細書
　（附属明細書）
第三十条　法第四十五条の二十七第二項の規定により作成すべき各会計年度に係る計算書類の附属明細書は、当該会計年度に係る会計帳簿に基づき作成される次に掲げるものとする。この場合において、第一号から第七号までに掲げる附属明細書にあっては法人全体について、第八号から第十九号までに掲げる附属明細書にあっては拠点区分ごとに作成するものとする。
　　一　借入金明細書
　　二　寄附金収益明細書
　　三　補助金事業等収益明細書
　　四　事業区分間及び拠点区分間繰入金明細書
　　五　事業区分間及び拠点区分間貸付金（借入金）残高明細書
　　六　基本金明細書
　　七　国庫補助金等特別積立金明細書
　　八　基本財産及びその他の固定資産（有形・無形固定資産）の明細書
　　九　引当金明細書
　　十　拠点区分資金収支明細書
　　十一　拠点区分事業活動明細書
　　十二　積立金・積立資産明細書
　　十三　サービス区分間繰入金明細書
　　十四　サービス区分間貸付金（借入金）残高明細書
　　十五　就労支援事業別事業活動明細書
　　十六　就労支援事業製造原価明細書
　　十七　就労支援事業販管費明細書
　　十八　就労支援事業明細書
　　十九　授産事業費用明細書
　2　附属明細書は、当該会計年度における計算書類の内容を補足する重要な事項を表示しなければならない。
　3　社会福祉法人は、第一項の規定にかかわらず、厚生労働省社会・援護局長（次項及び第三十四条において「社会・援護局長」という。）が定めるところにより、同項各号に掲げる附属明細書の作成を省略することができる。
　4　第一項各号に掲げる附属明細書の様式は、社会・援護局長が定める。
　　　　第四章　財産目録
　（財産目録の内容）
第三十一条　法第四十五条の三十四第一項第一号の財産目録は、当該会計年度末現在（社会福祉法人の成立の日における財産目録は、当該社会福祉法人の成立の日）における全ての資産及び負債につき、その名称、数量、金額等を詳細に表示するものとする。
　（財産目録の区分）
第三十二条　財産目録は、貸借対照表の区分に準じて資産の部と負債の部とに区分して純資産の額を表示するものとする。
　（財産目録の金額）
第三十三条　財産目録の金額は、貸借対照表に記載した金額と同一とする。

（財産目録の種類及び様式）

第三十四条　財産目録は、法人全体について表示するものとし、その様式は、社会・援護局長が定める。

　　　　附　　則

（施行期日）

1　この省令は、平成二十八年四月一日から施行する。

（経過措置）

2　この省令の規定は、平成二十八年四月一日以後に開始する会計年度に係る計算書類等の作成について適用し、平成二十七年度以前の会計年度に係るものについては、なお従前の例による。

　　　　附　　則　（平成二八年一一月一一日厚生労働省令第一六八号）　抄

（施行期日）

第一条　この省令は、平成二十九年四月一日から施行する。

（社会福祉法人会計基準の一部改正に伴う経過措置）

第二条　第四条の規定による改正後の社会福祉法人会計基準の規定は、平成二十九年四月一日以降に開始する会計年度に係る計算関係書類（同省令第二条に規定する計算関係書類をいう。）及び財産目録（同条に規定する財産目録をいう。）の作成について適用し、平成二十八年四月一日から平成二十九年三月三十一日までの間に開始する会計年度に係る計算書類等（第四条の規定による改正前の社会福祉法人会計基準第二条に規定する計算書類等をいう。）の作成については、第四条の規定による改正前の社会福祉法人会計基準の規定を適用する。

　　　　附　　則　（平成三〇年三月二〇日厚生労働省令第二五号）

（施行期日）

1　この省令は、平成三十年四月一日から施行する。ただし、目次並びに第三十条第三項及び第四項の改正規定は、公布の日から施行する。

（経過措置）

2　この省令による改正後の社会福祉法人会計基準（以下この項において「新会計基準」という。）の規定は、平成三十年四月一日以後に開始する会計年度に係る計算関係書類（新会計基準第二条に規定する計算関係書類をいう。以下この項において同じ。）及び財産目録（同条に規定する財産目録をいう。以下この項において同じ。）の作成について適用し、平成二十九年四月一日から平成三十年三月三十一日までの間に開始する会計年度に係る計算関係書類及び財産目録の作成については、なお従前の例によることができる。

　　　　附　　則　（令和元年五月七日厚生労働省令第一号）　抄

（施行期日）

第一条　この省令は、公布の日から施行する。

（経過措置）

第二条　この省令による改正前のそれぞれの省令で定める様式（次項において「旧様式」という。）により使用されている書類は、この省令による改正後のそれぞれの省令で定める様式によるものとみなす。

2　旧様式による用紙については、合理的に必要と認められる範囲内で、当分の間、これを取り繕って使用することができる。

　　　　附　　則　（令和二年九月一一日厚生労働省令第一五七号）

（施行期日）

1　この省令は、令和三年四月一日から施行する。

（経過措置）

2　この省令による改正後の社会福祉法人会計基準（以下この項において「新会計基準」という。）の規定は、令和三年四月一日以後に開始する会計年度に係る計算関係書類（新会計基準第二条に規定する計算関係書類をいう。以下この項において同じ。）の作成について適用し、同日前に開始する会計年度に係る計算関係書類の作成については、なお従前の例による。

　　　　附　　則　（令和三年一一月一二日厚生労働省令第一七六号）

　　この省令は、地域共生社会の実現のための社会福祉法等の一部を改正する法律附則第一条第二号に掲げる規定の施行の日（令和四年四月一日）から施行する。

別表第一　資金収支計算書勘定科目（第十八条関係）

　　　　収入の部

事業活動による収入		
大区分	中区分	小区分
介護保険事業収入	施設介護料収入	介護報酬収入
		利用者負担金収入（公費）
		利用者負担金収入（一般）
	居宅介護料収入	
	（介護報酬収入）	介護報酬収入
		介護予防報酬収入
	（利用者負担金収入）	介護負担金収入（公費）
		介護負担金収入（一般）
		介護予防負担金収入（公費）
		介護予防負担金収入（一般）
	地域密着型介護料収入	
	（介護報酬収入）	介護報酬収入
		介護予防報酬収入
	（利用者負担金収入）	介護負担金収入（公費）
		介護負担金収入（一般）
		介護予防負担金収入（公費）
		介護予防負担金収入（一般）
	居宅介護支援介護料収入	居宅介護支援介護料収入
		介護予防支援介護料収入

	介護予防・日常生活支援総合事業収入	事業費収入
		事業負担金収入（公費）
		事業負担金収入（一般）
	利用者等利用料収入	施設サービス利用料収入
		居宅介護サービス利用料収入
		地域密着型介護サービス利用料収入
		食費収入（公費）
		食費収入（一般）
		食費収入（特定）
		居住費収入（公費）
		居住費収入（一般）
		居住費収入（特定）
		介護予防・日常生活支援総合事業利用料収入
		その他の利用料収入
	その他の事業収入	補助金事業収入（公費）
		補助金事業収入（一般）
		市町村特別事業収入（公費）
		市町村特別事業収入（一般）
		受託事業収入（公費）
		受託事業収入（一般）
		その他の事業収入
	(保険等査定減)	
老人福祉事業収入	措置事業収入	事務費収入
		事業費収入
		その他の利用料収入
		その他の事業収入
	運営事業収入	管理費収入
		その他の利用料収入
		補助金事業収入（公費）
		補助金事業収入（一般）
		その他の事業収入
	その他の事業収入	管理費収入
		その他の利用料収入
		その他の事業収入
児童福祉事業収入	措置費収入	事務費収入
		事業費収入
	私的契約利用料収入	
	その他の事業収入	補助金事業収入（公費）
		補助金事業収入（一般）
		受託事業収入（公費）
		受託事業収入（一般）
		その他の事業収入
保育事業収入	施設型給付費収入	施設型給付費収入
		利用者負担金収入
	特例施設型給付費収入	特例施設型給付費収入
		利用者負担金収入
	地域型保育給付費収入	地域型保育給付費収入
		利用者負担金収入
	特例地域型保育給付費収入	特例地域型保育給付費収入
		利用者負担金収入
	委託費収入	
	利用者等利用料収入	利用者等利用料収入（公費）
		利用者等利用料収入（一般）
		その他の利用料収入
	私的契約利用料収入	
	その他の事業収入	補助金事業収入（公費）
		補助金事業収入（一般）
		受託事業収入（公費）
		受託事業収入（一般）
		その他の事業収入
就労支援事業収入	(何) 事業収入	
障害福祉サービス等事業収入	自立支援給付費収入	介護給付費収入
		特例介護給付費収入

		訓練等給付費収入
		特例訓練等給付費収入
		地域相談支援給付費収入
		特例地域相談支援給付費収入
		計画相談支援給付費収入
		特例計画相談支援給付費収入
	障害児施設給付費収入	障害児通所給付費収入
		特例障害児通所給付費収入
		障害児入所給付費収入
		障害児相談支援給付費収入
		特例障害児相談支援給付費収入
	利用者負担金収入	
	補足給付費収入	特定障害者特別給付費収入
		特例特定障害者特別給付費収入
		特定入所障害児食費等給付費収入
	特定費用収入	
	その他の事業収入	補助金事業収入（公費）
		補助金事業収入（一般）
		受託事業収入（公費）
		受託事業収入（一般）
		その他の事業収入
	（保険等査定減）	
生活保護事業収入	措置費収入	事務費収入
		事業費収入
	授産事業収入	（何）事業収入
	利用者負担金収入	
	その他の事業収入	補助金事業収入（公費）
		補助金事業収入（一般）
		受託事業収入（公費）
		受託事業収入（一般）
		その他の事業収入
医療事業収入	入院診療収入（公費）	
	入院診療収入（一般）	
	室料差額収入	
	外来診療収入（公費）	
	外来診療収入（一般）	
	保健予防活動収入	
	受託検査・施設利用収入	
	訪問看護療養費収入（公費）	
	訪問看護療養費収入（一般）	
	訪問看護利用料収入	訪問看護基本利用料収入
		訪問看護その他の利用料収入
	その他の医療事業収入	補助金事業収入（公費）
		補助金事業収入（一般）
		受託事業収入（公費）
		受託事業収入（一般）
		その他の医療事業収入
	（保険等査定減）	
退職共済事業収入	事務費収入	
（何）事業収入	（何）事業収入	
	その他の事業収入	補助金事業収入（公費）
		補助金事業収入（一般）
		受託事業収入（公費）
		受託事業収入（一般）
		その他の事業収入
（何）収入	（何）収入	
借入金利息補助金収入		
経常経費寄附金収入		
受取利息配当金収入		
社会福祉連携推進業務貸付金受取利息収入		
その他の収入	受入研修費収入	
	利用者等外給食費収入	

大区分	中区分	小区分
	雑収入	
流動資産評価益等による資金増加額	有価証券売却益	
	有価証券評価益	
	為替差益	

施設整備等による収入

大区分	中区分	小区分
施設整備等補助金収入	施設整備等補助金収入	
	設備資金借入金元金償還補助金収入	
施設整備等寄附金収入	施設整備等寄附金収入	
	設備資金借入金元金償還寄附金収入	
設備資金借入金収入		
社会福祉連携推進業務設備資金借入金収入		
固定資産売却収入	車輌運搬具売却収入	
	器具及び備品売却収入	
	(何) 売却収入	
その他の施設整備等による収入	(何) 収入	

その他の活動による収入

大区分	中区分	小区分
長期運営資金借入金元金償還寄附金収入		
長期運営資金借入金収入		
役員等長期借入金収入		
社会福祉連携推進業務長期運営資金借入金収入		
長期貸付金回収収入		
社会福祉連携推進業務長期貸付金回収収入		
投資有価証券売却収入		
積立資産取崩収入	退職給付引当資産取崩収入	
	長期預り金積立資産取崩収入	
	(何) 積立資産取崩収入	
事業区分間長期借入金収入		
拠点区分間長期借入金収入		
事業区分間長期貸付金回収収入		
拠点区分間長期貸付金回収収入		
事業区分間繰入金収入		
拠点区分間繰入金収入		
サービス区分間繰入金収入		
その他の活動による収入	退職共済預り金収入	
	退職共済事業管理資産取崩収入	
	(何) 収入	

支出の部

事業活動による支出

大区分	中区分	小区分
人件費支出	役員報酬支出	
	役員退職慰労金支出	
	職員給料支出	
	職員賞与支出	
	非常勤職員給与支出	
	派遣職員費支出	
	退職給付支出	
	法定福利費支出	
事業費支出	給食費支出	
	介護用品費支出	
	医薬品費支出	
	診療・療養等材料費支出	
	保健衛生費支出	
	医療費支出	
	被服費支出	
	教養娯楽費支出	
	日用品費支出	
	保育材料費支出	

	本人支給金支出	
	水道光熱費支出	
	燃料費支出	
	消耗器具備品費支出	
	保険料支出	
	賃借料支出	
	教育指導費支出	
	就職支度費支出	
	葬祭費支出	
	車輌費支出	
	管理費返還支出	
	(何) 費支出	
	雑支出	
事務費支出	福利厚生費支出	
	職員被服費支出	
	旅費交通費支出	
	研修研究費支出	
	事務消耗品費支出	
	印刷製本費支出	
	水道光熱費支出	
	燃料費支出	
	修繕費支出	
	通信運搬費支出	
	会議費支出	
	広報費支出	
	業務委託費支出	
	手数料支出	
	保険料支出	
	賃借料支出	
	土地・建物賃借料支出	
	租税公課支出	
	保守料支出	
	渉外費支出	
	諸会費支出	
	(何) 費支出	
	雑支出	
就労支援事業支出	就労支援事業販売原価支出	就労支援事業製造原価支出
		就労支援事業仕入支出
	就労支援事業販管費支出	
授産事業支出	(何) 事業支出	
退職共済事業支出	事務費支出	
(何) 支出		
利用者負担軽減額		
支払利息支出		
社会福祉連携推進業務借入金支払利息支出		
その他の支出	利用者等外給食費支出	
	雑支出	
流動資産評価損等による資金減少額	有価証券売却損	
	資産評価損	有価証券評価損
		(何) 評価損
	為替差損	
	貸倒損失額	
	徴収不能額	
施設整備等による支出		
大区分	中区分	小区分
設備資金借入金元金償還支出		
社会福祉連携推進業務設備資金借入金元金償還支出		
固定資産取得支出	土地取得支出	
	建物取得支出	
	車輌運搬具取得支出	
	器具及び備品取得支出	
	(何) 取得支出	
固定資産除却・廃棄支出		

大区分	中区分	小区分
ファイナンス・リース債務の返済支出		
その他の施設整備等による支出	（何）支出	
その他の活動による支出		
大区分	中区分	小区分
長期運営資金借入金元金償還支出		
役員等長期借入金元金償還支出		
社会福祉連携推進業務長期運営資金借入金元金償還支出		
長期貸付金支出		
社会福祉連携推進業務長期貸付金支出		
投資有価証券取得支出		
積立資産支出	退職給付引当資産支出	
	長期預り金積立資産支出	
	（何）積立資産支出	
事業区分間長期貸付金支出		
拠点区分間長期貸付金支出		
事業区分間長期借入金返済支出		
拠点区分間長期借入金返済支出		
事業区分間繰入金支出		
拠点区分間繰入金支出		
サービス区分間繰入金支出		
その他の活動による支出	退職共済預り金返還支出	
	退職共済事業管理資産支出	
	（何）支出	

別表第二　事業活動計算書勘定科目（第二十四条関係）

収益の部

サービス活動増減による収益		
大区分	中区分	小区分
介護保険事業収益	施設介護料収益	介護報酬収益
		利用者負担金収益（公費）
		利用者負担金収益（一般）
	居宅介護料収益	
	（介護報酬収益）	介護報酬収益
		介護予防報酬収益
	（利用者負担金収益）	介護負担金収益（公費）
		介護負担金収益（一般）
		介護予防負担金収益（公費）
		介護予防負担金収益（一般）
	地域密着型介護料収益	
	（介護報酬収益）	介護報酬収益
		介護予防報酬収益
	（利用者負担金収益）	介護負担金収益（公費）
		介護負担金収益（一般）
		介護予防負担金収益（公費）
		介護予防負担金収益（一般）
	居宅介護支援介護料収益	居宅介護支援介護料収益
		介護予防支援介護料収益
	介護予防・日常生活支援総合事業収益	事業費収益
		事業負担金収益（公費）
		事業負担金収益（一般）
	利用者等利用料収益	施設サービス利用料収益
		居宅介護サービス利用料収益
		地域密着型介護サービス利用料収益
		食費収益（公費）
		食費収益（一般）
		食費収益（特定）
		居住費収益（公費）
		居住費収益（一般）
		居住費収益（特定）
		介護予防・日常生活支援総合事業利用料収益
		その他の利用料収益
	その他の事業収益	補助金事業収益（公費）
		補助金事業収益（一般）
		市町村特別事業収益（公費）

		市町村特別事業収益（一般）
		受託事業収益（公費）
		受託事業収益（一般）
		その他の事業収益
	（保険等査定減）	
老人福祉事業収益	措置事業収益	事務費収益
		事業費収益
		その他の利用料収益
		その他の事業収益
	運営事業収益	管理費収益
		その他の利用料収益
		補助金事業収益（公費）
		補助金事業収益（一般）
		その他の事業収益
	その他の事業収益	管理費収益
		その他の利用料収益
		その他の事業収益
児童福祉事業収益	措置費収益	事務費収益
		事業費収益
	私的契約利用料収益	
	その他の事業収益	補助金事業収益（公費）
		補助金事業収益（一般）
		受託事業収益（公費）
		受託事業収益（一般）
		その他の事業収益
保育事業収益	施設型給付費収益	施設型給付費収益
		利用者負担金収益
	特例施設型給付費収益	特例施設型給付費収益
		利用者負担金収益
	地域型保育給付費収益	地域型保育給付費収益
		利用者負担金収益
	特例地域型保育給付費収益	特例地域型保育給付費収益
		利用者負担金収益
	委託費収益	
	利用者等利用料収益	利用者等利用料収益（公費）
		利用者等利用料収益（一般）
		その他の利用料収益
	私的契約利用料収益	
	その他の事業収益	補助金事業収益（公費）
		補助金事業収益（一般）
		受託事業収益（公費）
		受託事業収益（一般）
		その他の事業収益
就労支援事業収益	（何）事業収益	
障害福祉サービス等事業収益	自立支援給付費収益	介護給付費収益
		特例介護給付費収益
		訓練等給付費収益
		特例訓練等給付費収益
		地域相談支援給付費収益
		特例地域相談支援給付費収益
		計画相談支援給付費収益
		特例計画相談支援給付費収益
	障害児施設給付費収益	障害児通所給付費収益
		特例障害児通所給付費収益
		障害児入所給付費収益
		障害児相談支援給付費収益
		特例障害児相談支援給付費収益
	利用者負担金収益	
	補足給付費収益	特定障害者特別給付費収益
		特例特定障害者特別給付費収益
		特定入所障害児食費等給付費収益
	特定費用収益	
	その他の事業収益	補助金事業収益（公費）

		補助金事業収益（一般）
		受託事業収益（公費）
		受託事業収益（一般）
		その他の事業収益
	（保険等査定減）	
生活保護事業収益	措置費収益	事務費収益
		事業費収益
	授産事業収益	（何）事業収益
	利用者負担金収益	
	その他の事業収益	補助金事業収益（公費）
		補助金事業収益（一般）
		受託事業収益（公費）
		受託事業収益（一般）
		その他の事業収益
医療事業収益	入院診療収益（公費）	
	入院診療収益（一般）	
	室料差額収益	
	外来診療収益（公費）	
	外来診療収益（一般）	
	保健予防活動収益	
	受託検査・施設利用収益	
	訪問看護療養費収益（公費）	
	訪問看護療養費収益（一般）	
	訪問看護利用料収益	訪問看護基本利用料収益
		訪問看護その他の利用料収益
	その他の医療事業収益	補助金事業収益（公費）
		補助金事業収益（一般）
		受託事業収益（公費）
		受託事業収益（一般）
		その他の医業収益
	（保険等査定減）	
退職共済事業収益	事務費収益	
（何）事業収益	（何）事業収益	
	その他の事業収益	補助金事業収益（公費）
		補助金事業収益（一般）
		受託事業収益（公費）
		受託事業収益（一般）
		その他の事業収益
（何）収益	（何）収益	
経常経費寄附金収益		
その他の収益		
サービス活動外増減による収益		
大区分	中区分	小区分
借入金利息補助金収益		
受取利息配当金収益		
社会福祉連携推進業務貸付金受取利息収益		
有価証券評価益		
有価証券売却益		
基本財産評価益		
投資有価証券評価益		
投資有価証券売却益		
積立資産評価益		
その他のサービス活動外収益	受入研修費収益	
	利用者等外給食収益	
	為替差益	
	退職共済事業管理資産評価益	
	退職共済預り金戻入額	
	雑収益	
特別増減による収益		
大区分	中区分	小区分
施設整備等補助金収益	施設整備等補助金収益	
	設備資金借入金元金償還補助金収益	

施設整備等寄附金収益	施設整備等寄附金収益	
	設備資金借入金元金償還寄附金収益	
長期運営資金借入金元金償還寄附金収益		
固定資産受贈額	（何）受贈額	
固定資産売却益	車輌運搬具売却益	
	器具及び備品売却益	
	（何）売却益	
事業区分間繰入金収益		
拠点区分間繰入金収益		
事業区分間固定資産移管収益		
拠点区分間固定資産移管収益		
その他の特別収益	貸倒引当金戻入益	
	徴収不能引当金戻入益	

　　　費用の部

サービス活動増減による費用

大区分	中区分	小区分
人件費	役員報酬	
	役員退職慰労金	
	役員退職慰労引当金繰入	
	職員給料	
	職員賞与	
	賞与引当金繰入	
	非常勤職員給与	
	派遣職員費	
	退職給付費用	
	法定福利費	
事業費	給食費	
	介護用品費	
	医薬品費	
	診療・療養等材料費	
	保健衛生費	
	医療費	
	被服費	
	教養娯楽費	
	日用品費	
	保育材料費	
	本人支給金	
	水道光熱費	
	燃料費	
	消耗器具備品費	
	保険料	
	賃借料	
	教育指導費	
	就職支度費	
	葬祭費	
	車輌費	
	棚卸資産評価損	
	（何）費	
	雑費	
事務費	福利厚生費	
	職員被服費	
	旅費交通費	
	研修研究費	
	事務消耗品費	
	印刷製本費	
	水道光熱費	
	燃料費	
	修繕費	
	通信運搬費	
	会議費	
	広報費	
	業務委託費	

大区分	中区分	小区分
	手数料	
	保険料	
	賃借料	
	土地・建物賃借料	
	租税公課	
	保守料	
	渉外費	
	諸会費	
	（何）費	
	雑費	
就労支援事業費用	就労支援事業販売原価	期首製品（商品）棚卸高
		当期就労支援事業製造原価
		当期就労支援事業仕入高
		期末製品（商品）棚卸高
	就労支援事業販管費	
授産事業費用	（何）事業費	
退職共済事業費用	事務費	
（何）費用		
利用者負担軽減額		
減価償却費		
国庫補助金等特別積立金取崩額		
貸倒損失額		
貸倒引当金繰入		
徴収不能額		
徴収不能引当金繰入		
その他の費用		
サービス活動外増減による費用		
大区分	中区分	小区分
支払利息		
社会福祉連携推進業務借入金支払利息		
有価証券評価損		
有価証券売却損		
基本財産評価損		
投資有価証券評価損		
投資有価証券売却損		
積立資産評価損		
その他のサービス活動外費用	利用者等外給食費	
	為替差損	
	退職共済事業管理資産評価損	
	退職共済預り金繰入額	
	雑損失	
特別増減による費用		
大区分	中区分	小区分
基本金組入額		
資産評価損		
固定資産売却損・処分損	建物売却損・処分損	
	車輌運搬具売却損・処分損	
	器具及び備品売却損・処分損	
	その他の固定資産売却損・処分損	
国庫補助金等特別積立金取崩額（除却等）		
国庫補助金等特別積立金積立額		
災害損失		
事業区分間繰入金費用		
拠点区分間繰入金費用		
事業区分間固定資産移管費用		
拠点区分間固定資産移管費用		
その他の特別損失		

繰越活動増減差額の部

大区分	中区分	小区分
前期繰越活動増減差額		
当期末繰越活動増減差額		
基本金取崩額		
その他の積立金取崩額	（何）積立金取崩額	

その他の積立金積立額	（何）積立金積立額	
次期繰越活動増減差額		

別表第三　貸借対照表勘定科目（第二十八条関係）

資産の部		
大区分	中区分	小区分
流動資産	現金預金	
	有価証券	
	事業未収金	
	未収金	
	未収補助金	
	未収収益	
	受取手形	
	貯蔵品	
	医薬品	
	診療・療養費等材料	
	給食用材料	
	商品・製品	
	仕掛品	
	原材料	
	立替金	
	前払金	
	前払費用	
	１年以内回収予定社会福祉連携推進業務長期貸付金	
	１年以内回収予定長期貸付金	
	１年以内回収予定事業区分間長期貸付金	
	１年以内回収予定拠点区分間長期貸付金	
	社会福祉連携推進業務短期貸付金	
	短期貸付金	
	事業区分間貸付金	
	拠点区分間貸付金	
	仮払金	
	その他の流動資産	
	貸倒引当金	
	徴収不能引当金	
固定資産		
（基本財産）		
	土地	
	建物	
	建物減価償却累計額	
	定期預金	
	投資有価証券	
（その他の固定資産）		
	土地	
	建物	
	構築物	
	機械及び装置	
	車輌運搬具	
	器具及び備品	
	建設仮勘定	
	有形リース資産	
	（何）減価償却累計額	
	権利	
	ソフトウェア	
	無形リース資産	
	投資有価証券	
	社会福祉連携推進業務長期貸付金	
	長期貸付金	
	事業区分間長期貸付金	
	拠点区分間長期貸付金	
	退職給付引当資産	
	長期預り金積立資産	
	退職共済事業管理資産	
	（何）積立資産	

	差入保証金	
	長期前払費用	
	その他の固定資産	
	貸倒引当金	
	徴収不能引当金	

負債の部

大区分	中区分	小区分
流動負債	短期運営資金借入金	
	事業未払金	
	その他の未払金	
	支払手形	
	社会福祉連携推進業務短期運営資金借入金	
	役員等短期借入金	
	1年以内返済予定社会福祉連携推進業務設備資金借入金	
	1年以内返済予定設備資金借入金	
	1年以内返済予定社会福祉連携推進業務長期運営資金借入金	
	1年以内返済予定長期運営資金借入金	
	1年以内返済予定リース債務	
	1年以内返済予定役員等長期借入金	
	1年以内返済予定事業区分間長期借入金	
	1年以内返済予定拠点区分間長期借入金	
	1年以内支払予定長期未払金	
	未払費用	
	預り金	
	職員預り金	
	前受金	
	前受収益	
	事業区分間借入金	
	拠点区分間借入金	
	仮受金	
	賞与引当金	
	その他の流動負債	
固定負債	社会福祉連携推進業務設備資金借入金	
	設備資金借入金	
	社会福祉連携推進業務長期運営資金借入金	
	長期運営資金借入金	
	リース債務	
	役員等長期借入金	
	事業区分間長期借入金	
	拠点区分間長期借入金	
	退職給付引当金	
	役員退職慰労引当金	
	長期未払金	
	長期預り金	
	退職共済預り金	
	その他の固定負債	

純資産の部

大区分	中区分	小区分
基本金		
国庫補助金等特別積立金		
その他の積立金	(何) 積立金	
次期繰越活動増減差額		
(うち当期活動増減差額)		

第一号第一様式(第十七条第四項関係)

法人単位資金収支計算書

(自)令和　年　月　日　(至)令和　年　月　日

(単位：円)

勘定科目			予算(A)	決算(B)	差異(A)－(B)	備考
事業活動による収支	収入	介護保険事業収入				
		老人福祉事業収入				
		児童福祉事業収入				
		保育事業収入				
		就労支援事業収入				
		障害福祉サービス等事業収入				
		生活保護事業収入				
		医療事業収入				
		退職共済事業収入				
		(何)事業収入				
		(何)収入				
		借入金利息補助金収入				
		経常経費寄附金収入				
		受取利息配当金収入				
		社会福祉連携推進業務貸付金受取利息収入				
		その他の収入				
		流動資産評価益等による資金増加額				
		事業活動収入計(1)				
	支出	人件費支出				
		事業費支出				
		事務費支出				
		就労支援事業支出				
		授産事業支出				
		退職共済事業支出				
		(何)支出				
		利用者負担軽減額				
		支払利息支出				
		社会福祉連携推進業務借入金支払利息支出				
		その他の支出				
		流動資産評価損等による資金減少額				
		事業活動支出計(2)				
		事業活動資金収支差額(3)＝(1)－(2)				
施設整備等による収支	収入	施設整備等補助金収入				
		施設整備等寄附金収入				
		設備資金借入金収入				
		社会福祉連携推進業務設備資金借入金収入				
		固定資産売却収入				
		その他の施設整備等による収入				
		施設整備等収入計(4)				
	支出	設備資金借入金元金償還支出				
		社会福祉連携推進業務設備資金借入金元金償還支出				
		固定資産取得支出				
		固定資産除却・廃棄支出				
		ファイナンス・リース債務の返済支出				
		その他の施設整備等による支出				
		施設整備等支出計(5)				
		施設整備等資金収支差額(6)＝(4)－(5)				
その他の活動による収支	収入	長期運営資金借入金元金償還寄附金収入				
		長期運営資金借入金収入				
		役員等長期借入金収入				
		社会福祉連携推進業務長期運営資金借入金収入				
		長期貸付金回収収入				
		社会福祉連携推進業務長期貸付金回収収入				
		投資有価証券売却収入				
		積立資産取崩収入				
		その他の活動による収入				
		その他の活動収入計(7)				
	支出	長期運営資金借入金元金償還支出				
		役員等長期借入金元金償還支出				
		社会福祉連携推進業務長期運営資金借入金元金償還支出				
		長期貸付金支出				
		社会福祉連携推進業務長期貸付金支出				
		投資有価証券取得支出				
		積立資産支出				
		その他の活動による支出				
		その他の活動支出計(8)				
		その他の活動資金収支差額(9)＝(7)－(8)				
予備費支出(10)			×××] △×××]	－	×××	
当期資金収支差額合計(11)＝(3)＋(6)＋(9)－(10)						
前期末支払資金残高(12)						
当期末支払資金残高(11)＋(12)						

(注) 予備費支出△×××円は(何)支出に充当使用した額である。

※　本様式は、勘定科目の大区分のみを記載するが、必要のないものは省略することができる。ただし追加・修正はできないものとする。

第一号第二様式(第十七条第四項関係)

資金収支内訳表

(自)令和　年　月　日　(至)令和　年　月　日

（単位：円）

勘定科目			社会福祉事業	公益事業	収益事業	合計	内部取引消去	法人合計
事業活動による収支	収入	介護保険事業収入						
		老人福祉事業収入						
		児童福祉事業収入						
		保育事業収入						
		就労支援事業収入						
		障害福祉サービス等事業収入						
		生活保護事業収入						
		医療事業収入						
		退職共済事業収入						
		(何)事業収入						
		(何)収入						
		借入金利息補助金収入						
		経常経費寄附金収入						
		受取利息配当金収入						
		社会福祉連携推進業務貸付金受取利息収入						
		その他の収入						
		流動資産評価益等による資金増加額						
		事業活動収入計(1)						
	支出	人件費支出						
		事業費支出						
		事務費支出						
		就労支援事業支出						
		授産事業支出						
		退職共済事業支出						
		(何)支出						
		利用者負担軽減額						
		支払利息支出						
		社会福祉連携推進業務借入金支払利息支出						
		その他の支出						
		流動資産評価損等による資金減少額						
		事業活動支出計(2)						
		事業活動資金収支額(3)＝(1)－(2)						
施設整備等による収支	収入	施設整備等補助金収入						
		施設整備等寄附金収入						
		設備資金借入金収入						
		社会福祉連携推進業務設備資金借入金収入						
		固定資産売却収入						
		その他の施設整備等による収入						
		施設整備等収入計(4)						
	支出	設備資金借入金元金償還支出						
		社会福祉連携推進業務設備資金借入金元金償還支出						
		固定資産取得支出						
		固定資産除却・廃棄支出						
		ファイナンス・リース債務の返済支出						
		その他の施設整備等による支出						
		施設整備等支出計(5)						
		施設整備等資金収支差額(6)＝(4)－(5)						
その他の活動による収支	収入	長期運営資金借入金元金償還寄附金収入						
		長期運営資金借入金収入						
		役員等長期借入金収入						
		社会福祉連携推進業務長期運営資金借入金収入						
		長期貸付金回収収入						
		社会福祉連携推進業務長期貸付金回収収入						
		投資有価証券売却収入						
		積立資産取崩収入						
		事業区分間長期借入金収入						
		事業区分間長期貸付金回収収入						
		事業区分間繰入金収入						
		その他の活動による収入						
		その他の活動収入計(7)						
	支出	長期運営資金借入金元金償還支出						
		役員等長期借入金元金償還支出						
		社会福祉連携推進業務長期運営資金借入金元金償還支出						
		長期貸付金支出						
		社会福祉連携推進業務長期貸付金支出						
		投資有価証券取得支出						
		積立資産支出						
		事業区分間長期貸付金支出						
		事業区分間長期借入金返済支出						
		事業区分間繰入金支出						
		その他の活動による支出						
		その他の活動支出計(8)						
		その他の活動資金収支差額(9)＝(7)－(8)						
当期資金収支差額合計(10)＝(3)＋(6)＋(9)								
前期末支払資金残高(11)								
当期末支払資金残高(10)＋(11)								

※　本様式は、勘定科目の大区分のみを記載するが、必要のないものは省略することができる。ただし追加・修正はできないものとする。

第一号第三様式(第十七条第四項関係)

(何)事業区分　資金収支内訳表

(自)令和　年　月　日　(至)令和　年　月　日

(単位：円)

	勘定科目	(何)拠点	(何)拠点	(何)拠点	合計	内部取引消去	事業区分合計
事業活動による収支	収入	介護保険事業収入					
		老人福祉事業収入					
		児童福祉事業収入					
		保育事業収入					
		就労支援事業収入					
		障害福祉サービス等事業収入					
		生活保護事業収入					
		医療事業収入					
		退職共済事業収入					
		(何)事業収入					
		(何)収入					
		借入金利息補助金収入					
		経常経費寄附金収入					
		受取利息配当金収入					
		社会福祉連携推進業務貸付金受取利息収入					
		その他の収入					
		流動資産評価益等による資金増加額					
		事業活動収入計(1)					
	支出	人件費支出					
		事業費支出					
		事務費支出					
		就労支援事業支出					
		授産事業支出					
		退職共済事業支出					
		(何)支出					
		利用者負担軽減額					
		支払利息支出					
		社会福祉連携推進業務借入金支払利息支出					
		その他の支出					
		流動資産評価損等による資金減少額					
		事業活動支出計(2)					
		事業活動資金収支差額(3)＝(1)－(2)					
施設整備等による収支	収入	施設整備等補助金収入					
		施設整備等寄附金収入					
		設備資金借入金収入					
		社会福祉連携推進業務設備資金借入金収入					
		固定資産売却収入					
		その他の施設整備等による収入					
		施設整備等収入計(4)					
	支出	設備資金借入金元金償還支出					
		社会福祉連携推進業務設備資金借入金元金償還支出					
		固定資産取得支出					
		固定資産除却・廃棄支出					
		ファイナンス・リース債務の返済支出					
		その他の施設整備等による支出					
		施設整備等支出計(5)					
		施設整備等資金収支差額(6)＝(4)－(5)					
その他の活動による収支	収入	長期運営資金借入金元金償還寄附金収入					
		長期運営資金借入金収入					
		役員等長期借入金収入					
		社会福祉連携推進業務長期運営資金借入金収入					
		長期貸付金回収収入					
		社会福祉連携推進業務長期貸付金回収収入					
		投資有価証券売却収入					
		積立資産取崩収入					
		事業区分間長期借入金収入					
		拠点区分間長期借入金収入					
		事業区分間長期貸付金回収収入					
		拠点区分間長期貸付金回収収入					
		事業区分間繰入金収入					
		拠点区分間繰入金収入					
		その他の活動による収入					
		その他の活動収入計(7)					
	支出	長期運営資金借入金元金償還支出					
		役員等長期借入金元金償還支出					
		社会福祉連携推進業務長期運営資金借入金元金償還支出					
		長期貸付金支出					
		社会福祉連携推進業務長期貸付金支出					
		投資有価証券取得支出					
		積立資産支出					
		事業区分間長期貸付金支出					
		拠点区分間長期貸付金支出					
		事業区分間長期借入金返済支出					
		拠点区分間長期借入金返済支出					
		事業区分間繰入金支出					
		拠点区分間繰入金支出					
		その他の活動による支出					
		その他の活動支出計(8)					
		その他の活動資金収支差額(9)＝(7)－(8)					
		当期資金収支差額合計(10)＝(3)＋(6)＋(9)					
		前期末支払資金残高(11)					
		当期末支払資金残高(10)＋(11)					

※　本様式は、勘定科目の大区分のみを記載するが、必要のないものは省略することができる。ただし追加・修正はできないものとする。

第一号第四様式(第十七条第四項関係)

(何)拠点区分　資金収支計算書

(自)令和　年　月　日　(至)令和　年　月　日

（単位：円）

勘定科目			予算(A)	決算(B)	差異(A)－(B)	備考
事業活動による収支	収入	介護保険事業収入				
		施設介護料収入				
		介護報酬収入				
		利用者負担金収入(公費)				
		利用者負担金収入(一般)				
		居宅介護料収入				
		(介護報酬収入)				
		介護報酬収入				
		介護予防報酬収入				
		(利用者負担金収入)				
		介護負担金収入(公費)				
		介護負担金収入(一般)				
		介護予防負担金収入(公費)				
		介護予防負担金収入(一般)				
		地域密着型介護料収入				
		(介護報酬収入)				
		介護報酬収入				
		介護予防報酬収入				
		(利用者負担金収入)				
		介護負担金収入(公費)				
		介護負担金収入(一般)				
		介護予防負担金収入(公費)				
		介護予防負担金収入(一般)				
		居宅介護支援介護収入				
		居宅介護支援介護料収入				
		介護予防支援介護料収入				
		介護予防・日常生活支援総合事業収入				
		事業費収入				
		事業負担金収入(公費)				
		事業負担金収入(一般)				
		利用者等利用料収入				
		施設サービス利用料収入				
		居宅介護サービス利用料収入				
		地域密着型介護サービス利用料収入				
		食費収入(公費)				
		食費収入(一般)				
		食費収入(特定)				
		居住費収入(公費)				
		居住費収入(一般)				
		居住費収入(特定)				
		介護予防・日常生活支援総合事業利用料収入				
		その他の利用料収入				
		その他の事業収入				
		補助金事業収入(公費)				
		補助金事業収入(一般)				
		市町村特別事業収入(公費)				
		市町村特別事業収入(一般)				
		受託事業収入(公費)				
		受託事業収入(一般)				
		その他の事業収入				
		(保険等査定減)				
		老人福祉事業収入				
		措置事業収入				
		事務費収入				
		事業費収入				
		その他の利用料収入				
		その他の事業収入				
		運営事業収入				
		管理費収入				
		その他の利用料収入				
		補助金事業収入(公費)				
		補助金事業収入(一般)				
		その他の事業収入				
		その他の事業収入				
		管理費収入				
		その他の利用料収入				
		その他の事業収入				

児童福祉事業収入				
措置費収入				
事務費収入				
事業費収入				
私的契約利用料収入				
その他の事業収入				
補助金事業収入(公費)				
補助金事業収入(一般)				
受託事業収入(公費)				
受託事業収入(一般)				
その他の事業収入				
保育事業収入				
施設型給付費収入				
施設型給付費収入				
利用者負担金収入				
特例施設型給付費収入				
特例施設型給付費収入				
利用者負担金収入				
地域型保育給付費収入				
地域型保育給付費収入				
利用者負担金収入				
特例地域型保育給付費収入				
特例地域型保育給付費収入				
利用者負担金収入				
委託費収入				
利用者等利用料収入				
利用者等利用料収入(公費)				
利用者等利用料収入(一般)				
その他の利用料収入				
私的契約利用料収入				
その他の事業収入				
補助金事業収入(公費)				
補助金事業収入(一般)				
受託事業収入(公費)				
受託事業収入(一般)				
その他の事業収入				
就労支援事業収入				
(何)事業収入				
障害福祉サービス等事業収入				
自立支援給付費収入				
介護給付費収入				
特例介護給付費収入				
訓練等給付費収入				
特例訓練等給付費収入				
地域相談支援給付費収入				
特例地域相談支援給付費収入				
計画相談支援給付費収入				
特例計画相談支援給付費収入				
障害児施設給付費収入				
障害児通所給付費収入				
特例障害児通所給付費収入				
障害児入所給付費収入				
障害児相談支援給付費収入				
特例障害児相談支援給付費収入				
利用者負担金収入				
補足給付費収入				
特定障害者特別給付費収入				
特例特定障害者特別給付費収入				
特定入所障害児食費等給付費収入				
特定費用収入				
その他の事業収入				
補助金事業収入(公費)				
補助金事業収入(一般)				
受託事業収入(公費)				
受託事業収入(一般)				
その他の事業収入				
(保険等査定減)				
生活保護事業収入				
措置費収入				
事務費収入				
事業費収入				
授産事業収入				
(何)事業収入				

	勘定科目				
収入	利用者負担金収入				
	その他の事業収入				
	補助金事業収入(公費)				
	補助金事業収入(一般)				
	受託事業収入(公費)				
	受託事業収入(一般)				
	その他の事業収入				
	医療事業収入				
	入院診療収入(公費)				
	入院診療収入(一般)				
	室料差額収入				
	外来診療収入(公費)				
	外来診療収入(一般)				
	保健予防活動収入				
	受託検査・施設利用収入				
	訪問看護療養費収入(公費)				
	訪問看護療養費収入(一般)				
	訪問看護利用料収入				
	訪問看護基本利用料収入				
	訪問看護その他の利用料収入				
	その他の医療事業収入				
	補助金事業収入(公費)				
	補助金事業収入(一般)				
	受託事業収入(公費)				
	受託事業収入(一般)				
	その他の医療事業収入				
	（保険等査定減）				
	退職共済事業収入				
	事務費収入				
	(何)事業収入				
	(何)事業収入				
	その他の事業収入				
	補助金事業収入(公費)				
	補助金事業収入(一般)				
	受託事業収入(公費)				
	受託事業収入(一般)				
	その他の事業収入				
	(何)収入				
	(何)収入				
	借入金利息補助金収入				
	経常経費寄附金収入				
	受取利息配当金収入				
	社会福祉連携推進業務貸付金受取利息収入				
	その他の収入				
	受入研修費収入				
	利用者等外給食費収入				
	雑収入				
	流動資産評価益等による資金増加額				
	有価証券売却益				
	有価証券評価益				
	為替差益				
	事業活動収入計(1)				
支出	人件費支出				
	役員報酬支出				
	役員退職慰労金支出				
	職員給料支出				
	職員賞与支出				
	非常勤職員給与支出				
	派遣職員費支出				
	退職給付支出				
	法定福利費支出				
	事業費支出				
	給食費支出				
	介護用品費支出				
	医薬品費支出				
	診療・療養等材料費支出				
	保健衛生費支出				
	医療費支出				
	被服費支出				
	教養娯楽費支出				
	日用品費支出				
	保育材料費支出				
	本人支給金支出				

		水道光熱費支出				
		燃料費支出				
		消耗器具備品費支出				
		保険料支出				
		賃借料支出				
		教育指導費支出				
		就職支度費支出				
		葬祭費支出				
		車輌費支出				
		管理費返還支出				
		(何)費支出				
		雑支出				
		事務費支出				
		福利厚生費支出				
		職員被服費支出				
		旅費交通費支出				
		研修研究費支出				
		事務消耗品費支出				
		印刷製本費支出				
		水道光熱費支出				
		燃料費支出				
		修繕費支出				
		通信運搬費支出				
		会議費支出				
		広報費支出				
		業務委託費支出				
		手数料支出				
		保険料支出				
		賃借料支出				
		土地・建物賃借料支出				
		租税公課支出				
		保守料支出				
		渉外費支出				
		諸会費支出				
		(何)費支出				
		雑支出				
		就労支援事業支出				
		就労支援事業販売原価支出				
		就労支援事業製造原価支出				
		就労支援事業仕入支出				
		就労支援事業販管費支出				
		授産事業支出				
		(何)事業支出				
		退職共済事業支出				
		事務費支出				
		(何)支出				
		利用者負担軽減額				
		支払利息支出				
		社会福祉連携推進業務借入金支払利息支出				
		その他の支出				
		利用者等外給食費支出				
		雑支出				
		流動資産評価損等による資金減少額				
		有価証券売却損				
		資産評価損				
		有価証券評価損				
		(何)評価損				
		為替差損				
		貸倒損失額				
		徴収不能額				
		事業活動支出計(2)				
		事業活動資金収支差額(3)＝(1)－(2)				
施設整備等	収入	施設整備等補助金収入				
		施設整備等補助金収入				
		設備資金借入金元金償還補助金収入				
		施設整備等寄附金収入				
		施設整備等寄附金収入				
		設備資金借入金元金償還寄附金収入				
		設備資金借入金収入				
		社会福祉連携推進業務設備資金借入金収入				
		固定資産売却収入				
		車輌運搬具売却収入				
		器具及び備品売却収入				
		(何)売却収入				

		勘定科目				
による収支		その他の施設整備等による収入				
		(何)収入				
		施設整備等収入計(4)				
	支出	設備資金借入金元金償還支出				
		社会福祉連携推進業務設備資金借入金元金償還支出				
		固定資産取得支出				
		土地取得支出				
		建物取得支出				
		車輌運搬具取得支出				
		器具及び備品取得支出				
		(何)取得支出				
		固定資産除却・廃棄支出				
		ファイナンス・リース債務の返済支出				
		その他の施設整備等による支出				
		(何)支出				
		施設整備等支出計(5)				
		施設整備等資金収支差額(6)＝(4)－(5)				
その他の活動による収支	収入	長期運営資金借入金元金償還寄附金収入				
		長期運営資金借入金収入				
		役員等長期借入金収入				
		社会福祉連携推進業務長期運営資金借入金収入				
		長期貸付金回収収入				
		社会福祉連携推進業務長期貸付金回収収入				
		投資有価証券売却収入				
		積立資産取崩収入				
		退職給付引当資産取崩収入				
		長期預り金積立資産取崩収入				
		(何)積立資産取崩収入				
		事業区分間長期借入金収入				
		拠点区分間長期借入金収入				
		事業区分間長期貸付金回収収入				
		拠点区分間長期貸付金回収収入				
		事業区分間繰入金収入				
		拠点区分間繰入金収入				
		その他の活動による収入				
		退職共済預り金収入				
		退職共済事業管理資産取崩収入				
		(何)収入				
		その他の活動収入計(7)				
	支出	長期運営資金借入金元金償還支出				
		役員等長期借入金元金償還支出				
		社会福祉連携推進業務長期運営資金借入金元金償還支出				
		長期貸付金支出				
		社会福祉連携推進業務長期貸付金支出				
		投資有価証券取得支出				
		積立資産支出				
		退職給付引当資産支出				
		長期預り金積立資産支出				
		(何)積立資産支出				
		事業区分間長期貸付金支出				
		拠点区分間長期貸付金支出				
		事業区分間長期借入金返済支出				
		拠点区分間長期借入金返済支出				
		事業区分間繰入金支出				
		拠点区分間繰入金支出				
		その他の活動による支出				
		退職共済預り金返還支出				
		退職共済事業管理資産支出				
		(何)支出				
		その他の活動支出計(8)				
		その他の活動資金収支差額(9)＝(7)－(8)				
予備費支出(10)			×××　] △×××	－	×××	
当期資金収支差額合計(11)＝(3)＋(6)＋(9)－(10)						

前期末支払資金残高(12)				
当期末支払資金残高(11)＋(12)				

(注)　予備費支出△×××円は(何)支出に充当使用した額である。

※　本様式は、勘定科目の小区分までを記載し、必要のない勘定科目は省略できるものとする。

※　勘定科目の中区分についてはやむを得ない場合、小区分については適当な科目を追加できるものとする。なお、小区分を更に区分する必要がある場合には、小区分の下に適当な科目を設けて処理することができるものとする。

第二号第一様式(第二十三条第四項関係)

法人単位事業活動計算書

(自)令和　年　月　日　(至)令和　年　月　日

(単位：円)

		勘定科目	当年度決算(A)	前年度決算(B)	増減(A)－(B)
サービス活動増減の部	収益	介護保険事業収益			
		老人福祉事業収益			
		児童福祉事業収益			
		保育事業収益			
		就労支援事業収益			
		障害福祉サービス等事業収益			
		生活保護事業収益			
		医療事業収益			
		退職共済事業収益			
		(何)事業収益			
		(何)収益			
		経常経費寄附金収益			
		その他の収益			
		サービス活動収益計(1)			
	費用	人件費			
		事業費			
		事務費			
		就労支援事業費用			
		授産事業費用			
		退職共済事業費用			
		(何)費用			
		利用者負担軽減額			
		減価償却費			
		国庫補助金等特別積立金取崩額	△×××	△×××	
		貸倒損失額			
		貸倒引当金繰入			
		徴収不能額			
		徴収不能引当金繰入			
		その他の費用			
		サービス活動費用計(2)			
		サービス活動増減差額(3)＝(1)－(2)			
サービス活動外増減の部	収益	借入金利息補助金収益			
		受取利息配当金収益			
		社会福祉連携推進業務貸付金受取利息収益			
		有価証券評価益			
		有価証券売却益			
		基本財産評価益			
		投資有価証券評価益			
		投資有価証券売却益			
		積立資産評価益			
		その他のサービス活動外収益			
		サービス活動外収益計(4)			
	費用	支払利息			
		社会福祉連携推進業務借入金支払利息			
		有価証券評価損			
		有価証券売却損			
		基本財産評価損			
		投資有価証券評価損			
		投資有価証券売却損			
		積立資産評価損			
		その他のサービス活動外費用			
		サービス活動外費用計(5)			
		サービス活動外増減差額(6)＝(4)－(5)			
		経常増減差額(7)＝(3)＋(6)			
特別増減の部	収益	施設整備等補助金収益			
		施設整備等寄附金収益			
		長期運営資金借入金元金償還寄附金収益			
		固定資産受贈額			
		固定資産売却益			
		その他の特別収益			
		特別収益計(8)			
	費用	基本金組入額			
		資産評価損			
		固定資産売却損・処分損			
		国庫補助金等特別積立金取崩額(除却等)	△×××	△×××	
		国庫補助金等特別積立金積立額			
		災害損失			
		その他の特別損失			
		特別費用計(9)			
		特別増減差額(10)＝(8)－(9)			
		当期活動増減差額(11)＝(7)＋(10)			
繰越活動増減差額の部		前期繰越活動増減差額(12)			
		当期末繰越活動増減差額(13)＝(11)＋(12)			
		基本金取崩額(14)			
		その他の積立金取崩額(15)			
		その他の積立金積立額(16)			
		次期繰越活動増減差額(17)＝(13)＋(14)＋(15)－(16)			

※　本様式は、勘定科目の大区分のみを記載するが、必要のないものは省略することができる。ただし追加・修正はできないものとする。

第二号第二様式（第二十三条第四項関係）

第二号第二様式(第二十三条第四項関係)

事業活動内訳表

(自)令和　年　月　日　(至)令和　年　月　日

(単位：円)

		勘定科目	社会福祉事業	公益事業	収益事業	合計	内部取引消去	法人合計
サービス活動増減の部	収益	介護保険事業収益						
		老人福祉事業収益						
		児童福祉事業収益						
		保育事業収益						
		就労支援事業収益						
		障害福祉サービス等事業収益						
		生活保護事業収益						
		医療事業収益						
		退職共済事業収益						
		(何)事業収益						
		(何)収益						
		経常経費寄附金収益						
		その他の収益						
		サービス活動収益計(1)						
	費用	人件費						
		事業費						
		事務費						
		就労支援事業費用						
		授産事業費用						
		退職共済事業費用						
		(何)費用						
		利用者負担軽減額						
		減価償却費						
		国庫補助金等特別積立金取崩額	△×××	△×××	△×××	△×××		△×××
		貸倒損失額						
		貸倒引当金繰入						
		徴収不能額						
		徴収不能引当金繰入						
		その他の費用						
		サービス活動費用計(2)						
		サービス活動増減差額(3)＝(1)－(2)						
サービス活動外増減の部	収益	借入金利息補助金収益						
		受取利息配当金収益						
		社会福祉連携推進業務貸付金受取利息収益						
		有価証券評価益						
		有価証券売却益						
		基本財産評価益						
		投資有価証券評価益						
		投資有価証券売却益						
		積立資産評価益						
		その他のサービス活動外収益						
		サービス活動外収益計(4)						
	費用	支払利息						
		社会福祉連携推進業務借入金支払利息						
		有価証券評価損						
		有価証券売却損						
		基本財産評価損						
		投資有価証券評価損						
		投資有価証券売却損						
		積立資産評価損						
		その他のサービス活動外費用						
		サービス活動外費用計(5)						
		サービス活動外増減差額(6)＝(4)－(5)						
		経常増減差額(7)＝(3)＋(6)						
特別増減の部	収益	施設整備等補助金収益						
		施設整備等寄附金収益						
		長期運営資金借入金元金償還寄附金収益						
		固定資産受贈額						
		固定資産売却益						
		事業区分間繰入金収益						
		事業区分間固定資産移管収益						
		その他の特別収益						
		特別収益計(8)						
	費用	基本金組入額						
		資産評価損						
		固定資産売却損・処分損						
		国庫補助金等特別積立金取崩額(除却等)	△×××	△×××	△×××	△×××		△×××
		国庫補助金等特別積立金積立額						
		災害損失						
		事業区分間繰入金費用						
		事業区分間固定資産移管費用						
		その他の特別損失						
		特別費用計(9)						
		特別増減差額(10)＝(8)－(9)						
		当期活動増減差額(11)＝(7)＋(10)						
繰越活動増減差額の部		前期繰越活動増減差額(12)						
		当期末繰越活動増減差額(13)＝(11)＋(12)						
		基本金取崩額(14)						
		その他の積立金取崩額(15)						
		その他の積立金積立額(16)						
		次期繰越活動増減差額 (17)＝(13)＋(14)＋(15)－(16)						

※　本様式は、勘定科目の大区分のみを記載するが、必要のないものは省略することができる。ただし追加・修正はできないものとする。

第二号第三様式（第二十三条第四項関係）

(何)事業区分　事業活動内訳表

(自)令和　年　月　日　(至)令和　年　月　日

(単位：円)

勘定科目			(何)拠点	(何)拠点	(何)拠点	合計	内部取引消去	事業区分合計
サービス活動増減の部	収益	介護保険事業収益						
		老人福祉事業収益						
		児童福祉事業収益						
		保育事業収益						
		就労支援事業収益						
		障害福祉サービス等事業収益						
		生活保護事業収益						
		医療事業収益						
		退職共済事業収益						
		(何)事業収益						
		(何)収益						
		経常経費寄附金収益						
		その他の収益						
		サービス活動収益計(1)						
	費用	人件費						
		事業費						
		事務費						
		就労支援事業費用						
		授産事業費用						
		退職共済事業費用						
		(何)費用						
		利用者負担軽減額						
		減価償却費						
		国庫補助金等特別積立金取崩額	△×××	△×××	△×××	△×××		△×××
		貸倒損失額						
		貸倒引当金繰入						
		徴収不能額						
		徴収不能引当金繰入						
		その他の費用						
		サービス活動費用計(2)						
		サービス活動増減差額(3)=(1)-(2)						
サービス活動外増減の部	収益	借入金利息補助金収益						
		受取利息配当金収益						
		社会福祉連携推進業務貸付金受取利息収益						
		有価証券評価益						
		有価証券売却益						
		基本財産評価益						
		投資有価証券評価益						
		投資有価証券売却益						
		積立資産評価益						
		その他のサービス活動外収益						
		サービス活動外収益計(4)						
	費用	支払利息						
		社会福祉連携推進業務借入金支払利息						
		有価証券評価損						
		有価証券売却損						
		基本財産評価損						
		投資有価証券評価損						
		投資有価証券売却損						
		積立資産評価損						
		その他のサービス活動外費用						
		サービス活動外費用計(5)						
		サービス活動外増減差額(6)=(4)-(5)						
		経常増減差額(7)=(3)+(6)						
特別増減の部	収益	施設整備等補助金収益						
		施設整備等寄附金収益						
		長期運営資金借入金元金償還寄附金収益						
		固定資産受贈額						
		固定資産売却益						
		事業区分間繰入金収益						
		拠点区分間繰入金収益						
		事業区分間固定資産移管収益						
		拠点区分間固定資産移管収益						
		その他の特別収益						
		特別収益計(8)						
	費用	基本金組入額						
		資産評価損						
		固定資産売却損・処分損						
		国庫補助金等特別積立金取崩額(除却等)	△×××	△×××	△×××	△×××		△×××
		国庫補助金等特別積立金積立額						
		災害損失						
		事業区分間繰入金費用						
		拠点区分間繰入金費用						
		事業区分間固定資産移管費用						
		拠点区分間固定資産移管費用						
		その他の特別損失						
		特別費用計(9)						
		特別増減差額(10)=(8)-(9)						
		当期活動増減差額(11)=(7)+(10)						
繰越活動増減差額の部		前期繰越活動増減差額(12)						
		当期末繰越活動増減差額(13)=(11)+(12)						
		基本金取崩額(14)						
		その他の積立金取崩額(15)						
		その他の積立金積立額(16)						
		次期繰越活動増減差額(17)=(13)+(14)+(15)-(16)						

※　本様式は、勘定科目の大区分のみを記載するが、必要のないものは省略することができる。ただし追加・修正はできないものとする。

第二号第四様式(第二十三条第四項関係)

(何)拠点区分　事業活動計算書

(自)令和　年　月　日　(至)令和　年　月　日

(単位：円)

勘定科目			当年度決算(A)	前年度決算(B)	増減(A)－(B)
サービス活動増減の部	収益	介護保険事業収益			
		施設介護料収益			
		介護報酬収益			
		利用者負担金収益(公費)			
		利用者負担金収益(一般)			
		居宅介護料収益			
		(介護報酬収益)			
		介護報酬収益			
		介護予防報酬収益			
		(利用者負担金収益)			
		介護負担金収益(公費)			
		介護負担金収益(一般)			
		介護予防負担金収益(公費)			
		介護予防負担金収益(一般)			
		地域密着型介護料収益			
		(介護報酬収益)			
		介護報酬収益			
		介護予防報酬収益			
		(利用者負担金収益)			
		介護負担金収益(公費)			
		介護負担金収益(一般)			
		介護予防負担金収益(公費)			
		介護予防負担金収益(一般)			
		居宅介護支援介護料収益			
		居宅介護支援介護料収益			
		介護予防支援介護料収益			
		介護予防・日常生活支援総合事業収益			
		事業費収益			
		事業負担金収益(公費)			
		事業負担金収益(一般)			
		利用者等利用料収益			
		施設サービス利用料収益			
		居宅介護サービス利用料収益			
		地域密着型介護サービス利用料収益			
		食費収益(公費)			
		食費収益(一般)			
		食費収益(特定)			
		居住費収益(公費)			
		居住費収益(一般)			
		居住費収益(特定)			
		介護予防・日常生活支援総合事業利用料収益			
		その他の利用料収益			
		その他の事業収益			
		補助金事業収益(公費)			
		補助金事業収益(一般)			
		市町村特別事業収益(公費)			
		市町村特別事業収益(一般)			
		受託事業収益(公費)			
		受託事業収益(一般)			
		その他の事業収益			
		(保険等査定減)			
		老人福祉事業収益			
		措置事業収益			
		事務費収益			
		事業費収益			
		その他の利用料収益			
		その他の事業収益			
		運営事業収益			
		管理費収益			
		その他の利用料収益			
		補助金事業収益(公費)			
		補助金事業収益(一般)			
		その他の事業収益			
		その他の事業収益			
		管理費収益			
		その他の利用料収益			

　　　　その他の事業収益
　　児童福祉事業収益
　　　措置費収益
　　　　事務費収益
　　　　事業費収益
　　　私的契約利用料収益
　　　その他の事業収益
　　　　補助金事業収益(公費)
　　　　補助金事業収益(一般)
　　　　受託事業収益(公費)
　　　　受託事業収益(一般)
　　　　その他の事業収益
　　保育事業収益
　　　施設型給付費収益
　　　　施設型給付費収益
　　　　利用者負担金収益
　　　特例施設型給付費収益
　　　　特例施設型給付費収益
　　　　利用者負担金収益
　　　地域型保育給付費収益
　　　　地域型保育給付費収益
　　　　利用者負担金収益
　　　特例地域型保育給付費収益
　　　　特例地域型保育給付費収益
　　　　利用者負担金収益
　　　委託費収益
　　　利用者等利用料収益
　　　　利用者等利用料収益(公費)
　　　　利用者等利用料収益(一般)
　　　　その他の利用料収益
　　　私的契約利用料収益
　　　その他の事業収益
　　　　補助金事業収益(公費)
　　　　補助金事業収益(一般)
　　　　受託事業収益(公費)
　　　　受託事業収益(一般)
　　　　その他の事業収益
　　就労支援事業収益
　　　(何)事業収益
　　障害福祉サービス等事業収益
　　　自立支援給付費収益
　　　　介護給付費収益
　　　　特例介護給付費収益
　　　　訓練等給付費収益
　　　　特例訓練等給付費収益
　　　　地域相談支援給付費収益
　　　　特例地域相談支援給付費収益
　　　　計画相談支援給付費収益
　　　　特例計画相談支援給付費収益
　　　障害児施設給付費収益
　　　　障害児通所給付費収益
　　　　特例障害児通所給付費収益
　　　　障害児入所給付費収益
　　　　障害児相談支援給付費収益
　　　　特例障害児相談支援給付費収益
　　　利用者負担金収益
　　　補足給付費収益
　　　　特定障害者特別給付費収益
　　　　特例特定障害者特別給付費収益
　　　　特定入所障害児食費等給付費収益
　　　特定費用収益
　　　その他の事業収益
　　　　補助金事業収益(公費)
　　　　補助金事業収益(一般)
　　　　受託事業収益(公費)
　　　　受託事業収益(一般)
　　　　その他の事業収益
　　　(保険等査定減)
　　生活保護事業収益
　　　措置費収益
　　　　事務費収益

	事業費収益			
	授産事業収益			
	(何)事業収益			
	利用者負担金収益			
	その他の事業収益			
	補助金事業収益(公費)			
	補助金事業収益(一般)			
	受託事業収益(公費)			
	受託事業収益(一般)			
	その他の事業収益			
	医療事業収益			
	入院診療収益(公費)			
	入院診療収益(一般)			
	室料差額収益			
	外来診療収益(公費)			
	外来診療収益(一般)			
	保健予防活動収益			
	受託検査・施設利用収益			
	訪問看護療養費収益(公費)			
	訪問看護療養費収益(一般)			
	訪問看護利用料収益			
	訪問看護基本利用料収益			
	訪問看護その他の利用料収益			
	その他の医療事業収益			
	補助金事業収益(公費)			
	補助金事業収益(一般)			
	受託事業収益(公費)			
	受託事業収益(一般)			
	その他の医業収益			
	(保険等査定減)			
	退職共済事業収益			
	事務費収益			
	(何)事業収益			
	(何)事業収益			
	その他の事業収益			
	補助金事業収益(公費)			
	補助金事業収益(一般)			
	受託事業収益(公費)			
	受託事業収益(一般)			
	その他の事業収益			
	(何)収益			
	(何)収益			
	経常経費寄附金収益			
	その他の収益			
	サービス活動収益計(1)			
費用	人件費			
	役員報酬			
	役員退職慰労金			
	役員退職慰労引当金繰入			
	職員給料			
	職員賞与			
	賞与引当金繰入			
	非常勤職員給与			
	派遣職員費			
	退職給付費用			
	法定福利費			
	事業費			
	給食費			
	介護用品費			
	医薬品費			
	診療・療養等材料費			
	保健衛生費			
	医療費			
	被服費			
	教養娯楽費			
	日用品費			
	保育材料費			
	本人支給金			
	水道光熱費			
	燃料費			
	消耗器具備品費			

勘定科目			
保険料			
賃借料			
教育指導費			
就職支度費			
葬祭費			
車輌費			
棚卸資産評価損			
(何)費			
雑費			
事務費			
福利厚生費			
職員被服費			
旅費交通費			
研修研究費			
事務消耗品費			
印刷製本費			
水道光熱費			
燃料費			
修繕費			
通信運搬費			
会議費			
広報費			
業務委託費			
手数料			
保険料			
賃借料			
土地・建物賃借料			
租税公課			
保守料			
渉外費			
諸会費			
(何)費			
雑費			
就労支援事業費用			
就労支援事業販売原価			
期首製品(商品)棚卸高			
当期就労支援事業製造原価			
当期就労支援事業仕入高			
期末製品(商品)棚卸高			
就労支援事業販管費			
授産事業費用			
(何)事業費			
退職共済事業費用			
事務費			
(何)費用			
利用者負担軽減額			
減価償却費			
国庫補助金等特別積立金取崩額	△×××	△×××	
貸倒損失額			
貸倒引当金繰入			
徴収不能額			
徴収不能引当金繰入			
その他の費用			
サービス活動費用計(2)			
サービス活動増減差額(3)＝(1)－(2)			
借入金利息補助金収益			
受取利息配当金収益			
社会福祉連携推進業務貸付金受取利息収益			
有価証券評価益			
有価証券売却益			
基本財産評価益			
投資有価証券評価益			
投資有価証券売却益			
積立資産評価益			
その他のサービス活動外収益			
受入研修費収益			
利用者等外給食収益			
為替差益			
退職共済事業管理資産評価益			
退職共済預り金戻入額			
雑収益			

（左端縦書き見出し：サービス活／収益）

区分		勘定科目			
サービス活動外増減の部		サービス活動外収益計(4)			
	費用	支払利息 社会福祉連携推進業務借入金支払利息 有価証券評価損 有価証券売却損 基本財産評価損 投資有価証券評価損 投資有価証券売却損 積立資産評価損 その他のサービス活動外費用 　利用者等外給食費 　為替差損 　退職共済事業管理資産評価損 　退職共済預り金繰入額 　雑損失			
		サービス活動外費用計(5)			
		サービス活動外増減差額(6)＝(4)－(5)			
		経常増減差額(7)＝(3)＋(6)			
特別増減の部	収益	施設整備等補助金収益 　施設整備等補助金収益 　設備資金借入金元金償還補助金収益 施設整備等寄附金収益 　施設整備等寄附金収益 　設備資金借入金元金償還寄附金収益 長期運営資金借入金元金償還寄附金収益 固定資産受贈額 　(何)受贈額 固定資産売却益 　車輌運搬具売却益 　器具及び備品売却益 　(何)売却益 事業区分間繰入金収益 拠点区分間繰入金収益 事業区分間固定資産移管収益 拠点区分間固定資産移管収益 その他の特別収益 　貸倒引当金戻入益 　徴収不能引当金戻入益			
		特別収益計(8)			
	費用	基本金組入額 資産評価損 固定資産売却損・処分損 　建物売却損・処分損 　車輌運搬具売却損・処分損 　器具及び備品売却損・処分損 　その他の固定資産売却損・処分損 国庫補助金等特別積立金取崩額(除却等) 国庫補助金等特別積立金積立額 災害損失 事業区分間繰入金費用 拠点区分間繰入金費用 事業区分間固定資産移管費用 拠点区分間固定資産移管費用 その他の特別損失	△×××	△×××	
		特別費用計(9)			
		特別増減差額(10)＝(8)－(9)			
		当期活動増減差額(11)＝(7)＋(10)			
繰越活動増減差額の部		前期繰越活動増減差額(12)			
		当期末繰越活動増減差額(13)＝(11)＋(12)			
		基本金取崩額(14)			
		その他の積立金取崩額(15)			
		(何)積立金取崩額			
		その他の積立金積立額(16)			
		(何)積立金積立額			
		次期繰越活動増減差額(17)＝(13)＋(14)＋(15)－(16)			

※　本様式は、勘定科目の小区分までを記載し、必要のない勘定科目は省略できるものとする。
※　勘定科目の中区分についてはやむを得ない場合、小区分については適当な科目を追加できるものとする。
　なお、小区分を更に区分する必要がある場合には、小区分の下に適当な科目を設けて処理することができるものとする。

第三号第一様式（第二十七条第四項関係）

第三号第一様式(第二十七条第四項関係)

法人単位貸借対照表

令和　年　月　日現在

（単位：円）

資　産　の　部				負　債　の　部			
	当年度末	前年度末	増減		当年度末	前年度末	増減
流動資産				流動負債			
現金預金				短期運営資金借入金			
有価証券				事業未払金			
事業未収金				その他の未払金			
未収金				支払手形			
未収補助金				社会福祉連携推進業務短期運営			
未収収益				資金借入金			
受取手形				役員等短期借入金			
貯蔵品				1年以内返済予定社会福祉連携推			
医薬品				進業務設備資金借入金			
診療・療養費等材料				1年以内返済予定設備資金借入金			
給食用材料				1年以内返済予定社会福祉連携推			
商品・製品				進業務長期運営資金借入金			
仕掛品				1年以内返済予定長期運営資金借			
原材料				入金			
立替金				1年以内返済予定リース債務			
前払金				1年以内返済予定役員等長期借入			
前払費用				金			
1年以内回収予定社会福祉連携推				1年以内支払予定長期未払金			
進業務長期貸付金				未払費用			
1年以内回収予定長期貸付金				預り金			
社会福祉連携推進業務短期貸付				職員預り金			
金				前受金			
短期貸付金				前受収益			
仮払金				仮受金			
その他の流動資産				賞与引当金			
貸倒引当金	△×××	△×××		その他の流動負債			
徴収不能引当金	△×××	△×××					
固定資産				固定負債			
基本財産				社会福祉連携推進業務設備資金			
土地				借入金			
建物				設備資金借入金			
建物減価償却累計額	△×××	△×××		社会福祉連携推進業務長期運営			
定期預金				資金借入金			
投資有価証券				長期運営資金借入金			
				リース債務			
その他の固定資産				役員等長期借入金			
土地				退職給付引当金			
建物				役員退職慰労引当金			
構築物				長期未払金			
機械及び装置				長期預り金			
車輌運搬具				退職共済預り金			
器具及び備品				その他の固定負債			
建設仮勘定							
有形リース資産				負債の部合計			
(何)減価償却累計額	△×××	△×××		純　資　産　の　部			
権利				基本金			
ソフトウェア				国庫補助金等特別積立金			
無形リース資産				その他の積立金			
投資有価証券				(何)積立金			
社会福祉連携推進業務長期貸				次期繰越活動増減差額			
付金				（うち当期活動増減差額）			
長期貸付金							
退職給付引当資産							
長期預り金積立資産							
退職共済事業管理資産							
(何)積立資産							
差入保証金							
長期前払費用							
その他の固定資産							
貸倒引当金	△×××	△×××					
徴収不能引当金	△×××	△×××					
				純資産の部合計			
資産の部合計				負債及び純資産の部合計			

※　本様式は、勘定科目の大区分及び中区分を記載するが、必要のない中区分の勘定科目は省略することができる。
※　勘定科目の中区分についてはやむを得ない場合、適当な科目を追加できるものとする。

第三号第二様式（第二十七条第四項関係）

第三号第二様式(第二十七条第四項関係)

貸借対照表内訳表

令和　年　月　日現在

(単位：円)

勘定科目	社会福祉事業	公益事業	収益事業	合計	内部取引消去	法人合計
流動資産						
現金預金						
有価証券						
事業未収金						
未収金						
未収補助金						
未収収益						
受取手形						
貯蔵品						
医薬品						
診療・療養費等材料						
給食用材料						
商品・製品						
仕掛品						
原材料						
立替金						
前払金						
前払費用						
1年以内回収予定社会福祉連携推進業務長期貸付金						
1年以内回収予定長期貸付金						
1年以内回収予定事業区分間長期貸付金						
社会福祉連携推進業務短期貸付金						
短期貸付金						
事業区分間貸付金						
仮払金						
その他の流動資産						
貸倒引当金	△×××	△×××	△×××	△×××		△×××
徴収不能引当金	△×××	△×××	△×××	△×××		△×××
固定資産						
基本財産						
土地						
建物						
建物減価償却累計額	△×××	△×××	△×××	△×××		△×××
定期預金						
投資有価証券						
その他の固定資産						
土地						
建物						
構築物						
機械及び装置						
車輌運搬具						
器具及び備品						
建設仮勘定						
有形リース資産						
(何)減価償却累計額	△×××	△×××	△×××	△×××		△×××
権利						
ソフトウェア						
無形リース資産						
投資有価証券						
社会福祉連携推進業務長期貸付金						
長期貸付金						
事業区分間長期貸付金						
退職給付引当資産						

長期預り金積立資産						
退職共済事業管理資産						
(何)積立資産						
差入保証金						
長期前払費用						
その他の固定資産						
貸倒引当金	△×××	△×××	△×××	△×××		△×××
徴収不能引当金	△×××	△×××	△×××	△×××		△×××
資産の部合計						
流動負債						
短期運営資金借入金						
事業未払金						
その他の未払金						
支払手形						
社会福祉連携推進業務短期運営資金借入金						
役員等短期借入金						
1年以内返済予定社会福祉連携推進業務設備資金借入金						
1年以内返済予定設備資金借入金						
1年以内返済予定社会福祉連携推進業務長期運営資金借入金						
1年以内返済予定長期運営資金借入金						
1年以内返済予定リース債務						
1年以内返済予定役員等長期借入金						
1年以内返済予定事業区分間長期借入金						
1年以内支払予定長期未払金						
未払費用						
預り金						
職員預り金						
前受金						
前受収益						
事業区分間借入金						
仮受金						
賞与引当金						
その他の流動負債						
固定負債						
社会福祉連携推進業務設備資金借入金						
設備資金借入金						
社会福祉連携推進業務長期運営資金借入金						
長期運営資金借入金						
リース債務						
役員等長期借入金						
事業区分間長期借入金						
退職給付引当金						
役員退職慰労引当金						
長期未払金						
長期預り金						
退職共済預り金						
その他の固定負債						
負債の部合計						
基本金						
国庫補助金等特別積立金						
その他の積立金						
(何)積立金						
次期繰越活動増減差額						
(うち当期活動増減差額)						
純資産の部合計						
負債及び純資産の部合計						

※ 本様式は、勘定科目の大区分及び中区分を記載するが、必要のない中区分の勘定科目は省略することができる。

※ 勘定科目の中区分についてはやむを得ない場合、適当な科目を追加できるものとする。

第三号第三様式(第二十七条第四項関係)

(何)事業区分　貸借対照表内訳表

令和　年　月　日現在

(単位：円)

勘定科目	(何)拠点	(何)拠点	(何)拠点	合計	内部取引消去	事業区分計
流動資産						
現金預金						
有価証券						
事業未収金						
未収金						
未収補助金						
未収収益						
受取手形						
貯蔵品						
医薬品						
診療・療養費等材料						
給食用材料						
商品・製品						
仕掛品						
原材料						
立替金						
前払金						
前払費用						
1年以内回収予定社会福祉連携推進業務						
長期貸付金						
1年以内回収予定長期貸付金						
1年以内回収予定事業区分間長期貸付金						
1年以内回収予定拠点区分間長期貸付金						
社会福祉連携推進業務短期貸付金						
短期貸付金						
事業区分間貸付金						
拠点区分間貸付金						
仮払金						
その他の流動資産						
貸倒引当金	△×××	△×××	△×××	△×××		△×××
徴収不能引当金	△×××	△×××	△×××	△×××		△×××
固定資産						
基本財産						
土地						
建物						
建物減価償却累計額	△×××	△×××	△×××	△×××		△×××
定期預金						
投資有価証券						
その他の固定資産						
土地						
建物						
構築物						
機械及び装置						
車輌運搬具						
器具及び備品						
建設仮勘定						
有形リース資産						
(何)減価償却累計額	△×××	△×××	△×××	△×××		△×××
権利						
ソフトウェア						
無形リース資産						
投資有価証券						
社会福祉連携推進業務長期貸付金						
長期貸付金						
事業区分間長期貸付金						
拠点区分間長期貸付金						
退職給付引当資産						

科目						
長期預り金積立資産						
退職共済事業管理資産						
(何)積立資産						
差入保証金						
長期前払費用						
その他の固定資産						
貸倒引当金	△×××	△×××	△×××	△×××		△×××
徴収不能引当金	△×××	△×××	△×××	△×××		△×××
資産の部合計						
流動負債						
短期運営資金借入金						
事業未払金						
その他の未払金						
支払手形						
社会福祉連携推進業務短期運営資金借入金						
役員等短期借入金						
1年以内返済予定社会福祉連携推進業務設備資金借入金						
1年以内返済予定設備資金借入金						
1年以内返済予定社会福祉連携推進業務長期運営資金借入金						
1年以内返済予定長期運営資金借入金						
1年以内返済予定リース債務						
1年以内返済予定役員等長期借入金						
1年以内返済予定事業区分間長期借入金						
1年以内返済予定拠点区分間長期借入金						
1年以内支払予定長期未払金						
未払費用						
預り金						
職員預り金						
前受金						
前受収益						
事業区分間借入金						
拠点区分間借入金						
仮受金						
賞与引当金						
その他の流動負債						
固定負債						
社会福祉連携推進業務設備資金借入金						
設備資金借入金						
社会福祉連携推進業務長期運営資金借入金						
長期運営資金借入金						
リース債務						
役員等長期借入金						
事業区分間長期借入金						
拠点区分間長期借入金						
退職給付引当金						
役員退職慰労引当金						
長期未払金						
長期預り金						
退職共済預り金						
その他の固定負債						
負債の部合計						
基本金						
国庫補助金等特別積立金						
その他の積立金						
(何)積立金						
次期繰越活動増減差額						
(うち当期活動増減差額)						
純資産の部合計						
負債及び純資産の部合計						

※ 本様式は、勘定科目の大区分及び中区分を記載するが、必要のない中区分の勘定科目は省略することができる。
※ 勘定科目の中区分についてはやむを得ない場合、適当な科目を追加できるものとする。

第三号第四様式（第二十七条第四項関係）

第三号第四様式(第二十七条第四項関係)

(何)拠点区分　貸借対照表

令和　年　月　日現在

(単位：円)

資　産　の　部				負　債　の　部			
	当年度末	前年度末	増減		当年度末	前年度末	増減
流動資産				流動負債			
現金預金				短期運営資金借入金			
有価証券				事業未払金			
事業未収金				その他の未払金			
未収金				支払手形			
未収補助金				社会福祉連携推進業務短期運営			
未収収益				資金借入金			
受取手形				役員等短期借入金			
貯蔵品				1年以内返済予定社会福祉連携推			
医薬品				進業務設備資金借入金			
診療・療養費等材料				1年以内返済予定設備資金借入金			
給食用材料				1年以内返済予定社会福祉連携推			
商品・製品				進業務長期運営資金借入金			
仕掛品				1年以内返済予定長期運営資金借			
原材料				入金			
立替金				1年以内返済予定リース債務			
前払金				1年以内返済予定役員等長期借入			
前払費用				金			
1年以内回収予定社会福祉連携推				1年以内返済予定事業区分間長期			
進業務長期貸付金				借入金			
1年以内回収予定長期貸付金				1年以内返済予定拠点区分間長期			
1年以内回収予定事業区分間長期				借入金			
貸付金				1年以内支払予定長期未払金			
1年以内回収予定拠点区分間長期				未払費用			
貸付金				預り金			
社会福祉連携推進業務短期貸付				職員預り金			
金				前受金			
短期貸付金				前受収益			
事業区分間貸付金				事業区分間借入金			
拠点区分間貸付金				拠点区分間借入金			
仮払金				仮受金			
その他の流動資産				賞与引当金			
貸倒引当金	△×××	△×××		その他の流動負債			
徴収不能引当金	△×××	△×××					
固定資産				固定負債			
基本財産				社会福祉連携推進業務設備資金			
土地				借入金			
建物				設備資金借入金			
建物減価償却累計額	△×××	△×××		社会福祉連携推進業務長期運営			
定期預金				資金借入金			
投資有価証券				長期運営資金借入金			
その他の固定資産				リース債務			
土地				役員等長期借入金			
建物				事業区分間長期借入金			
構築物				拠点区分間長期借入金			
機械及び装置				退職給付引当金			
車輌運搬具				役員退職慰労引当金			
器具及び備品				長期未払金			
建設仮勘定				長期預り金			
有形リース資産				退職共済預り金			
(何)減価償却累計額	△×××	△×××		その他の固定負債			
権利				負債の部合計			
ソフトウェア				純　資　産　の　部			
無形リース資産				基本金			
投資有価証券				国庫補助金等特別積立金			
社会福祉連携推進業務長期貸				その他の積立金			
付金				(何)積立金			
長期貸付金				次期繰越活動増減差額			
事業区分間長期貸付金				(うち当期活動増減差額)			
拠点区分間長期貸付金							
退職給付引当資産							
長期預り金積立資産							
退職共済事業管理資産							
(何)積立資産							
差入保証金							
長期前払費用							
その他の固定資産							
貸倒引当金	△×××	△×××					
徴収不能引当金	△×××	△×××		純資産の部合計			
資産の部合計				負債及び純資産の部合計			

※　本様式は、勘定科目の大区分及び中区分を記載するが、必要のない中区分の勘定科目は省略することができる。
※　勘定科目の中区分についてはやむを得ない場合、適当な科目を追加できるものとする。

改正後全文

雇児発 0331 第 15 号
社援発 0331 第 39 号
老　発 0331 第 45 号
平成 28 年 3 月 31 日

一　部　改　正
雇児発 1111 第 3 号
社援発 1111 第 5 号
老　発 1111 第 6 号
平成 28 年 11 月 11 日

一　部　改　正
子　発 0320 第 4 号
社援発 0320 第 6 号
老　発 0320 第 5 号
平成 30 年 3 月 20 日

一　部　改　正
子　発 0329 第 11 号
社援発 0329 第 33 号
老　発 0329 第 17 号
平成 31 年 3 月 29 日

一　部　改　正
子　発 0911 第 1 号
社援発 0911 第 1 号
老　発 0911 第 1 号
令和 2 年 9 月 11 日

一　部　改　正
子　発 1112 第 1 号
社援発 1112 第 3 号
老　発 1112 第 1 号
令和 3 年 11 月 12 日

都道府県知事
各　指定都市市長　殿
　　　中核市市長

　　　　　　　　　　　　　　　厚生労働省雇用均等・児童家庭局長

　　　　　　　　　　　　　　　厚生労働省社会・援護局長

　　　　　　　　　　　　　　　厚生労働省老健局長
　　　　　　　　　　　　　　　（公　印　省　略）

　　　社会福祉法人会計基準の制定に伴う会計処理等に関する運用上の
　　　取扱いについて

　今般、社会福祉法人の会計処理の基準については、「社会福祉法人会計基準」
（平成 28 年厚生労働省令第 79 号）により示されたところであるが、その円滑
な実施のため、別紙のとおり、社会福祉法人における計算書類及びその附属明
細書並びに財産目録の作成にかかる会計処理等の運用に関する取扱いを定めた
ので、貴管内社会福祉法人に対し周知徹底を図っていただくとともに、都道府
県におかれては、貴管内の市（指定都市及び中核市を除き、特別区を含む。）に
対し周知を図るようご配慮願いたい。
　本通知の制定にあたり、「社会福祉法人会計基準の制定について」（平成 23 年
7 月 27 日雇児発 0727 第 1 号・社援発 0727 第 1 号・老発 0727 第 1 号、厚生労
働省雇用均等・児童家庭局長、厚生労働省社会・援護局長、厚生労働省老健局
長通知）は廃止する。
　なお、平成 28 年度決算にかかる計算書類及びその附属明細書並びに財産目録
の作成については、「26 財産目録」別紙４を除き従前の例によるものとする。

社会福祉法人会計基準の運用上の取り扱い

＊社会福祉法人会計基準（平成 28 年厚生労働省令第 79 号）を以下、会計基準省令と呼称する。

1　重要性の原則の適用について（会計基準省令第 2 条第 1 項第 4 号関係）

重要性の原則の適用例としては、次のようなものがある。

（1）消耗品、貯蔵品等のうち、重要性が乏しいものについては、その買入時又は払出時に費用として処理する方法を採用することができる。

（2）保険料、賃借料、受取利息配当金、借入金利息、法人税等にかかる前払金、未払金、未収金、前受金等のうち重要性の乏しいもの、または毎会計年度経常的に発生しその発生額が少額なものについては、前払金、未払金、未収金、前受金等を計上しないことができる。

（3）引当金のうち、重要性の乏しいものについては、これを計上しないことができる。

（4）取得価額と債券金額との差額について重要性が乏しい満期保有目的の債券については、償却原価法を適用しないことができる。

（5）ファイナンス・リース取引について、取得したリース物件の価額に重要性が乏しい場合、通常の賃貸借取引に係る方法に準じて会計処理を行うことができる。

（6）法人税法上の収益事業に係る課税所得の額に重要性が乏しい場合、税効果会計を適用しないで、繰延税金資産又は繰延税金負債を計上しないことができる。

なお、財産目録の表示に関しても重要性の原則が適用される。

2　拠点区分の方法について（会計基準省令第 10 条第 1 項関係）

拠点区分は、原則として、予算管理の単位とし、一体として運営される施設、事業所又は事務所をもって 1 つの拠点区分とする。具体的な区分については、法令上の事業種別、事業内容及び実施する事業の会計管理の実態を勘案して区分を設定するものとする。

3　サービス区分の方法について（会計基準省令第 10 条第 2 項関係）

サービス区分は、その拠点で実施する複数の事業について法令等の要請により会計を区分して把握すべきものとされているものについて区分を設定するものとする。例えば、以下のようなものがある。

（1）指定居宅サービス等の事業の人員、設備及び運営に関する基準その他介護保険事業の運営に関する基準における会計の区分

（2）障害者の日常生活及び社会生活を総合的に支援するための法律に基づく指定障害福祉サービスの事業等の人員、設備及び運営に関する基準における会計の区分

（3）子ども・子育て支援法に基づく特定教育・保育施設及び特定地域型保育事業並びに特定子ども・子育て支援施設等の運営に関する基準における会計の区分

また、その他の事業については、法人の定款に定める事業ごとに区分するものとする。サービス区分を設定する場合には、拠点区分資金収支明細書（別紙3（⑩））及び拠点区分事業活動明細書（別紙3（⑪））を作成するものとし、またサービス区分を予算管理の単位とすることができるものとする。

4 内部取引の相殺消去について（会計基準省令第11条関係）

社会福祉法人が有する事業区分間、拠点区分間において生ずる内部取引について、異なる事業区分間の取引を事業区分間取引とし、同一事業区分内の拠点区分間の取引を拠点区分間取引という。同一拠点区分内のサービス区分間の取引をサービス区分間取引という。

事業区分間取引により生じる内部取引高は、資金収支内訳表及び事業活動内訳表において相殺消去するものとする。当該社会福祉法人の事業区分間における内部貸借取引の残高は、貸借対照表内訳表において相殺消去するものとする。

また、拠点区分間取引により生じる内部取引高は、事業区分資金収支内訳表及び事業区分事業活動内訳表において相殺消去するものとする。当該社会福祉法人の拠点区分間における内部貸借取引の残高は、事業区分貸借対照表内訳表において相殺消去するものとする。

なお、サービス区分間取引により生じる内部取引高は、拠点区分資金収支明細書（別紙3（⑩））及び拠点区分事業活動明細書（別紙3（⑪））において相殺消去するものとする。

5 支払資金について（会計基準省令第13条関係）

資金収支計算書の支払資金とは、経常的な支払準備のために保有する現金及び預貯金、短期間のうちに回収されて現金又は預貯金になる未収金、立替金、有価証券等及び短期間のうちに事業活動支出として処理される前払金、仮払金等の流動資産並びに短期間のうちに現金又は預貯金によって決済される未払金、預り金、短期運営資金借入金等及び短期間のうちに事業活動収入として処理される前受金等の流動負債をいう。ただし、支払資金としての流動資産及び流動負債には、1年基準により固定資産又は固定負債から振替えられたもの、引当金並びに棚卸資産（貯蔵品を除く。）を除くものとする。支払資金の残高は、これらの流動資産と流動負債の差額をいう。

6 資産及び負債の流動と固定の区分について（会計基準省令第26条第1項関係）

未収金、前払金、未払金、前受金等の経常的な取引によって発生した債権債務は、流動資産または流動負債に属するものとする。

ただし、これらの債権のうち、破産債権、更生債権等で1年以内に回収されないことが明らかなものは固定資産に属するものとする。

貸付金、借入金等の経常的な取引以外の取引によって発生した債権債務については、

貸借対照表日の翌日から起算して1年以内に入金又は支払の期限が到来するものは流動資産又は流動負債に属するものとし、入金又は支払の期限が1年を超えて到来するものは固定資産又は固定負債に属するものとする。

　現金及び預貯金は、原則として流動資産に属するものとするが、特定の目的で保有する預貯金は、固定資産に属するものとする。ただし、当該目的を示す適当な科目で表示するものとする。

7　共通支出及び共通費用の配分について（会計基準省令第14条第2項、第20条第2項関係）

　資金収支計算及び事業活動計算を行うに当たって、人件費、水道光熱費、減価償却費等、事業区分又は拠点区分又はサービス区分に共通する支出及び費用については、合理的な基準に基づいて配分することになるが、その配分基準は、支出及び費用の項目ごとに、その発生に最も密接に関連する量的基準(例えば、人数、時間、面積等による基準、又はこれらの2つ以上の要素を合わせた複合基準)を選択して適用する。

　一度選択した配分基準は、状況の変化等により当該基準を適用することが不合理であると認められるようになった場合を除き、継続的に適用するものとする。

　なお、共通する収入及び収益がある場合には、同様の取扱いをするものとする。

8　リース取引に関する会計（会計基準省令第4条第1項関係）

　1　リース取引に係る会計処理は、原則として以下のとおりとする。

　　（1）「ファイナンス・リース取引」とは、リース契約に基づくリース期間の中途において当該契約を解除することができないリース取引又はこれに準ずるリース取引で、借手が、当該契約に基づき使用する物件（以下「リース物件」という。）からもたらされる経済的利益を実質的に享受することができ、かつ、当該リース物件の使用に伴って生じるコストを実質的に負担することとなるリース取引をいう。

　　　　また、「オペレーティング・リース取引」とは、ファイナンス・リース取引以外のリース取引をいう。

　　（2）ファイナンス・リース取引については、原則として、通常の売買取引に係る方法に準じて会計処理を行うものとする。

　　（3）ファイナンス・リース取引のリース資産については、原則として、有形固定資産、無形固定資産ごとに、一括してリース資産として表示する。ただし、有形固定資産又は無形固定資産に属する各科目に含めることもできるものとする。

　　（4）オペレーティング・リース取引については通常の賃貸借取引に係る方法に準じて会計処理を行うものとする。

　　（5）ファイナンス・リース取引におけるリース資産の取得価額及びリース債務の計上額については、原則として、リース料総額から利息相当額を控除するものとする。

2　利息相当額をリース期間中の各期に配分する方法は、原則として、利息法（各期の支払利息相当額をリース債務の未返済元本残高に一定の利率を乗じて算定する方法）によるものとする。

3　リース取引については、以下の項目を計算書類に注記するものとする。ただし、重要性が乏しい場合には、注記を要しない。

（1）ファイナンス・リース取引の場合、リース資産について、その内容（主な資産の種類等）及び減価償却の方法を注記する。

（2）オペレーティング・リース取引のうち解約不能のものに係る未経過リース料は、貸借対照表日後1年以内のリース期間に係るものと、貸借対照表日後1年を超えるリース期間に係るものとに区分して注記する。

9　国庫補助金等特別積立金の取崩しについて（会計基準省令第6条第2項、第22条第1項及び第4項関係）

国庫補助金等特別積立金は、施設及び設備の整備のために国又は地方公共団体等から受領した国庫補助金等に基づいて積み立てられたものであり、当該国庫補助金等の目的は、社会福祉法人の資産取得のための負担を軽減し、社会福祉法人が経営する施設等のサービス提供者のコスト負担を軽減することを通して、利用者の負担を軽減することである。

したがって、国庫補助金等特別積立金は、毎会計年度、国庫補助金等により取得した資産の減価償却費等により事業費用として費用配分される額の国庫補助金等の当該資産の取得原価に対する割合に相当する額を取り崩し、事業活動計算書のサービス活動費用に控除項目として計上しなければならない。

また、国庫補助金等特別積立金の積立ての対象となった基本財産等が廃棄され又は売却された場合には、当該資産に相当する国庫補助金等特別積立金の額を取崩し、事業活動計算書の特別費用に控除項目として計上しなければならない。

10　国庫補助金等特別積立金への積立てについて（会計基準省令第6条第2項、第22条第4項関係）

会計基準省令第6条第2項に規定する国庫補助金等特別積立金として以下のものを計上する。

（1）施設及び設備の整備のために国及び地方公共団体等から受領した補助金、助成金及び交付金等を計上するものとする。

（2）設備資金借入金の返済時期に合わせて執行される補助金等のうち、施設整備時又は設備整備時においてその受領金額が確実に見込まれており、実質的に施設整備事業又は設備整備事業に対する補助金等に相当するものは国庫補助金等特別積立金に計上するものとする。

また、会計基準省令第6条第2項に規定する国庫補助金等特別積立金の積立ては、同

項に規定する国庫補助金等の収益額を事業活動計算書の特別収益に計上した後、その収益に相当する額を国庫補助金等特別積立金積立額として特別費用に計上して行う。

11　基本金への組入れについて（会計基準省令第6条第1項、第22条第4項関係）

会計基準省令第6条第1項に規定する基本金は以下のものとする。

（1）社会福祉法人の設立並びに施設の創設及び増築等のために基本財産等を取得すべきものとして指定された寄附金の額

（2）前号の資産の取得等に係る借入金の元金償還に充てるものとして指定された寄附金の額

（3）施設の創設及び増築時等に運転資金に充てるために収受した寄附金の額

また、基本金への組入れは、同項に規定する寄附金を事業活動計算書の特別収益に計上した後、その収益に相当する額を基本金組入額として特別費用に計上して行う。

12　基本金の取崩しについて（会計基準省令第22条第6項関係）

社会福祉法人が事業の一部又は全部を廃止し、かつ基本金組み入れの対象となった基本財産又はその他の固定資産が廃棄され、又は売却された場合には、当該事業に関して組み入れられた基本金の一部又は全部の額を取り崩し、その金額を事業活動計算書の繰越活動増減差額の部に計上する。

13　外貨建の資産及び負債の決算時における換算について（会計基準省令第4条第1項、第22条第2項関係）

外国通貨、外貨建金銭債権債務（外貨預金を含む。）及び外貨建有価証券等については、原則として、決算時の為替相場による円換算額を付すものとする。

決算時における換算によって生じた換算差額は、原則として、当期の為替差損益として処理する。

14　受贈、交換によって取得した資産について（会計基準省令第4条第1項関係）

（1）通常要する価額と比較して著しく低い価額で取得した資産又は贈与された資産の評価は、取得又は贈与の時における当該資産の取得のために通常要する価額をもって行うものとする。

（2）交換により取得した資産の評価は、交換に対して提供した資産の帳簿価額をもって行うものとする。

15　満期保有目的の債券について（会計基準省令第4条第5項関係）

（1）評価について

満期保有目的の債券を債券金額より低い価額又は高い価額で取得した場合において、取得価額と債券金額との差額の性格が金利の調整と認められるときは、償却

原価法に基づいて算定された価額をもって貸借対照表価額としなければならない。

（２）保有目的の変更について

満期保有目的の債券への分類はその取得当初の意図に基づくものであるので、取得後の満期保有目的の債券への振替は認められない。

満期保有目的の債券に分類している債券のうち、その一部を満期保有目的の債券以外の有価証券への振替又は償還期限前に売却を行った場合には、満期まで保有する意思を変更したものとして、他の満期保有目的債券についても、満期保有目的以外の有価証券に保有目的を変更しなければならない。さらに、当該変更を行った年度及びその翌年度においては、新たに取得した債券を満期保有目的の債券に分類することはできない。ただし、債券の発行者の信用状態の著しい悪化等により、当該債券を保有し続けることによる損失又は不利益が生じることが合理的に見込まれる場合は、満期まで保有する意思を変更したものとはしない。したがって、保有目的の変更を行う必要はない。

16 減価償却について（会計基準省令第４条第２項関係）

（１）減価償却の対象

耐用年数が１年以上、かつ、使用又は時の経過により価値が減ずる有形固定資産及び無形固定資産（ただし、取得価額が少額のものは除く。以下「償却資産」という。）に対して毎期一定の方法により償却計算を行わなければならない。

なお、土地など減価が生じない資産（非償却資産）については、減価償却を行うことができないものとする。

（２）減価償却の方法

減価償却の方法としては、有形固定資産については定額法又は定率法のいずれかの方法で償却計算を行う。

また、ソフトウエア等の無形固定資産については定額法により償却計算を行うものとする。

なお、償却方法は、拠点区分ごと、資産の種類ごとに選択し、適用することができる。

（３）減価償却累計額の表示

有形固定資産（有形リース資産を含む。）に対する減価償却累計額を、当該各資産の金額から直接控除した残額のみを記載する方法（以下「直接法」という。）又は当該各資産科目の控除科目として掲記する方法（以下「間接法」という。）のいずれかによる。間接法の場合は、これらの資産に対する控除科目として一括して表示することも妨げない。

無形固定資産に対する減価償却累計額は直接法により表示する。

17 固定資産の使用価値の見積もりについて（会計基準省令第4条第3項関係）

（1）使用価値により評価できるのは、対価を伴う事業に供している固定資産に限られるものとする。

（2）使用価値は、資産又は資産グループを単位とし、継続的使用と使用後の処分によって生ずると見込まれる将来キャッシュ・フローの現在価値をもって算定する。

18 引当金について（会計基準省令第5条第2項関係）

（1）将来の特定の費用又は損失であって、その発生が当該会計年度以前の事象に起因し、発生の可能性が高く、かつその金額を合理的に見積もることができる場合には、当該会計年度の負担に属する金額を当該会計年度の費用として引当金に繰り入れ、当該引当金の残高を貸借対照表の負債の部に計上又は資産の部に控除項目として記載する。

（2）原則として、引当金のうち賞与引当金のように通常1年以内に使用される見込みのものは流動負債に計上し、退職給付引当金のように通常1年を超えて使用される見込みのものは固定負債に計上するものとする。

また、徴収不能引当金は、直接法又は間接法のいずれかを選択して、当該金銭債権から控除するものとする。

（3）職員に対し賞与を支給することとされている場合、当該会計年度の負担に属する金額を当該会計年度の費用に計上し、負債として認識すべき残高を賞与引当金として計上するものとする。

（4）職員に対し退職金を支給することが定められている場合には、将来支給する退職金のうち、当該会計年度の負担に属すべき金額を当該会計年度の費用に計上し、負債として認識すべき残高を退職給付引当金として計上するものとする。なお、役員に対し在任期間中の職務執行の対価として退職慰労金を支給することが定められており、その支給額が規程等により適切に見積もることが可能な場合には、将来支給する退職慰労金のうち、当該会計年度の負担に属すべき金額を当該会計年度の役員退職慰労引当金繰入に計上し、負債として認識すべき残高を役員退職慰労引当金として計上するものとする。なお、退職慰労金を支給した際、支給金額については役員退職慰労金支出に計上するものとする。

19 積立金と積立資産の関係について（会計基準省令第6条第3項関係）

事業活動計算書（第2号第4様式）の当期末繰越活動増減差額にその他の積立金取崩額を加算した額に余剰が生じた場合には、その範囲内で将来の特定の目的のために積立金を積み立てることができるものとする。積立金を計上する際は、積立ての目的を示す名称を付し、同額の積立資産を積み立てるものとする。

また、積立金に対応する積立資産を取崩す場合には、当該積立金を同額取崩すものとする。

20　組織再編について（会計基準省令第 4 条 1 項、第 29 条第 1 項第 15 号関係）

（1）　社会福祉法人の組織再編において複数の組織が結合する時（この時の複数の組織を以下「結合の当事者」という。）、結合の当事者の一方が福祉サービスの提供を継続するために事業の財務及び経営方針を左右する能力を有している（以下「支配」という。）場合だけではなく、有していない場合も考えられることから、存続する又は新たに発生する組織（以下「結合組織」という。）は、結合の経済的な実態が次のいずれかに該当するか判定を行う。

　　ア　結合の当事者のいずれもが、他の法人を構成する事業の支配を獲得したと認められない結合（以下「統合」という。）

　　イ　ある法人が、他の法人を構成する事業の支配を獲得する結合（以下「取得」という。）

（2）　「統合」と判断される場合、結合組織は、結合される組織（以下「被結合組織」という。）の資産及び負債について、結合時の適正な帳簿価額を引き継ぐ方法を適用して会計処理を行わなければならない。

（3）　「取得」と判断される場合、結合組織は、被結合組織の資産及び負債について、結合時の公正な評価額を付す方法を適用して会計処理を行わなければならない。

（4）　組織の結合の判定においては、合併は「統合」、事業の譲受けは原則として「取得」とする。

（5）　合併及び事業の譲渡若しくは事業の譲受けが行われた場合の注記は次の項目を記載する。

　　ア　合併の注記

　　　①　合併の概要

　　　　　合併直前における合併消滅法人の名称及び事業の内容、合併を行った主な理由、合併日及び合併の種類（吸収合併又は新設合併）並びに吸収合併の場合の合併後の合併存続法人の名称

　　　②　採用した会計処理

　　　③　計算書類に含まれている合併消滅法人から承継した事業の業績の期間

　　　④　承継した事業の拠点区分、資産及び負債の額並びにその主な内訳

　　　⑤　消滅法人において、会計年度の始まりの日から合併日直前までに、役員及び評議員に支払った又は支払うこととなった金銭の額とその内容

　　イ　事業の譲渡の注記

　　　①　事業の譲渡の概要

　　　　　事業の譲渡の相手先の名称及び譲渡した事業の内容、事業の譲渡を行った主な理由、事業の譲渡を行った日

　　　②　採用した会計処理

　　　③　計算書類に含まれている譲渡した事業の業績の期間

　　　④　譲渡した事業の拠点区分、資産及び負債の額並びにその主な内訳

ウ　事業の譲受けの注記

① 事業の譲受けの概要

事業の譲受けの相手先の名称及び譲受けた事業の内容、事業の譲受けを行った主な理由、事業の譲受けを行った日

② 採用した会計処理

③ 計算書類に含まれている譲受けた事業の業績の期間

④ 譲受けた事業の拠点区分、資産及び負債の額並びにその主な内訳

21　重要な会計方針の開示について（会計基準省令第29条第1項第2号関係）

重要な会計方針とは、社会福祉法人が計算書類を作成するに当たって、その財政及び活動の状況を正しく示すために採用した会計処理の原則及び手続並びに計算書類への表示の方法をいう。

なお、代替的な複数の会計処理方法等が認められていない場合には、会計方針の注記を省略することができる。

22　関連当事者との取引の内容について（会計基準省令第29条第1項第12号及び第2項関係）

1　関連当事者との取引については、次に掲げる事項を原則として関連当事者ごとに注記しなければならない。

（1）当該関連当事者が法人の場合には、その名称、所在地、直近の会計年度末における資産総額及び事業の内容

なお、当該関連当事者が会社の場合には、当該関連当事者の議決権に対する当該社会福祉法人の役員、評議員又はそれらの近親者の所有割合

（2）当該関連当事者が個人の場合には、その氏名及び職業

（3）当該社会福祉法人と関連当事者との関係

（4）取引の内容

（5）取引の種類別の取引金額

（6）取引条件及び取引条件の決定方針

（7）取引により発生した債権債務に係る主な科目別の期末残高

（8）取引条件の変更があった場合には、その旨、変更の内容及び当該変更が計算書類に与えている影響の内容

2　関連当事者との間の取引のうち次に定める取引については、1に規定する注記を要しない。

（1）一般競争入札による取引並びに預金利息及び配当金の受取りその他取引の性格からみて取引条件が一般の取引と同様であることが明白な取引

（2）役員又は評議員に対する報酬、賞与及び退職慰労金の支払い

23 **重要な後発事象について（会計基準省令第 29 条第 1 項第 14 号関係）**

　後発事象とは、当該会計年度末日後に発生した事象で翌会計年度以後の社会福祉法人の財政及び活動の状況に影響を及ぼすものをいう。

　重要な後発事象は社会福祉法人の状況に関する利害関係者の判断に重要な影響を与えるので、計算書類作成日までに発生したものは計算書類に注記する必要がある。

　重要な後発事象の例としては、次のようなものがある。

　（1）火災、出水等による重大な損害の発生

　（2）施設の開設又は閉鎖、施設の譲渡又は譲受け

　（3）重要な係争事件の発生又は解決

　（4）重要な徴収不能額の発生

　なお、後発事象の発生により、当該会計年度の決算における会計上の判断ないし見積りを修正する必要が生じた場合には、当該会計年度の計算書類に反映させなければならない。

24 **その他社会福祉法人の資金収支及び純資産の増減の状況並びに資産、負債及び純資産の状態を明らかにするために必要な事項について（会計基準省令第 29 条第 1 項第 16 号関係）**

　会計基準省令第 29 条第 1 項 15 号に規定する「その他社会福祉法人の資金収支及び純資産の増減の状況並びに資産、負債及び純資産の状態を明らかにするために必要な事項」とは、計算書類に記載すべきものとして会計基準省令に定められたもののほかに、社会福祉法人の利害関係者が、当該法人の状況を適正に判断するために必要な事項である。

　このような事項は、個々の社会福祉法人の経営内容、周囲の環境等によって様々であるが、その例としては、次のようなものがある。

　（1）状況の変化にともなう引当金の計上基準の変更、固定資産の耐用年数、残存価額の変更等会計処理上の見積方法の変更に関する事項

　（2）法令の改正、社会福祉法人の規程の制定及び改廃等、会計処理すべき新たな事実の発生にともない新たに採用した会計処理に関する事項

　（3）勘定科目の内容について特に説明を要する事項

　（4）法令、所轄庁の通知等で特に説明を求められている事項

25 **計算書類に対する注記について（会計基準省令第 29 条関係）**

　法人全体で記載する注記及び拠点区分で記載する注記は、それぞれ別紙 1 及び別紙 2 のとおりとする。

　なお、法人全体で記載する注記は、会計基準省令第 3 号第 3 様式の後に、拠点区分で記載する注記は、会計基準省令第 3 号第 4 様式の後に記載するものとする。

26 附属明細書について（会計基準省令第30条関係）

　会計基準省令第30条に規定する附属明細書は以下のものをいう。ただし、該当する事由がない場合は、当該附属明細書の作成は省略できるものとする。

（1）法人全体で作成する附属明細書（別紙3（①）〜別紙3（⑦））

　　以下の附属明細書は、法人全体で作成するものとし、附属明細書の中で拠点区分ごとの内訳を示すものとする。

　（別紙3（①））借入金明細書

　（別紙3（②））寄附金収益明細書

　（別紙3（③））補助金事業等収益明細書

　（別紙3（④））事業区分間及び拠点区分間繰入金明細書

　（別紙3（⑤））事業区分間及び拠点区分間貸付金（借入金）残高明細書

　（別紙3（⑥））基本金明細書

　（別紙3（⑦））国庫補助金等特別積立金明細書

（2）拠点区分で作成する附属明細書（別紙3（⑧）から別紙3（⑲））

　ア　拠点区分で作成する附属明細書

　　以下の附属明細書は拠点区分ごとに作成するものとし、法人全体で作成する必要はないものとする。

　（別紙3（⑧））基本財産及びその他の固定資産（有形・無形固定資産）の明細書

　（別紙3（⑨））引当金明細書

　（別紙3（⑩））拠点区分資金収支明細書

　（別紙3（⑪））拠点区分事業活動明細書

　（別紙3（⑫））積立金・積立資産明細書

　（別紙3（⑬））サービス区分間繰入金明細書

　（別紙3（⑭））サービス区分間貸付金（借入金）残高明細書

　（別紙3（⑮））就労支援事業別事業活動明細書

　（別紙3（⑮－2））就労支援事業別事業活動明細書（多機能型事業所等用）

　（別紙3（⑯））就労支援事業製造原価明細書

　（別紙3（⑯－2））就労支援事業製造原価明細書（多機能型事業所等用）

　（別紙3（⑰））就労支援事業販管費明細書

　（別紙3（⑰－2））就労支援事業販管費明細書（多機能型事業所等用）

　（別紙3（⑱））就労支援事業明細書

　（別紙3（⑱－2））就労支援事業明細書（多機能型事業所等用）

　（別紙3（⑲））授産事業費用明細書

　イ　基本財産及びその他の固定資産（有形・無形固定資産）の明細書（別紙3（⑧））の取扱い

　　基本財産及びその他の固定資産（有形・無形固定資産）の明細書では、基本財産（有形固定資産）及びその他の固定資産（有形固定資産及び無形固定資産）の種

類ごとの残高等を記載するものとする。

なお、有形固定資産及び無形固定資産以外に減価償却資産がある場合には、当該資産についても記載するものとする。

ウ　拠点区分資金収支明細書（別紙3（⑩））及び拠点区分事業活動明細書（別紙3（⑪））の取扱い

介護保険サービス及び障害福祉サービスを実施する拠点については、それぞれの事業ごとの事業活動状況を把握するため、拠点区分事業活動明細書（別紙3（⑪））を作成するものとし、拠点区分資金収支明細書（別紙3（⑩））の作成は省略することができる。

子どものための教育・保育給付費、措置費による事業を実施する拠点は、それぞれの事業ごとの資金収支状況を把握する必要があるため、拠点区分資金収支明細書（別紙3（⑩））を作成するものとし、拠点区分事業活動明細書（別紙3（⑪））の作成は省略することができる。

上記以外の事業を実施する拠点については、当該拠点で実施する事業の内容に応じて、拠点区分資金収支明細書及び拠点区分事業活動明細書のうちいずれか一方の明細書を作成するものとし、残る他方の明細書の作成は省略することができる。

また、サービス区分が1つの拠点区分は、拠点区分資金収支明細書（別紙3（⑩））及び拠点区分事業活動明細書（別紙3（⑪））の作成を省略できる。

上記に従い、拠点区分資金収支明細書（別紙3（⑩））又は拠点区分事業活動明細書（別紙3（⑪））を省略する場合には、計算書類に対する注記（拠点区分用）「4．拠点が作成する計算書類とサービス区分」にその旨を記載するものとする。

エ　就労支援事業に関する明細書（別紙3（⑮）から別紙3（⑮－2））の取扱い

就労支援事業に関する明細書の取扱いは以下のとおりとする。

（ア）対象範囲

就労支援事業の範囲は以下のとおりとする。

①　障害者の日常生活及び社会生活を総合的に支援するための法律第5条第13項に規定する就労移行支援

②　同法施行規則第6条の10第1号に規定する就労継続支援A型

③　同法施行規則第6条の10第2号に規定する就労継続支援B型

また、同法第5条第7項に基づく生活介護等において、生産活動を実施する場合については、就労支援事業に関する明細書を作成できるものとする。

（イ）就労支援事業別事業活動明細書（別紙3（⑮）又は別紙3（⑮－2））について

就労支援事業別事業活動明細書上の「就労支援事業販売原価」の計算については、以下のとおりである。

①　就労支援事業所で製造した製品を販売する場合

（就労支援事業販売原価）

＝（期首製品（商品）棚卸高）＋（当期就労支援事業製造原価）－
（期末製品（商品）棚卸高）

②　就労支援事業所以外で製造した商品を仕入れて販売する場合
（就労支援事業販売原価）

＝（期首製品（商品）棚卸高）＋（当期就労支援事業仕入高）－
（期末製品（商品）棚卸高）

（ウ）就労支援事業製造原価明細書及び就労支援事業販管費明細書（別紙3（⑯）から別紙3（⑰－2））について

就労支援事業別事業活動明細書の「当期就労支援事業製造原価」及び「就労支援事業販管費」に関して、「就労支援事業製造原価明細書」（別紙3（⑯）又は別紙3（⑯－2））、「就労支援事業販管費明細書」（別紙3（⑰）又は別紙3（⑰－2））を作成するものとするが、その取扱いは以下のとおりである。

①　「製造業務に携わる利用者の賃金及び工賃」については、就労支援事業製造原価明細書に計上される。

また、製造業務に携わる就労支援事業に従事する職業指導員等（以下「就労支援事業指導員等」という。）の給与及び退職給付費用については、就労支援事業製造原価明細書に計上することができる。

②　「販売業務に携わる利用者の賃金及び工賃」及び「製品の販売のために支出された費用」については、就労支援事業販管費明細書に計上される。

また、販売業務に携わる就労支援事業指導員等の給与及び退職給付費用については、就労支援事業販管費明細書に計上することができる。

③　「就労支援事業製造原価明細書」及び「就労支援事業販管費明細書」について、多種少額の生産活動を行う等の理由により、作業種別ごとに区分することが困難な場合は、作業種別ごとの区分を省略することができる。

なお、この場合において、別紙3（⑮）又は別紙3（⑮－2）の「就労支援事業別事業活動明細書」を作成の際には、作業種別毎の区分は不要とする。

（エ）就労支援事業明細書（別紙3（⑱）又は別紙3（⑱－2））について

サービス区分ごとに定める就労支援事業について、各就労支援事業の年間売上高が5,000万円以下であって、多種少額の生産活動を行う等の理由により、製造業務と販売業務に係る費用を区分することが困難な場合は、「就労支援事業製造原価明細書（別紙3（⑯）又は別紙3（⑯－2））」及び「就労支援事業販管費明細書（別紙3（⑰）又は別紙3（⑰－2）」の作成に替えて、「就労支援事業明細書（別紙3（⑱）又は別紙3（⑱－2）」を作成すれば足りることとする。

この「就労支援事業明細書」上の「材料費」の計算については、
（材料費）＝（期首材料棚卸高）＋（当期材料仕入高）－（期末材料棚卸高）

とする。

　　なお、この場合において、資金収支計算書上は「就労支援事業製造原価支出」を「就労支援事業支出」と読み替え、「就労支援事業販管費支出」を削除して作成するものとし、事業活動計算書上は「当期就労支援事業製造原価」を「就労支援事業費」と読み替え、「就労支援事業販管費」を削除して作成するものとする。また、別紙3（⑮）又は別紙3（⑮－2）の「就労支援事業別事業活動明細書」を作成の際には、同明細書上の「当期就労支援事業製造原価」を「就労支援事業費」と読み替え、「就労支援事業販管費」を削除して作成するものとする。

　　また、作業種別ごとに区分することが困難な場合は、作業種別ごとの区分を省略することもできる。

オ　授産事業に関する明細書（別紙3（⑲））の取扱い

　授産施設で行う授産事業に関する明細書の取扱いは以下のとおりとする。

（ア）対象範囲

　　授産事業の範囲は以下のとおりとする。

　　　①　生活保護法（昭和25年法律第144号）第38条第5項に規定する授産施設

　　　②　社会福祉法（昭和26年法律第45号）第2条第2項第7号に規定する授産施設

（イ）授産事業費用明細書について

　　授産事業における費用の状況把握を適正に行うため、各法人においては「授産事業費用明細書」（別紙3（⑲））を作成し、授産事業に関する管理を適切に行うものとする。

27　財産目録について（会計基準省令第34条関係）

　財産目録は、法人全体を表示するものとする。その様式は別紙4のとおりとする。

計算書類に対する注記（法人全体用）

１．継続事業の前提に関する注記

・・・・・・・・

２．重要な会計方針

（１）有価証券の評価基準及び評価方法
　　・満期保有目的の債券等－償却原価法（定額法）
　　・上記以外の有価証券で時価のあるもの－決算日の市場価格に基づく時価法
（２）固定資産の減価償却の方法
　　・建物並びに器具及び備品－定額法
　　・リース資産
　　　所有権移転ファイナンス・リース取引に係るリース資産
　　　　自己所有の固定資産に適用する減価償却方法と同一の方法によっている。
　　　所有権移転外ファイナンス・リース取引に係るリース資産
　　　　リース期間を耐用年数とし、残存価額を零とする定額法によっている。
（３）引当金の計上基準
　　・退職給付引当金－・・・
　　・賞与引当金　　－・・・

３．重要な会計方針の変更

・・・・・・・・

４．法人で採用する退職給付制度

・・・・・・・・

５．法人が作成する計算書類と拠点区分、サービス区分

　　　当法人の作成する計算書類は以下のとおりになっている。
（1）法人全体の計算書類（会計基準省令第1号第1様式、第2号第1様式、第3号第1様式）
（2）事業区分別内訳表（会計基準省令第1号第2様式、第2号第2様式、第3号第2様式）
（3）社会福祉事業における拠点区分別内訳表（会計基準省令第1号第3様式、第2号第3様式、第3号第3様式）
（4）公益事業における拠点区分別内訳表（会計基準省令第1号第3様式、第2号第3様式、第3号第3様式）
　　当法人では、公益事業の拠点が一つであるため作成していない。
（5）収益事業における拠点区分別内訳表（会計基準省令第1号第3様式、第2号第3様式、第3号第3様式）
　　当法人では、収益事業を実施していないため作成していない。
（6）各拠点区分におけるサービス区分の内容
　ア　A里拠点（社会福祉事業）
「介護老人福祉施設A里」
「短期入所生活介護〇〇」
「居宅介護支援〇〇」
「本部」
　イ　B園拠点（社会福祉事業）
「保育所B園」
　ウ　Cの家拠点（社会福祉事業）
「児童養護施設Cの家」
「子育て短期支援事業〇〇」
　エ　D苑拠点（公益事業）
「有料老人ホームD苑」

６．基本財産の増減の内容及び金額

基本財産の増減の内容及び金額は以下のとおりである。

(単位：円)

基本財産の種類	前期末残高	当期増加額	当期減少額	当期末残高
土地				
建物				
定期預金				
投資有価証券				
合　計				

７．基本金又は固定資産の売却若しくは処分に係る国庫補助金等特別積立金の取崩し

○○施設を○○へ譲渡したことに伴い、基本金＊＊＊円及び
国庫補助金等特別積立金＊＊＊円を取り崩した。

８．担保に供している資産

担保に供されている資産は以下のとおりである。
　　　　土地（基本財産）　　　　　　　　　　○○○円
　　　　建物（基本財産）　　　　　　　　　　○○○円
　　　　　　　　計　　　　　　　　　　　　　○○○円

担保している債務の種類および金額は以下のとおりである。
　　　　設備資金借入金（１年以内返済予定額を含む）　　　○○○円
　　　　　　　　計　　　　　　　　　　　　　○○○円

９．有形固定資産の取得価額、減価償却累計額及び当期末残高
（貸借対照表上、間接法で表示している場合は記載不要。）

固定資産の取得価額、減価償却累計額及び当期末残高は、以下のとおりである。

(単位：円)

	取得価額	減価償却累計額	当期末残高
建物（基本財産）			
建物			
構築物			
・・・・・			
合計			

１０．債権額、徴収不能引当金の当期末残高、債権の当期末残高
（貸借対照表上、間接法で表示している場合は記載不要。）

債権額、徴収不能引当金の当期末残高、債権の当期末残高は以下のとおりである。

(単位：円)

	債権額	徴収不能引当金の当期末残高	債権の当期末残高
合　計			

１１．満期保有目的の債券の内訳並びに帳簿価額、時価及び評価損益

満期保有目的の債券の内訳並びに帳簿価額、時価及び評価損益は以下のとおりである。

(単位：円)

種類及び銘柄	帳簿価額	時価	評価損益
第〇回利付国債			
第△回利付国債			
第☆回★★社 期限前償還条件付社債			
合　計			

１２．関連当事者との取引の内容

関連当事者との取引の内容は次のとおりである。

(単位：円)

種類	法人等の名称	住所	資産総額	事業の内容又は職業	議決権の所有割合	関係内容		取引の内容	取引金額	科目	期末残高
						役員の兼務等	事業上の関係				

取引条件及び取引条件の決定方針等
・・・・・・・・

１３．重要な偶発債務

・・・・・・・・

１４．重要な後発事象

・・・・・・・・

１５．合併及び事業の譲渡若しくは事業の譲受け

・・・・・・・・

１６．その他社会福祉法人の資金収支及び純資産増減の状況並びに資産、負債及び純資産の状態を明らかにするために必要な事項

・・・・・・・・

計算書類に対する注記（Ａ里拠点区分用）

1．重要な会計方針

 （1）有価証券の評価基準及び評価方法
  ・満期保有目的の債券等－償却原価法（定額法）
  ・上記以外の有価証券で時価のあるもの－決算日の市場価格に基づく時価法
 （2）固定資産の減価償却の方法
  ・建物並びに器具及び備品－定額法
  ・リース資産
  所有権移転ファイナンス・リース取引に係るリース資産
   自己所有の固定資産に適用する減価償却方法と同一の方法によっている。
  所有権移転外ファイナンス・リース取引に係るリース資産
   リース期間を耐用年数とし、残存価額を零とする定額法によっている。
 （3）引当金の計上基準
  ・退職給付引当金－・・・
  ・賞与引当金　　－・・・

2．重要な会計方針の変更

・・・・・・・・

3．採用する退職給付制度

・・・・・・・・

4．拠点が作成する計算書類とサービス区分

 当拠点区分において作成する計算書類等は以下のとおりになっている。
(1) Ａ里拠点計算書類(会計基準省令第1号第4様式、第2号第4様式、第3号第4様式)
(2) 拠点区分事業活動明細書(別紙3(⑪))
  ア　介護老人福祉施設Ａ里
  イ　短期入所生活介護○○
  ウ　居宅介護支援○○
  エ　本部
(3) 拠点区分資金収支明細書(別紙3(⑩))は省略している。

5．基本財産の増減の内容及び金額

 基本財産の増減の内容及び金額は以下のとおりである。

（単位：円）

基本財産の種類	前期末残高	当期増加額	当期減少額	当期末残高
土地				
建物				
定期預金				
投資有価証券				
合　計				

6．基本金又は固定資産の売却若しくは処分に係る国庫補助金等特別積立金の取崩

 ○○施設を○○へ譲渡したことに伴い、基本金＊＊円及び国庫補助金等特別積立金
＊＊＊円を取り崩した。

７．担保に供している資産

担保に供されている資産は以下のとおりである。

土地（基本財産）	〇〇〇円
建物（基本財産）	〇〇〇円
計	〇〇〇円

担保している債務の種類および金額は以下のとおりである。

設備資金借入金（１年以内返済予定額を含む）	〇〇〇円
設備資金借入金（１年以内返済予定額を含む）（Ｃ拠点）	〇〇〇円
計	〇〇〇円

※Ｃ拠点では「７．担保に供している資産」は「該当なし」と記載。

８．有形固定資産の取得価額、減価償却累計額及び当期末残高
（貸借対照表上、間接法で表示している場合は記載不要。）

固定資産の取得価額、減価償却累計額及び当期末残高は、以下のとおりである。

（単位：円）

	取得価額	減価償却累計額	当期末残高
建物（基本財産）			
建物			
構築物			
・・・・・			
・・・・・			
・・・・・			
合計			

９．債権額、徴収不能引当金の当期末残高、債権の当期末残高
（貸借対照表上、間接法で表示している場合は記載不要。）

債権額、徴収不能引当金の当期末残高、債権の当期末残高は以下のとおりである。

（単位：円）

	債権額	徴収不能引当金の当期末残高	債権の当期末残高
合　計			

１０．満期保有目的の債券の内訳並びに帳簿価額、時価及び評価損益

満期保有目的の債券の内訳並びに帳簿価額、時価及び評価損益は以下のとおりである。

（単位：円）

種類及び銘柄	帳簿価額	時価	評価損益
第〇回利付国債			
第△回利付国債			
第☆回★★社 期限前償還条件付社債			
合　計			

１１．重要な後発事象

該当なし

１２．その他社会福祉法人の資金収支及び純資産増減の状況並びに資産、負債及び純資産の状態を明らかにするために必要な事項

該当なし

借入金明細書

（自）令和　年　月　日　（至）令和　年　月　日

社会福祉法人名

（単位：円）

区分	借入先	拠点区分	期首残高 ①	当期借入金 ②	当期償還額 ③	差引期末残高 ④=①+②-③ （うち1年以内償還予定額）	元金償還補助金	利率 %	支払利息 当期支出額	支払利息 利息補助金収入	返済期限	使途	担保資産 種類	担保資産 地番または内容	帳簿価額
設備資金借入金						（　）									
						（　）									
						（　）									
						（　）									
						（　）									
計						（　）									
長期運営資金借入金						（　）									
						（　）									
						（　）									
						（　）									
						（　）									
計						（　）									
短期運営資金借入金															
計															
合計						（　）									

（注）役員等からの長期借入金、短期借入金がある場合には、区分を新設するものとする。

寄附金収益明細書

（自）令和　年　月　日　（至）令和　年　月　日

（単位：円）

社会福祉法人名 _____

寄附者の属性	区分	件数	寄附金額	うち基本金組入額	寄附金額の拠点区分ごとの内訳		
					○○○	○○○	○○○
区分小計							
区分小計							
区分小計							
合計							

（注）1．寄附者の属性の内容は、法人の役職員、利用者本人、利用者の家族、取引業者、その他とする。

2．「寄附金額」欄には寄附物品を含めるものとする。「区分」欄に、には、経常経費寄附金収益の場合は「経常」、長期運営資金借入金元金償還寄附金収益の場合は「運営」、施設整備等寄附金収益の場合は「施設」、設備資金借入金元金償還寄附金収益の場合は「償還」、固定資産受贈額の場合は「固定」と、寄附金の種類がわかるように記入すること。

3．「寄附金額」の「区分小計」欄は事業活動計算書の勘定科目の金額と整合するものとする。また、「寄附金額の拠点区分ごとの内訳」の「区分小計」欄は、拠点区分事業活動計算書の勘定科目の金額と原則として一致するものとする。

補助金事業等収益明細書

（自）令和　年　月　日　（至）令和　年　月　日

（単位：円）

社会福祉法人名

交付団体及び交付の目的	区分		交付金額	補助金事業に係る利用者からの収益	交付金額等合計	うち国庫補助金等特別積立金積立額	交付金額等合計の拠点区分ごとの内訳		
							○○○	○○○	○○○
							○○○	○○○	
区分小計									
区分小計									
区分小計									
合計									

（注）　1.　「区分」欄には、介護保険事業の補助金事業収益の場合は「介護事業」、老人福祉事業の補助金事業収益の場合は「老人事業」、児童福祉事業の補助金事業収益の場合は「児童事業」、保育事業の補助金事業収益の場合は「保育事業」、障害福祉サービス等事業の補助金事業収益の場合は「障害事業」、生活保護事業の補助金事業収益の場合は「生活保護事業」、医療事業の補助金事業収益の場合は「医療事業」、○○事業の補助金事業収益の場合は「○○事業」、借入金利息補助金収益の場合は「利息」、施設整備等補助金収益の場合は「施設」、設備資金借入金元金償還補助金収益の場合は「償還」と補助金の種類がわかるように記入すること。

　　　　　なお、運用上の留意事項（課長通知）別添3「勘定科目説明」において「利用者からの収益」と記載されている場合のみ、「補助金事業に係る利用者からの収益」欄を記入するものとする。

　　　　2.　「交付金額等合計」の「区分小計」欄は事業活動計算書の勘定科目の金額と整合するものとする。「交付金額等合計の拠点区分ごとの内訳」の「区分小計」欄は、拠点区分事業活動計算書の勘定科目の金額と一致するものとする。

　　　　また、「交付金額等合計の拠点区分ごとの内訳」の「区分小計」欄は、拠点区分事業活動計算書の勘定科目の金額と一致するものとする。

事業区分間及び拠点区分間繰入金明細書

（自）令和　年　月　日　（至）令和　年　月　日

社会福祉法人名

1）事業区分間繰入金明細書

（単位：円）

事業区分名		繰入金の財源（注）	金額	使用目的等
繰入元	繰入先			

（注）繰入金の財源には、介護保険収入、運用収入、前期末支払資金残高等の別を記入すること。

2）拠点区分間繰入金明細書

（単位：円）

拠点区分名		繰入金の財源（注）	金額	使用目的等
繰入元	繰入先			

（注）繰入金の財源には、介護保険収入、運用収入、前期末支払資金残高等の別を記入すること。

事業区分間及び拠点区分間貸付金（借入金）残高明細書

令和 年 月 日現在

社会福祉法人名 _____

1) 事業区分間貸付金（借入金）明細書

（単位：円）

	貸付事業区分名	借入事業区分名	金額	使用目的等
短期				
	小計			
長期				
	小計			
	合計			

2) 拠点区分間貸付金（借入金）明細書

（単位：円）

	貸付拠点区分名	借入拠点区分名	金額	使用目的等
短期				
	小計			
長期				
	小計			
	合計			

基本金明細書

（自）令和　年　月　日　（至）令和　年　月　日

社会福祉法人名　_____

（単位：円）

区分並びに組入れ及び取崩しの事由		合計	各拠点区分ごとの内訳		
			○○○	○○○	○○○
前年度末残高					
	第一号基本金				
	第二号基本金				
	第三号基本金				
第一号基本金	当期組入額				
	○○○○				
	○○○○				
	計				
	当期取崩額				
	○○○○				
	○○○○				
	計				
第二号基本金	当期組入額				
	○○○○				
	○○○○				
	計				
	当期取崩額				
	○○○○				
	○○○○				
	計				
第三号基本金	当期組入額				
	○○○○				
	○○○○				
	計				
	当期取崩額				
	○○○○				
	○○○○				
	計				
当期末残高					
	第一号基本金				
	第二号基本金				
	第三号基本金				

（注）　1．「区分並びに組入れ及び取崩しの事由」の欄に該当する事項がない場合には、記載を省略する。

　　　　2．①第一号基本金とは、本文11（1）に規定する基本金をいう。

　　　　　　②第二号基本金とは、本文11（2）に規定する基本金をいう。

　　　　　　③第三号基本金とは、本文11（3）に規定する基本金をいう。

　　　　3．従前からの特例により第一号基本金・第二号基本金の内訳を示していない法人では、合計額のみを記載するものとする。

別紙3（7）

国庫補助金等特別積立金明細書

（自）令和　年　月　日　（至）令和　年　月　日

（単位：円）

社会福祉法人名

区分並びに積立て及び取崩しの事由	補助金の種類			合計	各拠点区分の内訳		
	国庫補助金	地方公共団体補助金	その他の団体からの補助金		○○○	○○○	○○○
前期繰越額							
当期積立額　○○○○ / ○○○○ / ○○○○ / ○○○○							
当期積立額合計							
当期取崩額　サービス活動費用の控除項目として計上する取崩額 / 特別費用の控除項目として計上する取崩額　○○○○							
当期取崩額合計							
当期末残高							

（注）
1. サービス活動費用の控除項目として計上する取崩額には、国庫補助金等特別積立金の対象となった固定資産の減価償却費相当額等の取崩額を記入し、特別費用の控除項目として計上する取崩額には、国庫補助金等特別積立金の対象となった固定資産が売却または廃棄された場合それぞれの取崩額を記入する（本文９参照）。
2. 国庫補助金等特別積立金取崩額が、就労支援事業の控除項目に含まれ、法人単位事業活動計算書に表示されない額がある場合には、取崩の事由別に掲げて計上し、法人単位貸借対照表と一致するように作成すること。

基本財産及びその他の固定資産（有形・無形固定資産）の明細書

（自）令和　年　月　日　（至）令和　年　月　日

社会福祉法人名　＿＿＿＿＿＿＿＿＿＿
拠点区分　＿＿＿＿＿＿＿＿＿＿

（単位：円）

資産の種類及び名称	期首帳簿価額(A)	うち国庫補助金等の額	当期増加額(B)	うち国庫補助金等の額	当期減価償却額(C)	うち国庫補助金等の額	当期減少額(D)	うち国庫補助金等の額	期末帳簿価額(E=A+B−C−D)	うち国庫補助金等の額	減価償却累計額(F)	うち国庫補助金等の額	期末取得原価(G=E+F)	うち国庫補助金等の額	摘要
基本財産（有形固定資産）															
土地															
建物															
基本財産合計															
その他の固定資産（有形固定資産）															
土地															
建物															
車輌運搬具															
○○○															
その他の固定資産（有形固定資産）計															
その他の固定資産（無形固定資産）															
○○○															
○○○															
その他の固定資産（無形固定資産）計															
基本財産及びその他の固定資産計															
将来入金予定の他の固定資産の償還補助金の額															
差　引															

（注）1. 「うち国庫補助金等の額」については、設備資金元金償還補助金がある場合には、償還補助総額を記載した上で、国庫補助金取崩計算を行うものとする。
ただし、「将来入金予定の償還補助金の額」欄では、「うち国庫補助金等の額」のうち国庫補助金等の額をマイナス表示し、実際に補助金を受けた場合に「当期増加額」の「うち国庫補助金等の額」をプラス表示することにより、「差引」欄の「期末帳簿価額」のうち国庫補助金等の額が資借対照表上の国庫補助金等特別積立金残高と一致することが確認できる。

2. 「当期増加額」には減価償却控除前の増加額、「当期減少額」には当期減価償却額を控除した減少額を記載する。

引当金明細書

（自）令和　年　月　日　（至）令和　年　月　日

社会福祉法人名　＿＿＿＿＿＿＿＿＿＿＿
拠点区分　＿＿＿＿＿＿＿＿＿＿＿＿＿＿

（単位：円）

科目	期首残高	当期増加額	当期減少額		期末残高	摘要
			目的使用	その他		
退職給付引当金	＊＊＊	＊＊＊ （＊＊＊）	＊＊＊	＊＊＊ （＊＊＊）	＊＊＊	
計						

（注）
1．引当金明細書には、引当金の種類ごとに、期首残高、当期増加額、当期減少額及び期末残高の明細を記載する。
2．目的使用以外の要因による減少額については、その内容及び金額を注記する。
3．都道府県共済会または法人独自の退職給付制度において、職員の転職または拠点間の異動により、
　退職給付の支払を伴わない退職給付引当金の増加または減少が発生した場合は、当期増加額又は
　当期減少額（その他）の欄に括弧書きでその金額を内数として記載するものとする。

○○拠点区分　資金収支明細書

（自）令和　年　月　日　　（至）令和　年　月　日

社会福祉法人名

（単位：円）

勘定科目			サービス区分			合計	内部取引消去	拠点区分合計
			○○事業	△△事業	××事業			
事業活動による収支	収入	介護保険事業収入						
		施設介護料収入						
		介護報酬収入						
		利用者負担金収入（公費）						
		利用者負担金収入（一般）						
		居宅介護料収入						
		（介護報酬収入）						
		介護報酬収入						
		介護予防報酬収入						
		（利用者負担金収入）						
		介護負担金収入（公費）						
		介護負担金収入（一般）						
		介護予防負担金収入（公費）						
		介護予防負担金収入（一般）						
		地域密着型介護料収入						
		（介護報酬収入）						
		介護報酬収入						
		介護予防報酬収入						
		（利用者負担金収入）						
		介護負担金収入（公費）						
		介護負担金収入（一般）						
		介護予防負担金収入（公費）						
		介護予防負担金収入（一般）						
		居宅介護支援介護料収入						
		居宅介護支援介護料収入						
		介護予防支援介護料収入						
		介護予防・日常生活支援総合事業収入						
		事業費収入						
		事業負担金収入（公費）						
		事業負担金収入（一般）						
		利用者等利用料収入						
		施設サービス利用料収入						
		居宅介護サービス利用料収入						
		地域密着型介護サービス利用料収入						
		食費収入（公費）						
		食費収入（一般）						
		食費収入（特定）						
		居住費収入（公費）						
		居住費収入（一般）						
		居住費収入（特定）						
		介護予防・日常生活支援総合事業利用料収入						
		その他の利用料収入						
		その他の事業収入						
		補助金事業収入（公費）						
		補助金事業収入（一般）						
		市町村特別事業収入（公費）						
		市町村特別事業収入（一般）						
		受託事業収入（公費）						
		受託事業収入（一般）						
		その他の事業収入						
		（保険等査定減）						
		老人福祉事業収入						
		措置事業収入						
		事務費収入						
		事業費収入						
		その他の利用料収入						
		その他の事業収入						

事業活動による収支	収入	運営事業収入							
		管理費収入							
		その他の利用料収入							
		補助金事業収入（公費）							
		補助金事業収入（一般）							
		その他の事業収入							
		その他の事業収入							
		管理費収入							
		その他の利用料収入							
		その他の事業収入							
		児童福祉事業収入							
		措置費収入							
		事務費収入							
		事業費収入							
		私的契約利用料収入							
		その他の事業収入							
		補助金事業収入（公費）							
		補助金事業収入（一般）							
		受託事業収入（公費）							
		受託事業収入（一般）							
		その他の事業収入							
		保育事業収入							
		施設型給付費収入							
		施設型給付費収入							
		利用者負担金収入							
		特例施設型給付費収入							
		特例施設型給付費収入							
		利用者負担金収入							
		地域型保育給付費収入							
		地域型保育給付費収入							
		利用者負担金収入							
		特例地域型保育給付費収入							
		特例地域型保育給付費収入							
		利用者負担金収入							
		委託費収入							
		利用者等利用料収入							
		利用者等利用料収入（公費）							
		利用者等利用料収入（一般）							
		その他の利用料収入							
		私的契約利用料収入							
		その他の事業収入							
		補助金事業収入（公費）							
		補助金事業収入（一般）							
		受託事業収入（公費）							
		受託事業収入（一般）							
		その他の事業収入							
		就労支援事業収入							
		○○事業収入							
		障害福祉サービス等事業収入							
		自立支援給付費収入							
		介護給付費収入							
		特例介護給付費収入							
		訓練等給付費収入							
		特例訓練等給付費収入							
		地域相談支援給付費収入							
		特例地域相談支援給付費収入							
		計画相談支援給付費収入							
		特例計画相談支援給付費収入							
		障害児施設給付費収入							
		障害児通所給付費収入							
		障害児入所給付費収入							
		障害児相談支援給付費収入							
		特例障害児相談支援給付費収入							
		利用者負担金収入							

事業活動による収支	収入	補足給付費収入							
		特定障害者特別給付費収入							
		特例特定障害者特別給付費収入							
		特定入所障害児食費等給付費収入							
		特定費用収入							
		その他の事業収入							
		補助金事業収入（公費）							
		補助金事業収入（一般）							
		受託事業収入（公費）							
		受託事業収入（一般）							
		その他の事業収入							
		（保険等査定減）							
		生活保護事業収入							
		措置費収入							
		事務費収入							
		事業費収入							
		授産事業収入							
		○○事業収入							
		利用者負担金収入							
		その他の事業収入							
		補助金事業収入（公費）							
		補助金事業収入（一般）							
		受託事業収入（公費）							
		受託事業収入（一般）							
		その他の事業収入							
		医療事業収入							
		入院診療収入（公費）							
		入院診療収入（一般）							
		室料差額収入							
		外来診療収入（公費）							
		外来診療収入（一般）							
		保健予防活動収入							
		受託検査・施設利用収入							
		訪問看護療養費収入（公費）							
		訪問看護療養費収入（一般）							
		訪問看護利用料収入							
		訪問看護基本利用料収入							
		訪問看護その他の利用料収入							
		その他の医療事業収入							
		補助金事業収入（公費）							
		補助金事業収入（一般）							
		受託事業収入（公費）							
		受託事業収入（一般）							
		その他の医療事業収入							
		（保険等査定減）							
		退職共済事業収入							
		事務費収入							
		○○事業収入							
		○○事業収入							
		その他の事業収入							
		補助金事業収入（公費）							
		補助金事業収入（一般）							
		受託事業収入（公費）							
		受託事業収入（一般）							
		その他の事業収入							
		○○収入							
		○○収入							
		借入金利息補助金収入							
		経常経費寄附金収入							
		受取利息配当金収入							
		社会福祉連携推進業務貸付金受取利息収入							
		その他の収入							
		受入研修費収入							
		利用者等外給食費収入							
		雑収入							
		流動資産評価益等による資金増加額							
		有価証券売却益							
		有価証券評価益							
		為替差益							
		事業活動収入計（1）							
		人件費支出							
		役員報酬支出							

事業活動による収支	支出	役員退職慰労金支出						
		職員給料支出						
		職員賞与支出						
		非常勤職員給与支出						
		派遣職員費支出						
		退職給付支出						
		法定福利費支出						
		事業費支出						
		給食費支出						
		介護用品費支出						
		医薬品費支出						
		診療・療養等材料費支出						
		保健衛生費支出						
		医療費支出						
		被服費支出						
		教養娯楽費支出						
		日用品費支出						
		保育材料費支出						
		本人支給金支出						
		水道光熱費支出						
		燃料費支出						
		消耗器具備品費支出						
		保険料支出						
		賃借料支出						
		教育指導費支出						
		就職支度費支出						
		葬祭費支出						
		車輌費支出						
		管理費返還支出						
		○○費支出						
		雑支出						
		事務費支出						
		福利厚生費支出						
		職員被服費支出						
		旅費交通費支出						
		研修研究費支出						
		事務消耗品費支出						
		印刷製本費支出						
		水道光熱費支出						
		燃料費支出						
		修繕費支出						
		通信運搬費支出						
		会議費支出						
		広報費支出						
		業務委託費支出						
		手数料支出						
		保険料支出						
		賃借料支出						
		土地・建物賃借料支出						
		租税公課支出						
		保守料支出						
		渉外費支出						
		諸会費支出						
		○○費支出						
		雑支出						
		就労支援事業支出						
		就労支援事業販売原価支出						
		就労支援事業製造原価支出						
		就労支援事業仕入支出						
		就労支援事業販管費支出						
		授産事業支出						
		○○事業支出						
		退職共済事業支出						
		事務費支出						
		○○支出						
		利用者負担軽減額						
		支払利息支出						
		社会福祉連携推進業務借入金支払利息支出						
		その他の支出						
		利用者等外給食費支出						
		雑支出						
		流動資産評価損等による資金減少額						

		有価証券売却損						
		資産評価損						
		有価証券評価損						
		〇〇評価損						
		為替差損						
		貸倒損失額						
		徴収不能額						
	事業活動支出計（２）							
	事業活動資金収支差額（３）＝（１）－（２）							
施設整備等による収支	収入	施設整備等補助金収入						
		施設整備等補助金収入						
		設備資金借入金元金償還補助金収入						
		施設整備等寄附金収入						
		施設整備等寄附金収入						
		設備資金借入金元金償還寄附金収入						
		設備資金借入金収入						
		社会福祉連携推進業務設備資金借入金収入						
		固定資産売却収入						
		車輌運搬具売却収入						
		器具及び備品売却収入						
		〇〇売却収入						
		その他の施設整備等による収入						
		〇〇収入						
	施設整備等収入計（４）							
	支出	設備資金借入金元金償還支出						
		社会福祉連携推進業務設備資金借入金元金償還支出						
		固定資産取得支出						
		土地取得支出						
		建物取得支出						
		車輌運搬具取得支出						
		器具及び備品取得支出						
		〇〇取得支出						
		固定資産除却・廃棄支出						
		ファイナンス・リース債務の返済支出						
		その他の施設整備等による支出						
		〇〇支出						
	施設整備等支出計（５）							
	施設整備等資金収支差額（６）＝（４）－（５）							

その他の活動による収支	収入	長期運営資金借入金元金償還寄附金収入					
		長期運営資金借入金収入					
		役員等長期借入金収入					
		社会福祉連携推進業務長期運営資金借入金収入					
		長期貸付金回収収入					
		社会福祉連携推進業務長期貸付金回収収入					
		投資有価証券売却収入					
		積立資産取崩収入					
		退職給付引当資産取崩収入					
		長期預り金積立資産取崩収入					
		○○積立資産取崩収入					
		事業区分間長期借入金収入					
		拠点区分間長期借入金収入					
		事業区分間長期貸付金回収収入					
		拠点区分間長期貸付金回収収入					
		事業区分間繰入金収入					
		拠点区分間繰入金収入					
		サービス区分間繰入金収入					
		その他の活動による収入					
		退職共済預り金収入					
		退職共済事業管理資産取崩収入					
		○○収入					
		その他の活動収入計（7）					
	支出	長期運営資金借入金元金償還支出					
		役員等長期借入金元金償還支出					
		社会福祉連携推進業務長期運営資金借入金元金償還支出					
		長期貸付金支出					
		社会福祉連携推進業務長期貸付金支出					
		投資有価証券取得支出					
		積立資産支出					
		退職給付引当資産支出					
		長期預り金積立資産支出					
		○○積立資産支出					
		事業区分間長期貸付金支出					
		拠点区分間長期貸付金支出					
		事業区分間長期借入金返済支出					
		拠点区分間長期借入金返済支出					
		事業区分間繰入金支出					
		拠点区分間繰入金支出					
		サービス区分間繰入金支出					
		その他の活動による支出					
		退職共済預り金返還支出					
		退職共済事業管理資産支出					
		○○支出					
		その他の活動支出計（8）					
		その他の活動資金収支差額（9）＝（7）－（8）					
		当期資金収支差額合計（10）＝（3）＋（6）＋（9）					
		前期末支払資金残高（11）					
		当期末支払資金残高（10）＋（11）					

○○拠点区分　事業活動明細書

（自）令和　年　月　日　（至）令和　年　月　日

社会福祉法人名

(単位：円)

		勘定科目	サービス区分			合計	内部取引消去	拠点区分合計
			○○事業	△△事業	××事業			
サービス活動増減の部	収益	介護保険事業収益						
		施設介護料収益						
		介護報酬収益						
		利用者負担金収益（公費）						
		利用者負担金収益（一般）						
		居宅介護料収益						
		（介護報酬収益）						
		介護報酬収益						
		介護予防報酬収益						
		（利用者負担金収益）						
		介護負担金収益（公費）						
		介護負担金収益（一般）						
		介護予防負担金収益（公費）						
		介護予防負担金収益（一般）						
		地域密着型介護料収益						
		（介護報酬収益）						
		介護報酬収益						
		介護予防報酬収益						
		（利用者負担金収益）						
		介護負担金収益（公費）						
		介護負担金収益（一般）						
		介護予防負担金収益（公費）						
		介護予防負担金収益（一般）						
		居宅介護支援介護料収益						
		居宅介護支援介護料収益						
		介護予防支援介護料収益						
		介護予防・日常生活支援総合事業収益						
		事業費収益						
		事業負担金収益（公費）						
		事業負担金収益（一般）						
		利用者等利用料収益						
		施設サービス利用料収益						
		居宅介護サービス利用料収益						
		地域密着型介護サービス利用料収益						
		食費収益（公費）						
		食費収益（一般）						
		食費収益（特定）						
		居住費収益（公費）						
		居住費収益（一般）						
		居住費収益（特定）						
		介護予防・日常生活支援総合事業利用料収益						
		その他の利用料収益						
		その他の事業収益						
		補助金事業収益（公費）						
		補助金事業収益（一般）						
		市町村特別事業収益（公費）						
		市町村特別事業収益（一般）						
		受託事業収益（公費）						
		受託事業収益（一般）						
		その他の事業収益						
		（保険等査定減）						

サービス活動増減の部	収益							
		老人福祉事業収益						
		措置事業収益						
		事務費収益						
		事業費収益						
		その他の利用料収益						
		その他の事業収益						
		運営事業収益						
		管理費収益						
		その他の利用料収益						
		補助金事業収益（公費）						
		補助金事業収益（一般）						
		その他の事業収益						
		その他の事業収益						
		管理費収益						
		その他の利用料収益						
		その他の事業収益						
		児童福祉事業収益						
		措置費収益						
		事務費収益						
		事業費収益						
		私的契約利用料収益						
		その他の事業収益						
		補助金事業収益（公費）						
		補助金事業収益（一般）						
		受託事業収益（公費）						
		受託事業収益（一般）						
		その他の事業収益						
		保育事業収益						
		施設型給付費収益						
		施設型給付費収益						
		利用者負担金収益						
		特例施設型給付費収益						
		特例施設型給付費収益						
		利用者負担金収益						
		地域型保育給付費収益						
		地域型保育給付費収益						
		利用者負担金収益						
		特例地域型保育給付費収益						
		特例地域型保育給付費収益						
		利用者負担金収益						
		委託費収益						
		利用者等利用料収益						
		利用者等利用料収益（公費）						
		利用者等利用料収益（一般）						
		その他の利用料収益						
		私的契約利用料収益						
		その他の事業収益						
		補助金事業収益（公費）						
		補助金事業収益（一般）						
		受託事業収益（公費）						
		受託事業収益（一般）						
		その他の事業収益						
		就労支援事業収益						
		○○事業収益						
		障害福祉サービス等事業収益						
		自立支援給付費収益						
		介護給付費収益						
		特例介護給付費収益						
		訓練等給付費収益						
		特例訓練等給付費収益						
		地域相談支援給付費収益						
		特例地域相談支援給付費収益						
		計画相談支援給付費収益						
		特例計画相談支援給付費収益						

サービス活動増減の部	収益	障害児施設給付費収益						
		障害児通所給付費収益						
		障害児入所給付費収益						
		障害児相談支援給付費収益						
		特例障害児相談支援給付費収益						
		利用者負担金収益						
		補足給付費収益						
		特定障害者特別給付費収益						
		特例特定障害者特別給付費収益						
		特定入所障害児食費等給付費収益						
		特定費用収益						
		その他の事業収益						
		補助金事業収益（公費）						
		補助金事業収益（一般）						
		受託事業収益（公費）						
		受託事業収益（一般）						
		その他の事業収益						
		（保険等査定減）						
		生活保護事業収益						
		措置費収益						
		事務費収益						
		事業費収益						
		授産事業収益						
		○○事業収益						
		利用者負担金収益						
		その他の事業収益						
		補助金事業収益（公費）						
		補助金事業収益（一般）						
		受託事業収益（公費）						
		受託事業収益（一般）						
		その他の事業収益						
		医療事業収益						
		入院診療収益（公費）						
		入院診療収益（一般）						
		室料差額収益						
		外来診療収益（公費）						
		外来診療収益（一般）						
		保健予防活動収益						
		受託検査・施設利用収益						
		訪問看護療養費収益（公費）						
		訪問看護療養費収益（一般）						
		訪問看護利用料収益						
		訪問看護基本利用料収益						
		訪問看護その他の利用料収益						
		その他の医療事業収益						
		補助金事業収益（公費）						
		補助金事業収益（一般）						
		受託事業収益（公費）						
		受託事業収益（一般）						
		その他の医業収益						
		（保険等査定減）						
		退職共済事業収益						
		事務費収益						
		○○事業収益						
		○○事業収益						
		その他の事業収益						
		補助金事業収益（公費）						
		補助金事業収益（一般）						
		受託事業収益（公費）						
		受託事業収益（一般）						
		その他の事業収益						
		○○収益						
		○○収益						
		経常経費寄附金収益						
		その他の収益						
		サービス活動収益計（1）						

サービス活動増減の部	費用	人件費						
		役員報酬						
		役員退職慰労金						
		役員退職慰労引当金繰入						
		職員給料						
		職員賞与						
		賞与引当金繰入						
		非常勤職員給与						
		派遣職員費						
		退職給付費用						
		法定福利費						
		事業費						
		給食費						
		介護用品費						
		医薬品費						
		診療・療養等材料費						
		保健衛生費						
		医療費						
		被服費						
		教養娯楽費						
		日用品費						
		保育材料費						
		本人支給金						
		水道光熱費						
		燃料費						
		消耗器具備品費						
		保険料						
		賃借料						
		教育指導費						
		就職支度費						
		葬祭費						
		車輌費						
		棚卸資産評価損						
		〇〇費						
		雑費						
		事務費						
		福利厚生費						
		職員被服費						
		旅費交通費						
		研修研究費						
		事務消耗品費						
		印刷製本費						
		水道光熱費						
		燃料費						
		修繕費						
		通信運搬費						
		会議費						
		広報費						
		業務委託費						
		手数料						
		保険料						
		賃借料						
		土地・建物賃借料						
		租税公課						
		保守料						
		渉外費						
		諸会費						
		〇〇費						
		雑費						
		就労支援事業費用						
		就労支援事業販売原価						
		期首製品（商品）棚卸高						
		当期就労支援事業製造原価						
		当期就労支援事業仕入高						
		期末製品（商品）棚卸高						
		就労支援事業販管費						

サービス活動増減の部	費用	授産事業費用 　○○事業費 退職共済事業費用 　事務費 ○○費用 利用者負担軽減額 減価償却費 国庫補助金等特別積立金取崩額 貸倒損失額 貸倒引当金繰入 徴収不能額 徴収不能引当金繰入 その他の費用	 △×××	 △×××	 △×××	 △×××		 △×××
		サービス活動費用計（2）						
		サービス活動増減差額(3)=(1)-(2)						
サービス活動外増減の部	収益	借入金利息補助金収益 受取利息配当金収益 社会福祉連携推進業務貸付金受取利息収益 有価証券評価益 有価証券売却益 基本財産評価益 投資有価証券評価益 投資有価証券売却益 積立資産評価益 その他のサービス活動外収益 　受入研修費収益 　利用者等外給食収益 　為替差益 　退職共済事業管理資産評価益 　退職共済預り金戻入額 　雑収益						
		サービス活動外収益計（4）						
	費用	支払利息 社会福祉連携推進業務借入金支払利息 有価証券評価損 有価証券売却損 基本財産評価損 投資有価証券評価損 投資有価証券売却損 積立資産評価損 その他のサービス活動外費用 　利用者等外給食費 　為替差損 　退職共済事業管理資産評価損 　退職共済預り金繰入額 　雑損失						
		サービス活動外費用計（5）						
		サービス活動外増減差額（6）=(4)-(5)						
		経常増減差額(7)=(3)＋(6)						

積立金・積立資産明細書

（自）令和　年　月　日　（至）令和　年　月　日

社会福祉法人名　_____

拠点区分　_____

（単位：円）

区分	前期末残高	当期増加額	当期減少額	期末残高	摘　要
○○積立金					
○○積立金					
○○積立金					
計					

（単位：円）

区分	前期末残高	当期増加額	当期減少額	期末残高	摘　要
○○積立資産					
○○積立資産					
○○積立資産					
計					

（注）
1．積立金を計上せずに積立資産を積み立てる場合には、摘要欄にその理由を明記すること。
2．退職給付引当金に対応して退職給付引当資産を積み立てる場合及び長期預り金に対応して長期
　預り金積立資産を積み立てる場合には摘要欄にその旨を明記すること。

サービス区分間繰入金明細書

（自）令和　年　月　日　（至）令和　年　月　日

社会福祉法人名　＿＿＿＿＿＿＿＿＿＿

拠点区分　＿＿＿＿＿＿＿＿＿＿

（単位：円）

サービス区分名		繰入金の財源（注）	金額	使用目的等
繰入元	繰入先			

（注）拠点区分資金収支明細書（別紙3（⑩））を作成した拠点においては、本明細書を作成のこと。
繰入金の財源には、措置費収入、保育所運営費収入、前期末支払資金残高等の別を記入すること。

サービス区分間貸付金（借入金）残高明細書

令和　年　月　日現在

社会福祉法人名
拠点区分

（単位：円）

貸付サービス区分名	借入サービス区分名	金額	使用目的等
合計			

（注）拠点区分資金収支明細書（別紙3（⑩））を作成した拠点においては、本明細書を作成のこと。

就労支援事業別事業活動明細書

(自)令和　年　月　日　(至)令和　年　月　日

社会福祉法人名

拠点区分

（単位：円）

	勘定科目	合計	○○作業	△△作業
収益	就労支援事業収益			
	就労支援事業活動収益計			
費用	就労支援事業販売原価			
	期首製品（商品）棚卸高			
	当期就労支援事業製造原価			
	当期就労支援事業仕入高			
	合計			
	期末製品（商品）棚卸高			
	差引			
	就労支援事業販管費			
	就労支援事業活動費用計			
	就労支援事業活動増減差額			

就労支援事業別事業活動明細書（多機能型事業所等用）

（自）令和　年　月　日　（至）令和　年　月　日

社会福祉法人名　＿＿＿＿＿＿＿＿＿
拠点区分　＿＿＿＿＿＿＿＿＿

（単位：円）

勘定科目	合計	A事業所								
		就労移行支援			就労継続支援A型			就労継続支援B型		
		小計	○○作業	△△作業	小計	○○作業	△△作業	小計	○○作業	△△作業
収益　就労支援事業収益										
就労支援事業活動収益計										
費用　就労支援事業販売原価 　　　期首製品（商品）棚卸高 　　　当期就労支援事業製造原価 　　　当期就労支援事業仕入高 　　　　　　合計 　　　期末製品（商品）棚卸高 　　　　　　差引 　　　就労支援事業販管費										
就労支援事業活動費用計										
就労支援事業活動増減差額										

就労支援事業製造原価明細書

(自)令和　年　月　日　(至)令和　年　月　日

社会福祉法人名＿＿＿＿＿＿＿＿＿＿＿＿＿＿＿＿
拠点区分＿＿＿＿＿＿＿＿＿＿＿＿＿＿＿＿＿

（単位：円）

勘定科目	合計	○○作業	△△作業
Ⅰ　材料費			
1．期首材料棚卸高			
2．当期材料仕入高			
計			
3．期末材料棚卸高			
当期材料費			
Ⅱ　労務費			
1．利用者賃金			
2．利用者工賃			
3．就労支援事業指導員等給与			
4．就労支援事業指導員等賞与引当金繰入			
5．就労支援事業指導員等退職給付費用			
6．法定福利費			
当期労務費			
Ⅲ　外注加工費			
（うち内部外注加工費）			
当期外注加工費			
Ⅳ　経費			
1．福利厚生費			
2．旅費交通費			
3．器具什器費			
4．消耗品費			
5．印刷製本費			
6．水道光熱費			
7．燃料費			
8．修繕費			
9．通信運搬費			
10．会議費			
11．損害保険料			
12．賃借料			
13．図書・教育費			
14．租税公課			
15．減価償却費			
16．国庫補助金等特別積立金取崩額（控除項目）			
17．雑費			
当期経費			
当期就労支援事業製造総費用			
期首仕掛品棚卸高			
合計			
期末仕掛品棚卸高			
当期就労支援事業製造原価			

就労支援事業製造原価明細書(多機能型事業所等用)

(自)令和　年　月　日　(至)令和　年　月　日

社会福祉法人名 _____

拠点区分 _____

(単位：円)

勘定科目	合計	A事業所								
		就労移行支援			就労継続支援A型			就労継続支援B型		
		小計	○○作業	△△作業	小計	○○作業	△△作業	小計	○○作業	△△作業
I　材料費										
1．期首材料棚卸高										
2．当期材料仕入高										
計										
3．期末材料棚卸高										
当期材料費										
II　労務費										
1．利用者賃金										
2．利用者工賃										
3．就労支援事業指導員等給与										
4．就労支援事業指導員等賞与引当金繰入										
5．就労支援事業指導員等退職給付費用										
6．法定福利費										
当期労務費										
III　外注加工費										
(うち内部外注加工費)										
当期外注加工費										
IV　経費										
1．福利厚生費										
2．旅費交通費										
3．器具什器費										
4．消耗品費										
5．印刷製本費										
6．水道光熱費										
7．燃料費										
8．修繕費										
9．通信運搬費										
10．会議費										
11．損害保険料										
12．賃借料										
13．図書・教育費										
14．租税公課										
15．減価償却費										
16．国庫補助金等特別積立金取崩額（控除項目）										
17．雑費										
当期経費										
当期就労支援事業製造総費用										
期首仕掛品棚卸高										
合計										
期末仕掛品棚卸高										
当期就労支援事業製造原価										

就労支援事業販管費明細書

（自)令和　年　月　日　（至)令和　年　月　日

社会福祉法人名 ＿＿＿＿＿＿＿＿＿＿＿＿＿＿＿
拠点区分 ＿＿＿＿＿＿＿＿＿＿＿＿＿＿＿

（単位：円）

勘定科目	合計	○○作業	△△作業
1．利用者賃金			
2．利用者工賃			
3．就労支援事業指導員等給与			
4．就労支援事業指導員等賞与引当金繰入			
5．就労支援事業指導員等退職給付費用			
6．法定福利費			
7．福利厚生費			
8．旅費交通費			
9．器具什器費			
10．消耗品費			
11．印刷製本費			
12．水道光熱費			
13．燃料費			
14．修繕費			
15．通信運搬費			
16．受注活動費			
17．会議費			
18．損害保険料			
19．賃借料			
20．図書・教育費			
21．租税公課			
22．減価償却費			
23．国庫補助金等特別積立金取崩額（控除項目）			
24．徴収不能引当金繰入額			
25．徴収不能額			
26．雑費			
就労支援事業販管費合計			

就労支援事業販管費明細書（多機能型事業所等用）

（自)令和　年　月　日　（至)令和　年　月　日

社会福祉法人名　_____
拠点区分　_____

（単位：円）

| 勘定科目 | 計 | A事業所 | | | | | | | | |
| | | 就労移行支援 | | | 就労継続支援A型 | | | 就労継続支援B型 | | |
		小計	〇〇作業	△△作業	小計	〇〇作業	△△作業	小計	〇〇作業	△△作業
1．利用者賃金										
2．利用者工賃										
3．就労支援事業指導員等給与										
4．就労支援事業指導員等賞与引当金繰入										
5．就労支援事業指導員等退職給付費用										
6．法定福利費										
7．福利厚生費										
8．旅費交通費										
9．器具什器費										
10．消耗品費										
11．印刷製本費										
12．水道光熱費										
13．燃料費										
14．修繕費										
15．通信運搬費										
16．受注活動費										
17．会議費										
18．損害保険料										
19．賃借料										
20．図書・教育費										
21．租税公課										
22．減価償却費										
23．国庫補助金等特別積立金取崩額（控除項目）										
24．徴収不能引当金繰入額										
25．徴収不能額										
26．雑費										
就労支援事業販管費合計										

就労支援事業明細書

(自)令和　年　月　日　(至)令和　年　月　日

社会福祉法人名　　　　　　　　　　　　　　　　　　　　　　　　　　
拠点区分　　　　　　　　　　　　　　　　　　　　　　　　　　　　　　

(単位：円)

勘定科目	合計	○○作業	△△作業
Ⅰ　材料費			
1．期首材料棚卸高			
2．当期材料仕入高			
計			
3．期末材料棚卸高			
当期材料費			
Ⅱ　労務費			
1．利用者賃金			
2．利用者工賃			
3．就労支援事業指導員等給与			
4．就労支援事業指導員等賞与引当金繰入			
5．就労支援事業指導員等退職給付費用			
6．法定福利費			
当期労務費			
Ⅲ　外注加工費			
（うち内部外注加工費）			
当期外注加工費			
Ⅳ　経費			
1．福利厚生費			
2．旅費交通費			
3．器具什器費			
4．消耗品費			
5．印刷製本費			
6．水道光熱費			
7．燃料費			
8．修繕費			
9．通信運搬費			
10．受注活動費			
11．会議費			
12．損害保険料			
13．賃借料			
14．図書・教育費			
15．租税公課			
16．減価償却費			
17．国庫補助金等特別積立金取崩額（控除項目）			
18．徴収不能引当金繰入額			
19．徴収不能額			
20．雑費			
当期経費			
当期就労支援総事業費			
期首仕掛品棚卸高			
合計			
期末仕掛品棚卸高			
就労支援事業費			

就労支援事業明細書（多機能型事業所等用）

(自)令和　年　月　日　(至)令和　年　月　日

社会福祉法人名

拠点区分

(単位：円)

勘定科目	合計	A事業所								
		就労移行支援			就労継続支援A型			就労継続支援B型		
		小計	○○作業	△△作業	小計	○○作業	△△作業	小計	○○作業	△△作業
Ⅰ　材料費										
1．期首材料棚卸高										
2．当期材料仕入高										
計										
3．期末材料棚卸高										
当期材料費										
Ⅱ　労務費										
1．利用者賃金										
2．利用者工賃										
3．就労支援事業指導員等給与										
4．就労支援事業指導員等賞与引当金繰入										
5．就労支援事業指導員等退職給付費用										
6．法定福利費										
当期労務費										
Ⅲ　外注加工費										
（うち内部外注加工費）										
当期外注加工費										
Ⅳ　経費										
1．福利厚生費										
2．旅費交通費										
3．器具什器費										
4．消耗品費										
5．印刷製本費										
6．水道光熱費										
7．燃料費										
8．修繕費										
9．通信運搬費										
10．受注活動費										
11．会議費										
12．損害保険料										
13．賃借料										
14．図書・教育費										
15．租税公課										
16．減価償却費										
17．国庫補助金等特別積立金取崩額（控除項目）										
18．徴収不能引当金繰入額										
19．徴収不能額										
20．雑費										
当期経費										
当期就労支援総事業費										
期首仕掛品棚卸高										
合計										
期末仕掛品棚卸高										
就労支援事業費										

授産事業費用明細書

(自)令和　年　月　日　(至)令和　年　月　日

社会福祉法人名　　　　　　　　　　　　　　　　　　

拠点区分　　　　　　　　　　　　　　　　　　　　　

(単位：円)

勘定科目	合計	○○作業	△△作業
I　材料費			
当期材料（商品を含む）仕入高			
材料費計(1)			
II　労務費			
利用者工賃			
授産事業指導員等給与			
授産事業指導員等賞与引当金繰入			
授産事業指導員等退職給付費用			
法定福利費			
労務費計(2)			
III　外注加工費			
外注加工費計(3)			
IV　経費			
福利厚生費			
旅費交通費			
器具什器費			
消耗品費			
印刷製本費			
水道光熱費			
燃料費			
修繕費			
通信運搬費			
受注活動費			
会議費			
損害保険料			
賃借料			
図書・教育費			
租税公課			
減価償却費			
国庫補助金等特別積立金取崩額（控除項目）			
徴収不能引当金繰入額			
徴収不能額			
○○費			
雑費			
経費計(4)			
V　棚卸資産増減額(5)			
授産事業費用(6)＝(1)＋(2)＋(3)＋(4)+(5)			

財　産　目　録

令和　年　月　日現在

（単位：円）

貸借対照表科目	場所・物量等	取得年度	使用目的等	取得価額	減価償却累計額	貸借対照表価額
Ⅰ 資産の部						
1 流動資産						
現金預金						
現金	現金手許有高	－	運転資金として	－	－	×××
普通預金	○○銀行○○支店他	－	運転資金として	－	－	×××
			小計			×××
事業未収金		－	○月分介護報酬等	－	－	×××
‥‥‥	‥‥‥	－	‥‥‥	－	－	‥‥‥
			流動資産合計			×××
2 固定資産						
（1）基本財産						
土地	（A拠点）○○市○○町1-1-1	－	第1種社会福祉事業である、○○施設等に使用している	－	－	×××
	（B拠点）○○市○○町2-2-2	－	第2種社会福祉事業である、▲▲施設等に使用している	－	－	×××
			小計			×××
建物	（A拠点）○○市○○町1-1-1	19××年度	第1種社会福祉事業である、○○施設等に使用している	×××	×××	×××
	（B拠点）○○市○○町2-2-2	19××年度	第2種社会福祉事業である、▲▲施設等に使用している	×××	×××	×××
			小計			×××
定期預金	○○銀行○○支店他	－	寄附者により○○事業に使用することが指定されている	－	－	×××
投資有価証券	第○回利付国債他	－	特段の指定がない	－	－	×××
‥‥‥	‥‥‥	－	‥‥‥	－	－	‥‥‥
			基本財産合計			×××
（2）その他の固定資産						
土地	（○拠点）○○市○○町3-3-3	－	5年後に開設する○○事業のための用地	－	－	×××
	（本部拠点）○○市○○町4-4-4	－	本部として使用している	－	－	×××
			小計			×××
建物	（C拠点）○○市○○町5-5-5	20××年度	第2種社会福祉事業である、訪問介護事業所に使用している	×××	×××	×××
車輌運搬具	○○他3台	－	利用者送迎用	×××	×××	×××
○○積立資産	定期預金 ○○銀行○○支店他	－	将来における○○の目的のために積み立てている定期預金	－	－	×××
‥‥‥	‥‥‥	－	‥‥‥	－	－	‥‥‥
			その他の固定資産合計			×××
			固定資産合計			×××
			資産合計			×××
Ⅱ 負債の部						
1 流動負債						
短期運営資金借入金	○○銀行○○支店他	－		－	－	×××
事業未払金	○月分水道光熱費他	－		－	－	×××
職員預り金	○月分源泉所得税他	－		－	－	×××
‥‥‥	‥‥‥					‥‥‥
			流動負債合計			×××
2 固定負債						
設備資金借入金	独立行政法人福祉医療機構他	－		－	－	×××
長期運営資金借入金	○○銀行○○支店他	－		－	－	×××
‥‥‥	‥‥‥					‥‥‥
			固定負債合計			×××
			負債合計			×××
			差引純資産			×××

（記載上の留意事項）
・土地、建物が複数ある場合には、科目を拠点区分毎に分けて記載するものとする。
・同一の科目について控除対象財産に該当し得るものと、該当し得ないものが含まれる場合には、分けて記載するものとする。
・科目を分けて記載した場合は、小計欄を設けて、「貸借対照表価額」欄と一致させる。
・「使用目的等」欄には、社会福祉法第55条の2の規定に基づく社会福祉充実残額の算定に必要な控除対象財産の判定を行うため、各資産の使用目的を簡潔に記載する。
なお、負債については、「使用目的等」欄の記載を要しない。
・「貸借対照表価額」欄は、「取得価額」欄と「減価償却累計額」欄の差額と同額になることに留意する。
・建物についてのみ「取得年度」欄を記載する。
・減価償却資産（有形固定資産に限る）については、「減価償却累計額」欄を記載する。なお、減価償却累計額には、減損損失累計額を含むものとする。
また、ソフトウェアについては、取得価額から貸借対照表価額を控除して得た額を「減価償却累計額」欄に記載する。
・車輌運搬具の○○には会社名と車種を記載すること。車輌番号は任意記載とする。
・預金に関する口座番号は任意記載とする。

雇児総発 0331 第 7 号
社援基発 0331 第 2 号
障　障発 0331 第 2 号
老　総発 0331 第 4 号
平成 28 年 3 月 31 日

一　　部　　改　　正
雇児総発 1111 第 2 号
社援基発 1111 第 2 号
障　障発 1111 第 1 号
老　総発 1111 第 1 号
平成 28 年 11 月 11 日

一　　部　　改　　正
子　総発 0320 第 3 号
社援基発 0320 第 2 号
障　障発 0320 第 1 号
老　総発 0320 第 1 号
平成 30 年 3 月 20 日

一　　部　　改　　正
子　総発 0329 第 1 号
社援基発 0329 第 3 号
障　障発 0329 第 5 号
老　総発 0329 第 2 号
平成 31 年 3 月 29 日

一　　部　　改　　正
子　総発 1112 第 1 号
社援基発 1112 第 2 号
障　障発 1112 第 1 号
老　総発 1112 第 1 号
令和 3 年 11 月 12 日

　　　都道府県
各　指定都市　民生主管部（局）長　殿
　　　中 核 市

厚 生 労 働 省 雇 用 均 等 ・ 児 童 家 庭 局 総 務 課 長

厚 生 労 働 省 社 会 ・ 援 護 局 福 祉 基 盤 課 長

厚生労働省社会・援護局障害保健福祉部障害福祉課長

厚 生 労 働 省 老 健 局 総 務 課 長

（ 公 印 省 略 ）

社会福祉法人会計基準の制定に伴う会計処理等に関する
運用上の留意事項について

　今般、社会福祉法人の会計処理の基準について、「社会福祉法人会計基準（平成 28 年厚生労働省令第 79 号）」及び「社会福祉法人会計基準の制定に伴う会計処理等に関する運用上の取扱いについて」（平成 28 年 3 月 31 日付雇児発 0331 第 15 号、社援発 0331 第 39 号、老発 0331 第 45 号、厚生労働省雇用均等・児童家庭局長、社会・援護局長、老健局長連名通知）により示されたところであるが、別紙のとおり、社会福祉法人における計算書類及びその附属明細書並びに財産目録の作成にかかる会計処理等の運用に関する留意事項を定めたので、貴管内社会福祉法人に対し周知徹底を図っていただくとともに、都道府県におかれては、貴管内の市（指定都市及び中核市を除き、特別区を含む。）に対し周知を図るようご配意願いたい。
　本通知の制定にあたり、「社会福祉法人会計基準の運用上の取扱い等について」（平成 23 年 7 月 27 日付雇児総発 0727 第 3 号、社援基発 0727 第 1 号、障障発 0727 第 1 号、老総発 0727 第 1 号厚生労働省雇用均等・児童家庭局総務課長、社会・援護局福祉基盤課長、社会・援護局障害保健福祉部障害福祉課長、老健局総務課長連名通知）は廃止する。
　なお、平成 28 年度決算にかかる計算書類及びその附属明細書並びに財産目録の作成については、「3 決算」の規定を除き従前の例によるものとする。

「社会福祉法人会計基準の運用上の留意事項」

＊本運用指針で使用する略称は、次のとおりとする。

・会計基準省令：社会福祉法人会計基準省令（平成 28 年厚生労働省令第 79 号）

・運用上の取り扱い ：社会福祉法人会計基準の運用上の取り扱い（平成 28 年 3 月 31 日雇児発 0331 第 15 号、社援発 0331 第 39 号、老発 0331 第 45 号、厚生労働省雇用均等・児童家庭局長、厚生労働省社会・援護局長、厚生労働省老健局長通知）

1 管理組織の確立
（1）法人における予算の執行及び資金等の管理に関しては、あらかじめ運営管理責任者を定める等法人の管理運営に十分配慮した体制を確保すること。

また、内部牽制に配意した業務分担、自己点検を行う等、適正な会計事務処理に努めること。

（2）会計責任者については理事長が任命することとし、会計責任者は取引の遂行、資産の管理及び帳簿その他の証憑書類の保存等会計処理に関する事務を行い、又は理事長の任命する出納職員にこれらの事務を行わせるものとする。

（3）施設利用者から預かる金銭等は、法人に係る会計とは別途管理することとするが、この場合においても内部牽制に配意する等、個人ごとに適正な出納管理を行うこと。

なお、ケアハウス・有料老人ホーム等で将来のサービス提供に係る対価の前受分として利用者から預かる金銭は法人に係る会計に含めて処理するものとする。

（4）法人は、上記事項を考慮し、会計基準省令に基づく適正な会計処理のために必要な事項について経理規程を定めるものとする。

2 予算と経理
（1）法人は、事業計画をもとに資金収支予算書を作成するものとし、資金収支予算書は拠点区分ごとに収入支出予算を編成することとする。

また、資金収支予算書の勘定科目は、資金収支計算書の勘定科目に準拠することとする。

（2）法人は、全ての収入及び支出について予算を編成し、予算に基づいて事業活動を行うこととする。

なお、年度途中で予算との乖離等が見込まれる場合は、必要な収入及び支出について補正予算を編成するものとする。ただし、乖離額等が法人の運営に支障がなく、軽微な範囲にとどまる場合は、この限りではない。

（3）会計帳簿は、原則として、拠点区分ごとに仕訳日記帳及び総勘定元帳を作成し、備え置くものとする。

3 決算
決算に際しては、毎会計年度終了後3か月以内に、計算書類（資金収支計算書（法人単位資金収支計算書、資金収支内訳表、事業区分資金収支内訳表及び拠点区分資金収支計算書）、事業活動計算書（法人単位事業活動計算書、事業活動内訳表、事業区分事業活動内訳表及び拠点区分事業活動計算書）及び貸借対照表（法人単位貸借対照表、貸借対照表内訳表、事業区分貸借対照表内訳表及び拠点区分貸借対照表）。以下同じ。）及びその附属明細書並びに財産目録を作成し、理事会の承認を受け、このうち計算書類及び財産目録については評議員会の承認を受けたのち、計算書類及びその附属明細書並びに財産目録については、所轄庁に提出しなければならない。

4　拠点区分及び事業区分について

（1）拠点区分について

　　拠点区分は、一体として運営される施設、事業所又は事務所をもって1つの拠点区分とする。

　　公益事業（社会福祉事業と一体的に実施されているものを除く）若しくは収益事業を実施している場合、これらは別の拠点区分とするものとする。

（2）拠点区分の原則的な方法

ア　施設の取扱い

　　次の施設の会計は、それぞれの施設ごと（同一種類の施設を複数経営する場合は、それぞれの施設ごと）に独立した拠点区分とするものとする。

　（ア）　生活保護法第38条第1項に定める保護施設

　（イ）　身体障害者福祉法第5条第1項に定める社会参加支援施設

　（ウ）　老人福祉法第20条の4に定める養護老人ホーム

　（エ）　老人福祉法第20条の5に定める特別養護老人ホーム

　（オ）　老人福祉法第20条の6に定める軽費老人ホーム

　（カ）　老人福祉法第29条第1項に定める有料老人ホーム

　（キ）　売春防止法第36条に定める婦人保護施設

　（ク）　児童福祉法第7条第1項に定める児童福祉施設

　（ケ）　母子及び父子並びに寡婦福祉法第39条第1項に定める母子・父子福祉施設

　（コ）　障害者の日常生活及び社会生活を総合的に支援するための法律第5条第11項に定める障害者支援施設

　（サ）　介護保険法第8条第28項に定める介護老人保健施設

　（シ）　医療法第1条の5に定める病院及び診療所（入所施設に附属する医務室を除く）

　　なお、当該施設で一体的に実施されている（ア）から（シ）まで以外の社会福祉事業又は公益事業については、イの規定にかかわらず、当該施設の拠点区分に含めて会計を処理することができる。

イ　事業所又は事務所の取扱い

　　上記（ア）から（シ）まで以外の社会福祉事業及び公益事業については、原則として、事業所又は事務所を単位に拠点とする。なお、同一の事業所又は事務所において複数の事業を行う場合は、同一拠点区分として会計を処理することができる。

ウ　障害福祉サービスの取扱い

　　障害福祉サービスについて、障害者の日常生活及び社会生活を総合的に支援するための法律に基づく指定障害福祉サービスの事業等の人員、設備及び運営に関する基準（平成18年厚生労働省令第171号）（以下「指定基準」という。）に規定

する一の指定障害福祉サービス事業所若しくは多機能型事業所として取り扱われる複数の事業所又は障害者の日常生活及び社会生活を総合的に支援するための法律に基づく指定障害者支援施設等の人員、設備及び運営に関する基準（平成18年厚生労働省令第172号）（以下「指定施設基準」という。）に規定する一の指定障害者支援施設等（指定施設基準に規定する指定障害者支援施設等をいう。）として取り扱われる複数の施設においては、同一拠点区分として会計を処理することができる。

また、これらの事業所又は施設でない場合があっても、会計が一元的に管理されている複数の事業所又は施設においては、同一拠点区分とすることができる。

エ　その他

新たに施設を建設するときは拠点区分を設けることができる。

（3）事業区分について

各拠点区分について、その実施する事業が社会福祉事業、公益事業及び収益事業のいずれであるかにより、属する事業区分を決定するものとする。

なお、事業区分資金収支内訳表、事業区分事業活動内訳表及び事業区分貸借対照表内訳表は、当該事業区分に属するそれぞれの拠点区分の拠点区分資金収支計算書、拠点区分事業活動計算書及び拠点区分貸借対照表を合計し、内部取引を相殺消去して作成するものとする。

5　サービス区分について

（1）サービス区分の意味

サービス区分については、拠点区分において実施する複数の事業について、法令等の要請によりそれぞれの事業ごとの事業活動状況又は資金収支状況の把握が必要な場合に設定する。

（2）サービス区分の方法

ア　原則的な方法

介護保険サービス、障害福祉サービス、特定教育・保育施設及び特定地域型保育事業については、運用上の取り扱い第3に規定する指定サービス基準等において当該事業の会計とその他の事業の会計を区分すべきことが定められている事業をサービス区分とする。

他の事業については、法人の定款に定める事業ごとに区分するものとする。

なお、特定の補助金等の使途を明確にするため、更に細分化することもできる。

イ　簡便的な方法

次のような場合は、同一のサービス区分として差し支えない。

（ア）介護保険関係

以下の介護サービスと一体的に行われている介護予防サービスなど、両者のコストをその発生の態様から区分することが困難である場合には、勘定科目として介護予防サービスなどの収入額のみを把握できれば同一のサービス区分として差し支

えない。

- ・指定訪問介護と第1号訪問事業
- ・指定通所介護と第1号通所事業
- ・指定地域密着型通所介護と第1号通所事業
- ・指定介護予防支援と第1号介護予防ケアマネジメント事業
- ・指定認知症対応型通所介護と指定介護予防認知症対応型通所介護
- ・指定短期入所生活介護と指定介護予防短期入所生活介護
- ・指定小規模多機能型居宅介護と指定介護予防小規模多機能型居宅介護
- ・指定認知症対応型共同生活介護と指定介護予防認知症対応型共同生活介護
- ・指定訪問入浴介護と指定介護予防訪問入浴介護
- ・指定特定施設入居者生活介護と指定介護予防特定施設入居者生活介護
- ・福祉用具貸与と介護予防福祉用具貸与
- ・福祉用具販売と介護予防福祉用具販売
- ・指定介護老人福祉施設といわゆる空きベッド活用方式により当該施設で実施する指定短期入所生活介護事業

（イ）保育関係

　子ども・子育て支援法（平成24年法律第65号）第27条第1項に規定する特定教育・保育施設及び同法第29条第1項に規定する特定地域型保育事業（以下「保育所等」という。）を経営する事業と保育所等で実施される地域子ども・子育て支援事業については、同一のサービス区分として差し支えない。

　なお、保育所等で実施される地域子ども・子育て支援事業、その他特定の補助金等により行われる事業については、当該補助金等の適正な執行を確保する観点から、同一のサービス区分とした場合においても合理的な基準に基づいて各事業費の算出を行うものとし、一度選択した基準は、原則継続的に使用するものとする。

　また、各事業費の算出に当たっての基準、内訳は、所轄庁や補助を行う自治体の求めに応じて提出できるよう書類により整理しておくものとする。

（3）サービス区分ごとの拠点区分資金収支明細書及び事業活動明細書の作成について

　拠点区分資金収支明細書はサービス区分を設け、事業活動による収支、施設整備等による収支及びその他の活動による収支について作成するものとし、その様式は運用上の取り扱い別紙3（⑩）のとおりとする。拠点区分事業活動明細書はサービス区分を設け、サービス活動増減の部及びサービス活動外増減の部について作成するものとし、その様式は運用上の取り扱い別紙3（⑪）のとおりとする。

6　本部会計の区分について

　本部会計については、法人の自主的な決定により、拠点区分又はサービス区分とすることができるが、社会福祉法第125条第4号に規定される社会福祉連携推進法人への資金の貸付けを行う法人については、拠点区分とする。

　なお、介護保険サービス、障害福祉サービス、子どものための教育・保育給付費並び

に措置費による事業の資金使途制限に関する通知において、これらの事業から本部会計への貸付金を年度内に返済する旨の規定があるにも拘わらず、年度内返済が行われていない場合は、サービス区分間貸付金（借入金）残高明細書（運用上の取り扱い別紙3（⑭））を作成するものとする。

法人本部に係る経費については、理事会、評議員会の運営に係る経費、法人役員の報酬等その他の拠点区分又はサービス区分に属さないものであって、法人本部の帰属とすることが妥当なものとする。

7 作成を省略できる計算書類の様式

（1）事業区分が社会福祉事業のみの法人の場合

拠点区分を設定した結果すべての拠点が社会福祉事業に該当する法人は、会計基準省令第1号第2様式、第2号第2様式及び第3号第2様式の作成を省略できる。この場合、計算書類に対する注記（法人全体用）「5．法人が作成する計算書類と拠点区分、サービス区分」にその旨を記載するものとする。

（2）拠点区分が1つの法人の場合

拠点区分が1つの法人は、会計基準省令第1号第2様式、第1号第3様式、第2号第2様式、第2号第3様式、第3号第2様式及び第3号第3様式の作成を省略できる。この場合、計算書類に対する注記（法人全体用）「5．法人が作成する計算書類と拠点区分、サービス区分」にその旨を記載するものとする。

（3）拠点区分が1つの事業区分の場合

拠点区分が1つの事業区分は、会計基準省令第1号第3様式、第2号第3様式及び第3号第3様式の作成を省略できる。この場合、計算書類に対する注記（法人全体用）「5．法人が作成する計算書類と拠点区分、サービス区分」にその旨を記載するものとする。

8 借入金の扱い

借入金の借り入れ及び償還にかかる会計処理は、借入目的に応じて、各拠点区分で処理することとする。

なお、資金を借り入れた場合については、借入金明細書（運用上の取り扱い別紙3（①））を作成し、借入先、借入額及び償還額等を記載することとする。その際、独立行政法人福祉医療機構と協調融資（独立行政法人福祉医療機構の福祉貸付が行う施設整備のための資金に対する融資と併せて行う同一の財産を担保とする当該施設整備のための資金に対する融資をいう。）に関する契約を結んだ民間金融機関に対して基本財産を担保に供する場合は、借入金明細書の借入先欄の金融機関名の後に（協調融資）と記載するものとする。

また、法人が将来受け取る債権を担保として供する場合には、計算書類の注記及び借入金明細書の担保資産欄にその旨を記載するものとする。

9 寄附金の扱い

（1）金銭の寄附は、寄附目的により拠点区分の帰属を決定し、当該拠点区分の資金収支計算書の経常経費寄附金収入又は施設整備等寄附金収入として計上し、併せて事業活動計算書の経常経費寄附金収益又は施設整備等寄附金収益として計上するものとする。

（2）寄附物品については、取得時の時価により、経常経費に対する寄附物品であれば経常経費寄附金収入及び経常経費寄附金収益として計上する。土地などの支払資金の増減に影響しない寄附物品については、事業活動計算書の固定資産受贈額として計上するものとし、資金収支計算書には計上しないものとする。

ただし、当該物品が飲食物等で即日消費されるもの又は社会通念上受取寄附金として扱うことが不適当なものはこの限りではない。

なお、寄附金及び寄附物品を収受した場合においては、寄附者から寄附申込書を受けることとし、寄附金収益明細書（運用上の取り扱い別紙3（②））を作成し、寄附者、寄附目的、寄附金額等を記載することとする。

（3）共同募金会からの受配者指定寄附金のうち、施設整備及び設備整備に係る配分金（資産の取得等に係る借入金の償還に充てるものを含む。）は、施設整備等寄附金収入として計上し、併せて施設整備等寄附金収益として計上する。このうち基本金として組入れすべきものは、基本金に組入れるものとする。

また、受配者指定寄附金のうち経常的経費に係る配分金は、経常経費寄附金収入として計上し、併せて経常経費寄附金収益として計上する。

一方、受配者指定寄附金以外の配分金のうち、経常的経費に係る配分金は、補助金事業収入及び補助金事業収益に計上する。

また、受配者指定寄附金以外の配分金のうち、施設整備及び設備整備に係る配分金は、施設整備等補助金収入及び施設整備等補助金収益に計上し、国庫補助金等特別積立金を積立てることとする。

10 各種補助金の扱い

施設整備等に係る補助金、借入金元金償還補助金、借入金利息補助金及び経常経費補助金等の各種補助金については、補助の目的に応じて帰属する拠点区分を決定し、当該区分で受け入れることとする（運用上の取り扱い別紙3（③）「補助金事業等収益明細書」参照）。

11 事業区分間、拠点区分間及びサービス区分間の資金移動

社会福祉事業、公益事業及び収益事業における事業区分間及び拠点区分間の繰入金収入及び繰入金支出を記載するものとする（運用上の取り扱い別紙3（④）「事業区分間及び拠点区分間繰入金明細書」参照）。

また、拠点区分資金収支明細書（運用上の取り扱い別紙3（⑩））を作成した拠点においては、サービス区分間の繰入金収入及び繰入金支出を記載するものとする（運用上の

取り扱い別紙3（⑬）「サービス区分間繰入金明細書」参照）。

12　事業区分間、拠点区分間及びサービス区分間の貸付金（借入金）残高

　　社会福祉事業、公益事業及び収益事業における事業区分間及び拠点区分間の貸付金（借入金）の残高を記載するものとする（運用上の取り扱い別紙3（⑤）「事業区分間及び拠点区分間貸付金（借入金）残高明細書」参照）。

　　また、拠点区分資金収支明細書（運用上の取り扱い別紙3（⑩））を作成した拠点区分においては、サービス区分間の貸付金（借入金）の残高を記載するものとする（運用上の取り扱い別紙3（⑭）「サービス区分間貸付金（借入金）残高明細書」参照）。

13　共通支出及び費用の配分方法
（1）配分方法について

　　共通支出及び費用の具体的な科目及び配分方法は別添1のとおりとするが、これによりがたい場合は、実態に即した合理的な配分方法によることとして差し支えない。

　　また、科目が別添1に示すものにない場合は、適宜、類似の科目の考え方を基に配分して差し支えない。

　　なお、どのような配分方法を用いたか分かるように記録しておくことが必要である。

（2）事務費と事業費の科目の取扱について

　　「水道光熱費（支出）」、「燃料費（支出）」、「賃借料（支出）」、「保険料（支出）」については原則、事業費（支出）のみに計上できる。ただし、措置費、保育所運営費の弾力運用が認められないケースでは、事業費（支出）、事務費（支出）双方に計上するものとする。

14　基本金について
（1）基本金

　　会計基準省令第6条第1項及び運用上の取り扱い第11に規定する基本金として計上する額とは、次に掲げる額をいう。

ア　運用上の取り扱い第11（1）に規定する基本金について

　　運用上の取り扱い第11（1）に規定する社会福祉法人の設立並びに施設の創設及び増築等のために基本財産等を取得すべきものとして指定された寄附金の額とは、土地、施設の創設、増築、増改築における増築分、拡張における面積増加分及び施設の創設及び増築時等における初度設備整備、非常通報装置設備整備、屋内消火栓設備整備等の基本財産等の取得に係る寄附金の額とする。

　　さらに、地方公共団体から無償又は低廉な価額により譲渡された土地、建物の評価額（又は評価差額）は、寄附金とせずに、国庫補助金等に含めて取り扱うものとする。

なお、設備の更新、改築等に当たっての寄附金は基本金に含めないものとする。

イ　運用上の取り扱い第11（2）に規定する基本金について

運用上の取り扱い第11（2）に規定する資産の取得等に係る借入金の元金償還に充てるものとして指定された寄附金の額とは、施設の創設及び増築等のために基本財産等を取得するにあたって、借入金が生じた場合において、その借入金の返済を目的として収受した寄附金の総額をいう。

ウ　運用上の取り扱い第11（3）に規定する基本金について

運用上の取り扱い第11（3）に規定する施設の創設及び増築時等に運転資金に充てるために収受した寄附金の額とは、平成12年12月1日障企第59号、社援企第35号、老計第52号、児企第33号厚生省大臣官房障害保健福祉部企画課長、厚生省社会・援護局企画課長、厚生省老人保健福祉局計画課長、厚生省児童家庭局企画課長連名通知「社会福祉法人の認可について」別紙社会福祉法人審査要領第2（3）に規定する、当該法人の年間事業費の12分の1以上に相当する寄附金の額及び増築等の際に運転資金に充てるために収受した寄附金の額をいう。

（2）基本金の組入れ

会計基準省令第6条第1項及び運用上の取り扱い第11に規定する基本金への組み入れについては、複数の施設に対して一括して寄附金を受け入れた場合には、最も合理的な基準に基づいて各拠点区分に配分することとする。

なお、基本金の組み入れは会計年度末に一括して合計額を計上することができるものとする。

（3）基本金の取崩し

運用上の取り扱い第12に規定する基本金の取崩しについても各拠点区分において取崩しの処理を行うこととする。

なお、基本金を取り崩す場合には、基本財産の取崩しと同様、事前に所轄庁に協議し、内容の審査を受けなければならない。

（4）基本金明細書の作成

基本金の組入れ及び取崩しに当たっては、基本金明細書（運用上の取り扱い別紙3（⑥））を作成し、それらの内容を記載することとする。

15　国庫補助金等特別積立金について

（1）国庫補助金等

会計基準省令第6条第2項及び運用上の取り扱い第10に規定する国庫補助金等とは、「社会福祉施設等施設整備費の国庫負担（補助）について」（平成17年10月5日付厚生労働省発社援第1005003号）に定める施設整備事業に対する補助金など、主として固定資産の取得に充てられることを目的として、国及び地方公共団体等から受領した補助金、助成金及び交付金等をいう。

また、国庫補助金等には、自転車競技法第24条第6号などに基づいたいわゆる民

間公益補助事業による助成金等を含むものとする。

なお、施設整備及び設備整備の目的で共同募金会から受ける受配者指定寄附金以外の配分金も国庫補助金等に含むものとする。

また、設備資金借入金の返済時期に合わせて執行される補助金等のうち、施設整備時又は設備整備時においてその受領金額が確実に見込まれており、実質的に施設整備事業又は設備整備事業に対する補助金等に相当するものは国庫補助金等とする。

（２）国庫補助金等特別積立金の積立て

ア　国庫補助金等特別積立金の積立て

会計基準省令第6条第2項及び運用上の取り扱い第10に規定する国庫補助金等特別積立金については、国又は地方公共団体等から受け入れた補助金、助成金及び交付金等の額を各拠点区分で積み立てることとし、合築等により受け入れる拠点区分が判明しない場合、又は複数の施設に対して補助金を受け入れた場合には、最も合理的な基準に基づいて各拠点区分に配分することとする。

設備資金借入金の返済時期に合わせて執行される補助金等のうち、施設整備時又は設備整備時においてその受領金額が確実に見込まれており、実質的に施設整備事業又は設備整備事業に対する補助金等に相当するものとして国庫補助金等とされたものは、実際に償還補助があったときに当該金額を国庫補助金等特別積立金に積立てるものとする。

また、当該国庫補助金等が計画通りに入金されなかった場合については、差額部分を当初の予定額に加減算して、再度配分計算を行うものとする。ただし、当該金額が僅少な場合は、再計算を省略することができるものとする。さらに、設備資金借入金の償還補助が打ち切られた場合の国庫補助金等については、差額部分を当初の予定額に加減算して、再度配分計算をし、経過期間分の修正を行うものとする。当該修正額は原則として特別増減の部に記載するものとするが、重要性が乏しい場合はサービス活動外増減の部に記載できるものとする。

イ　国庫補助金等特別積立金の取崩し

運用上の取り扱い第9に規定する国庫補助金等特別積立金の減価償却等による取り崩し及び国庫補助金等特別積立金の対象となった基本財産等が廃棄又は売却された場合の取り崩しの場合についても各拠点区分で処理することとする。

また、国庫補助金等はその効果を発現する期間にわたって、支出対象経費（主として減価償却費をいう）の期間費用計上に対応して国庫補助金等特別積立金取崩額をサービス活動費用の控除項目として計上する。

なお、非償却資産である土地に対する国庫補助金等は、原則として取崩しという事態は生じず、将来にわたっても純資産に計上する。

さらに、設備資金借入金の返済時期に合わせて執行される補助金のうち、施設整備時又は設備整備時においてその受領金額が確実に見込まれており、実質的に施設整備事業又は設備整備事業に対する補助金等に相当するものとして積み立てられた国庫補助金等特別積立金の取崩額の計算に当たっては、償還補助総額を基礎

として支出対象経費（主として減価償却費をいう）の期間費用計上に対応して国庫補助金等特別積立金取崩額をサービス活動費用の控除項目として計上する。

　　ウ　国庫補助金等特別積立金明細書の作成

　　国庫補助金等特別積立金の積み立て及び取り崩しに当たっては、国庫補助金等特別積立金明細書（運用上の取り扱い別紙３（⑦））を作成し、それらの内容を記載することとする。

16　棚卸資産の会計処理等について

　　棚卸資産については、原則として、資金収支計算書上は購入時等に支出として処理するが、事業活動計算書上は当該棚卸資産を販売等した時に費用として処理するものとする。

17　減価償却について

（１）減価償却の対象と単位

　　減価償却は耐用年数が１年以上、かつ、原則として１個若しくは１組の金額が 10 万円以上の有形固定資産及び無形固定資産を対象とする。減価償却計算の単位は、原則として資産ごととする。

（２）残存価額

　　ア　平成 19 年 3 月 31 日以前に取得した有形固定資産

　　有形固定資産について償却計算を実施するための残存価額は取得価額の 10%とする。耐用年数到来時においても使用し続けている有形固定資産については、さらに、備忘価額（１円）まで償却を行うことができるものとする。

　　イ　平成 19 年 4 月 1 日以降に取得した有形固定資産

　　有形固定資産について償却計算を実施するための残存価額はゼロとし、償却累計額が当該資産の取得価額から備忘価額（１円）を控除した金額に達するまで償却するものとする。

　　ウ　無形固定資産

　　無形固定資産については、当初より残存価額をゼロとして減価償却を行うものとする。

（３）耐用年数

　　耐用年数は、原則として「減価償却資産の耐用年数等に関する省令」（昭和 40 年大蔵省令第 15 号）によるものとする。

（４）償却率等

　　減価償却の計算は、原則として、「減価償却資産の耐用年数等に関する省令」の定めによるものとし、適用する償却率等は別添２（減価償却資産の償却率、改定償却率及び保証率表）のとおりとする。

（５）減価償却計算期間の単位

　　減価償却費の計算は、原則として１年を単位として行うものとする。ただし、年度

の中途で取得又は売却・廃棄した減価償却資産については、月を単位（月数は暦に従って計算し、1か月に満たない端数を生じた時はこれを1か月とする）として計算を行うものとする。

（6）減価償却費の配分の基準

ア　複数の拠点区分又はサービス区分に共通して発生する減価償却費のうち、国庫補助金等により取得した償却資産に関する減価償却費は、国庫補助金等の補助目的に沿った拠点区分又はサービス区分に配分する。

イ　ア以外の複数の拠点区分又はサービス区分に共通して発生する減価償却費については、利用の程度に応じた面積、人数等の合理的基準に基づいて毎期継続的に各拠点区分又はサービス区分に配分する。

18　引当金について

（1）徴収不能引当金について

ア　徴収不能引当金の計上は、原則として、毎会計年度末において徴収することが不可能な債権を個別に判断し、当該債権を徴収不能引当金に計上する。

イ　ア以外の債権（以下「一般債権」という。）については、過去の徴収不能額の発生割合に応じた金額を徴収不能引当金として計上する。

（2）賞与引当金について

賞与引当金の計上は、法人と職員との雇用関係に基づき、毎月の給料の他に賞与を支給する場合において、翌期に支給する職員の賞与のうち、支給対象期間が当期に帰属する支給見込額を賞与引当金として計上する。

（3）退職給付引当金について

21を参照のこと。

19　積立金と積立資産について

（1）積立資産の積立て

運用上の取り扱い第19において積立金を計上する際は同額の積立資産を積み立てることとしているが、資金管理上の理由等から積立資産の積立てが必要とされる場合には、その名称・理由を明確化した上で積立金を積み立てずに積立資産を計上できるものとする（運用上の取り扱い別紙3（⑫）「積立金・積立資産明細書」参照）。

（2）積立資産の積立ての時期

積立金と積立資産の積立ては、増減差額の発生した年度の計算書類に反映させるものであるが、専用の預金口座で管理する場合は、遅くとも決算理事会終了後2か月を越えないうちに行うものとする。

（3）就労支援事業に関する積立金

就労支援事業については、指定基準において「就労支援事業収入から就労支援事業に必要な経費を控除した額に相当する金額を工賃として支払わなければならない」としていることから、原則として剰余金は発生しないものである。

しかしながら、将来にわたり安定的に工賃を支給し、又は安定的かつ円滑に就労支援事業を継続するため、また、次のような特定の目的の支出に備えるため、理事会の議決に基づき就労支援事業別事業活動明細書の就労支援事業活動増減差額から一定の金額を次の積立金として計上することができるものとする。

また、積立金を計上する場合には、同額の積立資産を計上することによりその存在を明らかにしなければならない。

なお、次の積立金は、当該年度の利用者賃金及び利用者工賃の支払額が、前年度の利用者賃金及び利用者工賃の支払実績額を下回らない場合に限り、計上できるものとする。

ア　工賃変動積立金

毎会計年度、一定の工賃水準を利用者に保障するため、将来の一定の工賃水準を下回る工賃の補填に備え、次に掲げる各事業年度における積立額及び積立額の上限額の範囲内において、「工賃変動積立金」を計上できるものとする。

・各事業年度における積立額：過去３年間の平均工賃の10％以内

・積立額の上限額：過去３年間の平均工賃の50％以内

なお、保障すべき一定の工賃水準とは、過去３年間の最低工賃（天災等により工賃が大幅に減少した年度を除く。）とし、これを下回った年度については、理事会の議決に基づき工賃変動積立金及び工賃変動積立資産を取り崩して工賃を補填し、補填された工賃を利用者に支給するものとする。

イ　設備等整備積立金

就労支援事業を安定的かつ円滑に継続するため、就労支援事業に要する設備等の更新、又は新たな業種への展開を行うための設備等の導入のための資金需要に対応するため、次に掲げる各事業年度における積立額及び積立額の上限額の範囲内において、設備等整備積立金を計上できるものとする。

・各事業年度における積立額：就労支援事業収入の10％以内

・積立額の上限額：就労支援事業資産の取得価額の75％以内

なお、設備等整備積立金の積み立てに当たっては、施設の大規模改修への国庫補助、高齢・障害者雇用支援機構の助成金に留意することとし、設備等整備積立金により就労支援事業に要する設備等の更新、又は新たな業種への展開を行うための設備等を導入した場合には、対応する積立金及び積立資産を取り崩すものとする。

ウ　積立金の流用及び繰替使用

積立金は、上述のとおり、一定の工賃水準の保障、就労支援事業の安定的かつ円滑な継続という特定の目的のために、一定の条件の下に認められるものであることから、その他の目的のための支出への流用（積立金の流用とは、積立金の取り崩しではなく、積立金に対応して設定した積立資産の取崩しをいう。）は認められない。

しかしながら、就労支援事業に伴う自立支援給付費収入の受取時期が、請求及

びその審査等に一定の時間を要し、事業の実施月から見て2か月以上遅延する場合が想定されることから、このような場合に限り、上述の積立金に対応する資金の一部を一時繰替使用することができるものとする。

　　ただし、繰替えて使用した資金は、自立支援給付費収入により必ず補填することとし、積立金の目的の達成に支障を来さないように留意すること。

（4）授産事業に関する積立金

　　授産施設は、最低基準において「授産施設の利用者には、事業収入の額から、事業に必要な経費の額を控除した額に相当する額の工賃を支払わなければならない。」と規定していることから、原則として剰余金は発生しないものである。

　　しかしながら、会計基準省令第6条第3項に規定する「その他の積立金」により、人件費積立金、修繕積立金、備品等購入積立金、工賃平均積立金等の積立金として処理を行うことは可能である。

　　なお、積立金を計上する場合には、同額の積立資産を計上することによりその存在を明らかにしなければならない。

20　リース会計について

（1）　リース会計処理について

　　企業会計においてはリース取引の会計処理はリース会計基準に従って行われる。社会福祉法人においてもリース取引の会計処理はこれに準じて行うこととなる。

　　土地、建物等の不動産のリース取引（契約上、賃貸借となっているものも含む。）についても、ファイナンス・リース取引に該当するか、オペレーティング・リース取引に該当するかを判定する。ただし、土地については、所有権の移転条項又は割安購入選択権の条項がある場合等を除き、オペレーティング・リース取引に該当するものと推定することとなる。

　　なお、リース契約1件当たりのリース料総額（維持管理費用相当額又は通常の保守等の役務提供相当額のリース料総額に占める割合が重要な場合には、その合理的見積額を除くことができる。）が300万円以下のリース取引等少額のリース資産や、リース期間が1年以内のリース取引についてはオペレーティング・リース取引の会計処理に準じて資産計上又は運用上の取り扱い第8に記載されている注記を省略することができる等の簡便的な取扱いができるものとする。

（2）　利息相当額の各期への配分について

　　リース資産総額に重要性が乏しいと認められる場合は、次のいずれかの方法を適用することができる。

　　ア　運用上の取り扱い第8の定めによらず、リース料総額から利息相当額の合理的な見積額を控除しない方法によることができる。この場合、リース資産及びリース債務は、リース料総額で計上され、支払利息は計上されず、減価償却費のみが計上される。

　　イ　運用上の取り扱い第8の定めによらず、利息相当額の総額をリース期間中

の各期に配分する方法として、定額法を採用することができる。

　なお、リース資産総額に重要性が乏しいと認められる場合とは、未経過リース料の期末残高（運用上の取り扱い第1で通常の賃貸借取引に係る方法に準じて会計処理を行うこととしたものや、運用上の取り扱い第8に従い利息相当額を利息法により各期に配分しているリース資産に係るものを除く。）が、当該期末残高、有形固定資産及び無形固定資産の期末残高の法人全体の合計額に占める割合が10 ％未満である場合とする。

21　退職給付について

（1）　期末要支給額による算定について

　退職給付会計の適用に当たり、退職給付の対象となる職員数が300 人未満の社会福祉法人のほか、職員数が300 人以上であっても、年齢や勤務期間に偏りがあるなどにより数理計算結果に一定の高い水準の信頼性が得られない社会福祉法人や原則的な方法により算定した場合の額と期末要支給額との差異に重要性が乏しいと考えられる社会福祉法人においては、退職一時金に係る債務について期末要支給額により算定することができるものとする。

（2）　独立行政法人福祉医療機構の実施する社会福祉施設職員等退職手当共済制度の会計処理

　独立行政法人福祉医療機構の実施する社会福祉施設職員等退職手当共済制度及び確定拠出年金制度のように拠出以後に追加的な負担が生じない外部拠出型の制度については、当該制度に基づく要拠出額である掛金額をもって費用処理する。

（3）　都道府県等の実施する退職共済制度の会計処理

ア　共済契約者である社会福祉法人

　退職一時金制度等の確定給付型を採用している場合は、約定の額を退職給付引当金に計上する。ただし被共済職員個人の拠出金がある場合は、約定の給付額から被共済職員個人が既に拠出した掛金累計額を差し引いた額を退職給付引当金に計上する。

　なお、簡便法として、期末退職金要支給額（約定の給付額から被共済職員個人が既に拠出した掛金累計額を差し引いた額）を退職給付引当金とし同額の退職給付引当資産を計上する方法や、社会福祉法人の負担する掛金額を退職給付引当資産とし同額の退職給付引当金を計上する方法を用いることができるものとする。

イ　退職共済事業実施者である社会福祉法人

　退職共済事業実施者である社会福祉法人が、共済契約者である法人及び加入者から受領した掛金は資産に計上し、同額を負債として認識する。資産は、会計基準省令第4条に規定する資産の評価の方法に従って評価する。負債は、資産の増減額と同額を負債に加減し、会計基準省令第5条の債務額とする。

　なお、拠点区分又はサービス区分を適切に設定して管理すること。

22 資産価値の下落について

会計基準省令第4条第3項に規定する会計年度の末日における時価がその時の取得原価より著しく低い資産とは、時価が帳簿価額から概ね50%を超えて下落している場合をいうものとする。

23 内部取引の相殺消去について

運用上の取り扱い第4に規定する内部取引の相殺消去には、ある事業区分、拠点区分又はサービス区分から他の事業区分、拠点区分又はサービス区分への財貨又はサービスの提供を外部との取引と同様に収益（収入）・費用（支出）として処理した取引も含むものとする。

例えば、就労支援事業のある拠点区分において製造した物品を他の拠点区分で給食として消費した場合には、就労支援事業収益（収入）と給食費（支出）を、内部取引消去欄で相殺消去する取扱いをするものとする。

24 法人税、住民税及び事業税について

（1） 事業活動計算書への記載

法人税、住民税及び事業税を納税する法人は、事業活動計算書等の特別増減差額と当期活動増減差額の間に以下の欄を追加するものとする。

勘定科目		当年度決算(A)	前年度決算(B)	増減(A)−(B)
特別増減の部	特別増減差額(10)＝(8)−(9)			
税引前当期活動増減差額(11)＝(7)＋(10)				
法人税、住民税及び事業税(12)				
法人税等調整額(13)				
当期活動増減差額(14)＝(11)−(12)−(13)				

なお、重要性の原則により税効果会計を適用しない法人は、「法人税等調整額」欄の追加は不要となる。「繰越活動増減差額の部」の各項目に右記した番号は順次繰り下げるものとする。

（2） 資金収支計算書への記載

法人税、住民税及び事業税を納税する法人は、拠点区分資金収支計算書の事業活動支出の「その他の支出」に中区分科目として「法人税、住民税及び事業税支出」を追加するものとする。

（3） 貸借対照表への記載

法人税、住民税及び事業税のうちの未払額については、流動負債の部に「未払法人税等」の科目を設けて記載するものとする。

また、税効果会計を適用する場合に生じる繰延税金資産及び繰延税金負債は、当該科目名をもって固定資産又は固定負債に区分して記載するものとする。

25　計算書類の勘定科目及び注記について

（1）計算書類の勘定科目

勘定科目は別添3に定めるとおりとする。

会計基準省令第1号第1～第3様式、第2号第1～第3様式は、勘定科目の大区分のみを記載するが、必要のない勘定科目は省略することができる。ただし、追加・修正はできないものとする。会計基準省令第1号第4様式、第2号第4様式は、勘定科目の小区分までを記載し、必要のない勘定科目は省略できるものとする。

また、会計基準省令第3号第1～第4様式は、勘定科目の中区分までを記載し、必要のない中区分の勘定科目は省略できるものとする。

運用上の取り扱い別紙3（⑩）及び別紙3（⑪）については、勘定科目の小区分までを記載し、必要のない勘定科目は省略できるものとする。

勘定科目の中区分についてはやむを得ない場合、小区分については適当な勘定科目を追加できるものとする。

なお、小区分を更に区分する必要がある場合には、小区分の下に適当な科目を設けて処理することができるものとする。

また、計算書類の様式又は別添3に規定されている勘定科目においても、該当する取引が制度上認められていない事業種別では当該勘定科目を使用することができないものとする。

（2）計算書類に対する注記

計算書類に対する注記は、法人全体又は拠点区分で該当する内容がない項目についても、会計基準省令第29条第1項第1号、第3号、第9号及び第10号を除いては、項目名の記載は省略できない。この場合は当該項目に「該当なし」などと記載するものとする。

26　関連当事者との取引について

運用上の取り扱い第21における関連当事者との取引の内容について計算書類に注記を付す場合の関連当事者の範囲及び重要性の基準は、以下のとおりである。

（1）関連当事者の範囲

ア　当該社会福祉法人の常勤の役員又は評議員として報酬を受けている者及びそれらの近親者（3親等内の親族及びこの者と特別の関係にある者。なお、「親族及びこの者と特別の関係にあるもの」とは例えば以下を指すこととする。）

①　当該役員又は評議員とまだ婚姻の届け出をしていないが、事実上婚姻と同様の事情にある者

②　当該役員又は評議員から受ける金銭その他の財産によって生計を維持している者

①又は②の親族で、これらの者と生計を一にしている者

    イ 当該社会福祉法人の常勤の役員又は評議員として報酬を受けている者及びそれらの近親者が議決権の過半数を有している法人

    ウ 支配法人（当該社会福祉法人の財務及び営業又は事業の方針の決定を支配している他の法人、以下同じ。）

      次の場合には当該他の法人は、支配法人に該当するものとする。

      ・ 他の法人の役員、評議員若しくは職員である者が当該社会福祉法人の評議員会の構成員の過半数を占めていること。

    エ 被支配法人（当該社会福祉法人が財務及び営業又は事業の方針の決定を支配している他の法人、以下同じ。）

      次の場合には当該他の法人は、被支配法人に該当するものとする。

      ・ 当該社会福祉法人の役員、評議員若しくは職員である者が他の法人の評議員会の構成員の過半数を占めていること。

    オ 当該社会福祉法人と同一の支配法人を持つ法人

      当該社会福祉法人と同一の支配法人を持つ法人とは、支配法人が当該社会福祉法人以外に支配している法人とする。

（2）関連当事者との取引に係る開示対象範囲

    ア 上記（1）ア及びイに掲げる者との取引については、事業活動計算書項目及び貸借対照表項目いずれに係る取引についても、年間 1,000 万円を超える取引については全て開示対象とするものとする。

    イ 支配法人、被支配法人又は同一の支配法人を持つ法人との取引

      ① 事業活動計算書項目に係る関連当事者との取引

        サービス活動収益又はサービス活動外収益の各項目に係る関連当事者との取引については、各項目に属する科目ごとに、サービス活動収益とサービス活動外収益の合計額の 100 分の 10 を超える取引を開示する。

        サービス活動費用又はサービス活動外費用の各項目に係る関連当事者との取引については、各項目に属する科目ごとに、サービス活動費用とサービス活動外費用の合計額の 100 分の 10 を超える取引を開示する。

        特別収益又は特別費用の各項目に係る関連当事者との取引については、各項目に属する科目ごとに 1,000 万円を超える収益又は費用の額について、その取引総額を開示し、取引総額と損益が相違する場合は損益を併せて開示する。ただし、各項目に属する科目の取引に係る損益の合計額が当期活動増減差額の 100 分の 10 以下となる場合には、開示を要しないものとする。

      ② 貸借対照表項目に係る関連当事者との取引

        貸借対照表項目に属する科目の残高については、その金額が資産の合計額の 100 分の 1 を超える取引について開示する。

27　固定資産管理台帳について

　基本財産（有形固定資産）及びその他の固定資産（有形固定資産及び無形固定資産）は個々の資産の管理を行うため、固定資産管理台帳を作成するものとする。

社会福祉法人会計の勘定科目説明

※会計基準省令第1号第1～第3様式、第2号第1～第3様式は、勘定科目の大区分のみを記載するが、**必要のないものは省略**することができる。ただし追加・修正はできないものとする。会計基準省令第1号第4様式、第2号第4様式は、勘定科目の小区分までを記載し、必要のない勘定科目は省略できるものとする。また、会計基準省令第3号第1～第4様式は、勘定科目の中区分までを記載し、必要のない中区分の勘定科目は省略できるものとする。
※運用上の取り扱いの別紙3（⑩）、別紙3（⑪）については、勘定科目の小区分までを記載し、必要のない勘定科目は省略できるものとする。
※勘定科目の中区分についてはやむを得ない場合、小区分については適当な科目を追加できるものとする。なお、小区分を更に区分する必要がある場合には、小区分の下に適当な科目を設けて処理することができるものとする。
※「水道光熱費（支出）」、「燃料費（支出）」、「賃借料（支出）」、「保険料（支出）」については原則、事業費（支出）のみに計上できる。ただし、措置費、保育所運営費の弾力運用が認められないケースでは、事業費（支出）、事務費（支出）の双方に計上するものとする。
※計算書類の様式又は別添3に規定されている勘定科目においても、該当する取引が制度上認められていない事業種別では当該勘定科目を使用することができないものとする。

1. 資金収支計算書勘定科目の説明

①収入の部

＜事業活動による収入＞

大区分	中区分	小区分	説明
介護保険事業収入	施設介護料収入	介護報酬収入	介護保険の施設介護料で介護報酬収入をいう。 （介護保険法の給付等に関する省令・告示に規定する介護福祉施設サービス費、介護保健施設サービス費、療養病床を有する病院における介護療養施設サービス費、療養病床を有する診療所における介護療養施設サービス費、老人性認知症疾患療養病棟を有する病院における介護療養施設サービス費、介護医院サービス費、ユニット型介護福祉施設サービス費、ユニット型介護保健施設サービス費、ユニット型介護医療院サービス費、初期加算、退所時等相談援助加算、退所時指導等加算、緊急時施設療養費等）
		利用者負担金収入（公費）	介護保険の施設介護料で利用者負担収入（公費）をいう。 （介護保険法の給付等に関する省令・告示に規定する介護福祉施設サービス費、介護保健施設サービス費、療養病床を有する病院における介護療養施設サービス費、療養病床を有する診療所における介護療養施設サービス費、老人性認知症疾患療養病棟を有する病院における介護療養施設サービス費、介護医療院サービス費、ユニット型介護福祉施設サービス費、ユニット型介護保健施設サービス費、ユニット型介護医療院サービス費、初期加算、退所時等相談援助加算、退所時指導等加算、緊急時施設療養費等の利用者負担額のうち、公費分）
		利用者負担金収入（一般）	介護保険の施設介護料で利用者負担収入（一般）をいう。 （介護保険法の給付等に関する省令・告示に規定する介護福祉施設サービス費、介護保健施設サービス費、療養病床を有する病院における介護療養施設サービス費、療養病床を有する診療所における介護療養施設サービス費、老人性認知症疾患療養病棟を有する病院における介護療養施設サービス費、介護医療院サービス費、ユニット型介護福祉施設サービス費、ユニット型介護保健施設サービス費、ユニット型介護医療院サービス費、初期加算、退所時等相談援助加算、退所時指導等加算、緊急時施設療養費等の利用者負担額のうち、一般分）
	居宅介護料収入		
	（介護報酬収入）	介護報酬収入	介護保険の居宅介護料で介護報酬収入をいう。 （介護保険法の給付等に関する省令・告示に規定する訪問介護費、訪問入浴介護費、通所介護費、短期入所生活介護費、訪問看護療養費等）
		介護予防報酬収入	介護保険の居宅介護料で介護予防報酬収入をいう。 （介護保険法の給付等に関する省令・告示に規定する介護予防訪問入浴費、介護予防短期入所生活介護費、介護予防訪問看護療養費等）
	（利用者負担金収入）	介護負担金収入（公費）	介護保険の居宅介護料で介護負担金収入（公費）をいう。 （介護保険法の給付等に関する省令・告示に規定する訪問介護費、訪問入浴介護費、通所介護費、短期入所生活介護費、訪問看護療養費等の利用者負担額のうち、公費分）
		介護負担金収入（一般）	介護保険の居宅介護料で介護負担金収入（一般）をいう。 （介護保険法の給付等に関する省令・告示に規定する訪問介護費、訪問入浴介護費、通所介護費、短期入所生活介護費、訪問看護療養費等の利用者負担額のうち、一般分）
		介護予防負担金収入（公費）	介護保険の居宅介護料で介護予防負担金収入（公費）をいう。 （介護保険法の給付等に関する省令・告示に規定する介護予防訪問入浴費、介護予防短期入所生活介護費、介護予防訪問看護療養費等の利用者負担額のうち、公費分）
		介護予防負担金収入（一般）	介護保険の居宅介護料で介護予防負担金収入（一般）をいう。 （介護保険法の給付等に関する省令・告示に規定する介護予防訪問入浴費、介護予防短期入所生活介護費、介護予防訪問看護療養費等の利用者負担額のうち、一般分）

1. 資金収支計算書勘定科目の説明

①収入の部			
	地域密着型介護料収入		
	（介護報酬収入）	介護報酬収入	介護保険の地域密着型介護料で介護報酬収入をいう。 （介護保険法の給付等に関する省令・告示に規定する定期巡回・随時対応型訪問介護看護費、夜間対応型訪問介護費、地域密着型通所介護費、認知症対応型通所介護費、小規模多機能型居宅介護費、認知症対応型共同生活介護費、複合型サービス費（看護小規模多機能型居宅介護費）、地域密着型特定施設入居者生活介護費、地域密着型介護老人福祉施設入所者生活介護費）
		介護予防報酬収入	介護保険の地域密着型介護料で介護予防報酬収入をいう。 （介護保険法の給付等に関する省令・告示に規定する介護予防認知症対応型通所介護費、介護予防小規模多機能型居宅介護費、介護予防認知症対応型共同生活介護費）
	（利用者負担金収入）	介護負担金収入（公費）	介護保険の居宅介護料で介護負担金収入（公費）をいう。 （介護保険法の給付等に関する省令・告示に規定する定期巡回・随時対応型訪問介護看護費、夜間対応型訪問介護費、地域密着型通所介護費、認知症対応型通所介護費、小規模多機能型居宅介護費、認知症対応型共同生活介護費、複合型サービス費（看護小規模多機能型居宅介護費）、地域密着型特定施設入居者生活介護費、地域密着型介護老人福祉施設入所者生活介護費の利用者負担額のうち、公費分）
		介護負担金収入（一般）	介護保険の居宅介護料で介護負担金収入（一般）をいう。 （介護保険法の給付等に関する省令・告示に規定する定期巡回・随時対応型訪問介護看護費、夜間対応型訪問介護費、地域密着型通所介護費、認知症対応型通所介護費、小規模多機能型居宅介護費、認知症対応型共同生活介護費、複合型サービス費（看護小規模多機能型居宅介護費）、地域密着型特定施設入居者生活介護費、地域密着型介護老人福祉施設入所者生活介護費の利用者負担額のうち、一般分）
		介護予防負担金収入（公費）	介護保険の居宅介護料で介護予防負担金収入（公費）をいう。 （介護保険法の給付等に関する省令・告示に規定する介護予防認知症対応型通所介護費、介護予防小規模多機能型居宅介護費、介護予防認知症対応型共同生活介護費の利用者負担額のうち、公費分）
		介護予防負担金収入（一般）	介護保険の居宅介護料で介護予防負担金収入（一般）をいう。 （介護保険法の給付等に関する省令・告示に規定する介護予防認知症対応型通所介護費、介護予防小規模多機能型居宅介護費、介護予防認知症対応型共同生活介護費の利用者負担額のうち、一般分）
	居宅介護支援介護料収入	居宅介護支援介護料収入	介護保険の居宅介護支援介護料で居宅介護支援介護料収入をいう。 （介護保険法の給付等に関する省令・告示に規定する居宅介護支援費）
		介護予防支援介護料収入	介護保険の居宅介護支援介護料で居宅予防介護支援介護料収入をいう。 （介護保険法の給付等に関する省令・告示に規定する介護予防支援費）
	介護予防・日常生活支援総合事業収入	事業費収入	介護保険の介護予防・日常生活支援総合事業費で事業費収入をいう。 （介護予防・日常生活支援総合事業に関する省令・告示等に規定する第1号訪問事業、第1号通所事業、第1号生活支援事業、第1号介護予防支援事業、一般介護予防事業に係る事業費収入）
		事業負担金収入（公費）	介護保険の介護予防・日常生活支援総合事業費で事業負担金収入（公費）をいう。 （介護予防・日常生活支援総合事業に関する省令・告示等に規定する第1号訪問事業、第1号通所事業、第1号生活支援事業、第1号介護予防支援事業、一般介護予防事業の利用者負担額のうち、公費分）
		事業負担金収入（一般）	介護保険の介護予防・日常生活支援総合事業費で事業負担金収入（一般）をいう。 （介護予防・日常生活支援総合事業に関する省令・告示等に規定する第1号訪問事業、第1号通所事業、第1号生活支援事業、第1号介護予防支援事業、一般介護予防事業の利用者負担額のうち、一般分）
	利用者等利用料収入	施設サービス利用料収入	介護保険の利用者等利用料収入で施設サービス利用料収入をいう。 （介護保険法の給付等に関する省令・告示において支払いを受けることができることとされている理美容料、日常生活サービス料等）
		居宅介護サービス利用料収入	介護保険の利用者等利用料収入で居宅介護サービス利用料収入をいう。 （介護保険法の給付等に関する省令・告示において支払いを受けることができることとされている送迎費、おむつ料、日常生活サービス料等）

①収入の部				
		地域密着型介護サービス利用料収入	介護保険の利用者等利用料収入で地域密着型介護サービス利用料収入をいう。 （介護保険法の給付等に関する省令・告示において支払いを受けることができることとされているサービス料等）	
		食費収入（公費）	介護保険の利用者等利用料収入で、食費収入（公費）をいう。 （生活保護の公費請求分等）	
		食費収入（一般）	介護保険の利用者等利用料収入で、食費収入（一般）をいう。 （指定介護老人福祉施設、介護老人保健施設等の入所者又は入居者（以下「入所者等」という。）並びに指定通所介護事業所、指定短期入所生活介護事業所、指定認知症対応型共同生活介護事業所及び介護予防・日常生活支援総合事業における通所型サービス事業所等の利用者が支払う食費（ケアハウスの生活費として処理されるものを除く）、利用者が選定した特別な食事料）	
		食費収入（特定）	食費に係る特定入所者介護サービス費をいう。	
		居住費収入（公費）	介護保険の利用者等利用料収入で、居住費収入（公費）をいう。 （生活保護の公費請求分等）	
		居住費収入（一般）	介護保険の利用者等利用料収入で、居住費収入（一般）をいう。 （指定介護老人福祉施設、介護老人保健施設等の入所者等が支払う居住費、指定短期入所生活介護事業所の利用者が支払う滞在費、指定特定施設入居者生活介護事業所等の利用者が支払う家賃又は宿泊費（ケアハウスの管理費として処理されるものを除く）、利用者が選定した特別な室料）	
		居住費収入（特定）	居住費に係る特定施設入所者介護サービス費をいう。	
		介護予防・日常生活支援総合事業利用料収入	介護予防・日常生活支援総合事業の利用者等利用料収入で、介護予防・日常生活支援総合事業の実費負担等に係る収入をいう。	
		その他の利用料収入	介護保険の利用者等利用料収入で、その他の利用料収入をいう。 （前記のいずれにも属さない利用者等からの利用料）	
	その他の事業収入	補助金事業収入（公費）	介護保険に関連する事業に対して、国及び地方公共団体から交付される補助金事業に係る収入をいう。	
		補助金事業収入（一般）	介護保険に関連する事業に対して、国及び地方公共団体以外から交付される補助金事業に係る収入をいう（共同募金からの配分金（受配者指定寄附金を除く）及び助成金を含む）。介護保険に関連する補助金事業に係る利用者からの収入も含む。	
		市町村特別事業収入（公費）	介護保険のその他の事業で、市町村特別事業のうち、公費からの収入をいう。 （介護保険法第62条に規定する市町村特別給付による収入）	
		市町村特別事業収入（一般）	介護保険のその他の事業で、市町村特別事業のうち、利用者からの収入をいう。	
		受託事業収入（公費）	介護保険に関連する、地方公共団体から委託された事業に係る収入をいう。 （介護保険法に基づく又は関連する、地方公共団体から委託された事業に係る収入）	
		受託事業収入（一般）	介護保険に関連する、受託事業に係る利用者からの収入をいう。 （介護保険法に基づく又は関連する、地方公共団体から委託された事業に係る収入）	
		その他の事業収入	上記に属さないその他の事業収入をいう。利用者からの収入も含む。 （文書料など前記に属さない介護保険事業収入）	
	（保険等査定減）		社会保険診療報酬支払基金等の審査機関による審査減額をいう。	
老人福祉事業収入	措置事業収入	事務費収入	老人福祉の措置事業で、事務費収入をいう。 （老人福祉法に規定する措置費支弁額中の人件費及び管理費に係る収入をいう。）	
		事業費収入	老人福祉の措置事業で、事業費収入をいう。 （老人福祉法に規定する措置費支弁額中の入所者の処遇に必要な一般生活費等に係る収入をいう。）	

①収入の部			
		その他の利用料収入	老人福祉の措置事業で、その他の利用料収入をいう。 （前記のいずれの利用料にも属さない利用者等からの利用料をいう。）
		その他の事業収入	老人福祉の措置事業で、その他の事業収入をいう。 （前記のいずれの収入にも属さない事業収入をいう。）
	運営事業収入	管理費収入	老人福祉の運営事業で、管理費収入をいう。 （老人福祉法に規定する軽費老人ホームにおける居住に要する費用の収入をいう。）
		その他の利用料収入	老人福祉の運営事業で、その他の利用料収入をいう。 （老人福祉法に規定する軽費老人ホームにおける管理費収入を除く利用者等からの利用料（徴収額を含む。）をいう。）
		補助金事業収入 （公費）	老人福祉の運営事業で、補助金事業収入をいう。 （老人福祉法に規定する軽費老人ホーム事業に対して交付される国及び地方公共団体からの補助金等の事業収入をいう。）
		補助金事業収入 （一般）	老人福祉の運営事業で、利用者収入をいう。 （老人福祉法に規定する軽費老人ホーム事業に対して交付される国及び地方公共団体以外からの補助金事業に係る収入をいう。）
		その他の事業収入	老人福祉の運営事業で、その他の事業収入をいう。 （前記のいずれの収入にも属さない事業収入をいう。）
	その他の事業収入	管理費収入	老人福祉のその他の事業で、管理費収入をいう。 （老人福祉法に規定するその他の事業で、居住に要する費用の収入をいう。）
		その他の利用料収入	老人福祉のその他の事業で、その他の利用料収入をいう。 （老人福祉法に規定するその他の事業で、管理費収入を除く利用者等からの利用料（徴収額を含む。）をいう。）
		その他の事業収入	老人福祉のその他の事業で、その他の事業収入をいう。 （老人福祉法に規定するその他の事業で、前記のいずれの収入にも属さない事業収入をいう。）
児童福祉事業収入	措置費収入	事務費収入	措置費支弁額中の人件費及び管理費に係る収入をいう。
		事業費収入	措置費支弁額中の入所者の処遇に必要な一般生活費等に係る収入をいう。
	私的契約利用料収入		措置施設等における私的契約に基づく利用料収入をいう。
	その他の事業収入	補助金事業収入 （公費）	措置受託に関連する、国及び地方公共団体から交付される補助金事業に係る収入をいう。
		補助金事業収入 （一般）	措置受託に関連する、国及び地方公共団体以外から交付される補助金事業に係る収入をいう（共同募金からの配分金（受配者指定寄附金を除く）及び助成金を含む）。措置受託に関連する補助金事業に係る利用者からの収入も含む。
		受託事業収入（公費）	措置受託に関連する、地方公共団体から委託された事業に係る収入をいう。
		受託事業収入（一般）	措置受託に関連する、受託事業に係る利用者からの収入をいう。
		その他の事業収入	上記に属さないその他の事業収入をいう。利用者からの収入も含む。
保育事業収入	施設型給付費収入	施設型給付費収入	施設型給付費の代理受領分をいう。
		利用者負担金収入	施設型給付費における利用者等からの利用者負担金（保育料）収入をいう。
	特例施設型給付費収入	特例施設型給付費収入	特例施設型給付費の代理受領分をいう。
		利用者負担金収入	特例施設型給付費における利用者等からの利用者負担金（保育料）収入をいう。

①収入の部			
	地域型保育給付費収入	地域型保育給付費収入	地域型保育給付費の代理受領分をいう。
		利用者負担金収入	地域型保育給付費における利用者等からの利用者負担金（保育料）収入をいう。
	特例地域型保育給付費収入	特例地域型保育給付費収入	特例地域型保育給付費の代理受領分をいう。
		利用者負担金収入	特例地域型保育給付費における利用者等からの利用者負担金（保育料）収入をいう。
	委託費収入		子ども・子育て支援法附則6条に規定する委託費収入（私立認可保育所における保育の実施等に関する運営費収入）をいう。
	利用者等利用料収入	利用者等利用料収入（公費）	実費徴収額（保護者が支払うべき日用品、文房具等の購入に要する費用又は行事への参加に要する費用等）にかかる補足給付収入をいう。
		利用者等利用料収入（一般）	実費徴収額（保護者が支払うべき日用品、文房具等の購入に要する費用又は行事への参加に要する費用等）のうち補足給付収入以外の収入をいう。
		その他の利用料収入	特定負担額（教育・保育の質の向上を図る上で特に必要であると認められる対価）など上記に属さない利用者からの収入をいう。
	私的契約利用料収入		保育所等における私的契約に基づく利用料収入をいう。
	その他の事業収入	補助金事業収入（公費）	保育所等に関連する事業に対して、国及び地方公共団体から交付される補助金事業に係る収入をいう。
		補助金事業収入（一般）	保育所等に関連する事業に対して、国及び地方公共団体以外から交付される補助金事業に係る収入をいう（共同募金からの配分金（受配者指定寄附金を除く）及び助成金を含む）。保育所等に関連する補助金事業に係る利用者からの収入も含む。
		受託事業収入（公費）	保育所等に関連する、地方公共団体から委託された事業に係る収入をいう。
		受託事業収入（一般）	保育所等に関連する、受託事業に係る利用者からの収入をいう。
		その他の事業収入	上記に属さないその他の事業収入をいう。
就労支援事業収入	○○事業収入		就労支援事業の内容（製造製品の売上、仕入れ商品の売上、受託加工の別等）を示す名称を付した科目で記載する。
障害福祉サービス等事業収入	自立支援給付費収入	介護給付費収入	介護給付費の代理受領分をいう。
		特例介護給付費収入	特例介護給付費の受領分をいう。
		訓練等給付費収入	訓練等給付費の代理受領分をいう。
		特例訓練等給付費収入	特例訓練費等給付費の受領分をいう。
		地域相談支援給付費収入	地域相談支援給付費の代理受領分をいう。
		特例地域相談支援給付費収入	特例地域相談支援給付費の受領分をいう。
		計画相談支援給付費収入	計画相談支援給付費の代理受領分をいう。
		特例計画相談支援給付費収入	特例計画相談支援給付費の受領分をいう。
	障害児施設給付費収入	障害児通所給付費収入	障害児通所給付費の代理受領分をいう。
		特例障害児通所給付費収入	特例障害児通所給付費の代理受領分をいう。

1. 資金収支計算書勘定科目の説明

①収入の部				
		障害児入所給付費収入	障害児入所給付費の代理受領分をいう。	
		障害児相談支援給付費収入	障害児相談支援給付費の代理受領分をいう。	
		特例障害児相談支援給付費収入	特例障害児相談支援給付費の受領分をいう。	
	利用者負担金収入		利用者本人（障害児においては、その保護者）の負担による収入をいう。	
	補足給付費収入	特定障害者特別給付費収入	特定障害者特別給付費の代理受領分をいう。	
		特例特定障害者特別給付費収入	特例特定障害者特別給付費の代理受領分をいう。	
		特定入所障害児食費等給付費収入	特定入所障害児食費等給付費の代理受領分をいう。	
	特定費用収入		利用者から支払いを受けることができることとされている日用品費等をいう。	
	その他の事業収入	補助金事業収入（公費）	障害者総合支援法又はこれに関連する事業に対して、国及び地方公共団体から交付される補助金事業に係る収入をいう。	
		補助金事業収入（一般）	障害者総合支援法又はこれに関連する事業に対して、国及び地方公共団体以外から交付される補助金事業に係る収入をいう（共同募金からの配分金（受配者指定寄附金を除く）及び助成金を含む）。障害者総合支援法に関連する補助金事業に係る利用者からの収入も含む。	
		受託事業収入（公費）	障害者総合支援法又はこれに関連する、地方公共団体から委託された事業に係る収入をいう。（障害者総合支援法に基づく又は関連する、地方公共団体から委託された事業に係る収入）	
		受託事業収入（一般）	障害者総合支援法又はこれに関連する、受託事業に係る利用者からの収入をいう。（障害者総合支援法に基づく又は関連する、地方公共団体から委託された事業に係る収入）	
		その他の事業収入	上記に属さないその他の事業収入をいう。利用者からの収入も含む。	
	（保険等査定減）		社会保険診療報酬支払基金等の審査機関による審査減額をいう。	
生活保護事業収入	措置費収入	事務費収入	措置費支弁額中の人件費及び管理費に係る収入をいう。	
		事業費収入	入所者の処遇に必要な一般生活費として交付される保護費収入をいう。	
	授産事業収入	○○事業収入	授産事業の内容（製造製品の売上げ、仕入れ商品の売上、受託加工の別等）を示す名称を付した科目で記載する。	
	利用者負担金収入		保護施設等における利用者等からの利用料収入をいう。	
	その他の事業収入	補助金事業収入（公費）	措置受託に関連する、国及び地方公共団体から交付される補助金事業に係る収入をいう。	
		補助金事業収入（一般）	措置受託に関連する、国及び地方公共団体以外から交付される補助金事業に係る収入をいう（共同募金からの配分金（受配者指定寄附金を除く）及び助成金を含む）。措置受託に関連する補助金事業に係る利用者からの収入も含む。	
		受託事業収入（公費）	措置受託に関連する、地方公共団体から委託された事業に係る収入をいう。	
		受託事業収入（一般）	措置受託に関連する、受託事業に係る利用者からの収入をいう。	
		その他の事業収入	上記に属さないその他の事業収入をいう。利用者からの収入も含む。	
医療事業収入	入院診療収入（公費）		入院患者の診療、療養に係る収入（医療保険、公費負担医療、公害医療、労災保険、自動車損害賠償責任保険等。ただし介護保険適用の療養病床に係るものは除く）のうち、公費からの収入をいう。	
	入院診療収入（一般）		入院患者の診療、療養に係る収入（医療保険、公費負担医療、自費診療等。ただし介護保険適用の療養病床に係るものは除く）のうち、利用者からの収入をいう。	

1．資金収支計算書勘定科目の説明

①収入の部			
	室料差額収入		特定療養費の対象となる特別の療養環境の提供に係る収入をいう。
	外来診療収入（公費）		外来患者の診療、療養に係る収入（医療保険、公費負担医療、公害医療、労災保険、自動車損害賠償責任保険等）のうち、公費からの収入をいう。
	外来診療収入（一般）		外来患者の診療、療養に係る収入（医療保険、公費負担医療、自費診療等。ただし、介護保険適用の療養病床に係るものは除く）のうち、利用者からの収入をいう。
	保健予防活動収入		各種の健康診断、人間ドック、予防接種、妊産婦保健指導等保健予防活動に係る収入をいう。
	受託検査・施設利用収入		他の医療機関から検査の委託を受けた場合の検査収入及び医療設備器機を他の医療機関の利用に供した場合の収入をいう。
	訪問看護療養費収入（公費）		訪問看護療養費の額等に関する告示に規定する訪問看護基本療養費、訪問看護管理療養費、訪問看護情報提供療養費、訪問看護ターミナル療養費のうち、公費からの収入をいう。
	訪問看護療養費収入（一般）		訪問看護療養費の額等に関する告示に規定する訪問看護基本療養費、訪問看護管理療養費、訪問看護情報提供療養費、訪問看護ターミナル療養費のうち、利用者からの収入をいう。
	訪問看護利用料収入	訪問看護基本利用料収入	人員運営基準第13条第1項に規定する基本利用料徴収額をいう。
		訪問看護その他の利用料収入	人員運営基準第13条第2項の規定に基づくその他の利用料徴収額をいう。長時間利用料収入、休日・時間外利用料収入、交通費収入、その他のサービス利用料収入に区分設定する。
	その他の医療事業収入	補助金事業収入（公費）	医療法に基づく又は関連する事業に対して交付される国及び地方公共団体からの補助金等の事業収入をいう。
		補助金事業収入（一般）	医療法に基づく又は関連する事業に対して交付される国及び地方公共団体以外からの補助金等の事業収入をいう（共同募金からの配分金（受配者指定寄附金を除く）及び助成金を含む）。医療法に基づく又は関連する補助金事業に係る利用者からの収入も含む。
		受託事業収入（公費）	医療法に基づく又は関連する、地方公共団体から委託された事業に係る収入をいう。
		受託事業収入（一般）	医療法に基づく又は関連する、受託事業に係る利用者からの収入をいう。
		その他の医療事業収入	上記に属さないその他の医療事業収入をいう。利用者からの収入も含む。
	（保険等査定減）		社会保険診療報酬支払基金等の審査機関による審査減額をいう。
退職共済事業収入	事務費収入		退職共済事業の事務手続業務に係る事務費収入をいう。
○○事業収入	○○事業収入		事業の内容を示す名称を付した科目で記載する。
	その他の事業収入	補助金事業収入（公費）	○○事業に対して交付される国及び地方公共団体からの補助金等の事業収入をいう。
		補助金事業収入（一般）	○○事業に対して交付される国及び地方公共団体以外からの補助金等の事業収入をいう（共同募金からの配分金（受配者指定寄附金を除く）及び助成金を含む）。医療法に基づく又は関連する補助金事業に係る利用者からの収入も含む。
		受託事業収入（公費）	○○事業に関連する、地方公共団体から委託された事業に係る収入をいう。
		受託事業収入（一般）	○○事業に関連する、受託事業に係る利用者からの収入をいう。
		その他の事業収入	上記に属さないその他の事業収入をいう。利用者からの収入も含む。
○○収入	○○収入		収入の内容を示す名称を付した科目で記載する。
借入金利息補助金収入			施設整備及び設備整備に対する借入金利息に係る地方公共団体からの補助金等の収入をいう。

1. 資金収支計算書勘定科目の説明

①収入の部

経常経費寄附金収入			経常経費に対する寄附金及び寄附物品をいう。
受取利息配当金収入			預貯金、有価証券、貸付金等の利息及び配当金等の収入をいう。
社会福祉連携推進業務貸付金受取利息収入			社会福祉法第125条第4号に規定される業務として行われる社会福祉連携推進法人への資金の貸付けに係る利息収入をいう。
その他の収入	受入研修費収入		研修の受入に対する収入をいう。
	利用者等外給食費収入		職員等患者・利用者以外に提供した食事に対する収入をいう。
	雑収入		上記に属さない事業活動による収入をいう。
流動資産評価益等による資金増加額	有価証券売却益		有価証券（投資有価証券を除く）を売却した場合の売却益をいう。
	有価証券評価益		有価証券（投資有価証券を除く）を時価評価した時の評価益をいう。
	為替差益		外国通貨、外貨建金銭債権債務（外貨預金を含む。）及び外貨建有価証券等について、円換算によって生じた換算差益をいう。

＜施設整備等による収入＞

施設整備等補助金収入	施設整備等補助金収入		施設整備及び設備整備に係る地方公共団体等からの補助金等の収入をいう。
	設備資金借入金元金償還補助金収入		施設整備及び設備整備に対する借入金元金償還に係る地方公共団体等からの補助金等の収入をいう。
施設整備等寄附金収入	施設整備等寄附金収入		施設整備及び設備整備に係る寄附金収入をいう。なお、施設の創設及び増築時等に運転資金に充てるために収受した寄附金を含む。
	設備資金借入金元金償還寄附金収入		施設整備及び設備整備に対する借入金元金償還に係る寄附金収入をいう。
設備資金借入金収入			施設整備及び設備整備に対する借入金の受入額をいう。
社会福祉連携推進業務設備資金借入金収入			社会福祉法第125条第4号に規定される業務として行われる社会福祉連携推進法人からの設備資金の借入金収入をいう。
固定資産売却収入	車輌運搬具売却収入		車輌運搬具の売却による収入をいう。
	器具及び備品売却収入		器具及び備品の売却による収入をいう。
	○○売却収入		売却した資産等の内容を示す名称を付した科目で記載する。
その他の施設整備等による収入	○○収入		施設整備及び設備整備による収入で他のいずれの科目にも属さない収入をいう。収入の内容を示す名称を付した科目で記載する。

＜その他の活動による収入＞

長期運営資金借入金元金償還寄附金収入			長期運営資金（設備資金を除く）借入金元金償還に係る寄附金収入をいう。
長期運営資金借入金収入			長期運営資金（設備資金を除く）のための借入金の受入額をいう。
役員等長期借入金収入			役員（評議員を含む）からの長期借入金の受入額をいう。
社会福祉連携推進業務長期運営資金借入金収入			社会福祉法第125条第4号に規定される業務として行われる社会福祉連携推進法人からの長期運営資金の借入金収入をいう。
長期貸付金回収収入			長期に貸付けた資金の回収による収入をいう。（1年以内回収予定長期貸付金の回収による収入を含む。）
社会福祉連携推進業務長期貸付金回収収入			社会福祉法第125条第4号に規定される業務として行われる社会福祉連携推進法人に対する長期貸付金の回収収入をいう。

①収入の部			
投資有価証券売却収入			投資有価証券の売却収入（収入総額）をいう。
積立資産取崩収入	退職給付引当資産取崩収入		退職給付引当資産の取崩しによる収入をいう。
	長期預り金積立資産取崩収入		長期預り金積立資産の取崩しによる収入をいう。
	○○積立資産取崩収入		積立資産の取崩しによる収入をいう。積立資産の目的等を示す名称を付した科目で記載する。
事業区分間長期借入金収入			他の事業区分から長期に借り入れた資金の収入をいう。
拠点区分間長期借入金収入			同一事業区分内における他の拠点区分から長期に借り入れた資金の収入をいう。
事業区分間長期貸付金回収収入			他の事業区分へ長期に貸付けた資金の回収による収入をいう。（1年以内回収予定事業区分間長期貸付金の回収による収入を含む。）
拠点区分間長期貸付金回収収入			同一事業区分内における他の拠点区分へ長期に貸付けた資金の回収による収入をいう。（1年以内回収予定拠点区分間長期貸付金の回収による収入を含む。）
事業区分間繰入金収入			他の事業区分からの繰入金収入をいう。
拠点区分間繰入金収入			同一事業区分内における他の拠点区分からの繰入金収入をいう。
サービス区分間繰入金収入			同一拠点区分内における他のサービス区分からの繰入金収入をいう。
その他の活動による収入	退職共済預り金収入		退職共済事業の共済契約者からの掛金受け入れによる収入をいう。
	退職共済事業管理資産取崩収入		退職共済事業管理資産の取崩しによる収入をいう。
	○○収入		その他の活動による収入で上記に属さない収入をいう。収入の内容を示す名称を付した科目で記載する。

②支出の部

＜事業活動による支出＞

大区分	中区分	小区分	説明
人件費支出	役員報酬支出		役員（評議員を含む）に支払う報酬、諸手当をいう。
	役員退職慰労金支出		役員（評議員を含む）への退職慰労金等の支払額をいう。
	職員給料支出		常勤職員に支払う俸給・諸手当をいう。
	職員賞与支出		常勤職員に支払う賞与をいう。
	非常勤職員給与支出		非常勤職員に支払う俸給・諸手当及び賞与をいう。
	派遣職員費支出		派遣会社に支払う金額をいう。
	退職給付支出		退職共済制度など、外部拠出型の退職手当制度に対して法人が拠出する掛金額及び退職手当として支払う金額をいう。
	法定福利費支出		法令に基づいて法人が負担する健康保険料、厚生年金保険料、雇用保険料等の支出をいう。
事業費支出	給食費支出		食材及び食品の支出をいう。なお、給食業務を外部委託している施設又は事業所にあっては、材料費を計上すること。
	介護用品費支出		利用者の処遇に直接使用するおむつ、タオル等の介護用品の支出をいう。
	医薬品費支出		利用者のための施設内又は事業所内の医療に要する医薬品の支出をいう。ただし病院・介護老人保健施設・介護医療院以外ではこれらを保健衛生費に含めて良いものとする。
	診療・療養等材料費支出		カテーテル、縫合糸、酸素、ギプス粉、レントゲンフィルム、包帯、ガーゼ、氷など１回ごとに消費する診療材料、衛生材料の費消額。また、診療、検査、看護、給食などの医療用の器械、器具のうち、固定資産の計上基準額に満たないもの、または１年内に消費するもの。ただし病院・介護老人保健施設・介護医療院以外ではこれらを保健衛生費に含めて良いものとする。
	保健衛生費支出		利用者の健康診断の実施、施設内又は事業所内の消毒等に要する支出をいう。
	医療費支出		利用者が傷病のために医療機関等で診療等を受けた場合の診療報酬等をいう。
	被服費支出		利用者の衣類、寝具等（介護用品及び日用品を除く）の購入のための支出をいう。
	教養娯楽費支出		利用者のための新聞雑誌等の購読、娯楽用品の購入及び行楽演芸会等の実施のための支出をいう。
	日用品費支出		利用者に現物で給付する身のまわり品、化粧品などの日用品（介護用品を除く）の支出をいう。
	保育材料費支出		保育に必要な文具材料、絵本等の支出及び運動会等の行事を実施するための支出をいう。
	本人支給金支出		利用者に小遣い、その他の経費として現金支給するための支出をいう。
	水道光熱費支出		利用者に直接必要な電気、ガス、水道等の支出をいう。
	燃料費支出		利用者に直接必要な灯油、重油等の燃料費（車輌費で計上する燃料費を除く）をいう。
	消耗器具備品費支出		利用者の処遇に直接使用する介護用品以外の消耗品、器具備品で、固定資産の購入に該当しない支出をいう。
	保険料支出		利用者に対する損害保険料等をいう。
	賃借料支出		利用者が利用する器具及び備品等のリース料、レンタル料をいう。
	教育指導費支出		利用者に対する教育訓練に直接要する支出をいう。
	就職支度費支出		児童等の就職に際し必要な被服寝具類の購入に要する支出をいう。
	葬祭費支出		利用者が死亡したときの葬祭に要する支出をいう。
	車輌費支出		乗用車、送迎用自動車、救急車等の燃料費、車輌検査等の支出をいう。
	管理費返還支出		老人福祉事業における管理費を返還するための支出をいう。

②支出の部			
事務費支出	○○費支出		費用の内容を示す名称を付した科目で記載する。
	雑支出		事業費のうち他のいずれにも属さない支出をいう。
	福利厚生費支出		役員・職員が福利施設を利用する場合における事業主負担額、健康診断その他福利厚生のために要する法定外福利費をいう。
	職員被服費支出		職員に支給又は貸与する白衣、予防衣、診察衣、作業衣などの購入、洗濯等の支出をいう。
	旅費交通費支出		業務に係る役員・職員の出張旅費及び交通費（ただし、研究、研修のための旅費を除く）をいう。
	研修研究費支出		役員・職員に対する教育訓練に直接要する支出（研究・研修のための旅費を含む。）をいう。
	事務消耗品費支出		事務用に必要な消耗品及び器具什器のうち、固定資産の購入に該当しないものの支出をいう。
	印刷製本費支出		事務に必要な書類、諸用紙、関係資料などの印刷及び製本に要する支出をいう。
	水道光熱費支出		事務用の電気、ガス、水道等の支出をいう。
	燃料費支出		事務用の灯油、重油等の燃料（車輌費で計上する燃料費を除く）をいう。
	修繕費支出		建物、器具及び備品等の修繕又は模様替の支出をいう。ただし、建物、器具及び備品を改良し、耐用年数を延長させるような資本的支出を含まない。
	通信運搬費支出		電話、電報、ファックスの使用料、インターネット接続料及び切手代、葉書代その他通信・運搬に要する支出をいう。
	会議費支出		会議時における茶菓子代、食事代等の支出をいう。
	広報費支出		施設及び事業所の広告料、パンフレット・機関誌・広報誌作成などの印刷製本費等に要する支出をいう。
	業務委託費支出		洗濯、清掃、夜間警備及び給食（給食材料費を除く）など施設の業務の一部を他に委託するための支出（保守料を除く）をいう。必要に応じて検査委託、給食委託、寝具委託、医事委託、清掃委託など、小区分で更に細分化することができる。
	手数料支出		役務提供にかかる支出のうち、業務委託費以外のものをいう。
	保険料支出		生命保険料及び建物、車輌運搬具、器具及び備品等にかかる損害保険契約に基づく保険料をいう。ただし、福利厚生費に該当するものを除く。
	賃借料支出		固定資産に計上を要しない器機等のリース料、レンタル料をいう。
	土地・建物賃借料支出		土地、建物等の賃借料をいう。
	租税公課支出		消費税及び地方消費税の申告納税、固定資産税、印紙税、登録免許税、自動車税、事業所税等をいう。
	保守料支出		建物、各種機器等の保守・点検料等をいう。
	渉外費支出		創立記念日等の式典、慶弔、広報活動（広報費に属する支出を除く）等に要する支出をいう。
	諸会費支出		各種組織への加盟等に伴う会費、負担金等の支出をいう。
	○○費支出		費用の内容を示す名称を付した科目で記載する。
	雑支出		事務費のうち他のいずれにも属さない支出をいう。
就労支援事業支出	就労支援事業販売原価支出	就労支援事業製造原価支出	就労支援事業に係る材料費、労務費、外注加工費、経費に要する支出をいう。
		就労支援事業仕入支出	就労支援事業に係る製品・商品の仕入れに要する支出をいう。
	就労支援事業販管費支出		就労支援事業に係る販売費及び一般管理費支出をいう。
授産事業支出	○○事業支出		授産事業に係る材料費、商品仕入れ、労務費、外注加工費、経費に要する支出をいう。

1. 資金収支計算書勘定科目の説明

②支出の部			
退職共済事業支出	事務費支出		退職共済事業に係る事務費の支出をいう。
○○支出			支出の内容を示す名称を付した科目で記載する。
利用者負担軽減額			利用者負担を軽減した場合の利用者負担軽減額をいう（無料または低額で診療を行う場合の割引額を含む。）。
支払利息支出			設備資金借入金、長期運営資金借入金及び短期運営資金借入金の利息、及び支払リース料のうち利息相当額として処理するものをいう。
社会福祉連携推進業務借入金支払利息支出			社会福祉法第125条第4号に規定される業務として行われる社会福祉連携推進法人からの借入金利息の支出をいう。
その他の支出	利用者等外給食費支出		職員、来訪者等利用者以外に提供した食材及び食品の支出をいう。
	雑支出		上記に属さない支出をいう。
流動資産評価損等による資金減少額	有価証券売却損		有価証券（投資有価証券を除く）を売却した場合の売却損をいう。
	資産評価損	有価証券評価損	有価証券の評価損をいう。
		○○評価損	資産の時価の著しい下落に伴い、その回復が可能であると認められない場合に当該資産に対して計上する評価損をいう。
	為替差損		外国通貨、外貨建金銭債権債務（外貨預金を含む。）及び外貨建有価証券等について、円換算によって生じた換算差損をいう。
	貸倒損失額		社会福祉法第125条第4号に規定される業務として行われる社会福祉連携推進法人に対する貸付金の回収不能額のうち、貸倒引当金で填補されない部分の金額をいう。
	徴収不能額		金銭債権のうち徴収不能として処理した額をいう。
＜施設整備等による支出＞			
設備資金借入金元金償還支出			設備（施設整備及び設備整備）資金の借入金に基づく元金償還額をいう。（1年以内返済予定設備資金借入金の償還額を含む。）
社会福祉連携推進業務設備資金借入金元金償還支出			社会福祉法第125条第4号に規定される業務として行われる社会福祉連携推進法人からの設備資金借入金の元金償還額をいう。
固定資産取得支出	土地取得支出		土地を取得するための支出をいう。
	建物取得支出		建物を取得するための支出をいう。
	車輌運搬具取得支出		車輌運搬具を取得するための支出をいう。
	器具及び備品取得支出		固定資産に計上される器具及び備品を取得するための支出をいう。
	○○取得支出		上記以外を取得するための支出をいう。
固定資産除却・廃棄支出			建物取壊支出の他、固定資産の除却、廃棄等に係る支出をいう。
ファイナンス・リース債務の返済支出			ファイナンス・リース取引に係る支払リース料のうち、元本相当額をいう（1年以内返済予定リース債務の返済額を含む。）。
その他の施設整備等による支出	○○支出		施設整備等による支出で他のいずれの科目にも属さない支出をいう。支出の内容を示す名称を付した科目で記載する。
＜その他の活動による支出＞			
長期運営資金借入金元金償還支出			長期運営資金（設備資金を除く）の借入金に基づく元金償還額をいう。（1年以内返済予定長期運営資金借入金の償還額を含む。）

②支出の部			
役員等長期借入金元金償還支出			役員（評議員を含む）からの長期借入金の返済額をいう。
社会福祉連携推進業務長期運営資金借入金元金償還支出			社会福祉法第125条第4号に規定される業務として行われる社会福祉連携推進法人からの長期運営資金借入金の元金償還額をいう。
長期貸付金支出			長期に貸付けた資金の支出をいう。
社会福祉連携推進業務長期貸付金支出			社会福祉法第125条第4号に規定される業務として行われる社会福祉連携推進法人に対する長期貸付金の支出をいう。
投資有価証券取得支出			投資有価証券を取得するための支出をいう。
積立資産支出	退職給付引当資産支出		退職給付引当資産への積立による支出をいう。
	長期預り金積立資産支出		長期預り金積立資産への積立による支出をいう。
	○○積立資産支出		積立資産への積立による支出をいう。なお、積立資産の目的を示す名称を付した科目で記載する。
事業区分間長期貸付金支出			他の事業区分へ長期に貸し付けた資金の支出をいう。
拠点区分間長期貸付金支出			同一事業区分内における他の拠点区分へ長期に貸付けた資金の支出をいう。
事業区分間長期借入金返済支出			他の事業区分から長期に借り入れた資金に基づく元金償還額をいう（1年以内返済予定事業区分間長期借入金の償還額を含む。）。
拠点区分間長期借入金返済支出			同一事業区分における他の拠点区分から長期に借り入れた資金に基づく元金償還額をいう（1年以内返済予定拠点区分間長期借入金の償還額を含む。）。
事業区分間繰入金支出			他の事業区分への繰入金支出をいう。
拠点区分間繰入金支出			同一事業区分内における他の拠点区分への繰入金支出をいう。
サービス区分間繰入金支出			同一拠点区分内における他のサービス区分への繰入金支出をいう。
その他の活動による支出	退職共済預り金返還支出		退職共済事業の掛金の返還による支出をいう。（預託先から直接返還する場合も含む）
	退職共済事業管理資産支出		退職共済事業管理資産として法人外部へ預託した場合の支出をいう。
	○○支出		その他の活動による支出で上記に属さない支出をいう。支出の内容を示す名称を付した科目で記載する。

①収益の部			

＜サービス活動増減による収益＞			
大区分	中区分	小区分	説明
介護保険事業収益	施設介護料収益	介護報酬収益	介護保険の施設介護料で介護報酬収益をいう。 （介護保険法の給付等に関する省令・告示に規定する介護福祉施設サービス費、介護保健施設サービス費、療養病床を有する病院における介護療養施設サービス費、療養病床を有する診療所における介護療養施設サービス費、老人性認知症疾患療養病棟を有する病院における介護療養施設サービス費、介護医療院サービス費、ユニット型介護福祉施設サービス費、ユニット型介護保健施設サービス費、ユニット型介護医療院サービス費、初期加算、退所時等相談援助加算、退所時指導等加算、緊急時施設療養費等）
		利用者負担金収益 （公費）	介護保険の施設介護料で利用者負担収益（公費）をいう。 （介護保険法の給付等に関する省令・告示に規定する介護福祉施設サービス費、介護保健施設サービス費、療養病床を有する病院における介護療養施設サービス費、療養病床を有する診療所における介護療養施設サービス費、老人性認知症疾患療養病棟を有する病院における介護療養施設サービス費、介護医療院サービス費、ユニット型介護福祉施設サービス費、ユニット型介護保健施設サービス費、ユニット型介護医療院サービス費、初期加算、退所時等相談援助加算、退所時指導等加算、緊急時施設療養費等の利用者負担額のうち、公費分）
		利用者負担金収益 （一般）	介護保険の施設介護料で利用者負担収益（一般）をいう。 （介護保険法の給付等に関する省令・告示に規定する介護福祉施設サービス費、介護保健施設サービス費、療養病床を有する病院における介護療養施設サービス費、療養病床を有する診療所における介護療養施設サービス費、老人性認知症疾患療養病棟を有する病院における介護療養施設サービス費、介護医療院サービス費、ユニット型介護福祉施設サービス費、ユニット型介護保健施設サービス費、ユニット型介護医療院サービス費、初期加算、退所時等相談援助加算、退所時指導等加算、緊急時施設療養費等の利用者負担額のうち、一般分）
	居宅介護料収益		
	（介護報酬収益）	介護報酬収益	介護保険の居宅介護料で介護報酬収益をいう。 （介護保険法の給付等に関する省令・告示に規定する訪問介護費、訪問入浴介護費、通所介護費、短期入所生活介護費、訪問看護療養費等）
		介護予防報酬収益	介護保険の居宅介護料で介護予防報酬収益をいう。 （介護保険法の給付等に関する省令・告示に規定する介護予防訪問入浴費、介護予防短期入所生活介護費、介護予防訪問看護療養費等）
	（利用者負担金収益）	介護負担金収益（公費）	介護保険の居宅介護料で介護負担金収益（公費）をいう。 （介護保険法の給付等に関する省令・告示に規定する訪問介護費、訪問入浴介護費、通所介護費、短期入所生活介護費、訪問看護療養費等の利用者負担額のうち、公費分）
		介護負担金収益（一般）	介護保険の居宅介護料で介護負担金収益（一般）をいう。 （介護保険法の給付等に関する省令・告示に規定する訪問介護費、訪問入浴介護費、通所介護費、短期入所生活介護費、訪問看護療養費等の利用者負担額のうち、一般分）
		介護予防負担金収益 （公費）	介護保険の居宅介護料で介護予防負担金収益（公費）をいう。 （介護保険法の給付等に関する省令・告示に規定する介護予防訪問入浴費、介護予防短期入所生活介護費、介護予防訪問看護療養費等の利用者負担額のうち、公費分）
		介護予防負担金収益 （一般）	介護保険の居宅介護料で介護予防負担金収益（一般）をいう。 （介護保険法の給付等に関する省令・告示に規定する介護予防訪問入浴費、介護予防短期入所生活介護費、介護予防訪問看護療養費等の利用者負担額のうち、一般分）
	地域密着型介護料収益		
	（介護報酬収益）	介護報酬収益	介護保険の地域密着型介護料で介護報酬収益をいう。 （介護保険法の給付等に関する省令・告示に規定する定期巡回・随時対応型訪問介護看護費、夜間対応型訪問介護費、地域密着型通所介護費、認知症対応型通所介護費、小規模多機能型居宅介護費、認知症対応型共同生活介護費、複合型サービス費（看護小規模多機能型居宅介護費）、地域密着型特定施設入居者生活介護費、地域密着型介護老人福祉施設入所者生活介護費）
		介護予防報酬収益	介護保険の地域密着型介護料で介護予防報酬収益をいう。 （介護保険法の給付等に関する省令・告示に規定する介護予防認知症対応型通所介護費、介護予防小規模多機能型居宅介護費、介護予防認知症対応型共同生活介護費）

①収益の部			
	（利用者負担金収益）	介護負担金収益（公費）	介護保険の居宅介護料で介護負担金収益（公費）をいう。 （介護保険法の給付等に関する省令・告示に規定する定期巡回・随時対応型訪問介護看護費、夜間対応型訪問介護費、地域密着型通所介護費、認知症対応型通所介護費、小規模多機能型居宅介護費、認知症対応型共同生活介護費、複合型サービス費（看護小規模多機能型居宅介護費）、地域密着型特定施設入居者生活介護費、地域密着型介護老人福祉施設入所者生活介護費の利用者負担額のうち、公費分）
		介護負担金収益（一般）	介護保険の居宅介護料で介護負担金収益（一般）をいう。 （介護保険法の給付等に関する省令・告示に規定する定期巡回・随時対応型訪問介護看護費、夜間対応型訪問介護費、地域密着型通所介護費、認知症対応型通所介護費、小規模多機能型居宅介護費、認知症対応型共同生活介護費、複合型サービス費（看護小規模多機能型居宅介護費）、地域密着型特定施設入居者生活介護費、地域密着型介護老人福祉施設入所者生活介護費の利用者負担額のうち、一般分）
		介護予防負担金収益（公費）	介護保険の居宅介護料で介護予防負担金収益（公費）をいう。 （介護保険法の給付等に関する省令・告示に規定する介護予防認知症対応型通所介護費、介護予防小規模多機能型居宅介護費、介護予防認知症対応型共同生活介護費の利用者負担額のうち、公費分）
		介護予防負担金収益（一般）	介護保険の居宅介護料で介護予防負担金収益（一般）をいう。 （介護保険法の給付等に関する省令・告示に規定する介護予防認知症対応型通所介護費、介護予防小規模多機能型居宅介護費、介護予防認知症対応型共同生活介護費の利用者負担のうち、一般分）
	居宅介護支援介護料収益	居宅介護支援介護料収益	介護保険の居宅介護支援介護料で居宅介護支援介護料収益をいう。 （介護保険法の給付等に関する省令・告示に規定する居宅介護支援費）
		介護予防支援介護料収益	介護保険の居宅介護支援介護料で居宅予防介護支援介護料収益をいう。 （介護保険法の給付等に関する省令・告示に規定する介護予防支援費）
	介護予防・日常生活支援総合事業費収益	事業費収益	介護保険の介護予防・日常生活支援総合事業費で事業費収益をいう。 （介護予防・日常生活支援総合事業に関する省令・告示等に規定する第1号訪問事業、第1号通所事業、第1号生活支援事業、第1号介護予防支援事業、一般介護予防事業）
		事業負担金収益（公費）	介護保険の介護予防・日常生活支援総合事業費で事業負担金収益（公費）をいう。 （介護予防・日常生活支援総合事業に関する省令・告示等に規定する第1号訪問事業、第1号通所事業、第1号生活支援事業、第1号介護予防支援事業、一般介護予防事業の利用者負担額のうち、公費分）
		事業負担金収益（一般）	介護保険の介護予防・日常生活支援総合事業費で事業負担金収益（一般）をいう。 （介護予防・日常生活支援総合事業に関する省令・告示等に規定する第1号訪問事業、第1号通所事業、第1号生活支援事業、第1号介護予防支援事業、一般介護予防事業の利用者負担額のうち、一般分）
	利用者等利用料収益	施設サービス利用料収益	介護保険の利用者等利用料収益で施設サービス利用料収益をいう。 （介護保険法の給付等に関する省令・告示において支払いを受けることができることとされている理美容料、日常生活サービス料等）
		居宅介護サービス利用料収益	介護保険の利用者等利用料収益で居宅介護サービス利用料収益をいう。 （介護保険法の給付等に関する省令・告示において支払いを受けることができることとされている送迎費、おむつ料、日常生活サービス料等）
		地域密着型介護サービス利用料収益	介護保険の利用者等利用料収益で地域密着型介護サービス利用料収益をいう。 （介護保険法の給付等に関する省令・告示において支払いを受けることができることとされているサービス料等）
		食費収益（公費）	介護保険の利用者等利用料収益で、食費収益（公費）をいう。 （生活保護の公費請求分等）
		食費収益（一般）	介護保険の利用者等利用料収益で、食費収益（一般）をいう。 （指定介護老人福祉施設、介護老人保健施設等の入所者又は入居者（以下「入所者等」という。）並びに指定通所介護事業所、指定短期入所生活介護事業所、指定認知症対応型共同生活介護事業所及び介護予防・日常生活支援総合事業における通所型サービス事業所等の利用者が支払う食費（ケアハウスの生活費として処理されるものを除く）、利用者が選定した特別な食事料）
		食費収益（特定）	食費に係る特定入所者介護サービス費をいう。
		居住費収益（公費）	介護保険の利用者等利用料収益で、居住費収益（公費）をいう。 （生活保護の公費請求分等）
		居住費収益（一般）	介護保険の利用者等利用料収益で、居住費収益（一般）をいう。 （指定介護老人福祉施設、介護老人保健施設等の入所者等が支払う居住費、指定短期入所生活介護事業所の利用者が支払う滞在費、指定特定施設入居者生活介護事業所等の利用者が支払う家賃又は宿泊費（ケアハウスの管理費として処理されるものを除く）、利用者が選定した特別な室料）

①収益の部			
		居住費収益（特定）	居住費に係る特定施設入所者介護サービス費をいう。
		介護予防・日常生活支援総合事業利用料収益	介護保険の利用者等利用料収益で、介護予防・日常生活支援総合事業の実費負担等に係る収益をいう。
		その他の利用料収益	介護保険の利用者等利用料収益で、その他の利用料収益をいう。 （前記のいずれにも属さない利用者等からの利用料）
	その他の事業収益	補助金事業収益（公費）	介護保険に関連する事業に対して、国及び地方公共団体から交付される補助金事業に係る収益をいう。
		補助金事業収益（一般）	介護保険に関連する事業に対して、国及び地方公共団体以外から交付される補助金事業に係る収益をいう（共同募金からの配分金（配分者指定寄附金を除く）及び助成金を含む）。介護保険に関連する補助金事業に係る利用者からの収益も含む。
		市町村特別事業収益（公費）	介護保険のその他の事業で、市町村特別事業のうち、公費からの収益をいう。 （介護保険法第62条に規定する市町村特別給付による収益）
		市町村特別事業収益（一般）	介護保険のその他の事業で、市町村特別事業のうち、利用者からの収益をいう。
		受託事業収益（公費）	介護保険に関連する、地方公共団体から委託された事業に係る収益をいう（介護保険法に基づく又は関連する、地方公共団体から委託された事業に係る収益）。
		受託事業収益（一般）	介護保険に関連する、受託事業に係る利用者からの収益をいう（介護保険法に基づく又は関連する、地方公共団体から委託された事業に係る収益）。
		その他の事業収益	上記に属さないその他の事業収益をいう。利用者からの収益も含む。 （文書料など前記に属さない介護保険事業収益）
	（保険等査定減）		社会保険診療報酬支払基金等の審査機関による審査減額をいう。
老人福祉事業収益	措置事業収益	事務費収益	老人福祉の措置事業で、事務費収益をいう。 （老人福祉法に規定する措置費支弁額中の人件費及び管理費に係る受取事務費をいう。）
		事業費収益	老人福祉の措置事業で、事業費収益をいう。 （老人福祉法に規定する措置費支弁額中の入所者の処遇に必要な一般生活費等に係る受取事業費をいう。）
		その他の利用料収益	老人福祉の措置事業で、その他の利用料収益をいう。 （前記のいずれの利用料にも属さない利用者等からの受取額をいう。）
		その他の事業収益	老人福祉の措置事業で、その他の事業収益をいう。 （前記のいずれの収益にも属さない事業収益をいう。）
	運営事業収益	管理費収益	老人福祉の運営事業で、管理費収益をいう。 （老人福祉法に規定する軽費老人ホームにおける居住に要する費用に係る受取額をいう。一括徴収の償却額を含む。）
		その他の利用料収益	老人福祉の運営事業で、その他の利用料収益をいう。 （老人福祉法に規定する軽費老人ホームにおける管理費収益を除く利用者等からの利用料（徴収額を含む。）をいう。）
		補助金事業収益（公費）	老人福祉の運営事業で、補助金事業収益をいう。 （老人福祉法に規定する軽費老人ホーム事業に対して交付される国及び地方公共団体からの補助金等の事業収益をいう。）
		補助金事業収益（一般）	老人福祉の運営事業で、利用者収益をいう。 （老人福祉法に規定する軽費老人ホーム事業に対して交付される国及び地方公共団体以外からの補助金事業に係る収益をいう。）
		その他の事業収益	老人福祉の運営事業で、その他の事業収益をいう。 （前記のいずれの収益にも属さない事業収益をいう。）
	その他の事業収益	管理費収益	老人福祉のその他の事業で、管理費収益をいう。 （老人福祉法に規定するその他の事業で、居住に要する費用に係る受取額をいう。一括徴収の償却額を含む。）

①収益の部			
		その他の利用料収益	老人福祉のその他の事業で、その他の利用料収益をいう。 （老人福祉法に規定するその他の事業で、管理費収益を除く利用者等からの利用料（徴収額を含む。）をいう。）
		その他の事業収益	老人福祉のその他の事業で、その他の事業収益をいう。 （老人福祉法に規定するその他の事業で、前記のいずれにも属さない事業収益をいう。）
児童福祉事業収益	措置費収益	事務費収益	措置費支弁額中の人件費及び管理費に係る事務費収益をいう。
		事業費収益	措置費支弁額中の入所者の処遇に必要な一般生活費等に係る事業費収益をいう。
	私的契約利用料収益		措置施設等における私的契約に基づく利用料収益をいう。
	その他の事業収益	補助金事業収益（公費）	措置受託に関連する、国及び地方公共団体から交付される補助金事業収益をいう
		補助金事業収益（一般）	措置受託に関連する、国及び地方公共団体以外から交付される補助金事業収益をいう（共同募金からの配分金（受配者指定寄附金を除く）及び助成金を含む。）。措置受託に関連する補助金事業に係る利用者からの収益も含む。
		受託事業収益（公費）	措置受託に関連する、地方公共団体から委託された事業に係る収益をいう。
		受託事業収益（一般）	措置受託に関連する、受託事業に係る利用者からの収益をいう。
		その他の事業収益	上記に属さないその他の事業収益をいう。利用者からの収益も含む。
保育事業収益	施設型給付費収益	施設型給付費収益	施設型給付費の代理受領分をいう。
		利用者負担金収益	施設型給付費における利用者等からの利用者負担金（保育料）収益をいう。
	特例施設型給付費収益	特例施設型給付費収益	特例施設型給付費の代理受領分をいう。
		利用者負担金収益	特例施設型給付費における利用者等からの利用者負担金（保育料）収益をいう。
	地域型保育給付費収益	地域型保育給付費収益	地域型保育給付費の代理受領分をいう。
		利用者負担金収益	地域型保育給付費における利用者等からの利用者負担金（保育料）収益をいう。
	特例地域型保育給付費収益	特例地域型保育給付費収益	特例地域型保育給付費の代理受領分をいう。
		利用者負担金収益	特例地域型保育給付費における利用者等からの利用者負担金（保育料）収益をいう。
	委託費収益		子ども・子育て支援法附則6条に規定する委託費収益（私立認可保育所における保育の実施等に関する運営費収益）をいう。
	利用者等利用料収益	利用者等利用料収益（公費）	実費徴収額（保護者が支払うべき日用品、文房具等の購入に要する費用又は行事への参加に要する費用等）にかかる補足給付収益をいう。
		利用者等利用料収益（一般）	実費徴収額（保護者が支払うべき日用品、文房具等の購入に要する費用又は行事への参加に要する費用等）のうち補足給付収益以外の収益をいう。
		その他の利用料収益	特定負担額（教育・保育の質の向上を図る上で特に必要であると認められる対価）など上記に属さない利用者からの収益をいう。
	私的契約利用料収益		保育所等における私的契約に基づく利用料収益をいう。
	その他の事業収益	補助金事業収益（公費）	保育所等に関連する事業に対して、国及び地方公共団体から交付される補助金事業収益をいう。
		補助金事業収益（一般）	保育所等に関連する事業に対して、国及び地方公共団体以外から交付される補助金事業収益をいう（共同募金からの配分金（受配者指定寄附金を除く）及び助成金を含む）。保育所等に関連する補助金事業に係る利用者からの収益も含む。
		受託事業収益（公費）	保育所等に関連する、地方公共団体から委託された事業に係る収益をいう。

①収益の部			
		受託事業収益（一般）	保育所等に関連する、受託事業に係る利用者からの収益をいう。
		その他の事業収益	上記に属さないその他の事業収益をいう。
就労支援事業収益	○○事業収益		就労支援事業の内容（製造製品の売上、仕入れ商品の売上、受託加工の別等）を示す名称を付した科目で記載する。
障害福祉サービス等事業収益	自立支援給付費収益	介護給付費収益	介護給付費の代理受領分をいう。
		特例介護給付費収益	特例介護給付費の受領分をいう。
		訓練等給付費収益	訓練等給付費の代理受領分をいう。
		特例訓練等給付費収益	特例訓練費等給付費の受領分をいう。
		地域相談支援給付費収益	地域相談支援給付費の代理受領分をいう。
		特例地域相談支援給付費収益	特例地域相談支援給付費の受領分をいう。
		計画相談支援給付費収益	計画相談支援給付費の代理受領分をいう。
		特例計画相談支援給付費収益	特例計画相談支援給付費の受領分をいう。
	障害児施設給付費収益	障害児通所給付費収益	障害児通所給付費の代理受領分をいう。
		特例障害児通所給付費収益	特例障害児通所給付費の代理受領分をいう。
		障害児入所給付費収益	障害児入所給付費の代理受領分をいう。
		障害児相談支援給付費収益	障害児相談支援給付費の代理受領分をいう。
		特例障害児相談支援給付費収益	特例障害児相談支援給付費の受領分をいう。
	利用者負担金収益		利用者本人（障害児においては、その保護者）の負担による収益をいう。
	補足給付費収益	特定障害者特別給付費収益	特定障害者特別給付費の代理受領分をいう。
		特例特定障害者特別給付費収益	特例特定障害者特別給付費の代理受領分をいう。
		特定入所障害児食費等給付費収益	特定入所障害児食費等給付費の代理受領分をいう。
	特定費用収益		利用者から支払いを受けることができることとされている日用品費等をいう。
	その他の事業収益	補助金事業収益（公費）	障害者総合支援法に関連する事業に対して、国及び地方公共団体から交付される補助事業に係る収益をいう。
		補助金事業収益（一般）	障害者総合支援法に関連する事業に対して、国及び地方公共団体以外から交付される補助事業に係る収益をいう（共同募金からの配分金（受配者指定寄附金を除く）及び助成金を含む）。障害者総合支援法に関連する補助金事業に係る利用者からの収益も含む。
		受託事業収益（公費）	障害者総合支援法又はこれに関連する、地方公共団体から委託された事業に係る収益をいう。（障害者総合支援法に基づく又は関連する、地方公共団体から受託された事業に係る収益）
		受託事業収益（一般）	障害者総合支援法又はこれに関連する、受託事業に係る利用者からの収益をいう（障害者総合支援法に基づく又は関連する、地方公共団体から委託された事業に係る収益）。

①収益の部			
		その他の事業収益	上記に属さないその他の事業収益をいう。利用者からの収益も含む。
		（保険等査定減）	社会保険診療報酬支払基金等の審査機関による審査減額をいう。
生活保護事業収益	措置費収益	事務費収益	措置費支弁額中の人件費及び管理費に係る事務費収益をいう。
		事業費収益	入所者の処遇に必要な一般生活費として交付される保護費収益をいう。
	授産事業収益	○○事業収益	授産事業の内容（製造製品の売上げ、仕入れ商品の売上、受託加工の別等）を示す名称を付した科目で記載する。
	利用者負担金収益		保護施設等における利用者等からの利用料収益をいう。
	その他の事業収益	補助金事業収益（公費）	措置受託に関連する、国及び地方公共団体から交付される補助金事業収益をいう。
		補助金事業収益（一般）	措置受託に関連する、国及び地方公共団体以外から交付される補助金事業収益をいう（共同募金からの配分金（受配者指定寄附金を除く）及び助成金を含む）。措置受託に関連する補助金事業に係る利用者からの収益も含む。
		受託事業収益（公費）	措置受託に関連する、地方公共団体から委託された事業に係る収益をいう。
		受託事業収益（一般）	措置受託に関連する、受託事業に係る利用者からの収益をいう。
		その他の事業収益	上記に属さないその他の事業収益をいう。利用者からの収益も含む。
医療事業収益	入院診療収益（公費）		入院患者の診療、療養に係る収益（医療保険、公費負担医療、公害医療、労災保険、自動車損害賠償責任保険等。ただし、介護保険適用の療養病床に係るものは除く）のうち、公費からの収益をいう。
	入院診療収益（一般）		入院患者の診療、療養に係る収益（医療保険、公費負担医療、自費診療等。ただし、介護保険適用の療養病床に係るものは除く）のうち、利用者からの収益をいう。
	室料差額収益		特定療養費の対象となる特別の療養環境の提供に係る収益をいう。
	外来診療収益（公費）		外来患者の診療、療養に係る収益（医療保険、公費負担医療、公害医療、労災保険、自動車損害賠償責任保険等）のうち、公費からの収益をいう。
	外来診療収益（一般）		外来患者の診療、療養に係る収益（医療保険、公費負担医療、自費診療等。ただし、介護保険適用の療養病床に係るものは除く）のうち、利用者からの収益をいう。
	保健予防活動収益		各種の健康診断、人間ドック、予防接種、妊産婦保健指導等保健予防活動に係る収益をいう。
	受託検査・施設利用収益		他の医療機関から検査の委託を受けた場合の検査収益及び医療設備器機を他の医療機関の利用に供した場合の収益をいう。
	訪問看護療養費収益（公費）		訪問看護療養費の額等に関する告示に規定する訪問看護基本療養費、訪問看護管理療養費、訪問看護情報提供療養費、訪問看護ターミナル療養費のうち、公費からの収益をいう。
	訪問看護療養費収益（一般）		訪問看護療養費の額等に関する告示に規定する訪問看護基本療養費、訪問看護管理療養費、訪問看護情報提供療養費、訪問看護ターミナル療養費のうち、利用者からの収益をいう。
	訪問看護利用料収益	訪問看護基本利用料収益	人員運営基準第13条第1項に規定する基本利用料徴収額をいう。
		訪問看護その他の利用料収益	人員運営基準第13条第2項の規定に基づくその他の利用料徴収額をいう。長時間利用料収益、休日・時間外利用料収益、交通費収益、その他のサービス利用料収益に区分設定する。
	その他の医療事業収益	補助金事業収益（公費）	医療法に基づく又は関連する事業に対して交付される国及び地方公共団体からの補助金事業収益等をいう。
		補助金事業収益（一般）	医療法に基づく又は関連する事業に対して交付される国及び地方公共団体以外からの補助金事業収益等をいう（共同募金からの配分金（受配者指定寄附金を除く）及び助成金を含む）。医療法に基づく又は関連する補助金事業に係る利用者からの収益も含む。
		受託事業収益（公費）	医療法に基づく又は関連する、地方公共団体から委託された事業に係る収益をいう。

①収益の部			
		受託事業収益（一般）	医療法に基づく又は関連する、受託事業に係る利用者からの収益をいう。
		その他の医業収益	上記に属さないその他の医療事業収益をいう。利用者からの収益も含む。
	（保険等査定減）		社会保険診療報酬支払基金等の審査機関による審査減額をいう。
退職共済事業収益	事務費収益		退職共済事業の事務手続業務に係る事務費収益をいう。
○○事業収益	○○事業収益		事業の内容を示す名称を付した科目で記載する。
	その他の事業収益	補助金事業収益（公費）	○○事業に対して交付される国及び地方公共団体からの補助金事業収益等をいう。
		補助金事業収益（一般）	○○事業に対して交付される国及び地方公共団体以外からの補助金事業収益等をいう（共同募金からの配分金（受配者指定寄附金を除く）及び助成金を含む）。医療法に基づく又は関連する補助金事業に係る利用者からの収益も含む。
		受託事業収益（公費）	○○事業に関連する、地方公共団体から委託された事業に係る収益をいう。
		受託事業収益（一般）	○○事業に関連する、受託事業に係る利用者からの収益をいう。
		その他の事業収益	上記に属さないその他の事業収益をいう。利用者からの収益も含む。
○○収益	○○収益		収益の内容を示す名称を付した科目で記載する。
経常経費寄附金収益			経常経費に対する寄附金及び寄附物品をいう。
その他の収益			上記に属さないサービス活動による収益をいう。
<サービス活動外増減による収益>			
借入金利息補助金収益			施設整備及び設備整備に対する借入金利息に係る地方公共団体からの補助金等をいう。
受取利息配当金収益			預貯金、有価証券、貸付金等の利息及び出資金等に係る配当金等の収益をいう。（償却原価法による収益を含む。）
社会福祉連携推進業務貸付金受取利息収益			社会福祉法第125条第4号に規定される業務として行われる社会福祉連携推進法人に対する貸付金に係る利息収益をいう。
有価証券評価益			有価証券（投資有価証券を除く）を時価評価した時の評価益をいう。
有価証券売却益			有価証券（投資有価証券を除く）を売却した場合の売却益をいう。
基本財産評価益			基本財産を時価評価した時の評価益をいう。
投資有価証券評価益			投資有価証券を時価評価した時の評価益をいう。
投資有価証券売却益			投資有価証券を売却した場合の売却益をいう。
積立資産評価益			積立資産を時価評価した時の評価益をいう。
その他のサービス活動外収益	受入研修費収益		研修の受入に対する収益をいう。
	利用者等外給食収益		職員等患者・利用者以外に提供した食事に対する収益をいう。

2. 事業活動計算書勘定科目の説明

①収益の部

	為替差益		外国通貨、外貨建金銭債権債務（外貨預金を含む。）及び外貨建有価証券等について、円換算によって生じた換算差益をいう。
	退職共済事業管理資産評価益		退職共済事業管理資産の期末増加額をいう。
	退職共済預り金戻入額		退職共済事業管理資産評価損に合わせて、退職共済預り金を減少させた額をいう。
	雑収益		上記に属さないサービス活動外による収益をいう。

＜特別増減による収益＞

施設整備等補助金収益	施設整備等補助金収益		施設整備及び設備整備に係る地方公共団体等からの補助金等をいう。
	設備資金借入金元金償還補助金収益		施設整備及び設備整備に対する借入金元金償還に係る地方公共団体等からの補助金等の収益をいう。
施設整備等寄附金収益	施設整備等寄附金収益		施設整備及び設備整備に係る寄附金をいう。なお、施設の創設及び増築時等に運転資金に充てるために収受した寄付金を含む。
	設備資金借入金元金償還寄附金収益		施設整備及び設備整備に対する借入金元金償還に係る寄附金をいう。
長期運営資金借入金元金償還寄附金収益			長期運営資金（設備資金を除く）借入金元金償還に係る寄附金をいう。
固定資産受贈額	○○受贈額		土地など固定資産の受贈額をいう。なお、受贈の内容を示す名称を付した科目で記載する。
固定資産売却益	車輌運搬具売却益		車輌運搬具の売却した場合の売却益をいう。
	器具及び備品売却益		器具及び備品の売却した場合の売却益をいう。
	○○売却益		売却資産の名称等売却の内容を示す名称を付した科目で記載する。
事業区分間繰入金収益			他の事業区分からの繰入金収益をいう。
拠点区分間繰入金収益			同一事業区分内における他の拠点区分からの繰入金収益をいう。
事業区分間固定資産移管収益			他の事業区分からの固定資産の移管による収益をいう。
拠点区分間固定資産移管収益			同一事業区分内における他の拠点区分からの固定資産の移管による収益をいう。
その他の特別収益	貸倒引当金戻入益		貸倒引当金の差額計上方式における戻入額をいう。
	徴収不能引当金戻入益		徴収不能引当金の差額計上方式における戻入額をいう。

2. 事業活動計算書勘定科目の説明

②費用の部

＜サービス活動増減による費用＞

大区分	中区分	小区分	説明
人件費	役員報酬		役員（評議員を含む）に支払う報酬、諸手当をいう。
	役員退職慰労金		役員（評議員を含む）の退職時の慰労金等をいう。
	役員退職慰労引当金繰入		役員退職慰労引当金に繰り入れる額をいう。
	職員給料		常勤職員に支払う俸給・諸手当をいう。
	職員賞与		職員に対する確定済賞与のうち、当該会計期間に係る部分の金額をいう。
	賞与引当金繰入		職員に対する翌会計期間に確定する賞与の当該会計期間に係る部分の見積額をいう。
	非常勤職員給与		非常勤職員に支払う俸給・諸手当及び賞与をいう。
	派遣職員費		派遣会社に支払う金額をいう。
	退職給付費用		従事する職員に対する退職一時金、退職年金等将来の退職給付のうち、当該会計期間の負担に属する金額（役員であることに起因する部分を除く）をいう。
	法定福利費		法令に基づいて法人が負担する健康保険料、厚生年金保険料、雇用保険料等の費用をいう。
事業費	給食費		食材及び食品の費用をいう。なお、給食業務を外部委託している施設又は事業所にあっては、材料費を計上すること。
	介護用品費		利用者の処遇に直接使用するおむつ、タオル等の介護用品の費用をいう。
	医薬品費		利用者のための施設内又は事業所内の医療に要する医薬品の費用をいう。ただし病院・介護老人保健施設・介護医療院以外ではこれらを保健衛生費に含めて良いものとする。
	診療・療養等材料費		カテーテル、縫合糸、酸素、ギプス粉、レントゲンフィルム、包帯、ガーゼ、氷など1回ごとに消費する診療材料、衛生材料の費消額。また、診療、検査、看護、給食などの医療用の器械、器具のうち、固定資産の計上基準額に満たないもの、又は1年内に消費するもの。ただし病院・介護老人保健施設・介護医療院以外ではこれらを保健衛生費に含めて良いものとする。
	保健衛生費		利用者の健康診断の実施、施設内又は事業所内の消毒等に要する費用をいう。
	医療費		利用者が傷病のために医療機関等で診療等を受けた場合の診療報酬等をいう。
	被服費		利用者の衣類、寝具等（介護用品及び日用品を除く）の購入のための費用をいう。
	教養娯楽費		利用者のための新聞雑誌等の購読、娯楽用品の購入及び行楽演芸会等の実施のための費用をいう。
	日用品費		利用者に現物で給付する身のまわり品、化粧品などの日用品（介護用品を除く）の費用をいう。
	保育材料費		保育に必要な文具材料、絵本等の費用及び運動会等の行事を実施するための費用をいう。
	本人支給金		利用者に小遣い、その他の経費として現金支給するための費用をいう。
	水道光熱費		利用者に直接必要な電気、ガス、水道等の費用をいう。
	燃料費		利用者に直接必要な灯油、重油等の燃料費（車輌費で計上する燃料費を除く）をいう。
	消耗器具備品費		利用者の処遇に直接使用する介護用品以外の消耗品、器具備品で、固定資産の購入に該当しない費用をいう。
	保険料		利用者に対する損害保険料等をいう。
	賃借料		利用者が利用する器具及び備品等のリース料、レンタル料をいう。

2. 事業活動計算書勘定科目の説明

②費用の部			
事務費	教育指導費		利用者に対する教育訓練に直接要する費用をいう。
	就職支度費		児童等の就職に際し必要な被服寝具類の購入に要する費用をいう。
	葬祭費		利用者が死亡したときの葬祭に要する費用をいう。
	車輌費		乗用車、送迎用自動車、救急車等の燃料費、車輌検査等の費用をいう。
	棚卸資産評価損		貯蔵品、医薬品、診療・療養費等材料、給食用材料、商品・製品、仕掛品、原材料など、棚卸資産（就労支援事業及び授産事業に係るものを除く）を時価評価した時の評価損をいう。
	○○費		費用の内容を示す名称を付した科目で記載する。
	雑費		事業費のうち他のいずれにも属さない費用をいう。
	福利厚生費		役員・職員が福利施設を利用する場合における事業主負担額、健康診断その他福利厚生のために要する法定外福利費をいう。
	職員被服費		職員に支給又は貸与する白衣、予防衣、診察衣、作業衣などの購入、洗濯等の費用をいう。
	旅費交通費		業務に係る役員・職員の出張旅費及び交通費（ただし、研究、研修のための旅費を除く）をいう。
	研修研究費		役員・職員に対する教育訓練に直接要する費用（研究・研修のための旅費を含む。）をいう。
	事務消耗品費		事務用に必要な消耗品及び器具什器のうち、固定資産の購入に該当しないものの費用をいう。
	印刷製本費		事務に必要な書類、諸用紙、関係資料などの印刷及び製本に要する費用をいう。
	水道光熱費		事務用の電気、ガス、水道等の費用をいう。
	燃料費		事務用の灯油、重油等の燃料費（車輌費で計上する燃料費を除く）をいう。
	修繕費		建物、器具及び備品等の修繕又は模様替の費用をいう。ただし、建物、器具及び備品を改良し、耐用年数を延長させるような資本的費用を含まない。
	通信運搬費		電話、電報、ファックスの使用料、インターネット接続料及び切手代、葉書代その他通信・運搬に要する費用をいう。
	会議費		会議時における茶菓子代、食事代等の費用をいう。
	広報費		施設及び事業所の広告料、パンフレット・機関誌・広報誌作成などの印刷製本費等に要する費用をいう。
	業務委託費		洗濯、清掃、夜間警備及び給食（給食材料費を除く）など施設の業務の一部を他に委託するための費用（保守料を除く）をいう。必要に応じて検査委託、給食委託、寝具委託、医事委託、清掃委託など、小区分で更に細分化することができる。
	手数料		役務提供にかかる費用のうち、業務委託費以外のものをいう。
	保険料		生命保険料及び建物、車輌運搬具、器具及び備品等にかかる損害保険契約に基づく保険料をいう。ただし、福利厚生費に該当するものを除く。
	賃借料		固定資産に計上を要しない器機等のリース料、レンタル料をいう。
	土地・建物賃借料		土地、建物等の賃借料をいう。
	租税公課		消費税及び地方消費税の申告納税、固定資産税、印紙税、登録免許税、自動車税、事業所税等をいう。
	保守料		建物、各種機器等の保守・点検料等をいう。
	渉外費		創立記念日等の式典、慶弔、広報活動（広報費に属する費用を除く）等に要する費用をいう。
	諸会費		各種組織への加盟等に伴う会費、負担金等の費用をいう。
	○○費		費用の内容を示す名称を付した科目で記載する。

②費用の部			
	雑費		事務費のうち他のいずれにも属さない費用をいう。
就労支援事業費用	就労支援事業販売原価	期首製品（商品）棚卸高	就労支援事業に係る期首の製品・商品の棚卸高をいう。
		当期就労支援事業製造原価	就労支援事業に係る材料費、労務費、外注加工費、経費をいう。
		当期就労支援事業仕入高	就労支援事業に係る製品・商品の仕入高をいう。
		期末製品（商品）棚卸高	就労支援事業に係る期末の製品・商品の棚卸高をいう。
	就労支援事業販管費		就労支援事業に係る販売費及び一般管理費をいう。
授産事業費用	○○事業費		授産事業に係る材料費、商品仕入原価、労務費、外注加工費、経費等をいう。
退職共済事業費用	事務費		退職共済事業に係る事務費をいう。
○○費用			費用の内容を示す名称を付した科目で記載する。
利用者負担軽減額			利用者負担を軽減した場合の利用者負担軽減額をいう（無料または低額で診療を行う場合の割引額を含む）。
減価償却費			固定資産の減価償却の額をいう。
国庫補助金等特別積立金取崩額			国庫補助金等の支出対象経費（主として減価償却費）の期間費用計上に対応して取り崩された国庫補助金等特別積立金の額をいう。
貸倒損失額			社会福祉法第125条第4号に規定される業務として行われる社会福祉連携推進法人に対する貸付金の回収不能額のうち、貸倒引当金で填補されない部分の金額をいう。
貸倒引当金繰入			貸倒引当金に繰入れる額をいう。
徴収不能額			金銭債権の徴収不能額のうち、徴収不能引当金で填補されない部分の金額をいう。
徴収不能引当金繰入			徴収不能引当金に繰入れる額をいう。
その他の費用			上記に属さないサービス活動による費用をいう。

＜サービス活動外増減による費用＞			
支払利息			設備資金借入金、長期運営資金借入金及び短期運営資金借入金の利息、及び支払リース料のうち利息相当額として処理するものをいう。
社会福祉連携推進業務借入金支払利息			社会福祉法第125条第4号に規定される業務として行われる社会福祉連携推進法人からの借入金に係る費用をいう。
有価証券評価損			有価証券（投資有価証券を除く）を時価評価した時の評価損をいう。
有価証券売却損			有価証券（投資有価証券を除く）を売却した場合の売却損をいう。
基本財産評価損			基本財産を時価評価した時の評価損をいう。
投資有価証券評価損			投資有価証券を時価評価した時の評価損をいう。
投資有価証券売却損			投資有価証券を売却した場合の売却損をいう。
積立資産評価損			積立資産を時価評価した時の評価損をいう。
その他のサービス活動外費用	利用者等外給食費		職員、来訪者等利用者以外に提供した食材及び食品の費用をいう。
	為替差損		外国通貨、外貨建金銭債権債務（外貨預金を含む。）及び外貨建有価証券等について、円換算によって生じた換算差損をいう。
	退職共済事業管理資産評価損		退職共済事業管理資産の期末減少額をいう。

②費用の部			
	退職共済預り金繰入額		退職共済事業管理資産評価益に合わせて、退職共済預り金を増加させた額をいう。
	雑損失		上記に属さないサービス活動外による費用をいう。

＜特別増減による費用＞			
基本金組入額			運用上の取り扱い第11に規定された基本金の組入額をいう。
資産評価損			資産の時価の著しい下落に伴い、回復の見込みがない当該資産に対して計上する評価損をいう。ただし、金額が大きい場合には個別に名称を付与して計上する。
固定資産売却損・処分損	建物売却損・処分損		建物を除却又は売却した場合の処分損をいう。
	車輌運搬具売却損・処分損		車輌運搬具を売却又は処分した場合の売却損又は処分損をいう。
	器具及び備品売却損・処分損		器具及び備品を売却又は処分した場合の売却損又は処分損をいう。
	その他の固定資産売却損・処分損		上記以外の固定資産を売却又は処分した場合の売却損又は処分損をいう。
国庫補助金等特別積立金取崩額（除却等)			国庫補助金等により取得した固定資産の廃棄等に伴い、取り崩された国庫補助金等特別積立金の額をいう。
国庫補助金等特別積立金積立額			運用上の取り扱い第10に規定された国庫補助金等特別積立金の積立額をいう。
災害損失			火災、出水等の災害に係る廃棄損と復旧に関する費用の合計額をいう。
事業区分間繰入金費用			他の事業区分への繰入額をいう。
拠点区分間繰入金費用			同一事業区分内における他の拠点区分への繰入額をいう。
事業区分間固定資産移管費用			他の事業区分への固定資産の移管額をいう。
拠点区分間固定資産移管費用			同一事業区分内における他の拠点区分への固定資産の移管額をいう。
その他の特別損失			上記に属さない特別損失をいう。

＜繰越活動増減差額の部＞			
基本金取崩額			運用上の取り扱い第12に規定された基本金の取崩額をいう。
その他の積立金取崩額	○○積立金取崩額		運用上の取り扱い第19に規定されたその他の積立金の取崩額をいう。
その他の積立金積立額	○○積立金積立額		運用上の取り扱い第19に規定されたその他の積立金の積立額をいう。

大区分	中区分	小区分	説明
＜資産の部＞			
流動資産	現金預金		現金（硬貨、小切手、紙幣、郵便為替証書、郵便振替貯金払出証書、官公庁の支払通知書等）及び預貯金（当座預金、普通預金、定期預金、郵便貯金、金銭信託等）をいう。
	有価証券		債券（国債、地方債、社債等をいい、譲渡性預金を含む）のうち貸借対照表日の翌日から起算して1年以内に満期が到来するもの、又は債券、株式、証券投資信託の受益証券などのうち時価の変動により利益を得ることを目的とする有価証券をいう。
	事業未収金		事業収益に対する未収入金をいう。
	未収金		事業収益以外の収益に対する未収入金をいう。
	未収補助金		施設整備、設備整備及び事業に係る補助金等の未収額をいう。
	未収収益		一定の契約に従い、継続して役務の提供を行う場合、すでに提供した役務に対していまだその対価の支払を受けていないものをいう。
	受取手形		事業の取引先との通常の取引に基づいて発生した手形債権（金融手形を除く）をいう。割引又は裏書譲渡したものは、受取手形から控除し、その会計年度末日における期限未到来の金額を注記する。
	貯蔵品		消耗品等で未使用の物品をいう。業種の特性に応じ小区分を設けることができる。
	医薬品		医薬品の棚卸高をいう。
	診療・療養費等材料		診療・療養費等材料の棚卸高をいう。
	給食用材料		給食用材料の棚卸高をいう。
	商品・製品		売買又は製造する物品の販売を目的として所有するものをいう。
	仕掛品		製品製造又は受託加工のために現に仕掛中のものをいう。
	原材料		製品製造又は受託加工の目的で消費される物品で、消費されていないものをいう。
	立替金		一時的に立替払いをした場合の債権額をいう。
	前払金		物品等の購入代金及び役務提供の対価の一部又は全部の前払額をいう。
	前払費用		一定の契約に従い、継続して役務の提供を受ける場合、いまだ提供されていない役務に対し支払われた対価をいう。
	1年以内回収予定社会福祉連携推進業務長期貸付金		社会福祉法第125条第4号に規定される業務として行われる社会福祉連携推進業務長期貸付金のうち貸借対照表日の翌日から起算して1年以内に入金の期限が到来するものをいう。
	1年以内回収予定長期貸付金		長期貸付金のうち貸借対照表日の翌日から起算して1年以内に入金の期限が到来するものをいう。
	1年以内回収予定事業区分間長期貸付金		事業区分間長期貸付金のうち貸借対照表日の翌日から起算して1年以内に入金の期限が到来するものをいう。
	1年以内回収予定拠点区分間長期貸付金		拠点区分間長期貸付金のうち貸借対照表日の翌日から起算して1年以内に入金の期限が到来するものをいう。
	社会福祉連携推進業務短期貸付金		社会福祉法第125条第4号に規定される業務として行われる社会福祉連携推進法人に対する貸付金のうち、貸借対照表日の翌日から起算して1年以内に入金の期限が到来するものをいう。
	短期貸付金		生計困窮者に対して無利子または低利で資金を融通する事業、法人が職員の質の向上や福利厚生の一環として行う奨学金貸付等、貸借対照表日の翌日から起算して1年以内に入金の期限が到来するものをいう。
	事業区分間貸付金		他の事業区分への貸付額で、貸借対照表日の翌日から起算して1年以内に入金の期限が到来するものをいう。
	拠点区分間貸付金		同一事業区分内における他の拠点区分への貸付額で、貸借対照表日の翌日から起算して1年以内に入金の期限が到来するものをいう。
	仮払金		処理すべき科目又は金額が確定しない場合の支出額を一時的に処理する科目をいう。

	その他の流動資産		上記に属さない債権等であって、貸借対照表日の翌日から起算して1年以内に入金の期限が到来するものをいう。ただし、金額の大きいものについては独立の勘定科目を設けて処理することが望ましい。
	貸倒引当金		社会福祉法第125条第4号に規定される業務として行われる社会福祉連携推進法人に対する貸付金について回収不能額（返済免除等を含む）を見積もったときの引当金をいう。
	徴収不能引当金		未収金や受取手形について回収不能額を見積もったときの引当金をいう。
固定資産（基本財産）			定款において基本財産と定められた固定資産をいう。
	土地		基本財産に帰属する土地をいう。
	建物		基本財産に帰属する建物及び建物付属設備をいう。
	建物減価償却累計額		貸借対照表上、間接法で表示する場合の基本財産に計上されている建物の減価償却の累計をいう。
	定期預金		定款等に定められた基本財産として保有する定期預金をいう。
	投資有価証券		定款等に定められた基本財産として保有する有価証券をいう。
（その他の固定資産）			基本財産以外の固定資産をいう。
	土地		基本財産以外に帰属する土地をいう。
	建物		基本財産以外に帰属する建物及び建物付属設備をいう。
	構築物		建物以外の土地に固着している建造物をいう。
	機械及び装置		機械及び装置をいう。
	車輌運搬具		送迎用バス、乗用車、入浴車等をいう。
	器具及び備品		器具及び備品をいう。ただし、取得価額が○○万円以上で、耐用年数が1年以上のものに限る。
	建設仮勘定		有形固定資産の建設、拡張、改造などの工事が完了し稼働するまでに発生する請負前渡金、建設用材料部品の買入代金等をいう。
	有形リース資産		有形固定資産のうちリースに係る資産をいう。
	○○減価償却累計額		貸借対照表上、間接法で表示する場合の有形固定資産の減価償却の累計をいう。資産名を付した科目とする。
	権利		法律上又は契約上の権利をいう。
	ソフトウェア		コンピュータソフトウェアに係る費用で、外部から購入した場合の取得に要する費用ないしは制作費用のうち研究開発費に該当しないものをいう。
	無形リース資産		無形固定資産のうちリースに係る資産をいう。
	投資有価証券		長期的に所有する有価証券で基本財産に属さないものをいう。
	社会福祉連携推進業務長期貸付金		社会福祉法第125条第4号に規定される業務として行われる社会福祉連携推進法人に対する貸付金のうち、貸借対照表日の翌日から起算して入金の期限が1年を超えて到来するものをいう。
	長期貸付金		生計困窮者に対して無利子または低利で資金を融通する事業、法人が職員の質の向上や福利厚生の一環として行う奨学金貸付等、貸借対照表日の翌日から起算して入金の期限が1年を超えて到来するものをいう。
	事業区分間長期貸付金		他の事業区分への貸付金で貸借対照表日の翌日から起算して入金の期限が1年を超えて到来するものをいう。
	拠点区分間長期貸付金		同一事業区分内における他の拠点区分への貸付金で貸借対照表日の翌日から起算して入金の期限が1年を超えて到来するものをいう。
	退職給付引当資産		退職金の支払に充てるために退職給付引当金に対応して積み立てた現金預金等をいう。
	長期預り金積立資産		長期預り金に対応して積み立てた現金預金等をいう。

	退職共済事業管理資産		退職共済事業で、加入者から預託された資産をいう。
	○○積立資産		将来における特定の目的のために積立てた現金預金等をいう。なお、積立資産の目的を示す名称を付した科目で記載する。
	差入保証金		賃貸用不動産に入居する際に、賃貸人に担保として差し入れる敷金、保証金等をいう。
	長期前払費用		時の経過に依存する継続的な役務の享受取引に対する前払分で貸借対照表日の翌日から起算して1年を超えて費用化される未経過分の金額をいう。
	その他の固定資産		上記に属さない債権等であって、貸借対照表日の翌日から起算して入金の期限が1年を超えて到来するものをいう。ただし、金額の大きいものについては独立の勘定科目を設けて処理することが望ましい。
	貸倒引当金		固定資産に計上されている社会福祉法第125条第4号に規定される業務として行われる社会福祉連携推進業務貸付金について回収不能額（返済免除等を含む）を見積もったときの引当金をいう。
	徴収不能引当金		長期貸付金等の固定資産に計上されている債権について回収不能額（返済免除等を含む）を見積もったときの引当金をいう。
＜負債の部＞			
流動負債	短期運営資金借入金		経常経費に係る外部からの借入金で、貸借対照表日の翌日から起算して1年以内に支払の期限が到来するものをいう。
	事業未払金		事業活動に伴う費用等の未払い債務をいう。
	その他の未払金		上記以外の未払金（施設整備等未払金を含む。）をいう。
	支払手形		事業の取引先との通常の取引に基づいて発生した手形債務（金融手形を除く）をいう。
	社会福祉連携推進業務短期運営資金借入金		社会福祉法第125条第4号に規定される業務として行われる社会福祉連携推進法人からの借入金で、貸借対照表日の翌日から起算して1年以内に支払の期限が到来するものをいう。
	役員等短期借入金		役員（評議員を含む）からの借入金で貸借対照表日の翌日から起算して1年以内に支払の期限が到来するものをいう。
	1年以内返済予定社会福祉連携推進業務設備資金借入金		社会福祉法第125条第4号に規定される業務として行われる社会福祉連携推進法人からの設備資金借入金のうち、貸借対照表日の翌日から起算して1年以内に支払の期限が到来するものをいう。
	1年以内返済予定設備資金借入金		設備資金借入金のうち、貸借対照表日の翌日から起算して1年以内に支払の期限が到来するものをいう。
	1年以内返済予定社会福祉連携推進業務長期運営資金借入金		社会福祉法第125条第4号に規定される業務として行われる社会福祉連携推進法人からの長期運営資金借入金のうち、貸借対照表日の翌日から起算して1年以内に支払の期限が到来するものをいう。
	1年以内返済予定長期運営資金借入金		長期運営資金借入金のうち、貸借対照表日の翌日から起算して1年以内に支払の期限が到来するものをいう。
	1年以内返済予定リース債務		リース債務のうち、貸借対照表日の翌日から起算して1年以内に支払の期限が到来するものをいう。
	1年以内返済予定役員等長期借入金		役員等長期借入金のうち貸借対照表日の翌日から起算して1年以内に支払の期限が到来するものをいう。
	1年以内返済予定事業区分間借入金		事業区分間長期借入金のうち貸借対照表日の翌日から起算して1年以内に支払の期限が到来するものをいう。
	1年以内返済予定拠点区分間借入金		拠点区分間長期借入金のうち貸借対照表日の翌日から起算して1年以内に支払の期限が到来するものをいう。
	1年以内支払予定長期未払金		長期未払金のうち貸借対照表日の翌日から起算して1年以内に支払の期限が到来するものをいう。
	未払費用		賃金、支払利息、賃借料など時の経過に依存する継続的な役務給付取引において既に役務の提供は受けたが、会計期末までに法的にその対価の支払債務が確定していない分の金額をいう。
	預り金		職員以外の者からの一時的な預り金をいう。

	職員預り金		源泉徴収税額及び社会保険料などの徴収額等、職員に関する一時的な預り金をいう。
	前受金		物品等の売却代金及び役務提供の対価の一部又は全部の前受額をいう。
	前受収益		受取利息、賃貸料など時の経過に依存する継続的な役務提供取引に対する前受分のうち未経過の金額をいう。
	事業区分間借入金		他の事業区分からの借入額で、貸借対照表日の翌日から起算して1年以内に支払の期限が到来するものをいう。
	拠点区分間借入金		同一事業区分内における他の拠点区分からの借入額で、貸借対照表日の翌日から起算して1年以内に支払の期限が到来するものをいう。
	仮受金		処理すべき科目又は金額が確定しない場合の収入金額を一時的に処理する科目をいう。
	賞与引当金		支給対象期間に基づき定期に支給する職員賞与に係る引当金をいう。
	その他の流動負債		上記に属さない債務等であって、貸借対照表日の翌日から起算して1年以内に支払の期限が到来するものをいう。ただし、金額の大きいものについては独立の勘定科目を設けて処理することが望ましい。
固定負債	社会福祉連携推進業務設備資金借入金		社会福祉法第125条第4号に規定される業務として行われる社会福祉連携推進法人からの設備資金借入金で、貸借対照表日の翌日から起算して支払の期限が1年を超えて到来するものをいう。
	設備資金借入金		施設設備等に係る外部からの借入金で、貸借対照表日の翌日から起算して支払の期限が1年を超えて到来するものをいう。
	社会福祉連携推進業務長期運営資金借入金		社会福祉法第125条第4号に規定される業務として行われる社会福祉連携推進法人からの長期運営資金借入金のうち、貸借対照表日の翌日から起算して支払の期限が1年を超えて到来するものをいう。
	長期運営資金借入金		経常経費に係る外部からの借入金で、貸借対照表日の翌日から起算して支払の期限が1年を超えて到来するものをいう。
	リース債務		リース料総額から利息相当額を控除した金額で、貸借対照表日の翌日から起算して支払の期限が1年を超えて到来するものをいう。
	役員等長期借入金		役員（評議員を含む）からの借入金で貸借対照表日の翌日から起算して支払の期限が1年を超えて到来するものをいう。
	事業区分間長期借入金		他の事業区分からの借入金で貸借対照表日の翌日から起算して支払の期限が1年を超えて到来するものをいう。
	拠点区分間長期借入金		同一事業区分内における他の拠点区分からの借入金で貸借対照表日の翌日から起算して支払の期限が1年を超えて到来するものをいう。
	退職給付引当金		将来支給する退職金のうち、当該会計年度末までに発生していると認められる金額をいう。
	役員退職慰労引当金		将来支給する役員（評議員を含む）への退職慰労金のうち、当該会計年度末までに発生していると認められる金額をいう。
	長期未払金		固定資産に対する未払債務（リース契約による債務を除く）等で貸借対照表日の翌日から起算して支払の期限が1年を超えて到来するものをいう。
	長期預り金		固定負債で長期預り金をいう。 （軽費老人ホーム（ケアハウスに限る。）等における入居者からの管理費等預り額をいう。）
	退職共済預り金		退職共済事業で、加入者からの預り金をいう。
	その他の固定負債		上記に属さない債務等であって、貸借対照表日の翌日から起算して支払の期限が1年を超えて到来するものをいう。ただし、金額の大きいものについては独立の勘定科目を設けて処理することが望ましい。

3. 貸借対照表勘定科目の説明

＜純資産の部＞			
基本金			会計基準省令第6条第1項に規定された基本金をいう。
国庫補助金等特別積立金			会計基準省令第6条第2項に規定された国庫補助金等特別積立金をいう。
その他の積立金	○○積立金		会計基準省令第6条第3項に規定されたその他の積立金をいう。積立ての目的を示す名称を付した科目で記載する。
次期繰越活動増減差額			事業活動計算書に計上された次期繰越活動増減差額をいう。

都道府県
各　指定都市　社会福祉法人担当課（室）御中
中 核 市

厚生労働省社会・援護局福祉基盤課

「社会福祉法人会計基準の制定に伴う会計処理等に関する運用上の取扱いについて」の一部改正に係るＱ＆Ａの送付について

　平素より、社会福祉法人制度の円滑な運営にご尽力を賜り、厚く御礼申し上げます。

　今般、「『社会福祉法人会計基準の制定に伴う会計処理等に関する運用上の取扱いについて』の一部改正について」（令和2年9月11日付け厚生労働省子ども家庭局長、社会・援護局長、老健局長連名通知）（以下「一部改正通知」という。）が発出されましたが、本通知の取扱いに係るＱ&Ａを別添のとおり取りまとめましたので、各所轄庁におかれましては、ご了知いただきますようお願いいたします。

　また、都道府県におかれましては、貴管内の市（指定都市及び中核市を除き、特別区を含む。）に対して周知いただきますようお願いいたします。

（照会先）
厚生労働省 社会·援護局
福祉基盤課 法人指導監査係
TEL：03-5253-1111（代表）内線 2871

（別添）「社会福祉法人会計基準の制定に伴う会計処理等に関する運用上の取扱いについて」の一部改正に係るＱ＆Ａ

> 問1　一部改正通知では、組織再編について、「結合の当事者のいずれもが、他の法人を構成する事業の支配を獲得したと認められない結合を「統合」と定義し、「統合」と判断される場合、結合組織は、結合される組織（以下「被結合組織」という。）の資産及び負債について、結合時の適正な帳簿価額を引き継ぐ方法を適用して会計処理を行わなければならない。」と規定しているが、この場合、被結合組織では結合日前日における決算手続が必ず求められることになるのか。期首に結合が行われたとみなして、被結合組織の資産及び負債を期首の適正な帳簿価額で引き継ぐことは可能か。

（答）

　結合組織は、被結合組織の資産及び負債について、結合時の適正な帳簿価額を引き継ぐので、基本的には、被結合組織において結合日前日における決算手続を行うことになる。なお、被結合組織において期首から結合日までの間に重要な取引が生じておらず、被結合組織の資産及び負債を期首の適正な帳簿価額で引き継いでも結合組織の財務への影響が限定的である場合には、実務上の負担を考慮し、期首に結合が行われたとみなして、被結合組織の資産及び負債を期首の適正な帳簿価額で引き継ぐことも可能であると考えられる。

> 問2　一部改正通知では、組織の結合の判定において、「事業の譲受けは原則として「取得」とする。」と規定しているが、「取得」によらず「統合」と判定されるケースも想定されるのか。

（答）

　事業の譲受けにあたって、結合組織が事業の財務及び経営方針を左右する能力を有せず、事業の支配を獲得していないと解される場合には、「統合」と判定される可能性がある。

> 問3　「統合」と判断される場合において、被結合組織における過去の誤謬の修正が必要な場合や、被結合組織の会計方針を結合組織の会計方針に統一させるための修正が必要な場合、会計処理はどのようになるか。

（答）

　被結合組織における過去の誤謬の修正が必要な場合には、結合組織への引き継ぎ前に修正し、適正な帳簿価額とした上で、結合組織において結合にかかる会計処理を行う。

　また、被結合組織の会計方針を結合組織の会計方針に統一させる場合、結合組織への引き継ぎ後に勘定科目残高の修正を行うことになる。

> 問4　「統合」と判断される場合において、結合組織が被結合組織から基本金及び国庫補助金等特別積立金を引き継ぐ際の会計処理はどのようになるか。

（答）

　「統合」と判断される場合、結合組織は被結合組織の基本金及び国庫補助金等特別積立金を帳簿価額で引継ぐことになる。

> 問5　事業の譲渡において、譲渡事業の資産と負債の純額と受取対価の差額は会計上どのように処理するか。また、譲渡事業にかかる基本金が計上されている場合、会計上どのように処理するか。

（答）

　事業の譲渡において、譲渡事業の資産と負債の純額と受取対価の差額は損益で処理することになる。また、譲渡事業にかかる基本金が計上されている場合、事業の譲渡により、事業廃止かつ固定資産廃棄等を伴い、基本金取崩しの要件に該当する場合は、「社会福祉法人会計基準の制定に伴う会計処理等に関する運用上の取扱いについて」（平成２８年３月３１日付け厚生労働省雇用均等・児童家庭局長、社会・援護局長、老健局長連名通知）「１２　基本金の取り崩しについて」に基づき、被結合組織の基本金を取り崩すことになる。なお、基本金の対象となる基本財産等が複数事業で共用され、被結合組織に残存する事業がある場合など、基本金と基本財産等が個別対応しない場合は、基本財産等に占める譲渡対象財産の割合等、合理的な基準により取崩す基本金の額を計算することになる。

事　務　連　絡

令和3年11月12日

都道府県
各　指定都市　社会福祉法人担当課（室）御中
中核市

厚生労働省社会・援護局福祉基盤課

他の法人形態で適用等されている会計処理等についての
社会福祉法人会計基準への適用に係るＱ＆Ａの送付について

　　平素より、社会福祉法人制度の円滑な運営にご尽力を賜り、厚く御礼申し上
げます。

　　平成23年のいわゆる新社会福祉法人会計基準の導入以降、他の会計基準で
議論が進んでいるものの社会福祉法人会計基準における取扱いが明確になって
いない事項について、今般、社会福祉法人会計基準への適用に係るＱ＆Ａを別
添のとおり取りまとめましたので、各所轄庁におかれましては、ご了知いただ
きますようお願いいたします。

　　また、都道府県におかれましては、貴管内の市（指定都市及び中核市を除
き、特別区を含む。）に対して周知いただきますようお願いいたします。

（照会先）

厚生労働省　社会・援護局

福祉基盤課　法人指導監査係

TEL：03-5253-1111（代表）内線2871

（別添）他の法人形態で適用等されている会計処理等についての社会福祉法人
　　　会計基準への適用に係るＱ＆Ａ

問１　社会福祉法人には、会計方針の開示、会計上の変更及び誤謬の訂正に関
　　する会計基準（企業会計基準第 24 号令和２年３月 31 日企業会計基準委員
　　会）は適用されるのか。

（答）

　社会福祉法人会計基準では、「会計方針の開示、会計上の変更及び誤謬の訂
正に関する会計基準」が適用されず、過去の計算書類に遡及して訂正する処理
等を求めるものではないが、すでに適用している法人においては、継続適用を
否定することまで求めるものではない。

　なお、過去の計算書類において誤謬等が発見された場合には、過去の計算書
類の遡及修正は行わず、誤謬等が判明した年度に処理するものとする。

問２　収益認識に関する会計基準（企業会計基準第 29 号令和２年３月 31 日
　　企業会計基準委員会）において、消費税等の会計処理つき「税抜方式」の適
　　用が求められるが、社会福祉法人会計基準においては、消費税等の会計処
　　理はどのようになるか。

（答）

　社会福祉法人は、営利法人と異なり消費税等の負担者となることが多く、本
来税込方式が適しているものと考えられるが、法人の事業内容によっては課
税売上割合が異なるため、法人の自主的な判断で税抜方式を採用することも
可能とすることが実務上適していると考えられる。

　よって、社会福祉法人会計基準では、消費税等の会計処理については税込方
式を前提としつつ、法人が税抜方式を選択することも可能とする。

問3　社会福祉法人には、資産除去債務に関する会計基準（企業会計基準第18号平成20年3月31日企業会計基準委員会）は適用されるのか。

（答）

　　社会福祉法人は、事業の用に供する基本財産を原則法人所有しなければならないことから、契約に基づく建造物の解体等の原状回復義務の会計的影響は限定的であると言える。また、法令に基づく有害物質の除去義務については、社会福祉施設における保有は限定的であることなどから、会計的影響は限定的であると言える。

　　よって、社会福祉法人会計基準では、資産除去債務に関する会計基準が適用されないことを原則的な方法とする。ただし、法人の中には、期間費用を平準化する等の観点から資産除去債務の計上が必要なケースも一定程度あると考えられることから、法人が自主的に適用することは可能とする。

問4　「社会福祉法人会計基準の制定に伴う会計処理等に関する運用上の留意事項について 21 退職給付について （1）期末要支給額による算定について」に記載されている「原則的な方法」とは何か。

（答）

　　「原則的な方法」とは、社会福祉法人の職員への退職給付について引当金及び退職給付費用を計上する会計処理として、退職時に見込まれる退職給付総額のうち当期末までに発生していると認められる額を、一定の割引率と予想残存勤務期間に応じて割引計算することなどにより算定する方法をいう。

　　一般的に、退職給付の対象となる職員数が300人以上の場合には、「原則的な方法」に基づいて引当金及び退職給付費用を計上することになるが、退職給付の対象となる職員数が300人未満の場合や、職員数300人以上であっても、年齢や勤務期間に偏りがあるなどにより数理計算結果に一定の高い水準の信頼性が得られない法人は、「原則的な方法」によらず期末要支給額により算定することになる。

社会福祉法人の会計制度について

Ⅰ．はじめに

　措置制度を中心としていた我が国の福祉制度は、21世紀突入を機に大きく変化し、現在では、社会福祉法人の自立・自律が求められる時代になっている。

　すべての経営体にとって、会計処理は単なる事後処理ではなく、経営体の姿を正しく表現して経営体内外の関係者に伝えるという大切な役割を持っている。社会福祉法人においても、それは同様であり、社会福祉法人の会計制度を正しく理解し、それに則した会計処理を行うことによって、当該社会福祉法人の現状を社会福祉法人経営に従事する人やあるいは国民に正しく理解してもらうことが、これからの社会福祉事業を守り、発展させていくためには必要不可欠なことである。

　そして、社会福祉法人の会計実務を正しく行うためには、複式簿記の知識に加え、社会福祉法人会計基準の特性を理解する必要がある。

Ⅱ．問題意識

　社会福祉法人は日本の地域福祉を長年支えている民間の非営利組織であるが、社会情勢の変化に伴い、法改正及びこれに関連する会計基準はこれまで度々変更されてきた。

　2016年には社会福祉法人の根拠規定である社会福祉法が大幅に改正されることになった。この法改正は社会福祉法人のガバナンス強化が組織内外から求められるという点で法人制度自体に対する大きな制度改正といえる。

　社会福祉法人は、戦後の日本の地域福祉を長年支えてきた民間の非営利組織である。特に1951年の社会福祉事業法成立以来、社会福祉法人は措置委託制度の下で社会福祉施設を経営することを通じて、地域福祉の発展に大きな役割を果たしてきた。その後、2000年の社会福祉基礎改革によって措置委託制度から契約制度への転換やそれに伴う会計基準の変更等のために、社会福祉法人の経営方法にも影響が生じた。2000年改正ではこれまでの社会福祉事業法から社会福祉法へと名称変更が生じ、第2種社会福祉事業については営利企業やNPO等の多様な事業体の市場参入が認められたこともあって、税制面等での優遇措置に対し民間企業とのイコールフッティングを求める声、公的役割に相応しくない一部団体による使い込み等の不祥事、そして内部留保の溜め込み過ぎ等の社会福祉法人に対する批判が高まっている。2000年改正以降、社会福祉法人制度自体の大きな見直しはなされていなかったものの、その後の急激な少子高齢化に伴う人口構成の変化、新自由主義台頭による社会生活基盤の変化等によって福祉ニーズも多様化・複雑化している。このようなさまざまな事情を背景として、社会福祉法人制度は転換点を迎えつつある。

　そして、この度社会福祉法人の法的根拠である社会福祉法は大規模な法改正がなされることになった。社会福祉法は国会の審議を経て2016年3月31日に改正法が成立・公布され、翌年4月1日から全面的に施行される。この法改正では社会福祉法人の組織改革圧力が強まったといえるが、これは財務面から見ると、社会福祉法人の経営実態の実像把握強化と法人内の余剰資金の社会還元の必要性が求められるようになった点が大きな特徴である。社会福祉法人のガバナンスをはじめとする経営状況や余剰資金の把握・分析をするためにも社会福祉法人の会計制度の果たすべき役割は一層重要性が増したといえよう。

Ⅲ．社会福祉法人における会計制度

1．社会福祉法人会計の歴史
（1）　社会福祉法人会計の目的と特徴
　社会福祉法人の会計の目的としては、まずは福祉目的達成に必要な基本財産を受入れ、その財産の増減変化を正しくとらえて、組織の管理責任を明らかにすることが挙げられる。その上で、公益的な福祉目的を達成するために必要である運営資金の収入及び支出を正しくとらえて、福祉そのものが現実に運営されているか否かを計数的に明らかにすることが挙げられる。

　そのため会計の果たすべき役割としては、社会福祉法人の事業運営に関する計数的な情報提供機能が挙げられる。社会福祉法人は非営利法人であることから、その会計の目指すところは寄付者から受け入れた基本財産について法人内部の理事者の管理運営の責任を明らかにし、また日常の福祉目的達成のために信託された介護保険費用や措置委託費等の収入及び支出を明らかにして、受託財産の会計管理責任と採算に十分配慮しながら受託資金の運用に関する会計責任を明らかにする「受託者会計」にあるといえる。

　そして、企業会計との大きな違いとしては、企業会計における「資本」概念と社会福祉法人会計の「基本金」概念との相違が挙げられる。どちらも組織内部の自己資金という点では共通しているが、企業会計の資本は利潤追求の源であり、株式会社においては法的な持分となる。これに対し、社会福祉法人には企業会計の資本に該当するものとして基本金があるものの、これは利潤追求のためのものではなく、主として社会福祉事業という非営利活動に従事するための源泉となる。社会福祉法人会計においては、資産と負債の差額から基本金が構成されるが、基本金は企業会計における資本金とは異なり、持分という概念を主張するものであってはならないものとされる。

　このような法人としての性質の違いもあって、社会福祉法人の会計基準については、企業会計はもちろんのこと公益法人会計等の他の非営利組織法人会計とは異なる別途独自の会計基準が規定されている。【表1】
【表1】会計単位の活動目的による会計の分類

会計の種類：	適用例：
企業会計	株式会社、合名会社、合資会社、合同会社、有限会社
政府会計（公会計）	国、地方公共団体、独立行政法人、公営企業など
非営利組織会計	公益法人、社会福祉法人、学校法人、医療法人、宗教法人、NPO法人など

社会福祉法人は非営利組織法人の一種に位置づけられるが、他の非営利組織とは異なる独自の会計制度を有する。非営利組織同士においても所轄官庁が異なる点やそれぞれの法人毎の沿革や存在意義の違い等が影響しているものと考えられる。

　社会福祉法人の会計制度は社会情勢の変化に応じて順次改正がなされているが、会計基準の面からみると4つの時代に分類することができる【表2】。
【表2】社会福祉法人を巡る会計制度の変遷の歴史

第1 時代（1953 年〜）	「社会福祉法人会計要領」時代
第2 時代（1976 年〜）	「社会福祉法人会計経理規程準則」時代
第3 時代（2000 年〜）	「社会福祉法人会計基準（旧基準）」時代
第4 時代（2011 年〜）	「社会福祉法人会計基準（新基準）」時代

2．会計制度の変遷

（1）　はじめに

　1945 年の太平洋戦争終結を契機とした GHQ の占領統治時代を経て、日本に新しい社会福祉の考え方が導入された。戦前から救護法などの社会福祉制度はあったものの、憲法上保障された基本的人権としての社会福祉という考え方はこれまでなされていなかった。日本の非軍事化と民主化を目的とした GHQ の間接統治下で 1946 年に制定された日本国憲法第 25 条の生存権、そして社会救済（public relief：翻訳によっては公的扶助）に関する覚書（SCAPIN775）の提示等を通じて戦後の日本の社会福祉に対する基本的道筋が出来上がっていった。

　1951 年には社会福祉実践のための行政組織とその運用原則としての社会福祉事業法が制定された。本法では社会福祉事業の趣旨として、「社会福祉事業は、援護、育成又は更生の措置を要する者に対し、その独立心をそこなうことなく、正常な社会人として生活することができるように援助することを趣旨として経営されなければならない。」（第 3 条）と規定された。社会福祉事業については第 1 種社会福祉事業と第 2 種社会福祉事業に分類することができる。

　そして、社会福祉事業については、憲法 89 条の公の支配に属さない慈善事業に対する公金支出禁止原則の下で、「公私分離の原則」に基づいた規定がなされることになった。これに対し、戦前の社会福祉事業では官民一体方式に慣れていたこともあって、公私の責任を分離する積極的必要性を日本政府側が感じていなかったこともあって、民間団体に社会救済事業を委任してはいけないという GHQ の考え方に対しては当惑が広がった。実際のところ、政府ですべて救済事業を実施せよと指示されても、当時の政府機関には十分な人的組織がなかったとされる。そのため、「公私分離の原則」が課されたとはいっても、当時の喫緊課題であった戦災孤児、寡婦、引揚者などの救済のためには民間の社会福祉団体の手を借りることが必要不可欠な情勢であった。そのため、社会福祉事業を実施する民間団体に対し「措置委託」という形で公的助成を容認するようになったとされる。ここでの措置委託とは地方自治体の「措置」事務を民間社会福祉事業に「委託」するものであるが、要するにこれは国の事務が民間福祉事業に「委託」されることを指す。このような公的性格の強い形をとることで、救済政策の国家実施責任を求める SCAPIN775 の方針に適合する形で社会福祉制度が整備されていった。

　そのため、社会福祉法人は、救済政策の国家責任の下、社会福祉事業を実施する民間団体として誕生することになった。そこで、以下では社会福祉法人制度黎明期の会計制度について見てみる。

（2）　第 1 時代

　社会福祉法人制度は、一般的には 1950 年の社会保障制度審議会の「社会保障制度に関する勧告」を受けて、憲法 89 条の「公の支配」に属さない民間社会福祉事業に対する公金支出禁止規定を回避するために、社会福祉事業法により「公の支配」に属する法人として創設されたものとされる。この時代の会計基準は 1951 年の社会福祉事業法の成立に伴って 1953 年に当時の厚生省（現、厚生労働省）から「社会福祉法人の会計について」が発出され、同省社会・児童局長連名で各都道府県知事あてに社乙発第 32 号「社会福祉会計要領」（1954 年 3 月 18 日付）が通知されたことから始まる。その会計制度の特徴は、社会福祉法人会計の目的として、収入支出、財政状態と共に事業成績を明らかにすることにあった。

そのため、資金の増減は伴わないものの損益計算上の計測が必要となる減価償却手続が容認されていた。また、本要領の解釈が不足する部分については、営利企業向けに作成されていた当時の「企業会計原則」及び「財務諸表準則」に準拠することが求められていた

　したがって、この時代の制度は、会計期間毎の事業成績を明らかにすることが求められた点では営利企業に近いものといえ、発生主義会計をベースとしていた会計基準であったと考えられる。そもそも非営利組織である社会福祉法人会計が企業会計のような発生主義会計がベースとされた背景には法人の歴史的成り立ちにある。つまり、当時の社会福祉法人は戦前からの歴史的経緯を受け、民間の社会福祉事業者が個人的資産を提供して設立しその能力と責任によって運営がなされる経営が主流だったことが挙げられる。そのため、民間福祉事業維持のためには、企業会計のような自律的経営という視点から会計基準の制度設計がなされていたということが考えられる。

　しかし、次に述べるように、その後会計基準は大きく変更されることになった。

(3)　　第2時代

　第1時代に続く「経理規定準則」時代の特徴としては、事業成績のような損益計算ではなく、資金の収入と支出に基づく資金収支計算を重視したことが挙げられる。

　このような会計基準見直しの背景には、第1時代の会計実務では不統一な処理方法や会計内容の不明瞭さなど会計の妥当性に関する問題が挙げられる 11)。また、憲法89条の下での「公私分離の原則」を回避するために考案されたともいわれる措置委託制度の下、社会福祉法人には利用者を政府から割り当てられ、事業のために必要な費用も政府から措置委託費として支弁されるような制度となったことも挙げられる。

　このような「公の支配」が強まった当時の社会福祉法人の経営環境に伴い、その会計基準についても制度上の実情に対しより整合性のある会計の実施を目指すため、1976 年に厚生省から社施25 号として経理規程準則が通知されることになった。ここでは主として措置委託費など公的資金の収支を明確にし、その受託責任を明らかにすることを基本目的としており、社会福祉法人独自の会計制度樹立を目指していた。

　この時代の特徴としては、会計そのものを社会福祉法人に定着させることを試みるために企業会計に準じる会計処理を目指すことよりも、むしろその特質に応じた独自の会計処理を求めたことが挙げられる。例えば、社会福祉法人全体を1つの会計単位とせず、同一法人内で本部会計と施設会計という複数の会計単位を設けたこと、予算編成を要求したこと、収益事業以外では減価償却手続は行わないことなどの会計処理方法が挙げられる。

　この結果、社会福祉法人の会計制度は政府から預かった公の資金を管理するという側面が強まった。施設毎に異なる会計単位で把握されるために法人全体の経営状況が見えにくくなる傾向も強まった。企業会計においては、収益を獲得するために貢献した資産については、費用収益対応原則により、取得原価を収益の獲得のために利用した期間にわたって費用配分するのが望ましいものと考えられているが、社会福祉法人会計では基準変更によって損益計算に関する情報は必要とされなくなった。減価償却手続のように会計期間に対応した損益計算を行うことも求められなくなった。

（4）　第3時代

　その後、措置委託制度をベースとしていた社会福祉制度は大きく見直されることになった。1998年6月に中央社会福祉審議会から公表された「社会福祉基礎構造改革について（中間まとめ）」において、サービスの利用者と提供者との間の対等な関係の確立、質と効率性の向上、透明性の確保等を改革の理念とし、社会福祉法人については法人単位の経営と適切な経営管理が可能となるように改める必要がある旨が述べられた。これを受け、2000年から介護保険制度が導入され、介護事業については従来の措置委託制度から個人が自ら選択してそれを提供者との契約によって福祉サービスを利用する保険契約制度に切り替わった。このような福祉制度改革に伴い、社会福祉事業法が改正され、2000年に社会福祉法が制定された。

　本制度の下、利用者は自らの意思で利用施設を選択できるようになり、福祉施設は利用者から選ばれる対象になった。介護保険制度の導入等に伴い、多様な事業主体の社会福祉分野への参入が進むことが見込まれる中、環境変化に相応するために、社会福祉法人の自律性を高めることを旨とする改革の時代を迎えることになった。

　制度改革に伴い、措置委託制度における資金区分は弾力化され、社会福祉法人の計算書類等は2000年から公開されるようになった。そして、社会福祉法人会計に関しては、収支内訳や法人全体の財務状況、経営状況など総合的に見ることができる会計が必要となり、会計処理に関する基準変更が余儀なくされることになった。

　そのため、会計基準については、介護保険制度施行に合わせて、2000年2月に厚生省保健福祉部長、社会・援護局長、老人保健福祉課長、児童家庭局長の連名による社援代10号で「社会福祉法人会計基準」（旧基準）が示された。これは、原則としてすべての社会福祉法人を対象とするものである。

　その基本的な考え方として、以下の4つが挙げられる。（旧基準概要1）

①法人単位での経営を目指し、法人全体の経営状況把握のために法人共通の会計基準であること。

②会計基準は、簡潔明瞭なものとし、損益計算の考え方を採り入れることにより効率性が反映されるものであること。

③会計基準は、法人として高い公益性を踏まえた内容にすること。

④会計基準は、取引を適切に記録し、経営状況を適切に表示するための基本的な事項について定めたものであり、各法人における経理処理については、この基準を基にそれぞれの法人で自主的に定めること。

　特徴としては、従前の経理規程準則と比較した場合、社会福祉法人の会計基準に企業会計の考え方を採り入れた点にある。つまり、法人を本部と施設に分けてそれぞれで会計単位とするのではなく単一組織体として一本の会計単位にすること、「事業活動収支計算書」作成のための損益計算、そして減価償却制度導入といった点が挙げられる。この背景には、措置委託制度から契約制度への移行に伴い営利企業などの多様な事業者が参入することになり、社会福祉事業が市場の競争原理に晒されることなったことが挙げられる。経理準測で重視されていた「資金収支計算書」は資金の流入と流出及び残高計算を行うものであるのに対し、新たに求められるようになった「事業活動収支計算書」は事業活動で生み出された収益とそれに要した費用とを計算することによって事業活動の成果、すなわち利益または損失を計算する。事業活動収支計算書によって事業活動の成果を知ることができる。つまり、第1時代で要求されていた事業成績を明らかにするための計算書が再び要求されることになったといえる。

（5）　第4時代

　第3時代の旧基準は社会福祉制度改革にあわせて作成された会計基準であったものの、その後の社会経済情勢の変化、そして旧基準が複数の会計基準の並立を許容していたために煩雑な会計事務等の課題が引き続き存在していた 16）。そこで、会計基準併存の解消による会計事務の簡素化や社会経済情勢の変化への対応を目的として、2011 年7月に厚生労働省雇用均等・児童家庭局、社会・援護局、障害保健福祉部、老健局長の連名による第1号「社会福祉法人の新会計基準について」（新基準）が公表された。

　この特徴は、会計基準の適用範囲の一元化、財務諸表等の体系の見直し、外部への情報公開、透明性向上のために会計処理や区分の変更等、従来の会計実務からの更なる変更を要求するものといえる。旧基準の「財務諸表」では、「計算書類」として資金収支計算書、事業活動収支計算書、貸借対照表、財産目録の4種類を挙げていたのに対し、新基準では「財務諸表」として、資金収支計算書、事業活動収支計算書、貸借対照表の3種類から構成される点が特徴である。財産目録は会計基準の対象ではあるものの、財務諸表の対象外とされた。新基準がこのような変更を行った理由として、効率的経営の意思決定支援と国民や寄付者など外部の利害関係者への経営実態公表という第三者に対する説明責任のための基準であることを明確化したことが挙げられる。

　そこで、以下では現行の新基準で作成が義務付けられる3種類の財務諸表の特徴について述べる。

３．現行会計基準（新基準）の特徴
（1）　資金収支計算書

　社会福祉法人に作成義務が課される財務諸表の一つとして、「資金収支計算書」がある。これは「当該会計年度（4月1日から翌年3月31日までの一年間）におけるすべての支払資金の増加および減少の状況を明りょうに表示」（新基準第2章1）するべく作成されたものである。ここでの支払資金とは「流動資産及び流動負債とし、その残高は流動資産と流動負債との差額」（新基準第2章2）とされる。ただし、「1年基準により固定資産又は固定負債から振替えられた流動資産・流動負債、引当金並びに棚卸資産（貯蔵品を除く。）を除く」（新基準第2章2但書）ことに留意が必要である。つまり「支払資金」とは、第一に、経常的な支払準備のために保有する現金及び預貯金、短期間のうちに回収されて現金又は預貯金になる未収金、立替金、有価証券等及び短期間のうちに事業活動支出として処理される前払金、仮払金等の流動資産、第二に、短期間のうちに現金又は預貯金によって決済される未払金、預り金、短期運営資金借入金等及び短期間のうちに事業活動収入として処理される前受金等の流動負債を指す。支払資金の残高は、これらの流動資産と流動負債との差額をいう。（同基準注解6）

　そして、資金収支計算書の構成は、「事業活動による収支」、「施設整備等による収支」及び「その他の活動による収支」に分けられる（新基準第2章5）【表3・4・5】

　まず、「事業活動による収支」には、経常的な事業活動による収入及び支出（受取利息配当金収入及び支払利息支出を含む。）を記載し、事業活動資金収支差額を記載するものとする。【表3】

【表3】 「事業活動による収支」について

支出：	収入：
人件費支出	介護保険事業収入
事業費支出	老人福祉事業収入
事務費支出	児童福祉事業収入
就労支援事業支出	保育事業収入
授産事業支出	就労支援事業収入
利用者負担軽減額	障害福祉サービス等事業収入
支払利息支出	生活保護事業収入
その他の支出	医療事業収入
流動資産評価損等による資金減少額	借入金利息補助金収入
	受取利息配当金収入
事業活動資金収支差額	その他の収入
	流動資産評価益等による資金増加額

　次に、「施設整備等による収支」としては、固定資産の取得に係る支出及び売却に係る収入、施設整備等補助金収入、施設整備等寄附金収入及び設備資金借入金収入並びに設備資金借入金元金償還支出等を記載し、施設整備等資金収支差額を記載するものとする。
【表4】
【表4】 「施設整備等による収支」について

支出：	収入：
設備資金借入金元金償還支出	施設整備等補助金収入
固定資産取得支出	施設整備等寄附金収入
固定資産除却・廃棄支出	設備資金借入金収入
ファイナンス・リース債務の返済支出	固定資産売却収入
その他の施設整備等による支出	その他の施設整備等による収入
施設整備等資金収支差額	

　「その他の活動による収支」としては、長期運営資金の借入れ及び返済、積立資産の積立て及び取崩し、投資有価証券の購入及び売却等資金の運用に係る収入及び支出（受取利息配当金収入及び支払利息支出を除く。）並びに事業活動による収支及び施設整備等による収支に属さない収入及び支出を記載し、その他の活動資金収支差額を記載するものとする【表5】。ここでは、事業活動資金収支差額、施設整備等資金収支差額及びその他の活動資金収支差額を合計して当期資金収支差額合計を記載し、これに前期末支払資金残高を加算して当期末支払資金残高として記載するものとする。
【表5】 「その他の活動による収支」について

支出：	収入：
長期運営資金借入金元金償還支出	長期運営資金借入金元金償還寄附金収入
長期貸付金支出	長期運営資金借入金収入
投資有価証券取得支出	長期貸付金回収収入
積立資産支出	投資有価証券売却収入
その他の活動による支出	積立資産取崩収入
その他の活動資金収支差額	その他の活動による収入

（2）事業活動計算書

　事業活動計算書とは、企業会計における経営成果に関する損益計算書と同様に、事業活動の成果を明らかにするものである。これは「当該会計年度（4月1日から翌年3月31日までの一年間）における純資産のすべての増減内容を明りょうに表示」（新基準第3章1）するべく作成され、法人の会計年度における業績を数値的に表すものである。

　その構成としては、「サービス活動増減の部」、「サービス活動外増減の部」という経常活動の部分、そして「特別増減の部」という特別活動の部分及び「繰越活動増減差額の部」の4区分からなる。（第3章3）【表6・7・8・9】

　「サービス活動増減の部」とは、サービス活動による収入及び費用を記載してサービス活動増減差額を記載するものとする【表6】。ここでの主な収入とは介護保険事業収益や保育事業収益や就労支援事業収益といった社会福祉法人のサービス活動に関する収入源から構成される。他方、費用としては、人件費や事務費といった事業運営活動上必要な経費から構成される。また、固定資産に係る支出については、その経済的価値に見合った形で減価償却手続がとられている。そして、サービス活動費用に減価償却費等の控除項目として、「国庫補助金等特別積立金取崩額」を含めるものとする（同上基準第3章4（1））。国庫補助金等特別積立金とは、施設及び設備の整備のために国又は地方公共団体等から受領した国庫補助金等に基づいて積み立てられたものであり、その目的は社会福祉法人の資産取得負担を軽減し、法人経営施設等のサービス提供者のコスト負担軽減を通して、利用者の負担を軽減することとされる。そのため、国庫補助金等特別積立金は、毎会計年度、国庫補助金等により取得した資産の減価償却費等により事業費用として費用配分される額の国庫補助金等の当該資産の取得原価に対する割合に相当する額を取り崩し、事業活動計算書のサービス活動費用に控除項目として計上しなければならない（同上基準注解10）。つまり、国庫補助金等は、長期にわたる公的助成として、その効果が期待される期間に取り崩すことで減価償却を対応させて、助成効果を発現させているものといえる。このような形でサービス活動の内容に応じて費用収益を期間対応させるような会計処理が行われている。

【表6】「サービス活動増減の部」について

支出：	収入：
人件費	介護保険事業収益
事業費	老人福祉事業収益
事務費	児童福祉事業収益
就労支援事業費用	保育事業収益
授産事業費用	就労支援事業収益
利用者負担軽減額	障害福祉サービス等事業収益
減価償却費	生活保護事業収益
国庫補助金等特別積立金取崩額	医療事業収益
徴収不能額	経常経費寄附金収益
徴収不能引当金繰入	その他の収益
その他の費用	
サービス活動増減差額	

「サービス活動外増減の部」には、受取利息配当金、支払利息、有価証券売却損益並びにその他サービス活動以外の原因による収入及び費用であって経常的に発生するものを記載し、サービス活動外増減差額を記載するものとする。【表7】

【表7】「サービス活動外増減の部」について

支出：	収入：
支払利息借入金利息	補助金収益
有価証券評価損	受取利息配当金収益
有価証券売却損	有価証券評価益
投資有価証券評価損	有価証券売却益
投資有価証券売却損	投資有価証券評価益
その他のサービス活動外費用	投資有価証券売却益
サービス活動外増減差額	その他のサービス活動外収益

　更に、「特別増減の部」では、寄附金、国庫補助金等の収益、固定資産売却等に係る損益、事業区分間又は拠点区分間の繰入れ及びその他の臨時的な損益（金額が僅少なものを除く）を記載し、基本金の組入額及び国庫補助金等特別積立金の積立額を減算して、特別増減差額を記載する【表8】。
　基本金への組入れができる基本金とは、①社会福祉法人設立、施設創設・増築等のために基本財産等を取得すべきものとして指定された寄附金の額、②①の資産取得等に係る借入金の元金償還に充てるものとして指定された寄附金の額、③施設の創設及び増築時等に運転資金に充てるために収受した寄附金の額である（同上基準注解12）。基本金への組入れは、寄附金を事業活動計算書の特別収益に計上した後、その収益に相当する額を基本金組入額として特別費用に計上して行う。なお、国庫補助金等特別積立金を含む固定資産の売却損・処分損を記載する場合、特別費用の控除項目として、国庫補助金等特別積立金取崩額を含めるものとする。

【表8】「特別増減の部」について

支出：	収入：
基本金組入額	施設整備等補助金収益
資産評価損	施設整備等寄附金収益
固定資産売却損・処分損	長期運営資金借入金元金償還寄附金収益
国庫補助金等特別積立金取崩額（除却等）	固定資産受贈額
国庫補助金等特別積立金積立額	固定資産売却益
災害損失	その他の特別収益
その他の特別損失	
特別増減差額	

「繰越活動増減差額の部」では、前期繰越活動増減差額、基本金取崩額、その他の積立金積立額、その他の積立金取崩額を記載し、当期活動増減差額に当該項目を加減したものを次期繰越活動増減差額として記載する【表9】。この次期繰越活動増減差額は、企業会計における当期純利益に相当するものであり、福祉事業活動の結果生じた蓄積された利益に該当するものともいえる。

【表9】 「繰越活動増減差額の部」について

当期活動増減差額（上記3 種類の差額合計）	(1)
繰越活動増減差額の部　前期繰越活動増減差額	(2)
当期末繰越活動増減差額	(3) ＝ (1) ＋ (2)
基本金取崩額	(4)
その他の積立金取崩額	(5)
その他の積立金積立額	(6)
次期繰越活動増減差額	(7) ＝ (3) ＋ (4) ＋ (5) － (6)

（注）計算の便宜上、「繰越活動増減差額の部」以外の部分も本表で含んで表記している

(3) 貸借対照表

　貸借対照表とは、ある一定時点での社会福祉法人の財政状態を表すものである。これは「当該会計年度（4月1日から翌年3月31日までの一年間）におけるすべての資産、負債及び純資産の状態を明りょうに表示」（同上基準第4章1）するべく作成するものである。貸借対照表の区分としては、資産の部、負債の部及び純資産の部に分かち、資産の部を流動資産及び固定資産に、負債の部を流動負債及び固定負債に区分しなければならないとされる（同第4章2）【表10】。貸借対照表によって、その法人の総資産規模や、現在どの程度資産を有しているか、逆にどの程度負債があるのかといった財政状態を測定することができる。なお、昨今、法人組織内部に資金を溜め込みすぎではないかと批判が高まっている内部留保の存在については、貸借対照表に提示される会計情報からある程度把握することが可能である。

【表10】「貸借対照表」について

（資産の部）：	（負債の部）：
流動資産	**流動負債**
現金預金	短期運営資金借入金
有価証券	事業未払金
事業未収金	その他の未払金
未収金	支払手形
未収補助金	役員等短期借入金
未収収益	1年以内返済予定設備資金借入金
受取手形	1年以内返済予定長期運営資金借入金
貯蔵品	1年以内返済予定リース債務
医薬品	1年以内返済予定役員等長期借入金
診療・療養費等材料	1年以内支払予定長期未払金
給食用材料	未払費用
商品・製品	預り金
仕掛品	職員預り金
原材料	前受金
立替金	前受収益
前払金	仮受金
前払費用	賞与引当金
1年以内回収予定長期貸付金	その他の流動負債
短期貸付金	**固定負債**
仮払金	**（純資産の部）**
その他の流動資産	基本金
徴収不能引当金	国庫補助金等特別積立金
固定資産	その他の積立金
基本財産	次期繰越活動増減差額
その他の固定資産	

（4）　まとめ

　新基準の下では、経営の効率化及び外部への情報公開を図ることを通じて第三者への説明責任を高め、社会福祉法人の経営内容の適正化が図られることになった。この新基準の適用は経過期間３年をもって、2016 年３月決算分から新基準で会計報告が統一されることとなった。更に、2016 年の社会福祉法改正によって、経営組織の在り方自体の見直しと相まって、法人会計経営情報の外部に対する報告要求は一層強化されることになる。

Ⅳ．今後の社会福祉法人制度の在り方

1．2016 年社会福祉法改正

　今回の法改正の主な特徴は「社会福祉法人制度の改革」と「福祉人材の確保の促進」であり、特に会計制度とかかわりが深い点は前者である。ここでは経営組織の在り方の見直しによるガバナンスの強化が求められることになるが、これは既存法人の組織自体に変革を求めるものといえる。大まかには事業運営の透明性の向上、財務規律の強化、地域における公益的な取組を実施する責務の規定追加、内部留保の明確化と福祉サービスへの再投下要求、行政監督の強化といった点が挙げられる。

　今回の法改正によって評議員制度設置義務付け等の組織のガバナンス強化、財務諸表公開範囲拡大などの組織経営の透明性強化、役員等による利益相反行為の制限のような組織運営健全化等による財務規律強化が要求されるようになる。

　会計基準との関係としては、法改正に合わせて一部の基準が変更された。具体的には、ガバナンス面強化に対応して役員や評議員に関する規定が追加された。また、明細書の財務情報については、より細部まで情報開示することが求められるようになる。

　ディスクロージャーとの関係としては、これまでは任意開示だった「現況報告書」の開示が義務付けされるようになる。これによって、法人全体の設立年や経営者、経営内容、資産構成や役員や評議員の名前、理事会開催状況や外部監査の有無といった経営実態の状況把握が行いやすくなる。

　また、社会福祉法人の組織内に蓄積する内部留保の中で余裕部分を社会に還元する役割（社会福祉充実計画の実施）が求められるようになる点も特筆すべきである 21）。更に、財務諸表公表につき HP のようなインターネットを用いた開示を各法人に要求することで法人間の経営分析比較を行う環境がようやく整ってきたといえる。

　そして、組織外からのガバナンスも強化される。例えば、行政に関しては立ち入り検査その他行政監督権限の強化も行われる。会計に関する虚偽申告がある場合の罰則規定も整備された。

　このようなガバナンスの強化、外部への情報提供を通じた透明性拡大、行政監督権限強化といった点は社会福祉法人会計を精緻なものにするために重要な役割を果たすといえよう。

2．おわりに：今後の課題

　今後の改善が引き続き必要とされそうな課題として、公的資金を預る以上、その社会的責任としての会計報告が不十分な法人をいかに減らしていくかが挙げられる。例えば、貸借対照表上に総資産規模からすると過度に多額すぎる流動負債を計上している法人、退職給付引当金のような持続的な組織運営上必要な引当金が未設定の法人、そして借方貸方で合計金額が不一致の法人といったものがいまだ散見される。悪質な虚偽表示がなされている場合法人が問われる法定責任には第三者責任としての損害賠償請求がある。ただし、請求が認容されるには悪意重過失がある場合に限定される上、虚偽表示があっても過料 20 万円ぐらいの金額であるため、実際どの程度の実効性があるのかは不明である。

　また、行政監督権限強化に見合うだけの行政側の会計情報に対する判断力不足も懸念される。権限強化自体は法人経営健全化のためには必要性が高いものの、法人を管轄する基礎自治体が HP で公表する社会福祉法人の財務諸表自体、内容に疑問があるものも散見されることから、行政側の会計内容の監督を行う際の実効性を高める継続的努力は必要不可欠であろう。

　更に、「内部留保」に関する考え方が一人歩きしてしまう危険性がある。今回の法改正で社会還元が求められる余剰資金としての内部留保の計算式｛（資産－負債）－必要控除財産｝が明示されたこともあって、社会福祉法人の内部留保とは計算式で求められる数値のみと限定的に解釈されてしまうおそれがある。そもそも内部留保の定義付けや把握方法は、厚生労働省の社会保障審議会の全体会議で議論がまとまらなかったようにさまざまなとらえ方が可能な抽象的概念である。内部留保概念に関する先行研究が豊富な企業会計分野においてですら、どの点を内部留保とするかについては、未だ見解を完全に合致させることは難しい状況にあるといえる。社会福祉法人の内部留保の実態に関しては、営利企業と比較して、一部の社会福祉法人において内部留保が顕著に高いところが見られ、これは社会福祉法人に対する批判の一因となっている。なぜなら高い内部留保となる要因として、社会福祉法人の事業は非課税の社会福祉事業や公益事業運営が中心的であり、その収入の大半が介護保険や補助金のような公的資金によって支えられているものであることの影響が大きいからである。他方、施設経営者の立場からみれば、社会福祉法人には利益分配を行うという概念がなく、内部留保資金の多くは将来のための積立資産や修繕費用若しくは運転資金等に充てるための必要な資金と考えている。このように内部留保を巡っては立場による見解の相違があるのだが、今回の法改正で計算式が提示されたことで、今後の議論の余地が狭まってしまうおそれもありえよう。

　今回の法改正によって、社会福祉法人が社会から信頼を維持するために組織改革が求められることになった点は評価できる。だが、これが会計制度に対してどのような影響を及ぼしていくことになるかはいまだ未知数といえ、今後の更なる制度改善に大いに期待したいところである。

参考文献

藤井秀樹（2009）「財務会計論序説」商経学叢

國見真理子（2016）「社会福祉法人の会計制度の変遷に関する一考察　2016年社会福祉法改正を踏まえて」田園調布学園大学紀要第 11 号

庶務編

第1章　人事関係事務

Ⅰ．人事関係の書式

この節では、社会福祉施設において人事管理上で必要な、あるいは整備が望ましいと考えられる書式について、労働基準法等の法令、行政指導などにより一般的に整備が必要と思われるものを中心に解説する。

①　職員名簿

職員名簿は、労働基準法第107条で規定する「労働者名簿」である。

社会福祉施設の場合は、労働基準法で規定する項目の外に、措置費請求の基礎資料として、また所管自治体の指導検査に対応できるような項目の整理も必要で、職務上必要な資格・免許を記載する欄を設け、前歴がある場合には、履歴の欄に勤務していた施設の名称・種別・所在地（都道府県名）・従事していた職種・経験年数を記載しておくと便利である。

※労働者名簿に記載するよう法及び労働基準法施行規則53条で規定する項目

A．氏名　B．生年月日　C．履歴

D．性別　E．住所　F．従事する業務の種類

G．雇入の年月日　H．退職（解雇の場合はその理由）の年月日及びその事由

Ｉ．死亡の年月日及びその原因

保存期限は、労働者の退職等の日から3年間（法第109条、施行規則第56条）となっているが、社会福祉法人の場合再就職により前歴証明を求められる可能性があるため、長く保存すべきである。

②　辞令

辞令は、理事長名（任命権者名）にて作成の上、交付するものである。記載すべき要件として、発令番号・発令内容（採用、職種変更、昇任、その他）・勤務施設名・職種・氏名・発令年月日がある。

なお、会計関係で、会計責任者および出納職員の辞令も必要である。

③　給与辞令（昇給辞令）

給与（本俸）について、採用時、昇給時、および給与表の昇給時に交付する辞令である。給与規程で給与表が整備されている場合は、給与表の別、級・号級の記載だけでも差支えない。また、ベースアップの場合は、給与規程の給料表（本俸月額表）を周知させること等で足りるので、給与辞令の交付は特に必要ない。

④　扶養親族等（変更）届　→　扶養家族・通勤その他の（変更）届

扶養手当の支給、その他の事務手続上で必要な場合に基礎資料として提出を求めるものである。

なお、扶養家族等の証明書類の提出には一定の制限があるので注意すること。特に、戸籍謄（抄）本の提出は求めないこととし、必要な事項についての住民票の記載証明、住民票の必要事項についての写し、出産証明書など事実関係の証明できるものに限定するべきで、そのことを本人にも説明するように配慮したい。

通勤手当の算出の基礎資料であるばかりでなく、通勤災害の際に労災保険受給の証明資料ともなる。通勤経路、手段、費用等が明確に把握できるような書式が必要である。

⑤　出勤簿

　　タイムレコーダーや様々な勤怠ソフトを使っている施設や、市販の様式等で押印の出勤簿を使っている施設もある。

　　出勤簿の整理にあたっては、出勤の押印の他に、公休、振替休日、年次有給休暇、出張、産休、休業（業務上、業務外の別）などの表示が必要である。

⑥　賃金台帳（給与台帳）

　　これは法第108条で規定されている帳簿である。様式は、事業所で任意に調製（作成）してよいが、記載事項について施行規則第54条により規定されている。

※賃金台帳に記載するよう施行規則で規定する項目

　　Ａ．氏名　Ｂ．性別　Ｃ．賃金計算期間　Ｄ．労働日数　Ｅ．労働時間数

　　Ｆ．超過勤務・休日勤務・深夜勤務のある場合その時間数

　　Ｇ．基本給、手当その他の賃金について種類毎にその額従事する業務の種類

　　Ｈ．賃金の一部を控除した場合その額

　　保存期限は、最後の記入をした日から3年間となっている。

⑦　給与振込依頼書

　　給与を金融機関の本人名義の口座に振替により支払う場合には、必ず整備すべき書式である。本人の自署と捺印、指定金融機関名、預金の種別と口座番号、口座名義、振込を希望する賃金（給与）の範囲、口座振替支払開始希望時期についての記載欄が必要である。

　　なお、給与の口座振替支払は、施行規則第7条の2で規定されている。

⑧　超過勤務命令簿

　　勤務命令時間（超過の開始・終了時間と時間数）、職務内容が明確に記録されていること、命令権者（施設長）の押印が最低要件として必要である。1件毎の伝票式、1人1ヶ月毎の帳簿式（カード式）、また整理の方法に様々の様式が考えられる。

⑨　出張命令簿

　　出張者の氏名・印、出張の目的及び内容、出発日時、終了日時、行先、交通機関の経路とその費用、日当を支払っている場合はその支給額が記載されることが必要である。

⑩　休暇願（届）

　　休暇の都度提出する伝票式を採用している場合と、個人別の年間使用の休暇簿形式のものを採用している場合がある。

　　なお、年次有給休暇については、どのように利用するかは労働者の自由なので、従来の様式にあった年休の事由欄の記載は必要ない。

　　2019年より「働き方改革（略）法」により、年10日以上の年次有給休暇が付与される労働者に対して、うち年5日は、取得させることが義務となりました。

　　慶弔休暇を設けている場合は、事由欄への記載が当然必要である。また、証明書類の提出には一定の制限があるので注意すること。必要な場合にも住民票の必要事項についての写、出産証明書など事実関係の確認できるものに限定する。必要事項の確認後は返却することという厚生労働省の通知がある。（基発83号）。

Ⅱ．職員採用時の手続き

(1) 施設関係の手続き

① 採用試験等の際に提出を求める書類

　a．自筆の履歴書及び身上書（写真貼付）

　b．前歴証明書

　　当該施設に就職する以前に職歴がある場合に必要なものである。採用試験時には間に合わない場合が多く、実際には採用決定後または採用時に提出してもらうことが多くなる。

　c．健康診断書

　　　採用前3ケ月以内

　d．卒業（見込）証明書

　e．資格（免許）証明書（写）又は資格取得見込証明書

　f．住民票記載事項証明書

　　法第57条による、年少者（満18歳に満たない者）の年齢証明に必要な書類である。採用時の提出でもよい。本人証明資料として提出を求めている法人もある。なお、戸籍謄（抄）本の提出は求めてはならない。（基発83号）。

　g．その他法人が必要と認める書類

② 採用時に提出を求める書類

　a．誓約書、身元保証書

　　誓約書に保証人連署させるかたちの様式（その場合、身元保証不要）、本人の誓約書と身元保証書を提出してもらう方法がある。

　　なお、誓約書、身元保証書については採用日以降に提出させることとし、それ以前に提出を求めないことになっている。（労働省労働基準局の指導事項）

　　「身元保証に関する法律」（昭和8年・法律第42号）があるので参考とされたい。有効期間については、期間を定めない場合は3年、期間を定めた場合は最長5年までとなっている。また、近年は身元保証制度を廃止している事業所もある。

　b．扶養親族や通勤の届（必要により）

　c．所得税の扶養控除等申告書

　　様式にマイナンバーの記載欄があるが、法人によっては独自の様式で提出を求める場合もあるため、確認をしておくこと

　d．年金手帳（または基礎年金番号通知書）、雇用保険被保険者証（職歴がある人）

　e．その他必要な手続き

　　同一年内に他の事業所から給与を受けていた者については、給与所得の源泉徴収票が必要である。ただし、採用時点では間に合わないことも多いので、年末調整には間に合うように提出してもらうこと。

　　採用日の前日まで他の社会福祉法人が経営する社会福祉施設に勤務していた者については、退職共済の継続関係書類を提出してもらう。

　　給与を口座振込にしている法人施設では、希望者について給与振込依頼書の提出を求める。

ｆ．見込書類の確定

　　　新卒者を在学中に採用内定する場合、卒業見込および資格取得見込の書類しか提出されていないはずなので、卒業の証明書類、資格証明書が必要となる。

　　　また、履歴書についても採用時までの変化（卒業や前職の退職）を追加記入してもらっておくこと。

　　ｇ．宿舎借上事業の希望の有無

③　採用時の事務

　　ａ．採用時の**辞令交付**

　　ｂ．採用時の**労働条件の明示**（書面交付）

　　　これは法第15条の条文では「賃金、労働時間その他の労働条件を明示」することになっており、具体的には書面の交付を義務づけられているものと口頭でも構わないものがある。尚、書面により明示するべき事項は以下の通りである。（施行規則第5条）

　　　・契約期間

　　　・就業の場所及び従事する業務

　　　・所定労働時間を超える労働の有無

　　　・始業及び終業の時刻、休憩時間、休日、休暇並びに就業時転換

　　　・賃金の決定、計算及び支払の方法、賃金の締切り及び支払の時期

　　　・退職に関する事項（解雇の事由を含む）

　　　労働条件通知書（市販の様式有・書式集に掲載）を使用するほか、就業規則、給与規程の現物配布と給与辞令の交付でも用件は充たせる。（就業規則等を「備え付け」としている場合は、書面の交付が必要。）

　　◎この他にも職員の採用前研修、自動車で通勤する場合の駐車場の申込等、施設において様々な事務が行われていると思われるが、個別事例になるので、ここでは省略する。

　　（※2024年4月に労働基準法が改正されます。詳細は、厚生労働省ウェブサイト等でご確認ください。）

(2)所管自治体への報告・届出

　　措置費の関係で、「職員異動報告」などが必要となろうが、都県により違いがあると思われるので省略する。

(3)社会保険、その他の諸手続き

①　社会保険（健康保険・厚生年金保険）

　　「健康保険・厚生年金保険　被保険者資格取得届」の提出

　　・提出先は、事業所の所在地を管轄する日本年金機構の年金事務所。

　　・資格取得の日から5日以内に届け出ること。

　　・扶養家族がある場合は、「健康保険　被扶養者（異動）届」を同時に提出する。

　　・尚、提出は窓口・郵送の他電子申請も可能。詳細は日本年金機構のＨＰ（http://www.nenkin.go.jp/index.html）を参照のこと。

・年金手帳（または基礎年金番号通知書）は、手続き終了後本人に返却する。

②　雇用保険関係

「雇用保険被保険者資格取得届」の提出
・提出先は、事業所の所在地を管轄する公共職業安定所。
・資格取得の日から翌月の10日までの間に届け出ること。転職の場合、あまり早く提出すると前の事業所が喪失届未提出のため確認手続きが出来ないことがある。
・採用者が、以前に雇用保険に加入していた場合は「雇用保険被保険者証」の提出を求め、添付する。紛失していた場合、新たに番号を取るのではなく紛失届を提出する。番号がわからなくても、氏名、生年月日、前職等で検索が可能である。
・尚、提出は窓口・郵送の他電子申請も可能。詳細は厚生労働省職業安定局のＨＰ（https://www.hellowork.go.jp/index.html）を参照のこと。

③　独立行政法人・福祉医療機構の退職手当共済制度関係

ａ．「被共済職員加入届」の提出
・提出先は、法人（施設）の所在地の都道府県社会福祉協議会。
・採用後速やかに届け出ること。複写で3部作成し、上の2枚を提出する。
・様式については福祉医療機構のＨＰ（http://hp.wam.go.jp/）でダウンロードできる。
ｂ．「共済契約者間継続職員異動届」の提出
異動前に他の法人・施設で、この制度の被共済職員であった者を、間に1日もおかずに採用した場合（例・前の法人を3月31日退職、当法人で4月1日採用）、継続異動職員として、また退職後3年以内に採用した場合の合算退職職員として被共済期間が通算され退職金の受給が有利になる。
直前まで勤務していた法人（施設）で「異動届」を作成・送付してもらい、必要事項を記入・押印のうえ、都道府県社会福祉協議会に提出する。

④　都県の社会福祉協議会の退職共済関係

都県により、独自の共済制度がある場合それぞれの手続きが必要だが、手続きに違いがあるので省略する。

Ⅲ．職員退職時の手続き

　職員が退職するにあたって必要な手続きは、概ね下記のようになっている。なお、普通退職及び定年退職について記したので、死亡及び解雇の場合は関係法規、諸手続きについて確認すること。

　なお、退職についての規定は就業規則に必ずあるので、その規定にもとづいて退職の事務を進めることになる。

(1) 施設関係の手続き

① 退職時に提出を求める書類

　ａ．「退職願（または退職届）」の提出

　　　就業規則に従って、一定期間前に本人自筆の上署名捺印したものを提出してもらう。なお、提出期限は２週間前までというのが民法（第627条）の規定である。また、定年退職の場合は退職願の提出は必要ない。

　　　「雇用保険被保険者離職証明書」の離職理由を正確に判断するための添付資料として「退職理由を確認できる書類」の提出を求められる。

　ｂ．健康保険証の回収（回収不能処理もできるが、面倒なので要注意。）

　ｃ．身分証明書、福利厚生センターの会員証がある場合は、その回収。

(2) 所管自治体への報告・届出

　　　措置費の関係で「職員異動報告」などが必要となろうが、都県により違いがあると思われるので省略する。

(3) 社会保険、その他の諸手続き

① 社会保険（健康保険・厚生年金保険）

　　「健康保険・厚生年金保険　被保険者資格喪失届」の作成・提出

　　・提出先は事業所の所在地を管轄する日本年金機構の年金事務所。

　　・資格喪失の日から５日以内に届け出ること。健康保険証を添付する（本人分だけでなく被扶養者分も回収する）。なお、回収不能の場合はその旨を記載する。

　　・尚、提出は窓口・郵送の他電子申請も可能。

② 雇用保険関係

　ａ．「雇用保険被保険者資格喪失届」の作成・提出

　　・提出先は事業所の所在地を管轄する公共職業安定所。

　　・資格喪失の翌日から10日以内に届け出ること。

　ｂ．「雇用保険被保険者離職証明書」の作成・提出

　　・退職者が、雇用保険の失業給付を受給する希望がある場合に作成する。

　　　なお、離職日現在59歳以上の被保険者は必ず添付すること。

　　・超過勤務手当・宿直手当等は発生月に計算し直しが必要。

　　・「資格喪失届」とともに所管の職業安定所に提出する。

　　・離職証明書の２枚目と３枚目に退職者の署名と印鑑が必要。

　　・職業安定所での手続きの際、労働者名簿、賃金台帳、出勤簿、退職理由を確認で

きる書類、手続きに行く者（事務担当者）の印鑑を持参する（印鑑は離職票の受領の際に必要）。

・離職票が発行されたら、速やかに退職者に郵送等の手続きをすること。

・ベースアップの差額支給があった場合、その差額分を該当月に加算した賃金額を記入する。（例・4月から1月までのベア差額支給があった場合、差額を月数の10で割り、それぞれの月の賃金額に加算する。ただし、賞与は含めない。）

③ 所得税・住民税関係

a．「給与所得の源泉徴収票」の交付

・退職後1ヶ月以内に、本人に交付することになっている。用紙は税務署で入手するか、国税庁のHPでもダウンロードできる（http://www.nta.go.jp/）。

b．住民税の「特別徴収にかかる給与所得異動届出書」の提出

・退職後すみやかに現に住民税を納付している市区町村に提出する。様式は施設（特別徴収義務者）に配布されているものを使用する。該当する市区町村によってはHP上でダウンロードできる場合もある。

※退職後も、その年度（6月から翌年5月までの12ヶ月）の住民税は支払う義務があるので、その支払い方法について確認する。（6月から12月までは、普通徴収（本人が納付）、一括徴収（5月までの残額を全額徴収）、転職先での特別徴収の方法を選択できるが、1月以降は一括徴収のみとなる。）

④ 独立行政法人　福祉医療機構の退職手当共済制度関係

a．「退職手当金請求書・被共済職員退職届」の作成・提出

・提出先は、法人（施設）の所在地の都道府県社会福祉協議会。

・退職後速やかに届け出ること。

・東京都従事者共済会に加入している場合は源泉徴収票が発行されたのち添付し届け出る。

・施設で必要な事項を記載の上で本人に交付し、本人が退職手当金請求書と退職所得申告書を記入した後、事業所から提出する。

b．「共済契約者間継続異動届」の提出

法人の違う社会福祉施設等に異動する場合には「共済契約者間継続異動届」を作成し、異動後の法人（施設）に送付する。これについては、2つの契約者間の事務手続きとなるが、一般的な方法を述べる。この届出は4枚複写になっており、それぞれ異動前、異動後の契約者（法人・施設）の控、都道府県社協と独立行政法人　福祉医療機構への提出分となっている。異動前の契約者で作成、必要事項を記入したものを異動後の契約者に4枚とも送付する。異動後の契約者がそこでの必要事項を記入し、1枚が控、1枚を異動前施設の控として送り返し、上の2枚を都道府県社協に提出する。

⑤ 都県の社会福祉協議会の退職共済関係

都県により、独自の共済制度がある場合、それぞれ手続きが必要だが、都県により手続きに違いがあるので省略する。

(4) 後任者への引継ぎ、その他

このほかに、後任者への事務引継ぎ、金銭・物品の引継ぎがある。重要な案件については多少煩雑でも引継文書を作成するのがよいと思われる。特に、金銭の引継ぎについては、施設長、出納職員、預り金の管理担当者等、現金・預金を管理する者の「金銭引継書」は３部作成の上、前任・後任・管理者の３人がそれぞれ保管する方法が確実である。また、職員寮のある場合の退寮手続きなど、施設において様々な事務がなされていると思われるが、個別事例になるので省略する。

Ⅳ．パート労働者等の採用について

社会福祉施設においても、措置費の時間短縮経費の算入にともなう業務省力化の一貫として、また、事務・事業量の増大に対応するために、パートタイム労働者を雇用する機会が増えてきている。ここでは、パートタイム労働者の採用に関しての留意事項を列挙した。パートタイム労働者の雇用にあたっては「短時間労働者の雇用管理の改善等に関する法律」（通称パートタイム労働法）、「パートタイム労働指針」の他に「労働契約法」「労働基準法」「有期労働契約の締結、更新及び雇止めに関する基準」を必ず参照の上、雇止め等によるトラブルを防止すること。

(1) パート労働者雇用の際に事業主が行うべきこと

① 採用時の労働条件の明示（文書交付）について

パートタイム労働法が平成 27 年 4 月から改正、施行されている。
パートタイム労働者も含めて労働者を雇い入れる際（労働契約の更新時も含む）には、労働条件を明示することが事業主に義務づけられている。
・契約期間
・有期労働契約を更新する場合の基準
・就業の場所及び業務
・労働時間等
・賃金
・退職に関する事項　について書面の交付により明示しなければならない
パートタイム労働法ではこれらに加えて
・昇給の有無
・退職手当の有無
・賞与の有無
・相談窓口　の４項目を、文書の交付などにより速やかに明示することが義務化された。違反の場合、パートタイム労働者１人につき契約ごとに 10 万円以下の過料(軽い行政罰)が科せられる。

② 採用時までに提出を求める書類

自筆の履歴書（写真貼付）は必需品であるほか、資格を要する職種については資格証明書が必要である。また、<u>前歴証明書は措置費の民間給与等改善費の対象職員に該当する場合には必要</u>となる。

③ 雇用契約書の締結

　一般企業等でもパートタイム労働者は有限の雇用契約を結ぶことが多く、また文書化により労働条件の明示、また更改の際に賃金等の処遇の改善を行う場合の書類にもなるので、双方で有利な書類である。

労働契約法

　契約期間中の解雇等に関するルール（第 17 条）

　・有期労働契約により雇用されるパートタイム労働者を解雇する場合、やむを得ない事由がある場合でなければ、契約期間の途中で解雇することはできない

　・また契約期間について必要以上に短い期間を定めることにより労働契約を反復して更新することのないよう配慮する

　有期労働契約について、3 つのルールができた

　①無期労働契約への転換（第 18 条）

　　有期労働契約が反復更新されて通算 5 年を超えたときは、労働者の申込により期間の定めのない労働契約に転換できるルール

　②「雇止め法理」の法定化（第 19 条）

　　最高裁で確立した「雇止め法理」が法律に規定

　　一定の場合には、使用者による雇止めが認められないこととなるルール

　③不合理な労働条件の禁止（第 20 条）

　　有期契約労働者と無期契約労働者との間で、期間の定めがあることによる不合理に労働条件の相違を設けることを禁止するルール

労働基準法

　契約締結時の明示事項（第 15 条）締結時に明示する義務がある

　・更新の有無の明示

　　（例）自動的に更新する、更新する場合があり得る、更新はしない等

　・判断の基準の明示

　　（例）契約期間満了時の業務量により判断、労働者の勤務成績・態度により判断、労働者の能力により判断、会社の経営状況により判断、従事している業務の進捗状況により判断等

有期労働契約の締結、更新及び雇止めに関する基準

　・雇止めの予告

　　有期労働契約（3 回以上更新し、または雇入れの日から 1 年を超えて継続して勤務している労働者に係る者に限る）を更新しない場合には、少なくとも満了する日の 30 日前までに、その予告をする義務がある

　・雇止めの理由の明示

　　予告後及び雇止め後に労働者が雇止めの理由について証明書を請求した場合は、遅滞なく交付する義務がある

　　明示すべき「雇止めの理由」は契約期間の満了とは別の理由が必要

　・契約期間についての配慮

　　有期労働契約を 1 回以上更新し、かつ 1 年を超えて継続して雇用している契約を更新しようとする場合は、契約の実態及びその労働者の希望に応じて契約期間をできる限り長くするよう努める義務がある

　・契約期間の上限は原則 3 年（一定の場合に上限は 5 年）

満 60 歳以上の労働者との間に締結される労働契約は上限 5 年である

④ 採用時健康診断について

健康診断についても、労働安全衛生法では、「常時使用する労働者を雇入れたとき」には採用時健康診断を実施することが規定されている。

健康診断の対象となるパートタイム労働者の範囲は、「パートタイム労働指針」に示されている。

(2) 社会保険等の適用について

① 社会保険（健康保険・厚生年金保険）

正規職員の勤務時間又は勤務日数のおおむね 4 分の 3 以上の勤務時間があれば、パートタイム労働者でも被保険者とすることになっている。また、期限付きの雇用でも、適用除外になるのは 2 ヶ月以内の期限付きで雇用される者、および日々雇入れられる者（健康保険法第 13 条の 2）となっている。従って、パートタイム労働者で期限付雇用の形式をとっているからという理由では、該当しないとはいえない。

採用時点では、雇用の見込み（実質的に短期の雇用なのか、長期になるのか）、勤務時間、勤務日数により判断することになる。

尚、従業員 501 人以上の企業（法人単位）では平成 28 年 10 月 1 日より 75 歳未満で①週 20 時間以上の雇用契約があり、② 1 ヶ月あたりの賃金は 88,000 円（残業代、通勤手当除く）以上で③雇用期間が 1 年以上あれば社会保険に加入できる可能性がある。大きな法人に所属している場合は適用事業所となる場合もあるので注意が必要である。

2022 年 10 月から　101 人以上の事業所

2024 年 10 月から　51 人以上の事業所

② 労働保険（雇用保険・労災保険）

雇用保険は、1 週間の所定労働時間が 20 時間以上の者で、31 日以上雇用される見込みがあれば被保険者となる。なお、65 歳以上の労働者は平成 29 年 1 月 1 日以降「高年齢被保険者」として適用の対象となった。1 月 1 日以降に新たに雇用した場合及び 28 年 12 月末までに雇用し 29 年 1 月 1 日以降も継続雇用している場合は「雇用保険被保険者資格取得届」を提出する必要がある。尚、労災保険は全ての労働者が対象となる。

③ 退職共済制度

国の制度（独立行政法人　福祉医療機構の退職共済）では、雇用期間の定めのないいわゆる正規職員のほかに、雇用期間の定めのある職員でも正規職員の 3 分の 2 以上の所定労働時間があって 1 年以上の雇用期間の場合は採用日から、1 年未満の雇用契約が更新された場合は 1 年を経過した日から加入することになる。

第2章　社会保険・労働保険について

　この章では、社会保険（健康保険、厚生年金保険）、労働保険（雇用保険、労災保険）について、制度の概要、事務手続き、および事務上の留意点などを中心に説明する。
　なお、事業所の適用関係手続、厚生年金の給付、その他特殊な例などについては省略したので、該当と思われる場合は所管の年金事務所に確認するか、市販されている解説書等を参照されたい。

Ⅰ．健康保険・厚生年金保険

1．健康保険・厚生年金保険制度の概要

①　健康保険

　ａ．制度の目的………本人（被保険者）やその家族（被扶養者）が、日常生活を営む上で生じた病気やケガに対して治療費を負担したり、働くことが出来なくなった場合に生活を保障したり、出産や死亡にともなう経費的負担を軽減することを目的としている。

　ｂ．運　営……………管理・監督（管掌という）は、全国健康保険協会（以下「協会けんぽ」）が運営、組合健康保険はそれぞれの健康保険組合が行っている。民間社会福祉施設が加入している協会管掌保険は、保険給付は各都道府県に支部がある協会けんぽが担当し、保険料の徴収は各都道府県にある日本年金機構が担当している。

　ｃ．財　源……………本人と本人を雇用する事業主、ならびに国庫が負担する。

　ｄ．保険給付内容……後述『（4）健康保険の給付について』　を参照。

②　厚生年金保険

　ａ．制度の目的………労働者の老齢、障害、死亡について保険給付を行い、労働者とその遺族の生活の安定と福祉の向上に寄与する。

　ｂ．運　営……………日本年金機構が運営し、実際の事務は各都道府県にある年金事務所が行っている。

　ｃ．財　源……………本人と、本人を雇用する事業主が負担する保険料を、国庫負担金、積立金の運用収入等によって賄われる。

　ｄ．保険給付…………年金の給付は、老齢年金、障害年金、遺族年金になっている。

　昭和 61 年4月から実施された年金制度改革により、国民年金から支給される基礎年金と厚生年金から支給される年金の、いわゆる二階層年金（老齢・障害・遺族とも）となった。さらに、厚生年金独自の年金（障害と遺族）、および 60 歳から 65 歳になるまでの間支給される「特別支給の老齢厚生年金」があり、別に障害手当金等がある。
　平成7年4月からは、育児休業中の本人分保険料が免除になり、平成 10 年4月からは、失業給付を受けている間は老齢年金の支給が停止され、平成 15 年4月からは、保険料率が総報酬制となった。
　なお、旧法（昭和 61 年以前）の制度による受給権者には、旧制度のままの支給が続けられるほか、新法による制度への移行にともなう経過措置もある。このように新旧制度の並存に、経過措置が加わってかなり複雑になっている。

※ 厚生年金保険等の被用者保険の被保険者は、年齢に関わらず同時に国民年金の2号被保険者になる。満20歳以上60歳未満の者で2号被保険者でない場合は、独自に国民年金に加入することになるが、被用者保険の被扶養者である配偶者は3号被保険者に、その他の者は1号被保険者となる。3号被保険者については保険料を納入する必要はないが、市（区）町村役所（に事業所を経由して届け出る必要がある。

2．健康保険・厚生年金保険の主な事務手続と届出様式

◎就職したとき、他の事業所から転入したときなど	
・健康保険・厚生年金保険に加入するとき	被保険者資格取得届
・被保険者に被扶養者がいる場合	被扶養者（異動）届
◎退職するとき（他の事業所へ転出するとき、在職中に死亡したとき）	
・退職するとき（死亡、転出含む）	被保険者資格喪失届
◎扶養親族関係（健康保険）	
・被扶養者に変更があった場合	被扶養者（異動）届
◎報酬の届出、賞与を支払ったとき	
・昇給（降給）やベースアップで標準報酬月額が3ヶ月平均で2等級以上の差が生じたとき	被保険者報酬月額変更届
・7月1日現在（4〜6月分）での定時算定	被保険者報酬月額算定基礎届
・賞与等（期末手当）を支払ったとき（越年手当・繁忙手当・年末一時金など一時的に支給されるものも賞与に該当する）	被保険者賞与支払届
◎病気やケガで働けないとき	
・給料が支給されないとき	傷病手当金支給申請書
・治療費が高額のとき	高額療養費支給申請書
・やむを得ない事情などで、自費で医療機関にかかったとき ・医師の指示によりコルセット等を購入したとき、接骨医で治療を受けたとき	療養費支給申請書
・出産したとき（本人、配偶者）	出産育児一時金申請書
・被保険者自身が出産のために仕事を休み、事業所から給料が受けられないとき	出産手当金支給申請書
・患者を他の病院に移送したとき	移送費支給請求書
・第三者の行為による傷病（交通事故、外）により保険給付を受けるとき	第三者行為による傷病届
・死亡したとき（本人・家族）	埋葬料（費）支給申請書
◎厚生年金保険の請求関係	
・老齢年金受給の年齢に達したとき	老齢年金裁定請求書
・死亡したときで、遺族がいるとき	遺族年金裁定請求書
・病気やケガで身体が不自由になったとき	障害年金裁定請求書

◎その他の諸手続	
・厚生年金被保険者が70歳になったとき	厚生年金保険被保険者資格喪失届
・産前産後休業期間中で保険料の免除を受けるとき	産前産後休業取得者申出書
・育児休業期間中で保険料の免除を受けるとき	育児休業等取得者申出書
・育児休業が申出の終了の日より前に終了したとき	育児休業等取得者終了届
・被保険者証をなくしたとき	健康保険被保険者証再交付申請書
・年金手帳（または基礎年金番号通知書）を紛失・毀損したとき	基礎年金番号通知書再交付申請書
・事業主の氏名を変更するとき	事業主関係事項変更届

［注］健康保険・厚生年金保険の書式には、東京都用と他県用で様式の異なるものがある。届出様式については、年金事務所で配布されているほか、日本法令の法令様式取扱店においても販売されている。また、主な様式は日本年金機構のＨＰでダウンロードできる（http://www.nenkin.go.jp/）。

3．健康保険等の諸手続き等について

① 被保険者の範囲と資格取得日

試用期間中も含めて適用となるので、資格取得日は原則として採用日となる。

尚、年齢到達（誕生日の前日がある月）による手続は以下の通りである。

40歳　介護保険の徴収開始。事業所の手続は不要である。

65歳　介護保険の徴収終了。事業所の手続は不要である。

70歳　厚生年金保険の資格を喪失するため、以後は給与から控除しない。

「厚生年金保険被保険者資格喪失届」を提出する。

但し、70歳到達後も継続勤務して以下の全てに該当する場合

「70歳以上被用者該当・不該当届」も提出する。

①現時点で70歳に達している人

②勤務日数及び時間が一般の被保険者の概ね4分の3以上

③過去に厚生年金保険の被保険者期間がある

70歳到達時の標準報酬月額が従前と同じ場合は提出不要

75歳　後期高齢者医療制度に加入するため、健康保険の資格を喪失する。

以後は給与から控除しない。

「健康保険被保険者資格喪失届」を提出する。

尚、健康保険証と健康保険高齢受給者証を添付する。

② 標準報酬月額について

健康保険・厚生年金保険では、保険料と保険給付額の計算等で報酬月額の範囲を等級に区分された標準報酬月額（健康保険は50等級、厚生年金保険は31等級）を使用する。

a．資格取得時の決定

b．定時決定

標準報酬月額は、実際の報酬にあわせて毎年1回決定し直される。7月1日現在の事業所にて被保険者全員の4〜6月の報酬月額（支給回数が年3回までの賞与

等は含まない）をもとに「被保険者報酬月額算定基礎届」を提出する。決定し直された標準報酬月額は9月から翌年8月までの毎月に適用される。

c．随時改定

報酬が基本給の変動などで大幅に変わったときは定時決定を待たずに改定する。これを随時改定といい、以下の3つの条件を満たす場合に行う。

①昇給（降給）により固定的賃金に変動があった。

②変動月から3ヶ月間支給された報酬の平均月額にあてはまる標準報酬月額とそれまでの標準報酬月額との間に2等級以上の差が生じた。

③3ヶ月とも支払基礎日数（給与の支給対象となった日数）が17日以上である。

③　扶養親族の認定について

健康保険の扶養親族の認定基準は生計維持関係（被保険者本人の収入により暮らしが成り立つか）を重視する基準になっている。

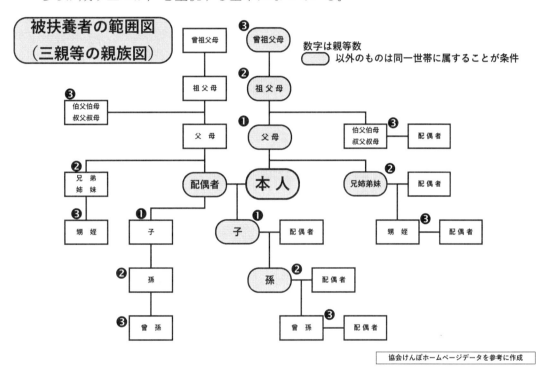

協会けんぽホームページデータを参考に作成

a．生計維持関係（同居していなくても可）…図の緑枠
　・本人の直系尊属（父母、祖父母、曾祖父母）
　・配偶者（事実上の婚姻関係（内縁関係）にあれば可）、子、孫、弟妹、兄姉

b．生計維持＋同居して家計を共にしている
　・本人の三親等以内の親族
　・事実上の婚姻関係のある者（内縁関係にある配偶者）の父母と子
　　配偶者の死亡後も同居し生計維持関係が実際に続いていれば認められる。

c．本人と同一世帯に属している場合
　　年収130万円未満かつ被保険者の年収の2分の1未満であること

d．同一世帯に属していない場合
　　年収130万円未満かつ本人の援助額より少ないこと、が基準である。

以上のどの関係にも属さない場合、実際に扶養していても健康保険では扶養家族として認められない。

なお、60歳以上の者および障害年金の受給者等は、年収額130万円未満が180万円未満になる。詳細については年金事務所で確認すること。

扶養の認定条件は様々な要件があるので確認すること

④ **保険料の控除について**

本人が負担する保険料は、労働基準法第24条による協定を結ばなくても、所得税等と同じく給与（賃金）から控除できる。

なお、控除できるのは前月分の保険料となっている（健康保険法第167条、厚生年金法第84条）。従って、4月1日資格取得の者の保険料徴収（給与からの控除）は5月分給与（賃金）からとなる。

また、退職日が末日の場合は、その月の給与から2ヶ月分の保険料を徴収することになる（急な退職の場合、超過勤務手当などの翌月払い賃金で精算することも有り得るが、足りない場合がでるので要注意）。

退職による資格喪失日は退職日の翌日となる。例えば、3月31日に退職した場合、資格喪失日は4月1日となり3月分の保険料が必要となる。一方、3月31日に退職した者の資格喪失日を、誤って3月31日と届けた場合、3月分の保険料はかからないが、厚生年金の被保険者期間の計算月にならない等、本人の不利益になるので注意する必要がある。

⑤ **育児休業期間**

育児休業期間中も保険資格は継続する。なお、休業期間中の保険料は育児・介護休業法に基づく満3歳未満の子を養育する場合、本人及び事業主の両方の保険料が免除される。

注意としては①育児休業期間中に　②事業主が「育児休業等取得者申出書」を提出することが必要。

免除期間は将来年金額を計算する際には、保険料を納めた期間として扱われる。

また、育児休業の終了日に3歳未満の子を養育していて報酬が下がった場合など、終了後の3ヶ月間の報酬額を基に、4ヶ月目から次の改定まで月額が改定される。

注意としては以下の点がある。

①これまでと改定後の月額に1等級以上の差が生じること

②終了後3ヶ月の間に17日以上の勤務があること

③本人が事業主を経由して「育児休業等終了時報酬月額変更届」を提出する

また、厚生年金保険で3歳未満の子の養育期間中の標準報酬月額が養育開始月の前月の月額を下回る場合、改定前の月額とみなす特例措置がある。

注意としては　本人が事業主を経由して「養育期間標準報酬月額特例申出書」を提出すること。

この申し出により月額保険料が下がっても、将来年金額は改定前の保険料に基づいて支給される。

⑥ 産前産後休業期間

産前 42 日産後 56 日のうち、妊娠または出産を理由とした休業期間中の保険料は、本人及び事業主の両方の保険料が免除される。

注意としては①産前産後休業期間中に　②事業主が「産前産後休業取得者申出書」を提出することが必要。

免除期間は、保険料を納めた期間として扱われる。

また、産前産後休業の終了後に報酬が下がった場合など、終了後の 3 ヶ月間の報酬額をもとに、4 ヶ月目から月額が改定される。

注意としては以下の点がある。

①これまでと改定後の月額に 1 等級以上の差が生じること

②終了後 3 ヶ月の間に 17 日以上の勤務があること

③本人が事業主を経由して「産前産後休業等終了時報酬月額変更届」を提出する

4．健康保険の給付について

健康保険では、医療機関に保険証を提示して医療の給付を受け、自己負担金を除いた費用は医療機関が保険者に請求するが、本人（またはその家族、代理人）が、年金事務所に直接請求するものもある。それらについて概説する。

① 高額療養費

同一月（1 日から月末まで）に支払った医療費の自己負担額が高額になった場合に、一定の金額の超過分（入院・通院、医科・歯科は別々に計算）が後で払い戻されるが、診療月から 3 ヶ月以上かかるため、70 歳未満で入院等により医療費が高額になることが事前にわかっている場合には、「限度額適用認定証」を提示する方が便利である。認定証を病院の窓口で提示すれば、医療費の請求額が自己負担限度額までとなる。

② 療養費

事故で緊急に受診した医療機関が保険医療機関でなかった場合、保険証をもたず自費で保険医療機関の療養を受けた場合などは、医療費の全額を一時立て替え払いし、あとで請求して療養費払いが受けることができる。

本人や家族が保険医療機関で保険診療を受けた場合を基準に計算した額（実際に支払った額が保険診療基準の額より少ないときは、実際に支払った額）から一部負担金相当額、健康保険で認められない費用などが除外されて払い戻される。

治療に必要な装具（健康保険の定める範囲のもの）で医師が必要と認めるもの、輸血用の血液（生血）なども、療養費として支給される。

接骨医についても、この療養費払いとなるが、接骨医が本人等の委任を受けて直接請求している場合もあるようである。海外での療養についても、療養費払いの支給対象になる（外国語の書類の場合、翻訳する必要がある。）

③ 傷病手当金

本人が病気やけがで休み、給与（賃金）が支払われないときは傷病手当金が支給される。

・業務外の傷病であること（業務上の場合は労災の休業補償）

・仕事に就くことができないこと

・連続する3日間を含み4日以上仕事に就けなかったこと

・休業した期間について給与の支払いがないこと

上記の要件を全て満たす場合に支給される。

標準報酬日額（標準報酬月額の30分の1相当額）の3分の2×休んだ日数

但し、3日間の待機期間は支給されない。

また、給与の支払いがあっても傷病手当金の額より少ない場合は、その差額が支給される。

支給期間は、令和4年1月1日より支給が開始された日から通算1年6ヶ月に変更となった。（支給開始日が令和2年7月1日以前の場合は、支給が開始された日から最長1年6ヶ月）

④ 出産育児一時金

本人またはその被扶養者が妊娠4ヶ月（85日）以上の出産をした場合、一児につき50万円（産科医療補償制度の対象外となる出産の場合、48.8万円）の支給額となる（金額は令和5年4月1日以降の出産の場合）。

⑤ 出産手当金

本人が出産のため仕事を休み、給与（賃金）が支給されない場合に支給される。

支給額は標準報酬日額の3分の2×休んだ日数で、期間は出産（予定）日の以前42日（多胎妊娠は98日）、出産日の翌日以後56日となっている。出産日は産前期間に含まれる。また、出産が予定日より遅れた場合、遅れた期間についても支給対象となる。

⑥ 移送費

治療のため入院・転院などが必要な場合、患者自身が重症で歩行が困難な場合など、定められた支給要件に該当する場合に移送費（家族移送費）が支給される。

⑦ 埋葬料（費）

業務外の原因で死亡した場合に埋葬の費用が支給される。本人により生計を維持していた者が被保険者の埋葬を行う場合には埋葬料が、前記以外の者により本人の埋葬を行った場合には実際に埋葬を行った者に対し埋葬費が、本人が死亡した時には家族埋葬料が、5万円（埋葬費は5万円の範囲内）それぞれ支給される。

他には⑧療養の給付（保険医療機関で受ける診察や保険薬局での薬剤の支給）

⑨入院時食事療養費（入院時の食事サービスの向上を図ると共に自己負担額を設定）

⑩入院時生活療養費（療養病床に入院する65歳以上の患者）

⑪保険外併用療養費（高度の先進医療を含む療養や個室等の特別な医療サービス）

⑫訪問看護療養費（寝たきり、障害、難病等で在宅療養の患者が、訪問看護ステーションより訪問看護サービスを受けられる）

⑬高額介護合算療養費（介護（予防）サービス利用者負担額も支給対象となる）がある。

5．健康保険で退職後も権利が消滅しないものなどについて

健康保険では、退職後もすぐには権利が消滅せず継続できるものや、退職後一定期間なら支給を受けられるものがある。

被保険者期間が1年以上継続している職員の場合

・傷病手当金

・出産手当金

　　退職時に受けている　または　受ける条件を満たしている→期間満了まで可能

・出産育児一時金

　　退職後6ヶ月以内に出産をした→可能

・埋葬料（費）・・・1年以上継続していなくても可能

　　退職後3ヶ月以内

　　傷病手当金や出産手当金を受けている期間中

　　傷病手当金や出産手当金を受けなくなってから3ヶ月以内　の死亡は可能

⑤　健康保険任意継続制度他

「健康保険任意継続制度」

　　・退職日までに継続して2ヶ月以上の被保険者期間がある

　　・退職日翌日から20日以内に「任意継続被保険者資格取得申出書」を提出する

　　上記の要件を満たせば、退職後も個人の希望（意思）により個人で継続して加入することができる。

　　継続期間は最長2年間で、保険料は事業主負担分に相当する額も本人が負担することとなる。資格喪失時の標準報酬月額（上限28万円）に被保険料率を掛けた額が1ヶ月の保険料となる。尚、保険料は原則2年間変わらない。

　　保険給付は原則として在職中と同様に受けることができる（但し傷病手当金、出産手当金はこのページ上部の条件を満たしている場合のみ）

　　但し、退職者には国民健康保険に加入した場合と任意継続制度を利用した場合を比較して有利な方に加入するよう説明をしたほうがよい（任意継続は割高になる場合もあるため）

「退職者医療制度」

　　国民健康保険の制度で、以下の全て満たしていれば対象となる。

　　ａ．国民健康保険に加入している65歳未満であること

　　ｂ．厚生年金や各種共済年金などの年金を受けており、加入期間が20年以上、もしくは40歳以降に10年以上あること

　　尚、平成27年3月にこの制度は廃止されたが、経過措置として平成27年3月31日までにこの制度に該当している方は65歳になるまでは、退職者医療制度の資格が継続する。

退職後の問い合わせ先

健康保険・厚生年金	最後に勤務していた事業所を管轄する年金事務所
国民年金	最後に勤務していた事業所を管轄する年金事務所 または、居住している市（区）役所、町・村役場
国民健康保険	居住している市（区）役所、町・村役場

Ⅱ．雇用保険

1．雇用保険制度の概要

　　a．制度の目的………労働者が失業した場合及び労働者について雇用の継続が困難
　　　となる事由が生じた場合に必要な保険給付を行うほか、自ら職業に関する教育訓
　　　練を受けた場合に必要な給付を行うことにより、労働者の生活及び雇用の安定を
　　　図るとともに、求職活動を容易にする等、その就職を促進し、併せて労働者の雇
　　　用の安定に資するため、失業の予防、雇用状態の是正及び雇用機会の増大、労働
　　　者の能力の開発及び向上、その他労働者の福祉の増進を図ること。

　　b．運営………………政府が管掌し、実際の事務は公共職業安定所が行う。

　　c．費用の負担………事業主と労働者の両方で負担する。保険料の納付は労災保険
　　　料と合わせて、労働保険料として納付する。

　　d．給付内容

　　　失業等給付…………失業等給付は、以下の4つに分けられる。

　　　・求職者給付……失業者が求職活動をする間の生活の安定、求職に要する経費、
　　　　求職活動を奨励するために支給されるもの。

　　　　一般被保険者には基本手当、技能習得手当、寄宿手当、傷病手当がある。

　　　　65歳以上の被保険者は、一般と異なり高年齢求職者給付金の支給となる。

　　　・就職促進給付…就業促進手当、移転費、求職活動支援費

　　　・雇用継続給付…高年齢雇用継続給付、育児休業給付、介護休業給付

　　　・教育訓練給付…教育訓練給付金

　　　育児休業給付

２．雇用保険関係の主な事務手続きと届出様式

◎職員の採用など	
・職員を採用したとき	雇用保険被保険者資格取得届
・同一法人内の他の事業所から異動の場合	雇用保険被保険者転勤届
◎職員の退職など	
・退職したとき	雇用保険被保険者資格喪失届 （資格取得時等に確認通知書と一連で渡される用紙に必要事項記載）
・退職職員が退職後に雇用保険の失業給付を受ける希望があるとき	雇用保険被保険者離職証明書
・同一法人内の他の事業所への異動の場合	雇用保険被保険者転勤届
◎高年齢者雇用継続給付関係の手続き	
・高年齢雇用継続給付を受けるとき	高年齢雇用継続給付支給申請書（初回） 高年齢雇用継続給付受給資格確認票 雇用保険被保険者60歳到達時等賃金証明書
◎育児休業関係の手続き	
・被保険者が育児休業を開始したとき	雇用保険被保険者休業開始時賃金証明書 育児休業給付受給資格確認票
・育児休業給付を請求するとき	育児休業給付金支給申請書
◎外国籍の職員	
採用・退職時	外国人雇用状況届出書
◎その他	
・事業所の名称、所在地などの変更	雇用保険事業主・事業所各種変更届

（注）様式については、公共職業安定所にて配布されているほか、日本法令の法令様式
取扱店でも販売している。なお、資格取得時の手続き等に渡される通知書には、
資格喪失届などに使用する用紙が雇用保険被保険者証と一連でついているが、そ
れには個人のデータがプリントされているので、被保険者証とともに紛失しない
よう特に留意する。現行の様式に変わる前の旧様式が残っているので、紛失しな
いよう特に注意する。（緑色印刷のＢ７版カード）。

３．雇用保険事務手続き上の留意点

① 被保険者の範囲（一般被保険者）

適用事業所（農林、水産、畜産、養蚕業で、労働者が５人未満の個人事業以
外）で働く労働者のうち、週の所定労働時間が20時間以上であることと
31日以上の継続雇用が見込まれる者全てである。

短時間就労者も、１週間の所定労働時間が20時間以上で31日以上の雇用の
見込みがあれば被保険者とされる。

※「31日以上の雇用の見込み」とは・・・

① 期間の定めがなく雇用される場合

② 雇用期間が31日以上である場合

③ 雇用期間が 31 日未満であっても、雇用契約に更新する場合がある旨の規定があり 31 日未満での雇止めの明示がないとき

④ 雇用契約に更新規定はないが同様の雇用契約により雇用された労働者が 31 日以上雇用された実績があるとき

② 賃金について

健康保険等が報酬といっているのに対し、労働保険では「賃金」という言葉を使っている。これは「賃金、給料、手当、賞与その他名称のいかんを問わず」事業主が労働者に、労働の対価として支払ったものとなっている。労働保険料の保険算出や、雇用保険料徴収の際に必要な基準である。

③ 基本手当について

a．離職と失業給付（求職者給付）について

①求職の申込を行い、就職しようとする積極的な意思があり、就職できる能力があるにも関わらず、職業に就くことができない状態

②原則離職の前 2 年間に、被保険者期間が 12 ヶ月以上あること　の要件を満たす場合に支給される。なお、この 1 年間は、出産、傷病（業務上、業務外とも）等の理由により 30 日以上賃金の支払がなかった期間については延長できるという特例があるので、該当の際は確認すること。

支給額

　基本手当日額×給付日数

　「基本手当日額」は原則として離職日の直前の 6 か月に毎月きまって支払われた賃金（賞与等は除く）の合計を 180 で割った金額（これを「賃金日額」といいます。）のおよそ 50〜80％（60 歳〜64 歳については 45〜80％）となっており、賃金の低い方ほど高い率となっている。

　基本手当は正当な理由のない自己都合退職については、1 ヶ月以上 3 ヶ月以内の間は支給されない。従って、3 月 31 日に特別な理由がなく自己都合退職をした場合、基本手当の給付は、原則として 3 ヶ月後の 7 月 1 日からになる。

失業給付については、公共職業安定所で資格喪失手続時に離職票と一緒に渡されるパンフレットに詳しく記載されているので、受給希望者本人が必ず熟読するように伝えること。

b．高齢者の給付等について

65 歳以上の者については、平成 29 年 1 月 1 日以降「高年齢被保険者」として適用の対象となった。1 月 1 日以降に新たに雇用した場合及び 28 年 12 月末までに雇用し 29 年 1 月 1 日以降も継続雇用している場合は「雇用保険被保険者資格取得届」を提出する必要がある。また、保険料の徴収は平成 31 年度までは免除となる。また、65 歳以上の高年齢被保険者が離職した場合は、受給する要件を満たすごとに高年齢求職者給付金が支給される（年金と併給可）。

④ 雇用継続給付について

ａ．高年齢雇用継続給付

高年齢雇用継続給付には高年齢雇用継続基本給付金と、再就職して被保険者になったときに支給される高年齢再就職給付金がある。

雇用保険の被保険者であった期間が5年以上ある60歳以上65歳未満の一般被保険者が、原則として60歳以降の賃金が60歳時点に比べて、75%未満に低下した状態で働き続ける場合に支給される。

ｂ．育児休業給付金

1歳又は1歳2ヶ月（支給対象期間の延長に該当する場合には1歳6ヶ月）未満の子を養育するために育児休業を取得した場合に、休業開始前の2年間に11日以上働いた月が12ヶ月以上あれば、支給の対象となるがその上で

①期間中の1ヶ月ごとに休業開始前の1ヶ月あたりの賃金の8割以上が支払われていないこと

②就業日数が1ヶ月ごとの期間に10日以下であること（10日超の場合は就業時間が80時間以下）　の要件を満たす場合に支給される。

支給額

原則として休業開始時賃金日額×支給日数×67%相当額

（育児休業開始から6ヶ月経過後は50%）となっている。賃金日額は基本手当日額と同様に計算される。また、対象者は平成29年1月1日以降一般被保険者だけでなく高年齢被保険者も含まれる。

※父母共に育休を取得する「パパママ育休プラス制度」を利用する場合には、対象となる子の年齢は原則1歳2ヶ月だが、育休を取得できる期間は1年間である（女性の場合は出産日後の産後休業期間も含む）。

※また、保育所による保育を希望し申込を行っているが当面行われないなどの理由により1歳以降も育休を取得する場合は、1歳6ヶ月になる前日までの期間が支給対象となる。

ｃ．介護休業給付金

家族を介護するために介護休業を取得した場合に、休業開始前2年間に11日以上働いた月が12ヶ月以上あれば支給の対象となるがその上で

①期間中の1ヶ月ごとに休業開始前の1ヶ月あたりの賃金の8割以上が支払われていないこと

②就業日数が1ヶ月ごとの期間に10日以下であること　の要件を満たす場合に支給される。

支給額

原則として休業開始時賃金日額×支給日数×67%

賃金日額は基本手当日額と同様に計算される。また、対象者は平成29年1月1日以降一般被保険者だけでなく高年齢被保険者も含まれる。

平成29年1月1日以降は支給対象と同じ家族について93日を限度に3回までに限り支給が行われる。

Ⅲ．労災保険（事業所の全ての人が対象です。）

1．労災保険の概要

ａ．制度の目的……労働者の業務上の災害、又は通勤途上の災害によって病気やケガをしたり、障害が残ったり、死亡したときに、事業主に変わって種々の保険給付を行う制度である。

ｂ．運営……………政府が管掌しており、実際の事務は労働基準監督署が行う。

ｃ．費用負担………事業主が全額負担する保険料と、特別保険料、国庫負担金で賄われる。労働者本人の負担はない。

ｄ．保険給付………保険給付の内容は、下記のとおりとなっている。尚（）は、業務災害に対する給付である。

　　　○負傷・疾病
　　　・療養（補償）給付……原則は現物給付だが、やむを得ない場合は現金給付も受けられる
　　　・休業（補償）給付……休業４日目から１日について給付基礎日額の60%相当額を支給
　　　・傷病（補償）年金……療養開始後１年６ヶ月で治癒せず傷病等級に該当するとき等級に応じ日額の313日〜245日分を支給
　　　・介護（補償）給付……障害（補償）年金又は傷病（補償）年金の受給者で介護を要する場合支給

　　　○障害　　　・障害補償給付（障害給付）……年金と一時金がある
　　　○死亡　　　・遺族補償給付（遺族給付）……年金と一時金がある
　　　　　　　　　・葬祭料（葬祭給付）

　　　○異常の所見有り
　　　・二次健康診断等給付…二次健康診断給付と特定保健指導がある

※これらのほかに、労働者災害補償特別支給金制度による特別支給金がある。

２．労災保険関係の主な事務手続きと届出様式

◎傷病にかかったとき	療養（補償）給付

・労災指定病院等にて無料で治療を受けたとき（現物給付）
　　業務災害　　　療養補償給付たる療養の給付請求書
　　通勤災害　　　療養給付たる療養の給付請求書
・労災指定病院等でない医療機関にて有料で治療を受けたとき（現金給付）
　　業務災害　　　療養補償給付たる療養の費用請求書
　　通勤災害　　　療養給付たる療養の費用請求書

◎傷病のため４日以上休業し賃金を受けなかったとき	休業（補償）給付

　　業務災害　　　休業補償給付支給請求書
　　通勤災害　　　休業給付支給請求書

◎療養開始後１年６ヶ月で治癒せず傷病等級に該当するとき	傷病（補償）年金

　　業務・通勤　　傷病の状態等に関する届

◎障害（補償）年金又は傷病（補償）年金の受給者で要介護	介護（補償）給付

　　業務・通勤　　介護補償給付・介護給付支給申請書

◎傷病は治癒したが障害等級に定める身体障害が残ったとき	障害（補償）給付

　　業務災害　　　障害補償給付支給請求書
　　通勤災害　　　障害給付支給請求書

◎疾病がもとで死亡したとき	遺族（補償）給付／葬祭料

　　業務災害　　　遺族補償年金支給請求書

　　　　　　　　　遺族補償一時金支給請求書（受け取る遺族が全くいない時）

　　　　　　　　　葬祭料請求書

　　通勤災害　　　遺族年金支給請求書

　　　　　　　　　遺族一時金支給請求書　　（受け取る遺族が全くいない時）

　　　　　　　　　葬祭給付請求書

◎定期健康診断の結果、脳・心臓疾患に関連する一定の項目の全てについて異常の所見があると認められるとき	二次健康診断等給付請求書

（注）各特別支給金については、当該給付金請求書と同一の用紙で支給申請する。

　　　労災保険の手続きについては、主なもののみ記載。

　　　労災保険については、労働者一人一人の資格取得・喪失の届出はない。

　　　様式は、日本法令の法令様式取扱店で販売しているが、厚生労働省のＨＰからもダウンロードできる

　　（http://www.mhlw.go.jp/bunya/roudoukijun/rousaihoken06）。

3．労働災害の認定条件

① 業務災害

就業中であるか、休憩中であるか、出張中あるいは外回りの時に、労働者が従事している業務やその業務に付随する行為が原因で事故が発生し、その事故によって傷病等になった場合に該当する（業務起因性）。認定にあたっては、労働契約に基づいて管理下・支配下にあったかどうかが問われる（業務遂行性）。

② 通勤災害

労働者が就業に関し、住居と就業の場所の間を合理的な経路および方法により往復することに起因する災害が該当する。認定条件としては、災害にあった場所が通勤届などで確認できる正規の通勤経路上であるか、また、通勤の経路を逸脱や中断していないか、逸脱や中断が日常生活上やむを得ない最小限の行動かどうか、住居が就業のための拠点地であるか、という住居と就業の場所との往復が業務性をもっていないことが重要な点になる。

※合理的な経路及び方法について

一般的には、定期券、通勤届等で確認されるほか、上記以外であっても当日の交通事情によりやむを得ず迂回する経路や、自動車通勤者がガソリン補給のため立ち寄る経路などは合理的経路に該当するが、特別の事情がなく著しく遠回りとなる経路などは合理的経路とは認められない。

※逸脱や中断が日常生活上やむを得ない最低限の行動の範囲

本人またはその家族が日常生活の用に充てる日用品の購入、通院、通学、クリーニング店への立ち寄り、理髪店・美容院へ行く場合、税金・光熱水費等の支払いのため銀行に行く場合、戸籍謄本を市役所へ取りに行く場合などについては、その逸脱や中断の時間を除き、その後は通勤とみなされる。

4．その他の留意点

① 労災指定でない医療機関で治療を受けた場合

一旦自分で治療費を支払って、「療養の費用請求書」を所轄の労働基準監督署に提出し、費用の支給を受ける。

② 健康保険からの変更

はじめに健康保険でかかった場合は、窓口で労災保険である旨を告げ「療養の給付請求書」を提出すれば、現金精算なしに変更してもらえることも多いようである（ただし、遅くならないこと）。

③ 労働基準法の災害補償との関係

労災の休業補償は4日目からなので、1〜3日の間は労働基準法上の災害補償を事業主が行う必要がある。ただし、その3日間について通常どおり給与を支給していれば特に問題にはならない。したがって、月給制の場合は欠勤分を日割り計算しなければ問題にならないが、パート労働者等、賃金を日額または時間で計算し支給している場合は、その3日分について休業補償をする必要性が生じる。なお、通勤災害については、事業主が労働基準法上の災害補償を行う義務はない。

④ 第三者行為災害について

災害が交通事故のように第三者の介在によって引き起こされた場合、被災者は、労災保険の受給権と、加害者である第三者に対しての損害賠償請求権を有することになり、二重補償が生じる。このような場合、労災保険と損害賠償の間で調整が行われることになっている。

a．労災保険から先に給付が行われた時は、国は直接加害者に対して損害賠償を請求する。

b．第三者から先に損害賠償が行われた時は、国は損害賠償の金額を労災保険の給付から引いて支給する。

c．自賠責保険との関係では、原則として自賠責保険からの支給を優先し、補えない部分について労災から支給される。

※災害が起きた場合には、速やかに「第三者行為災害届」を事故証明書、示談書（示談をしているとき）、念書（損害賠償を受けないうちに保険請求をする場合）を添付し、所轄労働基準監督署へ提出すること。また、加害者と示談を行うには、あらかじめ所轄の労働基準監督署と相談の上で行うこと。

第3章　労働法令の実務

Ⅰ．労働基準法と関係手続

　この節では、労働基準法についてその概要を述べ、あわせて、関係する諸手続きの中で事務上重要と思われるものを解説する。

1．労働基準法の概要

　　労働基準法は、戦後間もない昭和22年に制定された法律であるが、社会情勢、労働を取り巻く環境を背景に改正が繰り返されてきた。

　　労働基準法では、労使の協定における労働者の代表を「労働者の過半数で組織する労働組合がある場合においてはその労働組合、労働者の過半数で組織する労働組合がない場合においては労働者の過半数を代表するもの」と規定している。労働者の過半数で組織される労働組合がある場合はその組合との協定になる。過半数で構成される労働組合がない場合は、職員会議で代表者を互選する等、各施設ですでに行われていることと思われる。選出方法としては「挙手による互選」、「投票による互選」等が考えられる。選考方法についても通達が出ている。

①　就業規則

　　　就業規則はパートタイム労働者を含めて常時10人以上の労働者を使用する使用者は作成および変更の都度、事務所の所在する地域を管轄する労働基準監督署に届出なければならない。なお、就業規則に関連する給与、育児・介護休業など別規程として定めた規程も、就業規則本体には含まれなくても就業規則の一部とみなされるので届出が必要となる。

　　　届出には「過半数組合または労働者の過半数代表者の意見書（代表者の署名又は記名押印が必要＜施行規則第49条＞）」を添付することとなっている。これは「意見書」なので、必ずしも「同意」は必要とされない。この届出様式、意見書の様式とも特に定められていないので任意の様式で差し支えない。なお、変更の場合は改正前後の対比表をつけてもらうとよいという監督署の要望がある（義務ではない）。また、給与に関する規定でベースアップにともなう給与表の改訂、それに準ずるような諸手当の改訂については、別表に金額を明示している場合その都度届け出る必要はない。

　　　就業規則には、必ず記載しなければならない事項（1～3）と、事業所で定めをする場合に記載しなければならない事項（4～11）がある。
1　始業及び終業の時刻、休憩時間、休日、休暇並びに交替制の場合には就業時転換に関する事項
2　賃金の決定、計算及び支払の方法、賃金の締切り及び支払の時期並びに昇給に関する事項
3　退職に関する事項（解雇の事由を含む。）
4　退職手当に関する事項
5　臨時の賃金等（賞与）、最低賃金額に関する事項
6　食費、作業用品などの負担に関する事項
7　安全及び衛生に関する事項
8　職業訓練に関する事項

9　災害補償、業務外の傷病扶助に関する事項
10　表彰、制裁に関する事項
11　その他全労働者に適用される事項

　就業規則で労働者に対して減給の制裁を定める場合は、一回の事案に対する減給は総額が平均賃金の一日分の半額以内で、複数の事案に対しても一賃金支払期における賃金の総額の10分の一以内であること。

　また、就業規則、36協定、その他労使協定等は労働者に周知しなければならない。周知の方法は、
1　常時各作業場の見やすい場所へ掲示し、又は備え付けること。
2　書面で交付すること。
3　磁気テープ、磁気ディスクなどに記録し、労働者が常時閲覧できるようにすること（社内ＬＡＮなどでの閲覧等）。

②　労働時間

　使用者は労働者に休憩時間を除いて1日に8時間、1週間に40時間を超えて、労働させてはならない。なお、10人未満の一部の業種の事業所などについて特例措置がある。（グループホームを単独の事業所としている場合は週44時間となる）さらに、変形労働時間制として、下記の形態が認められている。

a．1ヶ月単位の変形労働時間制

　1ヶ月単位の変形労働時間制は、1ヶ月以内の期間を平均して1週間当たりの労働時間が40時間（特例措置対象事業場は44時間）以内となるように、労働日及び労働日ごとの労働時間を設定することにより、労働時間が特定の日に8時間を超えたり、特定の週に40時間（特例措置対象事業場は44時間）を超えたりすることが可能となる制度である。

〈労使協定または就業規則などに定める事項〉

　採用するためには、労使協定または就業規則で以下に示した事項について定める必要がある。尚、締結した労使協定や作成・変更した就業規則は所轄の労働基準監督署に届け出ること。
・対象となる労働者の範囲
・対象期間及び起算日（具体的に）
・労働日及び労働日ごとの労働時間（シフト表など具体的に）
・労使協定の有効期間（3年以内程度が望ましい）

〈労働時間の計算方法〉

　対象期間を平均して1週間あたりの労働時間が40時間（特例措置対象事業場は44時間）を超えないためには、対象期間中の労働時間を、以下の式で計算した上限時間以下とする必要がある。

$$\text{1週間の法定労働時間}（40時間（特例措置対象事業場は44時間）） \times \frac{\text{対象期間の暦日数}}{7}$$

週の法定労働時間	月の暦日数			
	28日	29日	30日	31日
40	160.0	165.7	171.4	177.1
44	176.0	182.2	188.5	194.8

（単位：時間）

他に

b．**フレックスタイム制**

c．**１年単位の変形労働時間制**

d．**１週間単位の非定型労働時間制**　がある。

　　dについては曜日などによって業務に繁閑がでる業種に認められるものといわれており、業種としては小売業、旅館、食堂等にしか認められない。

　　労働基準法では法定労働時間と休日の規定を定めているが、「過半数組合または労働者の過半数代表者」との書面による協定をし、これを行政官庁に届けた場合」にのみ、法の定める時間を超えて、または休日に労働させることができると規定している。

　　この、労使の間で締結する協定とその届出は、正式には**時間外労働・休日労働に関する協定届**であるが、労働基準法の第36条にもとづく協定および協定届であることから**３６（さぶろく）協定（届）**と通称されている。また、届出先は事業所の所在する地域を管轄する労働基準監督署である。

　　協定の期限については、本則には明示していないが他の法律との関係で制限がつく場合があるほか、労働者保護の観点から無期限のものは認められず（施行規則第16条第2項）、また長期のものは届出として労働基準監督署に受理されないことがある。

　　（注・事務手続きの煩雑さと長期にならないことという条件から1年ぐらいが妥当な期間かと考えられる。）

　　時間外労働の上限規制は現在、原則として**月 45 時間、年間 360 時間**となり臨時的な特別な事情がなければこれを超えることができなくなった。

　　さらに臨時的な事情があり労使が合意する場合（特別条項）でも上回ることのできない上限が、以下の通り設定された。

・時間外労働が年 720 時間以内

・時間外労働と休日労働の合計が月 100 時間未満

・時間外労働と休日労働の合計について

　「2ヶ月平均」「3ヶ月平均」「4ヶ月平均」「5ヶ月平均」「6ヶ月平均」が全て1月当たり 80 時間以内

・時間外労働が月 45 時間を超えることができるのは、年 6ヶ月が限度

尚、違反した場合には罰則（6ヶ月以下の懲役または30 万円以下の罰金）が科されるおそれがある。

　　届出の様式は労働基準法施行規則による様式第9号で、協定及び協定の更新の制度、管轄の労働基準監督署に届け出なければならない。様式は労働基準監督署の窓口に備えられているほか、厚生労働省のＨＰでもダウンロードできる。

　　また、協定は法の適用単位である事業所ごとに締結しなければならない。

［休憩時間］

労働時間が6時間を超える場合少なくとも 45 分以上

　　　　　　8時間を超える場合少なくとも1時間以上の休憩を与えること

休憩時間は「労働時間の途中で」「一斉に与え」「自由に利用させること」を規定している。なお、社会福祉施設は一斉休憩については別表第1の13号業種（保健衛生業）に該当することから例外が認められている（第40条、労働基準法施行規則第31条）。

[休日]

　　　休日とは労働契約上労働義務のない日で、

　　　「毎週少なくとも１日」または「４週を通じ４日以上の休日」を与えること

　　　４週間の起算日を就業規則等により明らかにする必要がある。休日については、

　　　１週に２日とは規定されていない。

「休日の振替（振替休日）」と「代休」の相違点

項目	振替休日	代休
意味	あらかじめ定められていた休日と他の労働日を事前に手続きして入れ替える	休日労働や長時間労働をさせ、その代償として事後に代わりの休日を与える
要件	・就業規則等に振替日の規定 ・振替日を事前に特定 ・振替日は４週の範囲内 ・振替は前日までに通知	・特になし ・制度として行う場合、就業規則等に具体的に記載が必要
賃金	同一週内の振替・・・通常の賃金 週を超えた場合・・・ 週法定労働時間を超えた時間のみ割増賃金が必要	休日労働の割増賃金が必要

賃金

　ａ．賃金からの控除について

　　　労働基準法第24条では、賃金は通貨で、全額を、毎月１回以上、一定の期日に、直接労働者に支払うように規定している。これを賃金支払いの５原則という。また賃金から所得税、社会保険料など法で定められているもの以外のものを控除する場合には、労働者の過半数で組織する労働組合または労働者の過半数を代表する者との労使協定が必要である。これが、**24条協定**と通称されている。

　　　この協定については、労働基準監督署への届出は不要で、法令で指定された様式はない。

　ｂ．給与振込について

　　　尚、一定の条件（①労働者の同意を得ること　②労働者の指定する本人名義の預貯金口座に振り込まれること　③賃金の金額が所定の支払日に払い出せること）を満たせば金融機関への振込により支払うことができる。給与の振込にあたっては口頭の意思確認ではなく、給与振込依頼書などで本人の同意と振込先口座等を文書化しておく必要がある。

○　最低賃金

　　　労働条件の改善、事業の公正な競争の確保等を図る、最低賃金額が定められている。最低賃金はその法人の本部がある都道府県ではなく、事業所がある都道府県ごとに定められた額が適用される。

　　　最低賃金は、パートタイマー、アルバイト等を含む全ての労働者に適用される。最低賃金は「時間額」で定められている。月給制、日給制、時間給制等すべての給与形態に「時間額」が適用される。

・時間給　　　　　時間給≧最低賃金額

・日給　　　　　　日給÷１日の所定労働時間数≧最低賃金額

・月給、歩合給　　賃金額を時間当たりの金額に換算して最低賃金額と比較

また、最低賃金には以下の賃金は含まれない。

・精皆勤手当、通勤手当及び家族手当
・臨時に支払われる賃金
・1ヶ月を超える期間ごとに支払われる賃金（賞与など）
・時間外労働、休日労働、深夜労働の手当

精神又は身体の障害により著しく労働能力が低い場合であっても、労働局長の許可を受けない限り、最低賃金未満の支払は最低賃金法等の違反に当たるほか障害者虐待に当たることとなる。

最低賃金の額は、賃金・物価等の動向に応じて毎年改正されているので、新聞等で公表されるものを参考にするか、必要な場合管轄の労働基準監督署等に照会する。

最低賃金は、都道府県労働基準局長の許可を得て適用を除外できる規定がある。適用については要件があるので、実際に適用除外を申請する場合は事前に要件等を確認すること。

○　割増賃金

法定時間外に労働させた場合は1時間当たりの賃金の25%以上を、また深夜（原則22時～翌5:00）に労働させた場合も1時間当たりの賃金の25%以上を、法定休日に労働させた場合には1時間当たりの賃金の35%以上を割増賃金として支払わなければならない。

また、1ヶ月に60時間を超える時間外労働の割増率については50%以上となる。

・法定労働時間　原則　1日8時間　1週40時間
・所定労働時間　法定労働時間内で就業規則に定められた労働時間

時間外（法定外休日）労働の割増率
例）所定労働時間が9:00～17:00（休憩1時間）までの場合

9:00　　　　　　　　17:00　　18:00　　　　　22:00　　　　　　翌5:00

実働7時間	1時間	4時間	7時間
所定労働時間	法定時間内残業 割増なし	法定時間外残業 割増賃金25%以上	法定時間外＋深夜残業 割増賃金50%以上

法定休日労働の割増率
例）8：30～24：00（休憩1時間）まで労働させた場合

8:30　　　　　　　　　　　　　　22:00　　　　　24:00

12.5時間	2時間
休日労働 割増賃金35%以上	休日労働＋深夜残業 割増賃金60%以上

代替休暇

　事業所で労使協定を締結すれば、1ヶ月に60時間を超える時間外労働を行った労働者に対して、法定割増賃金率の引き上げ分（例：25％から50％に引き上げた場合は差25％分）を割増賃金ではなく、有給休暇を付与することができる（但し引き上げ前の25％の割増賃金は支払う必要がある）。

［年次有給休暇］

　雇入れの日から起算して6ヶ月間継続勤務した全労働日の8割以上出勤した労働者に対しては10労働日の年次有給休暇を与えなければならない。その後1年経過ごとに次の日数の付与が必要である。

　尚、パート、アルバイト、嘱託等の短時間労働者や管理監督者も同様である。

付与日数（週の所定労働日数が5日以上又は週の所定労働時間が30時間以上）

勤務年数	0.5年	1.5年	2.5年	3.5年	4.5年	5.5年	6.5年以上
付与日数	10日	11日	12日	14日	16日	18日	20日

比例付与日数（週の所定労働日数が4日以下で且つ週の所定労働時間が30時間未満）

週所定労働日数	1年間の所定労働日数	勤務年数						
		0.5	1.5	2.5	3.5	4.5	5.5	6.5年以上
4日	169日〜216日	7日	8日	9日	10日	12日	13日	15日
3日	121日〜168日	5日	6日		8日	9日	10日	11日
2日	73日〜120日	3日	4日		5日	6日		7日
1日	48日〜72日	1日	2日			3日		

　尚、有給休暇の賃金に関しては①平均賃金　②所定労働時間労働した場合に支払われる通常の賃金　③健康保険法に定める標準報酬日額に相当する金額（労使協定に定めがある場合）　のいずれかを支払わなければならない。

　また、年次有給休暇の時効は2年であり発生から2年間は請求が可能である。

　有給休暇は労働者が取得したい日を前日までに指定すれば無条件で与えられるものなので、事業所は取得を拒否できないが、取得を認めたことにより運営に支障を来す場合には別の日に取得するよう求めることができる（時季変更権）。

　但し、時季変更権を使う条件は極めて限定されており、単に「多忙だから」や「代わりの職員がいないから」は理由と認められない。

　事業所が労使協定を締結すれば、1年に5日間を限度として時間単位で有給休暇を取得できる。労使協定で締結すべき事項は以下の通りである。

・時間付与対象労働者の範囲　　　・時間単位付与とする日数（5日以内）
・1日の年休が何時間相当であるか　・1時間を超える単位の場合はその時間数

　働き方改革関連法における労働基準法改正に伴い、2019年4月から年次有給休暇5日取得が義務化されている。

④ 宿日直許可

　宿直及び日直の勤務を行う場合は、事業所の所在地を管轄する労働基準監督署に申請し許可を受ける必要がある。これは労働基準法第41条の規定（労働時間、休憩、休日に関する法の規定の除外）の中で認められており、具体的には同法施行規則第23条で明示されている。

> **労働基準法施行規則第23条（宿直又は日直勤務）**
>
> 　使用者は、宿直又は日直の勤務で断続的な業務について、様式第10号によって、所轄労働基準監督署長の許可を受けた場合は、これに従事する労働者を、法第32条の規定にかかわらず使用することができる。

　第32条などで定める法定労働時間以外の時間に、労働時間の延長（時間外労働）とは別の形で労働者を拘束するものなので許可要件を設け、かつ労働基準監督署長の許可制にし、規制をしているものである。宿日直の許可要件については労働省労働基準局長名の通達がある。（基発387号・昭和49年7月26日付、基発27号・昭和49年7月26日付）。

　同法施行規則による様式第10号（厚生労働省のHPでダウンロードできる）にて申請する。審査の結果、許可が得られれば、宿直・日直の勤務をさせることができる。尚、一回許可を受ければ許可された要件に変更がない限り再度申請をする必要がない。

　また、宿日直手当の金額はその業務に従事する労働者に支払われている賃金日額の3分の1以上（対象者全員の平均額）であることが要件なので、許可書に表示された金額は実情に応じて改訂していかなければならない。この場合も許可を再申請する必要はない。

> **社会福祉施設における宿直勤務許可の取扱いについて（抜粋）**
>
> 　　　　　　　　　　　　　　　昭和49年7月26日　基発第387号
> 1　社会福祉施設における宿直勤務については、次に掲げる条件の全てを満たす場合に、労働基準法施行規則第23条による許可を与えるよう取り扱うこと。
> 　（1）通常の勤務時間の拘束から完全に解放された後のものであること。
> 　（2）夜間に従事する業務は、前期通達で示されている一般の宿直業務の他には、少数の入所児者に対して行う夜尿起こし、おむつ取替え、検温等の介助作業であって、軽度かつ短時間の作業に限ること。したがって、夜間における児童の生活指導、起床後の着衣指導等通常の労働と同態様の業務は含まれないこと。
> 　（3）夜間に十分睡眠がとりうること。
> 　（4）上記以外に、一般の宿直許可の際の条件を満たしていること。
> 2　以下略

社会福祉施設における宿直勤務許可の取扱いに当たり留意すべき点ついて（抜粋）

昭和 49 年 7 月 26 日　基発第 27 号

［宿直回数］

7　宿直回数について、人員等の関係から週 1 回の原則の例外を認めた解釈例規が
　あるが、これは社会福祉施設に対しても適用されるか。

　（見解）人員等の関係から週 1 回の原則を確保しがたい事情がある場合に、労働
　　密度が薄く労働者保護に欠けるおそれがないと認められる場合に限り例外を認
　　めうるものであり社会福祉施設についても、このような場合には対象とされる。

8　以下略

Ⅱ．労働安全衛生法と職場の衛生管理

労働安全衛生法は、昭和47年に労働基準法から分離・独立して制定された法律である。

従来、労働基準法の中で規定されていた安全・衛生の分野について、産業社会の急速な発展、技術の高度化等により、労働基準法だけで対応することが困難になったことから独立して一つの法律としたものである。労働基準法の第43条から第55条が削除となっているのはこの部分が分離したことによる。

労働安全衛生法は、全部で13の章と附則からなるかなり膨大な法律であるが、社会福祉施設で関連が大きいのは第3章・安全衛生管理体制、および第7章・健康保持増進のための措置であろうと思われる。

この節では、安全管理体制により選任が義務付けられている衛生管理者、衛生推進者等について、および健康保持増進のための健康診断について説明する。

(1)安全衛生管理体制について

安全衛生管理体制は、労働安全衛生法第3章に規定されているが、社会福祉施設に直接関係するものは下記のとおりである。

常時５０名以上の労働者を使用している事業所	衛生管理者の選任　　　（第１２条） 産業医の選任　　　　　（第１３条） 衛生委員会の設置　　　（第１８条） 定期健康診断結果報告(様式第６号) ストレスチェック報告(様式第６号の３)
常時１０人以上５０人未満の労働者を使用している事業所	衛生推進者の選任　　　（第１２条の２）

※　なお、衛生管理者、衛生推進者の衛生は「労働安全衛生法における（労働者の）衛生」であって、保健所が求める、または一般に考えられている「衛生」とは根拠（法）が違う点注意する。

①　衛生管理者

衛生管理者は業種に関わらず常時50名以上の労働者（正規職員の外にも、パート職員、および雇用形態は常勤でありながら非常勤職員と呼ばれている職員なども含まれる）を使用している事業場で選任しなければならないと規定されている。ただし、常時50名以上という規定なので、一時的に50名を超える場合は必要がないといえる。

資格は、衛生管理者の免許を有する者であること、または厚生労働省令で定める医師、労働衛生コンサルタントなどが認められる。なお、衛生管理者免許は国家試験に合格した者に対し交付される。

衛生管理者には第一種、第二種があるが、児童養護施設の場合は有害業務との関連が少ない業種なので、一般には第二種衛生管理者免許でよいとされている。しかし、医療業は第一種免許が必要な業種になっているので、社会福祉事業でも医療業務の比重が高い事業所については所轄の労働基準監督署に確認されたほうがよいと思われる。

衛生管理者は、その事業場に専属であることとなっており、また、選任の日から14日以内に管轄の労働基準監督署への届出が義務付けられている。

衛生管理者の業務は次のとおりとなっている。

a．労働者の危険又は健康障害を防止する措置に関すること

b．労働者の安全又は衛生のための教育の実施に関すること

c．健康診断の実施その他事業の保持増進のための措置に関すること
　　d．労働災害防止の原因の調査及び再発防止対策に関すること
　　　等のうち衛生に関する技術的事項の管理を行う。
　　　また、衛生管理者は少なくとも毎週1回作業場等を巡視し、設備、作業方法又は衛生状態に有害のおそれがあるときは、直ちに労働者の健康障害を防止するための必要な措置を講じなければならない。

②　産業医

　　産業医は、衛生管理者と同様に常時50名以上の労働者を使用する事業場で選任の必要がある。労働者の健康管理をより効果的に行うために、医師の存在とその活動が不可欠であることから規定されているもの、といわれている。産業医の業務については

・健康診断の実施及びその結果に基づく労働者の健康保持
・作業環境の維持管理
・作業の管理
・労働者の健康管理
・ストレスチェックなどとなっている。

　　尚、平成27年12月1日より施行されているストレスチェック制度は、労働者に対して行う心理的な負担の程度を把握するための検査（ストレスチェック）や、検査結果に基づく医師による面接指導の実施などを事業者に義務付ける制度（従業員数50人未満の事業場は制度の施行後、当分の間努力義務）である。

　　産業医の職務に、「ストレスチェックの実施」、「ストレスチェックの結果に基づく面接指導の実施」、「面接指導の結果に基づく労働者の健康を保持するための措置に関すること」を追加する必要があるので、協議の上すすめること。

　　衛生管理者が専属であるのに対し、産業医は、特定の業種または一定規模以上の事業所をのぞき、専属である必要はないので嘱託でよい。衛生管理者と同様、選任の日から14日以内に管轄の労働基準監督署への届出が義務付けられている。

③　衛生推進者

　a．選任すべき事業所
　　　衛生推進者は、常時10人以上50人未満の労働者を使用するすべての事業場に選任の義務がある。なお、「安全衛生推進者」は、安全管理者をおくべき業種に選任の義務があるので、社会福祉施設においては原則として選任の必要はない。

　b．衛生推進者の資格
　　　衛生推進者の資格はかなり緩やかで、職場の健康診断、職員の衛生管理、その他衛生の実務に従事した経験が、大卒者で1年以上、高卒で3年以上、その他で5年以上あり、かつその業務を担当するのに必要な能力を有するものであればよいことになっている。また、実務内容も衛生実務のすべてではなく一部でもよいとのことである。また、講習により資格を取得することもできる（以上の基準は「厚生労働省告示」）による。）。

　c．衛生推進者の選任
　　　その職場の専属の者を選任することが原則となっているが、労働衛生コンサルタントなど委嘱してもよいことになっている。
　　　なお、衛生管理者、産業医と異なり労働基準監督署への届出は必要ない。
　　　選任した場合は、作業場の見やすいところに掲示する等、関係労働者に周知させ

ることとなっている。一般には、作業場への掲示、名札・腕章の着用などがよいとされている。

d. 衛生推進者の業務

衛生推進者の職務内容は下記の通りとなっている。従来から施設の事務職員が担当している事務内容とその多くが重なるので、行政の資料をもとに整理してみた。

ア．健康診断および健康の保持増進のための措置に関すること。

イ．施設・整備等の点検および使用状況の確認、それらの結果にもとづく必要な措置に関すること。

施設・整備の定期的な点検は、労働衛生面からのみならず入所者（利用者）の安全、快適な生活空間の確保および向上の点からも必要であると考えられる。

ウ．作業環境の点検（作業環境測定を含む）および作業方法の点検並びにこれらの結果に基づく必要な措置に関すること。

作業環境の測定が必要な作業場は法令に規定されているが、社会福祉施設で直接該当すると思われるものは、「中央管理方式の空気調和設備を設けている建築物の部屋で、事務所の用に供されるもの」が規模の大きな建物で考えられる。この場合、法令に基づく定期的な作業環境測定が必要である。その他については、行政資料（「衛生推進者必携」）を見る限り、法令上で該当するものは内容である。一方、作業方法の点検については、社会福祉施設の場合、職員の腰痛の問題などが関係する。

エ．安全衛生教育に関すること。

職員研修時に健康管理や職場の衛生管理等の内容を説明すること、職員会議等で、健康管理等について啓蒙を行うことなどである。職員の年齢構成が高くなってくると労働災害や疾病の発生率が上昇する傾向にあるといわれているので、今後重要性が増してくると思われる。

オ．異常な事態における応急措置に関すること。

カ．労働災害の原因の調査および再発防止対策に関すること。

キ．安全衛生情報の収集等に関すること。

ク．関係行政機関に対する安全衛生に関する届出等。

社会福祉施設にも関係があるものとして「労働者死傷病報告」がある。これは、労働災害で1日以上休業するものがあった場合に、所轄の労働基準監督署に届け出るものである（「労働安全衛生規則」第97条関係の様式第23号または第24号により届出、様式は日本法令の法令様式販売店でも取扱）。

e. 衛生推進者の参考資料

「衛生推進者必携」（中央労働災害防止協会発行）がある。

④ 衛生管理者の試験、衛生推進者の講習について

衛生管理者の試験は、公益財団法人安全衛生技術試験協会が実施している。なお、衛生管理者には学歴、実務経験等の受験資格があるので事前に確認を要する。

衛生推進者については、要件さえ満たせば免許等の必要もなく選任することが出来るが、新設の施設等で選任できる該当者がいない場合、また、衛生業務についての知識を得たい場合には講習会が開催されている。

衛生管理者試験及び衛生推進者講習については、労働基準監督署に問い合わせること。

(2)健康診断について

　職員の健康診断は、労働安全衛生法第7章・「健康の保持増進のための措置」の中の第66条、および労働安全衛生規則に示されている。

　法第66条では「事業者は、労働者に対し厚生労働省令で定めるところにより、医師による健康診断を行わなければならない。」と規定し、同条第5項では「労働者は、前各項の規定により事業者が行う健康診断を受けなければならない。」と労働者側の受診の義務も併せて明示している。また、この項の但し書きで、事業者の指定した医師による健康診断を希望しない場合は規定を満たす健康診断を他の医師により受けて結果を証明する書面を提出することでも足りるとしている。従って生活習慣病予防健診の検査結果をもってその受診項目の分は職場の健康診断にかえることが可能である。

①　雇入時健康診断

　　雇入時の健康診断は、雇入の直前または直後に行う健康診断である。

　　事業所が使用する労働者のうち「日々雇入れられるもの」については雇入れ時健康診断を行わなくても差し支えないが、社会福祉施設で使われる「非常勤職員」という言い方の職員については雇用形態が常時雇用の場合が大半なので、短期の雇用等の例外を除いて対象となる。

　　雇入時健康診断は、労働安全衛生規則第43条で規定されており健康診断の項目は下記のとおり。（注・記載方法は多少見やすいように整理してあります）

1.　既往症及び業務歴の調査
2.　自覚症状及び他覚症状の有無の調査
3.　身長、体重、腹囲、視力、聴力の検査
4.　胸部エックス線検査
5.　血圧の測定
6.　貧血検査　　　　　　　　血色素量及び赤血球数の検査
7.　肝機能検査　　　　　　　〈注1〉
8.　血中脂質検査　　　　　　〈注2〉
9.　血糖検査
10.　尿検査　　　　　　　　　尿中の糖及び蛋白の有無の検査
11.　心電図検査

〈注1〉　GOT、GPT、γ―GTP の検査
〈注2〉　LDL コレステロール、HDL コレステロール、トリグリセライドの検査

　　なお、この項目については、定期健康診断の規定にある「医師が必要でないと認めるときは、省略することが出来る」条文がないことから、どの項目も省略してはならないとされている。なお、検査項目の全部または一部について、採用の3ヶ月前以内に医師の検査を受けていれば、その結果を証明する書面（健康診断書、診断書等）の提出を求めることで、その項目についての検査を省略しても差し支えない。

② 定期健康診断

定期健康診断は、労働安全衛生規則第44条で「事業者」が「常時使用する労働者に対し、1年以内毎に1回、定期に」行うことが義務づけられている。定期健康診断の項目は雇入時健康診断と同じ11項目である。

但し、雇入時健康診断とは違い、一部の診断項目について省略できる。

これは、「厚生労働大臣の定める基準に基づき、医師が必要でないと認めるときは、省略することが出来る」（労働安全衛生規則第44条第3項）と規定されていることによる。

ほぼ全ての項目を必ず検査しなければならなくなるのが、最初が35歳の時で、腹囲・貧血・肝機能・血中脂質・血糖・心電図検査が加わる。

40歳からは毎年検査の対象となる。実際には、生活習慣病予防健診で受ける検査でほとんどの項目をクリアできることから、検査結果（写）の提出で可能である。ただし、6ヵ月毎の健康診断が必要な場合（社会福祉施設では深夜業務従事者が該当）など、全面的に生活習慣病予防健診では代行できないので、検査項目と回数については確認しておく必要がある。6ヶ月毎の健康診断でも、検査項目のうち胸部エックス線検査は年1回でよいこと、医師の判断で省略できる基準も年1回のものに準じる（労働安全衛生規則第45条関係）。

また、法第66条の第7項では、健康診断の結果、労働者の健康の保持のために必要があると認められる場合は、適切な措置を講じなければならないと規定している。これは、健康診断は実施すればそれでよいのではなく、結果を十分に検討し、職場の衛生管理に反映させることをうたっているものである。具体的には、医師又は保健師による保健指導（必要に応じ日常生活面での指導、健康管理に関する情報の提供、健康診断に基づく再検査又は精密検査、治療のための受診の勧奨等）を受けさせるよう努めなければならない。

③ 結果の保存及び報告

健康診断の結果は、健康診断個人票を作成し、5年間保存することが義務づけられている（同規則第51条）。個人票の様式は規則の様式第5号として規定されており、事業所で任意の様式を調製することは認められていない。なお、この様式は日本法令の法令様式取扱店で市販されているほか、厚生労働省や労働局のHPからもダウンロードできる。

常時50人以上の労働者を使用する事業者は、定期健康診断結果報告書を所轄の労働基準監督署に提出することになっている（厚生労働省での統計作成が、主な目的とのこと）。

Ⅲ．育児休業、介護休業

　正式には「育児休業、介護休業等育児又は家族介護を行う労働者の福祉に関する法律」といい、1992 年 4 月 1 日に施行されてから直近では 2022 年 4 月、10 月、2023 年 4 月と段階的に改正がされており、ここでは育児休業法の概略、関係諸制度での取扱い等を述べる。

（1）育児休業について
　　①育児休業（性別を問わず取得できる）
　　　・有期契約の場合は、1 歳 6 ヶ月までの間に契約が満了することが明らかでない場合
　　　・対象期間　　　…原則子が 1 歳まで
　　　・対象期間の延長
　　　　　保育所などに入所できない場合には 1 歳 6 ヶ月（再延長で 2 歳）まで
　　　　　　育休の開始日が 1 歳、1 歳 6 ヶ月の時点で限定されていた
　　　　　　　　　⇒柔軟化　夫婦で育休を途中交代できる（2022 年 10 月 1 日施行）
　　　　　パパママ育休プラス…子が 1 歳 2 ヶ月までの 1 年間（父母ともに育児休業を取
　　　　　得する場合）
　　　・申出期限　　　…原則 1 ヶ月前まで
　　　・分割取得　　　…原則分割不可
　　　　　　　　　　　⇒分割して 2 回取得が可能（2022 年 10 月 1 日施行）
　　　・休業中の就業　…原則就業不可
　　　・賃金の支払義務…ない
　　　・育児休業給付金…雇用保険から賃金の 67％もしくは 50％が支給される
　　　・社会保険料免除…一定の要件を満たせば、本人および事業所負担分が免除

　　②出生時育児休業（産後パパ育休）（2022 年 10 月 1 日施行）
　　　・有期契約の場合は、申出時点で出生後 8 週間経過日の翌日を起算日として 6 ヶ月
　　　　までに契約が満了することが明らかでない場合
　　　・対象期間　　　…子の出生後 8 週間以内に 4 週間まで取得可能
　　　・対象期間の延長…なし
　　　・申出期限　　　…原則休業の 2 週間前まで
　　　・分割取得　　　…分割して 2 回取得が可能　上記の育児休業とは別に取得が可能
　　　・休業中の就業　…労働者が合意した範囲で休業中に就業することが可能
　　　　　　　　　　　　　（労使協定を締結している場合に限る）
　　　・賃金の支払義務…ない
　　　・出生時育児休業給付金…雇用保険から賃金の 67％が支給される
　　　・社会保険料免除…一定の要件を満たせば、本人および事業所負担分が免除

　　③子の看護休暇（小学校就学前の子を養育する場合）
　　　・対象期間　　　…1 年に 5 日（2 人以上は年 10 日）まで
　　　　　　　　　　　病気・けがをした子の看護
　　　　　　　　　　　又は子に予防接種・健康診断を受けさせるための制度
　　　・取得単位　　　…1 日又は時間単位で可能
　　　・賃金の支払義務…ない

④育児休業取得状況の公表の義務化

　　常時雇用する労働者が 1000 人を超える事業主は、取得状況の公表を年 1 回義務付けられる（2023 年 4 月 1 日施行）。

⑤個別の制度周知・休業取得以降確認と雇用環境整備の措置

　　妊娠・出産等の申出をした労働者へ以下のすべてを周知する義務がある。

・育児休業・出生時育児休業（産後パパ育休）に関する制度（制度の内容など）

・育児休業・出生時育児休業（産後パパ育休）に関する申出先（人事部など）

・育児休業給付に関すること（制度の内容など）

・育児休業・出生時育児休業（産後パパ育休）期間に負担すべき社会保険料の取扱い

　制度の内容には、改正をされた上記内容のほかに育児短時間勤務制度や所定外労働の制限、時間外労働の制限、深夜業の制限、子の看護休暇なども含まれる。

　尚、周知方法は・面談（オンライン可）・書面交付、労働者が希望すればＦＡＸ・メール等でも可能である。

（２）関係諸制度について

①　措置費請求関係

　　育児休業中の職員は、措置費請求の対象職員とはならない。代替職員等を雇用している場合は、その職員が対象職員として認められる。産前産後休暇、育児休業期間がある職員は算定対象期間に含まれる。有給・無給を問わない。

②　健康保険・厚生年金保険

　　育児休業期間も被保険者資格は継続するというのが原則である。これは、育児休業制度は休業中であって、雇用関係は続いているという解釈による。

　　育児休業期間中（但し子が 3 歳に達するまで）の社会保険料は申出により、本人及び事業主負担分の両方が免除される。免除される月は、ⅰ）月の末日が育児休業期間中だけだったが、ⅱ）同一月内で育児休業を取得（開始・終了）し、その日数が 14 日以上の場合も、社会保険料免除の対象月となった（2022 年 10 月 1 日施行）。

　　この申出は、育児休業期間中に事業主が「育児休業等取得者申出書」を年金事務所に提出する。

　　育児休業期間が予定通り終了した場合は手続きの必要はないが、予定日前に終了した場合は、事業主が「育児休業等取得者終了届」を提出する。

　　育児休業期間中は保険料を納めた期間として扱われる。

　　産前産後の休暇についても同様の措置がある。

③　雇用保険

　　健康保険、厚生年金保険と同様、育児休業期間も被保険者資格が継続するため失業給付の資格期間に通算される。保険料については、給与（賃金）の支給額に応じて算出されるため無給の場合は本人・事業主ともに負担はない。

　　支給要件は以下の通り

・1 歳（一定の要件を満たす場合は最長 2 歳）未満の子を養育するために育児休業を取得した被保険者（2 回まで分割取得が可）

・休業開始日前の2年間に11日以上働いた月又は働いた時間数が80時間以上ある月が12ヶ月以上ある
・育児休業期間中の1ヶ月ごとの働いた日数が10日以下又は働いた時間数が80時間以下

支給額は、以下のように計算される。

休業開始時賃金日額（※1）×支給日数（※2）×67%（※3）

※1　育児休業開始前賃金6ヶ月の合計額÷180

※2　原則30日、休業終了日が含まれる期間は、30ではなく対象期間の日数

※3　上限180日　181日以降は50%

但し育児休業期間中に事業所から賃金が支払われた場合の支給額は以下の通り

支払われた賃金額と、休業開始時賃金月額（上記計算式の日額×30）の割合が

・13%（181日以降は30%）以下…上記計算式と変わらない

・13%超（181日以降は30%）〜80%未満…
　　休業開始時賃金日額×休業期間の日数×80%−賃金額

・80%以上…支給されない

主な手続き（提出先は事業所の所在地を管轄する公共職業安定所）

・雇用している被保険者が育児休業を開始したとき（開始日の翌日から10日以内）
　「休業開始時賃金月額証明書」の提出

・育児休業給付の支給申請手続き
　「育児休業給付受給資格確認票・（初回）育児休業給付金支給申請書」の提出

※支給申請書は被保険者本人だが、できるだけ事業主が提出（事務手続き）するようにして下さい、という事務説明が公共職業安定所の資料に記載されている。

　事業主が行う場合は、賃金台帳や出勤簿などの記載内容を証明する書類と被保険者の母子健康手帳などの育児の事実を確認できる書類、申請者本人名義の通帳の写しを添付すること。

　尚、電子申請による支給申請も可能である。

（3）退職共済制度

① 独立行政法人　福祉医療機構関係

　育児休業の月数の2分の1の月数が、被共済職員期間として認められる。休業の開始月は、出勤日数が10日を超える場合は育児休業期間から除外される。

　育児休業期間として認められる期間は、女子の場合、産後の休業期間8週間の終了日の翌日（出産日から起算して57日目）以降、男子の場合、育児にかかる子の出産日からとなる。終了日は、育児にかかる子が満1歳になる誕生日の前日までとなる。

　施設では、育児休業中の職員分についても共済掛金を納付しなければならない。

　届出は、「掛金納付対象職員届」（毎年度4月末提出）、「被共済職員退職届」（本人の退職時に提出）の該当欄に記入して提出する。この場合、本俸月額欄には通常であった場合の本俸額（特殊業務手当を含む）を記入する。

② 東京都社会福祉協議会　従事者共済会退職共済制度

　育児休業期間であっても、共済掛金を納付していれば会員期間となる。この場合、特に届出の必要はない。掛け金の納付を中断した場合は会員期間も中断することになる。この場合は、「休職・復職届」を提出する。

　いずれを選択するかは、本人の意思により決められる。

また、中断しない場合、本人分掛金の納付方法は、事前に規定しておくか、該当の場合に本人と調整するか、いずれにしても、休業に入る前に決めておく必要がある。

（4）税金関係

所得税については、その月の給与（賃金）に応じて課税されるので、ほとんど問題にならないと思われる。休業期間中に年末調整がある場合も、不足が生じることはほとんどないと考えられる。

一方、事業所において特別徴収（給与より控除）されている住民税については、次のような方法が考えられる。

・普通徴収に切替える方法（1年間分を3期に分けて本人が納入）
・育児休業に入る前に一括徴収する方法（6月以降の翌年度分は、育児休業期間中については自動的に普通徴収になる）
・本人に指定日までに施設に納入してもらうことで、特別徴収を継続する方法

なお、1月以降の異動については原則として一括徴収することになるので、当年度（5月まで）は一括徴収、翌年度（6月以降）は普通徴収となる。

特別徴収の継続については、本人とも十分に打ち合わせておく必要がある。

（5）介護休業制度

①介護休業（性別を問わず取得できる）

・対象家族（配偶者、父母、子、祖父母、兄弟姉妹、孫、配偶者の父母）を介護する労働者
・有期契約の場合は、申出時点で93日経過日の翌日を起算日として6ヶ月までに契約が満了することが明らかでない場合
・対象期間　　…対象家族1人につき通算93日まで
・申出期限　　…2週間前まで
・分割取得　　…3回まで分割可能
・賃金の支払義務…ない
・介護休業給付金…雇用保険から賃金の67％もしくは50％が支給される
・社会保険料免除…一定の要件を満たせば、本人および事業所負担分が免除

②介護休暇

・対象期間…1年に5日（2人以上は年10日）まで
　　　　　　　　　通院付添、介護サービスの手続き代行等、打ち合わせも利用可
・取得単位…1日又は時間単位で可能
・賃金の支払義務…ない

ほかに、短時間勤務等の措置や所定外労働の制限、時間外労働の制限、深夜業の制限も育児休業同様ある。

③健康保険・厚生年金保険

介護休業中の社会保険料は、育児休業給付金とは異なり免除されない。

したがって、取得を予定されている従業員が発生した場合、事前にどのように納付するか決めておいた方が良い。

④介護休業給付金

　　支給額は、以下のように計算される（育児休業給付金と計算式自体は変わらない）。

　　休業開始時賃金日額（※1）×支給日数（※2）×67％（※3）

　　※1　介護休業開始前賃金6ヶ月の合計額÷180

　　※2　原則30日、休業終了日が含まれる期間は、30ではなく対象期間の日数

　　※3　上限93日

　　　但し介護休業期間中に事業所から賃金が支払われた場合の支給額は以下の通り

　　支払われた賃金額と、休業開始時賃金月額（上記計算式の日額×30）の割合が

　　・13％以下…上記計算式と変わらない。

　　・13％超〜80％未満…

　　　休業開始時賃金日額×休業期間の日数×80％－賃金額

　　・80％以上…支給されない。

第4章　民間社会福祉事業独自の福利厚生制度

Ⅰ．退職共済制度

　社会福祉施設の職員を対象とした退職共済制度としては、国の制度で「社会福祉施設職員等退職手当共済法」（昭和36年10月施行、以下「共済法」という）によるものがある。

　また、東京都においては、東京都社会福祉協議会（東社協）で運営している「従事者共済会退職共済金制度」があり、他の県でも独自の共済制度が設けられているところがある。

　ここでは、両制度の概要と手続きの留意点について述べる。

（1）社会福祉施設職員退職手当共済制度

　　国において行われている、民間社会福祉施設を対象とした退職共済制度であり、発足は昭和36年である。運営は国の独立行政法人「福祉医療機構」が行っている。

　① 共済契約者

　　共済契約を締結できる者は、社会福祉施設等又は特定介護保険施設等を経営する社会福祉法人に限られる。

　　但し、社会福祉法人以外の経営者が平成13年3月31日以前に共済契約を締結しており、その後経営者の変更がない場合に限り、引き続き契約者とする。

　　「社会福祉施設等」………社会福祉施設・特定社会福祉事業（児童養護施設も含む）
　　　　　　　　　　　　　　　　　必ず加入しなければならない。

　　「特定介護保険施設等」…介護保険制度の対象となる高齢者関係の施設・事業
　　　　　　　　　　　　　　　障害者総合支援法等に関する障害者支援施設等
　　　　　　　　　　　　　　　任意に申し出て施設・事業単位で加入することが出来る。

　　「申出施設」………上記以外の施設・事業（介護老人保健施設、病院や公益事業など）
　　　　　　　　　　　　社会福祉法人に限り、任意に加入することが出来る。

　② 費用

　　「社会福祉施設等」………共済契約者（経営者）、国・都道府県が3分の1ずつ負担
　　　　　　　　　　　　　　　職員の本人負担はない

　　「特定介護保険施設等」…⎤　「特定」は平成18年3月31日までの加入者は同上
　　「申出施設」……………⎦　「特定」で平成18年4月1日以降加入者と「申出」は社会福祉施設等の3倍の掛金負担（公的助成の対象外）

　　掛金は毎年積み立てているわけではなく、年度毎に支給に必要な額を負担するため（賦課方式）、共済契約者は施設の対象職員数に応じた掛金を施設会計から支出（法定福利費）し、法人で一括して機構に納入する（毎年度5月末日まで）。

　③ 対象職員

　　常勤の正規職員（期間に定めのない職員）…採用日から加入

　　1年以上の雇用期間を定めて使用される職員で、労働時間が就業規則で定める正規職員の所定労働時間の3分の2以上の者………採用日から加入

　　1年未満の雇用期間を定めて使用され、更新により1年を経過した者で、労働時間が就業規則で定める正規職員の所定労働時間の3分の2以上の者

　　　　　　　　　　　　　　　　…採用から1年を経過した日から加入

　④ 給付金その他

　　退職手当金は、加入1年以上の者に対して支給される。

計算方法は以下のとおり。

（退職前６ヶ月の平均本棒月額＋特殊業務手当）×支給乗率（年単位：端数切捨て）

　なお、対象職員の範囲、本棒・特殊業務手当の範囲については機構のＨＰで資料がダウンロードできるので、確認しておくこと。

主な事務手続き

① 「掛金納付対象職員届」の作成・提出（４月末日まで）

　福祉医療機構から送られてきた毎年度４月１日現在の職員届に必要事項を記入して返送する。前年４月２日以降の異動があった職員については加筆修正の上、届け出ること。尚、この届は以下の届も兼ねている

　a）４月１日付加入の「被共済職員加入届」

　b）４月１日付復帰の「共済契約対象施設等復帰届」

　c）在籍期間１年未満の「被共済職員退職届」

　掛金支払の基礎資料となるので、対象職員の範囲を確認すること。

② 掛金の納付（５月末日まで）

　４月に作成した掛金納付対象者名簿により支払う。掛金を納期までに納入しないと割増金（年10.95％）が発生するが、その期限（７月31日）も過ぎると共済契約は強制解除となるので、納期は厳守すること。

③ 被共済職員加入届の提出（４月１日付加入者は不要）

　第１章・２（３）③を参照。

④ 被共済職員退職届、退職手当金請求書の提出（退職の都度）

　第１章・３（３）④を参照。

　なお、退職から退職金送金まで少なくとも２ヶ月以上はかかるので、本人にその旨を説明しておく必要がある。

⑤ 共済契約者間継続職員異動届（法人間異動の届）の作成

　第１章・２（３）③及び３（３）④を参照。

（２）東京都社会福祉協議会従事者共済会

　社会福祉法人東京都社会福祉協議会で行っている従事者共済事業である。東社協独自の事業であり、同会の定款第２条に規定され、共済事業は「従事者共済会規程」にもとづいて昭和32年に発足、運営されている。

① 契約者

　東社協会員で共済契約当事者である民間社会福祉施設を経営する法人等

　また、契約・加入は任意である。

② 費用

　掛金は給与の本俸月額を基に設定する「標準給与月額」×46／1000

　上記を契約者と加入者が折半する（23／1000）

　他に入会金として１人300円を初回掛金請求時に併せて納付する。

　掛金は、加入者の給与から毎月控除し、契約者分と合算して原則として契約者の口座から引落される（毎月27日）。

③ 対象職員

　従事者共済会に加入契約した施設・団体に勤務する有給の役員および職員

常勤・非常勤は問わない。
④ 給付金その他
　退職共済金の給付は掛金納付期間が 12 ヶ月以上の者に対して支給される。
　計算方法は以下のとおり。
　全加入期間の平均標準給与月額×加入期間に応じた給付率（月単位）

主な事務手続き
① 共済加入申込書（毎月 10 日まで）
　従事者が新規加入する際に使用する。
　掛金は月単位で管理され、加入日は毎月 1 日に固定されている。
② 標準給与月額変更届（8 月 10 日まで）
　毎年 7 月下旬に共済会から送付される「標準給与月額変更届」に、8 月 1 日現在の加入者について 5～7 月の平均本俸月額（諸手当除く）を算出・記入する。
　これにより、共済会は「標準給与月額変更決定通知書」を 9 月下旬に通知するので、通知書に基づき、10 月から掛金額を変更する（標準給与月額は毎年 10 月 1 日に改定される）。
③ 共済加入解除申請書（毎月 10 日まで）
　共済会を退会し、毎月の掛金請求を止める際に使用する。
　加入期間が 1 年以上・1 年未満にかかわらず必ず提出する。
　転職先で共済会に加入している場合、掛金納付期間を空けずに継続できる場合は、提出は不要である（共済契約転出・転入届の提出)。
④ 退職共済金受給申請書（毎月 10 日まで）
　加入期間 1 年（12 ヶ月）以上で退職共済金の受給を申請する際に使用する。
　毎月 10 日までの提出に基づき、その月の月末に指定された口座に直接振り込む。退職共済金が給付されると、従事者共済会から源泉徴収票と給付内訳兼結果通知書を 2 部ずつ施設に送付するので、各 1 部は退職者本人に送付すること。
⑤ 共済契約転出・転入届
　共済会に契約する施設・団体間で異動し、加入を継続する際に使用する。
尚、異動に伴い掛金納付に空白期間が生じる場合はこの手続きはできず、転出施設で退会手続きを行うこと。

　なお、給付される退職共済金を税法上の退職金として認められるために、施設での会計処理を的確に行っておく必要がある。
　また、毎年 4 月 1 日付で「従事者共済会契約者掛金の累計額証明書」が発行される。前年度 3 月 31 日現在の加入者及び掛け金額が記載されているので、決算時には源泉徴収票と累計額証明書を確認して残高を照合すること。
　詳しくは、東京都社会福祉協議会のホームページを参照し、事業主分掛金の資産への計上、掛金台帳の作成等の必要な会計処理等を行っておくこと。

　退職共済金の給付の外、一時貸付金（最高 300 万円）、福利厚生事業（宿泊施設や企業等の優待契約）を行っている。

Ⅱ．労災上乗せ保険について

　労災上乗せ保険は、業務上または通勤途上の災害によって身体に障害（死亡・後遺障害を含む）を被った場合に、職員本人やその家族が災害補償規定に基づき十分な補償を受けられるように備えるための保険で、政府労災保険の上乗せ補償として、民間の損害保険会社が販売している損害保険の一種である。

　① 契約者

　　東京都社会福祉協議会が各法人・施設の保険加入をとりまとめて「契約者」となり、損害保険会社と保険契約を締結している。各法人・施設は「被保険者」となり、事故の際の保険金請求書を有する形になる。

　② 費用

　　一人あたり掛金（令和4年度は2,280円〜：全部で4プラン）に、対象職員等を掛けた金額が施設の負担額となる。

　③ 対象職員

　　政府労災保険は包括加入（すべての労働者が対象となる）なのに対し、この保険は掛金を払った人数分しか対象にならない点、注意を要する。

　④ 保険金の支払い

　　政府労災保険の給付が決定された場合で、その保険金給付の上乗せ補償となる。また、業務災害、通勤災害、後遺症等級、休業日数の認定は、所轄労働基準監督署による政府労災の認定と同一のものとなる。

　　慰謝料、訴訟費用は政府労災保険の対象にはならないが、基本セットの「使用者賠償責任保険」で、支給対象となる。

　　また、追加で差別的行為等不当行為による損害賠償請求に対応した雇用慣行賠償責任補償や、基本補償では対象外の地震、噴火、津波に拠る労働災害に関して設定された限度額にて対応した天災危険補償なども任意で選択できる。

　事務手続および保障内容等は毎年度、東京都社会福祉協議会から通知される。

　なお、東社協が法人・施設をとりまとめる団体加入なので、保険料は団体割引による額（令和4年度は68％割引）となっている。また、前年度の事故発生状況が良好であれば、優良割引が適用され補償金額が増大する。

Ⅲ. 福祉厚生事業について

　社会福祉事業経営者が単独では十分に対応できない福利厚生事業を全国的規模で共同化することにより規模のメリットを最大限に生かし、社会福祉事業従事者の福利厚生の増進を図り、もって社会福祉事業人材の確保を図ることを目的とする。

　事業主体は社会福祉法人福利厚生センターである。この法人は、社会福祉法第 102 条に規定されている社会福祉事業従事者の福利厚生の増進を図ることを目的として厚生労働大臣から指定された全国で唯一の法人である。

① 契約者

　　社会福祉法第 2 条に定める第 1 種及び第 2 種社会福祉事業経営者およびその他センターが適当と認める社会福祉事業を経営する者を契約対象者とする

② 費用

　　第 1 種会員は従事者一人あたり年額 1 万円を経営者が負担する。年度途中の加入についても 1 万円となる。但し年度途中で退会者が生じ、その分の補充加入があった場合の掛金は不要。

　　第 2 種会員は非常勤職員のみを対象として一人あたり年額 5 千円の掛金で一部のサービスのみ利用可能となる。

　　掛金は全額事業主負担となるが、措置費から支出できる。

③ 対象職員

　　社会福祉事業に携わる常勤の役職員

　　非常勤職員、嘱託職員、パートタイマーなどの職員及び法人の非常勤役員や、同一法人において社会福祉事業以外の公益事業、収益事業に従事する職員も加入できる。

④ 申込・問い合わせ先

　　都道府県ごとに業務受託団体（地方事務局）が指定されているので、法人の所在する都道府県の受託団体に申込・問い合わせをする（都の場合は東京都社会福祉協議会）。

第5章　諸規程について

Ⅰ．施設で整備すべき規程について

　社会福祉施設で必ず必要とされている規程としては、処務規程（管理規程）、就業規則（給与規程、育児休業規程等の関係規程を含む）、消防計画（防災管理規程）が挙げられる。

　さらに、必要に応じて整備が必要な規程、または整備することが望ましい規程として非常勤職員に対する就業規則、旅費規程、自動車管理規程などが考えられる。

　また、法規等では必ずしも必要ではないが、施設の円滑な運営の一助として、該当するものがある場合には整備した方が良いと思われるものに職員宿舎規則、駐車場利用規則などがある。

　これらの規程は、作成（整備）にあたって、法人の全施設（全職員）を対象とするのか、当該施設のみが対象なのか、また、制定・改正（変更）・廃止等の手続きは理事会の承認を要するのか、理事長の権限で行えるのか、施設長の段階で行って良いのかについての整理（明文化）が必要である。また、職員を代表する者の意見聴取について、法令等により必要なのか、義務づけられてはいないが行うのかについて、さらに職員会議等の会議における規程作成上の位置付けについても整理しておく必要があろう。

　これらについては、法令により規定されているものもあり、東京都福祉保健局の指導による基準もあるので、作成（改正）にあたっては留意されたい。

（1）管理規程（処務規程）

　次に掲げる事項については「児童福祉施設の設備及び運営に関する基準」第13条により児童福祉施設内部の規程として設けなければならないとされている。

児童福祉施設の設備及び運営に関する基準第13条に掲げる事項
　（1）入所する者の援助に関する事項
　（2）その他施設の管理についての重要事項

　この規程の名称については特に定められたものはないが、内容的に施設の運営管理の基本的範囲であり、現在東京都の指導検査基準により「管理規程」あるいは「処務規程」といわれる。「管理（処務）規程」は、施設の運営方針により内容、語句とも異なっており、また、職員配置、職員分掌も様々である。

　尚、都の指導検査基準による作成上必要な事項は以下のとおりである（参考）。
・施設の目的及び運営方針
・職員の職種別定数
・職種別職員の業務内容及び権限と責任
・組織
・利用者定員
・利用者に対する援助・支援方法
・利用者の守るべき規律
・その他施設管理についての重要事項

（２）就業規則

就業規則は短時間労働者を含め常時 10 人以上の労働者を使用する使用者は作成および変更の都度、事務所の所在する地域を管轄する労働基準監督署に届出なければならない（法第 89 条）。

（３）給与規程

就業規則の中で必ず定めておかなければならない規定事項（労働基準法第 89 条第 2 号）が多いだけでなく、諸手当の規定や別表が多く、また規程の一部を改訂することも多いことから、「給与規程」として別に設けているのが一般的である。

作成・変更の手続きについては、就業規則と同様である。

（４）育児休業等の規程について

育児休業法は、正式には「育児休業・介護休業等育児又は家族介護を行う労働者の福祉に関する法律」といい、直近では令和 5 年 4 月 1 日施行も予定されている法律である。

全ての事業所の労働者が育児休業の適用対象となる。なお、育児休業制度については、第 3 章 3『育児休業、介護休業』で、法の趣旨、制度の概要について解説してあるので、あわせて参照されたい。

（５）非常勤職員就業規則について

第 1 章 4『パート労働者等の採用について』を参照

（６）旅費規程について

旅費とは、職員が出張中の費用を償うための実費弁償として支給される費用である。旅費は実費弁償と見られる限り、労働の対価である賃金とは区別され、給与には含まれない。従って税法上も実費の弁償として位置づけられており、課税の対象にもされない。旅費規程の必要性については、交通費や宿泊費の実費のみを支給している場合には必要ないとも思われるが、現在多くの施設では旅費日当の支払い、宿泊費の定額払を行っており、この場合にはその根拠規程としても必須の規程となる。

また、作成（変更）にあたっては、法人の本部職員およびすべての施設の職員を対象とした規程なのか、当該の施設だけの規程なのか、法人の場合は職員のみを対象とした規程なのか、役員も対象とするのかを整理しておく必要がある。また、法人の旅費規程の場合、役員に旅費日当を払っている場合に旅費規定上の旅費日当に該当するのか、実質的には報酬にあたるのではないかも検討しておく必要もあろう。

なお、旅費の支給基準を給与規程の中に含めている場合もある。「施設運営ハンドブック」のものは、それによる。

ここでは、旅費の一般的な体系を掲げる。

旅費の体系

　　ア．区分　近接地と近接地外（主として旅費日当支給の際に必要な区分）

　　　　　（例）　近接地　施設から○○キロメートル以内

　　　　　　　　　　　　　同一区（市）及び隣接区（市）

　　　　　　　　　　　　　同一県（都）内

　　イ．種類　交通費（鉄道、船、航空、車賃）、日当、宿泊料、食卓料等

なお、旅費の規程を作成したり改訂したりする場合には、国や地方公共団体の規程が参考となる。東京都の場合は「職員の旅費に関する条例」で、インターネットで検索できるので参考にされたい。

（7）職員親睦会の規程について
　職員の親睦をはかるために「親睦会」等の会が多くの施設で設置されていると思われる。特に、施設会計から補助金の類を支出している場合には必須のものである。また、施設会計から親睦会等への補助、職員旅行・職員レクリエーションへの費用一部負担、職員歓送迎会への費用負担等を行う場合は、行政指導により一定の制限がある点、留意が必要である。この規程は、その施設の職員をもって構成される会員の過半数から３分の２の賛成により制定、改正、廃止ができるものなので、当然ながら理事会の審議・決定は不要である。

（8）自動車運行管理規程について
　近年の社会福祉施設では自動車は欠かせないものとなっており、ほとんどの施設が自動車を保有し、また多くの職員が運転免許を有し運転業務に携わっているのが現状である。しかし、実際に事故が発生したときの施設ならびに運転職員に課せられる損害賠償責任の内容やその補償の方法、職員が負傷した場合の身分保障の問題等について、規程或いは労働協約の形式で対応の方法を整備している施設は少ないと思われる。
　自動車保険に加入してさえいれば、全ての問題がクリアされるとは限らないのである。自動車の運行管理上、規程の整備あるいは協約の締結が必要になる理由は概ね次の通りである。

　①労災の関係で職務遂行であったという認定を受けるためには、運転業務が必ず施設長の命により行われ、運行命令簿が整備されている必要があること。
　②入所者・利用者（児童）を多数乗せて運転する機会の多い特殊性を考えた場合、全ての運転資格を有する職員に業務としての運転を認めて良いとは思えない。経験、運行距離並びに適正を考慮し運転に従事する職員は任命もしくは個別契約により指名されるべきものである。
　③自動車の管理責任者が任命されていて、自動車の保管、整備点検が適切に行われる必要があること。事故が発生した場合の事後処理を、運転していた職員に全て課することなく速やかに事故係を任命するシステムが必要であること。
　④運転業務に従事する職員に対し、事故発生時にとるべき措置、独断による示談交渉の禁止等の事故対策並びに安全運転の教育がなされる必要があること。
　⑤個人の車を職員の判断で業務に使用している実態があると思われる。このことは職員が私物を提供していながらも、同時に労災の不適用、全ての賠償責任が職員に課せられる可能性がある等の、大きなリスクがあること。
　⑥搭乗者（入所者・利用者）に損害を負わせた場合従来の自動車保険による補償額では填補しきれないケースが考えられる。この場合運転職員及び施設が自動車保険の枠外で損害賠償責任を課せられる可能性があり、その際の責任の所在を明確にしておく必要があること。

⑦過労運転の防止のため、行事等に伴う運転で運転職員が安全運転を確保できるように配慮する責任が施設管理者にはある。その点で安全指導の方法を明確にしておく必要があること。

⑧事故により運転職員が負傷し、業務に従事できないときの身分保障を、労災の適用の有無、重大な過失の有無との関係で、どのように考えるか規定しておく必要があること。

⑨自動車を破損させた場合の、費用負担のあり方が規定されている必要があること。

⑩施設名義の自動車が、施設の物に損害を与えた場合や、業務中の自動車が業務中の他の職員を傷つけた場合には賠償責任関係が発生しないため、自動車保険からの保証の対象とならない。このような場合の措置についても、何らかの方法を考えておく必要がある。

事故対応は事後処理であってはならない。入所者、利用者及び職員の事故からの回避、事故の際の適切な対応、運転職員の身分の保障のためにも、施設としての組織的な取り組みが必要と考える。

自動車を所有し、また管理および使用する立場にある施設管理者（理事長または施設長）は、自動車の安全な運転のために必要となる業務を行わせるために、乗車定員が 11 名以上の自動車にあっては 1 台、その他の自動車にあっては 5 台（自動二輪車は 0.5 台として計算する）以上の車を使用するごとに、安全運転管理者を選任しなければならない（道路交通法第 74 条の 3）。

安全運転管理者は、過労運転の防止、運転者の健康管理、運転適性の判断など使用者責任を代行するものであり、事実上労務管理の出来る管理者でなければならない。したがって規模の小さい施設にあっては、施設長が自ら安全運転管理者となることが適当と思われる。

また道路交通法の規定により安全運転管理者の選任する必要のない施設であっても、昨今の交通戦争と呼ばれる状況からして、自動車管理関係の責任者を選任することが望ましい。

第6章　一般事務管理

Ⅰ．一般事務について

（１）事務上必要な書式について

　社会福祉施設で必要な、あるいは整備が望ましいといわれている備付帳簿、および管理・保存すべき文書・資料については第９章に「社会福祉施設の備付帳簿等の種類と保存期限」を一覧表にした。ここでは、そのなかで本書の他編、他章で取り上げない書式について解説した。

　少ない事務職員で多くの事務を処理している現状では、昨今の事務量、書式の増大は処理能力の限界を超えるものがある。しかし、社会福祉施設の仕事は公的な性格の強い仕事であり、整備の必要性が高いものも多いと考えられるので、その処理作業を省力化できるようにする等、工夫を重ねていくしかないのではと考えたい。

　① 業務日誌

　　業務日誌は、業務内容、職員の勤務（休日、出張等を含む）、利用者の在籍状況、入退所等の記録、来訪者の記録などが最低限の要件である。なお、行事や主要な出来事などの記録を丁寧に行い、保存期限満了後も保存しておくと後に施設の沿革を調査するときなどに重要な基礎資料となる。

　② 宿直日誌

　　宿直体制をとっている施設で作成する。それにかわる記録が整備されていれば作成を省略しても差し支えない。

　③ 職員会議録

　　開催日時、出席者、議題、議事内容、決定事項、保留事項などの記録が必要である。

　④ 決裁書

　　文書処理や、購入・修繕等の実施などに使用するものである。法人（施設）によって、決裁書、稟議書、起案書、回議書、伺書など様々な名称で書式が作成されている。ここでは、一般の書式、購入の起案（伺）、修繕の起案（伺）、物品の処分（廃棄等）決裁書の参考書式を掲げる。会計処理上の証憑書類として位置づけられるようになり、高額な物品の購入や、修繕、固定資産物品等の処分（廃棄等）の際などで、内部（決裁）資料として作成・整備を求められる方向にある。書式を工夫して、作成事務の簡略化を図るしかないだろう。

　　なお、参考書式のものは、事業計画・予算承認がなされているもの、または承認された予算の範囲で実施する物品の購入や修繕を前提としている様式である。その前段階としての伺書を作成している法人もある。

　⑤ 物品売買契約書

　　社会福祉法人会計基準の指導するところにより、原則として 100 万円以上の売買、賃貸借、請負などについて、契約書の作成が義務づけられている。そのうち、工事契約書は工事業者の団体の所定様式、不動産等の賃貸関係は市販の書式の利用が一般的である。物品売買についても、市販の様式がある。要件としては、会計基準の内容・要件についてクリアすることが求められるほか、法的な要件を備える必要がある。

　　（参考）　経理規程の契約の章のなかにある瑕疵（かし）担保責任とは、購入した不動産や物品等に、隠れた欠陥＜瑕疵＞があった場合に売り主が負うべき責任で、買い

主側は契約解除をしたり、損害賠償の請求権があるというもので、民法上の規定である。物品の購入については、物品そのものの欠陥は、瑕疵担保責任というよりは、物品そのものが使えないか、十分に機能しないわけだから、むしろ契約不履行にあたるともいわれている。また、製造物責任法（ＰＬ法）の施行により、製造者に対しその責任を問えることになるので、物品について瑕疵担保責任を問うことはあまりないと思われる。

ただ、100万円以上の物品になると、搬入・据付工事がある場合も多く、それにともなう瑕疵担保責任も生じるかと考えられる。

建築等の場合も含め、知っておく必要のある事項である。

⑥ 注文書・請書

契約金額100万円未満の物品購入、工事の契約については、経理規程により契約書の作成を省略してよいことになっているが、契約内容の適正な履行を確保するために、ある程度の金額以上の契約については請書を徴することになっている。

⑦ 職務専念の義務免除の申請書

公務員には勤務時間中は職務に専念する義務があるが、その義務を申請により一時的に免除されるという制度である。福利厚生関係の事業に参加する場合、上司の命令によらない研修に参加したい場合であって許可を得て勤務時間内に参加するとき（有給休暇を使わない）などに使用する。民間福祉施設の場合は制度そのものが義務づけられていないが、就業規則で制度化している場合には原則として必要な書式である。

⑧ 休業（休職）等の願

就業規則に決められている休業や休職、育児休業、介護休業等（または欠勤）を希望するとこに文書で願を提出してその承認を受けるものである。休業、休職については、就業規則作成上の問題であり、また各施設においても就業規則上で扱い自体は規定していると思われる。

⑨ 施設利用許可願

施設の敷地、建物、設備などを一時的に提供（貸与）する場合などに、提出してもらう書類である。施設の機能や設備の一部を積極的に解放し、地域福祉推進の一助になるべきなので、書式はなるべく簡易なものにしたい。

（2）文書事務

① 文書事務の原則

文書事務及び文書管理における基本原則は、次のようなことである。

・事務の処理は口頭による処理を避け、原則として文書をもって行うものとする。

・文書は、正確・迅速・丁寧に取り扱い、事務が能率よく適性に執行されるように処理及び管理されなければならない。（「施設運営ハンドブック＜改訂版＞」より）

ここでは、一般的な文書事務の方法を述べる。

② 文書の収受

外部より収受した文書は、受付日付印、回送閲覧の経過による押印欄のゴム印（いわゆるゲタ判）を押し、収受文書番号を設定して文書受信簿に記入した上で、施設長及び担当職員に回送する。なお、収受した文書類の全てにこの処理をするのは事務時間のロスになるので、受信した郵便物は受取郵便物記録簿に記録することとし、収受文書管理は公文書等の、ある程度重要な文書、回答を要する文書等について行うのが

一般的である。

　文書の収受番号は、年度の開始時に1番からはじめ、その年度の終了で終わる。

③　文書の発信

　発信文書は、理事長名で出すものと、施設長名で出すものとに区別される。文書は理事長名で出すのが原則で、軽易な回答文書や、施設長に置いて作成・発信するよう指定されている文書などは、施設長名で作成・発信することとなる。実際には、施設で作成発信する文書は理事長名のものは少なく、施設長名の文書が大半となる。また、関係官庁に提出する文書は、書式等が指定されているものが多い。

　発信文書には、発信番号及び発信日付を付ける（発信番号を付けない場合でも日付だけは必ず記入する）。また、外部からの要請に基づいて出す文書には、その依頼された文書の、施設での収受番号を発信番号に変える方法もある。

　（例）　5□□発○○○号　　（発信文書の場合）
　　　　　5□□収○○○号　　（収受文書の回答などの場合）
　　　　　　年度の数字

　（注）年度の数字の次の略号は、施設の名称を2～3字に略したものを任意に設定（□印の部分）するが、一度決めたら特に必要がない限りは変更しない。また、番号は年度開始時に1から始め、年度終了で終わる。

Ⅱ．処遇関係事務

1.児童福祉施設の処遇関係事務

（1）児童の措置関係事務

① 入所施設への（入所）措置にあたって児童相談所又は保護者から取り寄せる書類等

ア．措置通知書

イ．児童票、一時保護記録（一時保護所から入所の場合）

ウ．受信券及び遠隔地用保険証

エ．在学証明書及び教科書給与証明書（在学中の児童のみ）

オ．転出証明書（短期措置の場合は不要の場合もある。）

カ．母子健康手帳

キ．健康診断書（または、それにかわるもの）

　・細菌培養検査

　・胸部レントゲン検査

　・梅毒補体、結合反応検査（定性）

　・梅毒沈降反応検査（定性：必要により）

　・肝炎に関する検査

ク．愛の手帳、身体障害者手帳（ある場合のみ）

② 入所中の措置児童に関する施設長から児童相談所長への通知等

ア．異動報告書

イ．事故・無断外泊等報告書

ウ．養護状況連絡票

③ 入所中の措置児童に関して児童相談所から送付される書類

ア．措置（変更・停止・延長・復帰）通知書

イ．措置児童の保護者の変更、保護者の住所変更について

ウ．養護状況連絡票

④ 措置解除にあたって児童相談所へ提出する書類

ア．異動報告書

イ．受診券、受診券返還届（施設が作成、受診券を添えて児童相談所に送付する。様式は措置費手帳の「医療費事務取扱要綱」の中に掲載）

⑤ 措置解除にあたって児童相談所から送付される書類

ア．「措置児童の引き渡しについて」

イ．措置解除通知書

⑥ 措置解除時に保護者へ渡す書類

ア．転出証明書（区・市役所等が発行するもの）

イ．在学証明書・就学関係の書類（在学している学校で発行）

ウ．遠隔地用保険証（ある場合のみ）

エ．母子健康手帳（ある場合のみ）

オ．愛の手帳、身体障害者手帳（ある場合のみ）

⑦ 退所時に保護者から徴すべき書類

　・退所児童の金品の精算・領収書

（２）児童名簿

　児童名簿は、永久保存が必要な簿冊である。名簿の様式としては、入所順名簿が一般的であるが、退所者名簿もあると便利である。児童名簿には次の事項が必要である。

　　・氏名　　・性別　　・生年月日　　・児相名　　・措置番号　・入所年月日
　　・入所理由　・保護者(氏名、続柄、住所、電話)　・退所年月日　・退所理由

（３）入所児の身柄預かり・面会等の書式

　　入所児の一時帰省や面会等の時に使用する書式である。

　　特に指定された様式はない。個人のプライバシー保護のため、個人別または１回毎のカード（１枚紙）のものが好ましいといえるだろう。

　①　入所児の外出・外泊申込書
　②　面会受付簿

（４）事故報告について

　　万一、施設において、または施設入所児童に事故が発生した場合は、東京都福祉保健局の施設所管課及び事故児童を措置している児童相談所に、速やかに口頭又は電話で連絡するとともに、必要に応じ文書で事故報告を行う。

　・事故報告の要件　　事故発生の日時、入所児の氏名、発生場所
　　　　　　　　　　　事故の概要、損害の状況、今後の対応等

第7章　医療・保健衛生

Ⅰ．医療費の取扱い

（1）医療費支払い事務の概要と留意点

　　児童福祉法による施設（等）の医療費支払い事務は、「児童福祉法による措置児童等にかかわる医療給付に関する費用の請求事務取扱要領」（54 民児育第 724 号・民生局長通知）により取扱われている。これは中央法規出版「児童保護措置費・保育給付費手帳（令和元年度版）に掲載されている。

　　この節では、その仕組みと留意点を述べる。

① 対象児童

　　児童福祉法（以下「法」という）による措置児童等（以下「児童」という）を対象とする。

② 対象疾病等

　　公費負担の対象となる疾病、つまりこの制度で診てもらえる疾病は社会保険各法により保険給付の対象となる疾病となる。対象とされる額は、健康保険法の規定による療養に要する費用の額の算定方法（厚生省告示）に準じて算出した額。いわゆる保険点数内の医療費が該当となる。

　　なお、児童が健康保険の被扶養者である場合は、その保険で給付される額を控除した額が公費の負担額となり、児童が健康保険の被保険者である場合も、その保険で給付される額を控除した額となる。したがって健康保険併用の場合は、保険での一部自己負担にあたる分が公費負担となる。

③ 受診券

　　児童が「受診券」を医療機関に持参することによって、健康保険法の給付と同様の医療給付が受けられる。

　　受診券は児童が措置された時、児童を措置した児童相談所が発行する。

　　児童が退所すると受診券は使えないので、「受診券返還届」とともに、児童を措置している児童相談所へ返還する。児童に、退所後は使用できないことを教えておくことも必要である。

　　また、保険種別の変更、保険の有無の変更、受診券の紛失の場合は、「受診券再交付申請書」により、担当の児童相談所に再交付を申請する。なお、再交付の場合には児童番号は変更しない。この場合、受診券児童番号簿に再交付の記録をしておくこと。

④ 対象医療機関

　　対象となる医療機関は、健康保険法の指定医療機関、国民健康保険法による指定医療機関である。開業している医療機関はほとんど指定を受けている。ただし、数は少ないが保険の指定医療機関でないところがあり、そこではその制度は使えない。

⑤ 特定機能病院の制度

　　国立がんセンターや大学病院のように医療機関の中には、他の病院から紹介された患者を専門に診る病院がある。特定機能病院として制度化されているものである。そこで受診した場合、紹介患者の初診費用が保険の加算対象となる。しかし、医師の紹介状を持参していない場合は、その分が保険の対象外となり患者の自己負担となる。児童福祉法による場合も同様の扱いで、公費負担の対象とならないので自己（施設）負担となる。

特定機能病院の名称・所在地は、必要な場合に年金事務所に照会すること。インターネットでも「特定機能病院」で検索すれば調べることもできる。

⑦　保険対象外で措置費として請求できるもの

メガネ代、通院費が保険対象外で支弁対象となる。「措置費手帳」の中の、保護単価表の医療費の欄に記載されている請求の取扱い及び説明、ならびに本書の措置費の部を参照すること。

⑧　第三者行為による疾病等（交通事故など）

第三者行為による疾病等については、それを保障する自動車保険等の制度が優先するので、原則としてこの制度は使えない。

なお、該当の場合には速やかに東京都福祉保健局の担当課に報告すること。

⑨　初めての医療機関

医療機関によっては、施設児童等の診療が初めてで、この制度について不慣れな場合がある。その場合は、下記の内容で十分に説明すること。巻末に東京都発行の「児童福祉施設入所児童等の医療費の請求事務について」を掲載したので参照されたい。

（2）その他の留意事項（施設の事務職員の側から）

①　保護者の保険資格喪失について

本人が被扶養者の場合、医療機関とのトラブルの種になりかねない問題に被保険者の資格喪失の問題がある。国民健康保険の場合、国民皆保険のもとでは、保護者がその市（区）町村に住所を有すれば、他法（健康保険法、生活保護法等）に適用されない限り原則として保険資格が有ることになる。また、市（区）町村の健康保険担当（課）による資格喪失確認がない限り、保険資格が生きていることになり、施設で把握している保護者の居住の状態と時期的に若干ズレることがある。（遡って資格喪失となる場合もあるので注意）。

そのために保護者との連絡を保険関係においても緊密にとり、保護者への説明及び施設側の情報把握が必要である。また、受診券発行は児童相談所の所管業務なので、担当福祉司との情報交換も必要となる。

②　文書料等の取扱い

特定機能病院に医師の紹介状を持たずに行った場合に請求される自己負担分も、保健衛生費で支払う。

③　療養費払い

非常にまれな例であるが、健康保険及び公費負担による診療が受けられず、費用を医療機関で支払う場合がある。この場合、公費負担は措置費請求時に、また健康保険の分は保険者に療養費払いとして請求することができる。この場合は、医療機関に対して療養費払いで請求することを話しておかないと、自由診療の医療費を請求されることがある。また、医療機関から保険請求用のレセプトと公費請求用のレセプトを作成してもらい、領収書を受け取ること。療養費の請求用紙は、市区町村の国保担当課または年金事務所（社保）にある。

なお、保険への請求権者は施設長でなく被保険者となる（受領を施設長が受任することは可能だが、委任状の添付が必要なこと等、煩雑である）。

④ 柔道整復（接骨医）の取扱い

　医師の処方箋と支払の領収書をつけて、措置費請求時に請求する。措置費で支弁されるのは、健康保険で認められる範囲の療養内容で、かつ公費負担分だけとなっている。

　健康保険の分は、本人又は保護者が健康保険に直接請求する形をとることになる（受領を施設長が受任することは可能）。実際には、接骨医が被保険者の委任状を付けて直接保険請求することも多いようである。なお、その場合でも公費負担分について、東京都に対して接骨医が施設長の委任を受けて請求することは出来ない。

Ⅱ．健康管理・保健衛生

（1）児童の健康診断

　　入所児童の健康診断については、児童福祉施設の設備及び運営に関する基準第 12 条で次のように規定されている。

　　『入所した者に対して、入所時の健康診断、少なくとも年 2 回の定期健康診断及び臨時の健康診断を、学校保健安全法に規定する健康診断に準じて行わなければならない。

　　健康診断をした医師は、その結果必要な事項を、入所した者の健康を記録する表に記入するとともに、必要な手続きをとることを施設長に勧告しなければならない。』

　　児童・生徒の健康診断項目（学校保健法施行規則第 6 条）

　　（1）身長、体重

　　（2）栄養状態

　　（3）脊柱及び胸郭の疾病及び異常の有無並びに四肢の状態

　　（4）視力及び聴力

　　（5）眼の疾病及び異常の有無

　　（6）耳鼻咽頭疾患及び皮膚疾患の有無

　　（7）歯及び口腔の疾病及び異常の有無

　　（8）結核の有無

　　（9）心臓の疾病及び異常の有無

　　（10）尿

　　（11）その他の疾病及び異常の有無

　※なお、この項目のものすべてを毎年行うわけではなく、項目によって実施の学年等
　　が規定されているものもある（大半のものは毎年実施）。

　　様式については、学校保健安全法に基づく健康診断票の様式が指定されている。記録を整理し、最低 5 年間は保存しなければならない。

（2）衛生管理

　① 検便

　　入所児童、職員について年 4 回以上の検便の実施が、福祉保健局から指導されている。この基準は、東京都民生局長通知「児童福祉施設措置児童等に対する伝染病予防措置の実施について」（昭和 38 年 6 月 21 日付・38 民総庶第 491 号）によるものである。なお、給食の業務に従事する職員は月 1 回は必ず実施することになっている。これは、東京都衛生局公衆衛生部長通知（昭和 35 年 8 月 27 日・35 衛公食 297 号）および、上記の通知による。

　　また、赤痢や寄生虫の発生、食中毒の発生等があった（恐れのある）場合は、臨時に実施することも必要である。

　　なお、ぎょう虫の検査は検便の回数には入らない。

　　検便の検査結果は、ファイルして最低 3 年は保存しておくこと。

② 飲料水の管理

　飲料水については、児童福祉施設の設備及び運営に関する基準において『児童福祉施設に入所している者の使用する設備、食器等又は飲用に供する水については、衛生的な管理に努め、又は衛生上必要な措置を講じなければならない。』とある。

　公共水道を一旦受水槽に受けてポンプで高置水槽に揚水して（直接ポンプで給水する方法もある）建物各階に給水する水道で、受水槽の有効容量が 10 立方メートルを超えるものは簡易専用水道として水道法で規制されている。この場合、設置者は最寄りの保健所に届出の義務があるほか、年1回の水槽の清掃（専門業者に委託）、水質検査、月1回の点検等が義務づけられている。該当の設備を設置されている施設で、未届の場合は所轄の保健所に至急届け出ること。折り返し説明資料等が渡されるはずである。

　それ以下の施設には、清掃、水質検査等は、法的には義務づけられていないが、定期的な管理が必要である。また、受水槽、高置水槽はある程度の期間が経つと汚れがたまるので、定期的な検査・清掃が必要である。福祉施設の場合は、10 立方メートル以下の場合も、年1回の水質検査と定期的な水槽の清掃は実施すべきである。

　なお、公共水道水を直結で受け入れている場合は、水質管理事務は必要がない。

　また、自家用の井戸水を使用している場合も水質管理の基準があるので、該当設備があり未実施の施設は、所轄の保健所に問い合わせること。

③ 医務室・静養室

　児童養護施設においては、定員 30 名以上の施設に医務室および静養室の設置が義務づけられている。医務室は、施設における健康管理及び初期的な治療の中心になるべき場所であり、必要な医療器具、医薬品及び衛生材料を準備することとなっている。なお、都市部などで医療体制の完備している地区については、その整備が不十分でもさしあたり支障がない場合が多いが、大規模震災等の広域災害が発生した場合、医療機関は重傷者の治療を優先することになるし、場合によっては機能そのものがマヒする恐れもある。防災面からも、必要な医療器具、薬品、衛生材料の準備と医務室の整備は必要である。

　医務室に備えるべき物品と医薬品の例は「養護施設ハンドブック・絶版」（全養協）に例として掲載されている。また、各種の資料を参考にするほか、嘱託医の助言も必要であろう。

　静養室は、傷病人を居室から隔離して安静を保つために、また、一時的に休養を要するものを静養させるための部屋なので、必要なベッドや布団等の整備をするほか、居住環境も配慮する必要があろう。

　医務室の備品・薬品等の整備について、静養室の設備についての具体的な内容は、他に資料があるのでここでは省略する。

第8章　社会福祉施設に対する減免制度

　この章では、社会福祉施設およびその利用者を対象とした、主として日常的なものの減免制度および優遇制度について説明する。

Ⅰ．公共料金等の減免

（1）上下水道料金の減免

　① 水道料金の減免

　　対象施設は、東京都内の給水域内（注）に所在し、社会福祉法第2条2項各号または3項2号から 11 号までに規定する事業を行う施設（事業運営のために設置する事務所、職員の通勤寮等を除く）で次の各号のいずれにも該当しないもの。

　・国又は地方公共団体が経営するもの（国又は地方公共団体が設置し、社会福祉法人等に経営を委託している場合を含む。）

　・助葬事業、資金を融通する事業、相談支援事業、相談に応ずる事業、手話通訳事業、居宅介護等事業、日常生活支援事業、訪問事業及び移動支援事業を行うもの

　・更生保護事業法第 45 条の規定により認可を受けた者が経営する更生保護施設

　　減免額は基本料金と従量料金の合計に 100 分の 110 を乗じて得た額の 10％となっている。

　　対象区域外については、独自の制度を行っている場合があるので、各市町村等に問い合わせること。

　② 下水道料金の減免

　　対象施設は水道料金と同じで、減免額は料金の 20％となっている。なお、多摩地区は市町により取扱いが異なる。

　　（注）23 区、武蔵村山市、多摩市、瑞穂町、府中市、小平市、東大和市、東久留米市、小金井市、日野市、東村山市、狛江市、清瀬市、あきる野市、西東京市、日の出町、八王子市、立川市、町田市、国分寺市、福生市、青梅市、調布市、国立市、三鷹市、稲城市、奥多摩町

　③ 申請手続き

　　水道・下水道ともに、すでに減額措置が適用されている施設は、新たな手続きの必要はない。新規に申請する場合、23 区の場合は受持の営業所、多摩地区の場合は受持のサービスステーションへ申請する。

Ⅱ．交通機関の割引

　JR線、私鉄、バス等の交通機関を利用する場合、入所児および付き添い者について運賃が割引になる制度がある。ここでは、JR等の鉄道運賃について各交通機関とその割引制度の内容について掲載する。

（1）JR等の鉄道運賃

　　JRでは、「被救護者旅客運賃割引制度」が規定されている。また、私鉄でも同様の運賃割引が規定されている。一方、療育手帳（「愛の手帳」）を提示することに拠る運賃割引制度も整備されている。

『被救護者旅客運賃割引』
　　　ＪＲの指定を受けた社会福祉施設の入所者が、ＪＲ線とその連絡社線（乗車券の通し発売を扱う交通機関で、私鉄、一部のバス路線、航路等が該当する）を利用する場合、施設代表者の発行する「被救護者旅客運賃割引証」を提出することによって、普通乗車券が５割引になる。また救護者１人について付添人１人に限り同じ割引が適用される。

　　　「被救護者旅客運賃割引証」用紙は、東京都福祉保健局の施設所管課で交付される。この割引証により乗車券を購入する場合は、施設長が発行する「旅行証明書」を添付し、また旅行中は旅行証明書を携帯し、係員に呈示を求められた場合に呈示する必要がある。

　　　詳しい内容・手続きについては、鉄道旅客営業規則および救護施設指定取扱規則を参照すること。

（２）都営交通の無料パスと運賃割引

　　都営交通（都電、都バス、都営地下鉄）について、被救護者（児童養護施設入所児童も含まれる）等で都内に居住している者について、無料乗車券（無料パス）が交付される。申請の手続きには、被救護者証明書（児童養護施設は施設長が発行する「在園証明書」）または愛の手帳と、印鑑および写真（パスに貼付するため）が必要である。申請先は各市区町村または福祉事務所となっている。児童養護施設については、施設の所在する地域を担当する福祉事務所が窓口となる。

　　なお、ＪＲ等と同様の「被救護者旅客運賃割引」の制度もあり、こちらの取扱いはＪＲでの取扱いと同様で、本人、付添者ともに５割の割引となる。

第9章　社会福祉施設における備付帳簿等の種類と保存期限

この表は、児童養護施設における備付帳簿等のリストである。保存期限については、法令等に明示されているものについてはそれにより、それ以外のものについては一般的基準や現在までの資料に拠った。

基本的には、本書『事務処理の手引』をベースに児童施設が対象となる書類を掲載した。

区分	名称	保存期限	備考
1．運営管理関係			
(1)定款・諸規程	・定款	永久	法人の管轄だが、施設でも保管
	・処務規程（管理規程）	永久	
	・就業規則（給与規程含）	永久	
	・その他諸規程	永久	旅費規程、自動車運行管理規程、親睦会規約など
(2)施設認可関係	・施設認可書	永久	一冊に綴っておく
	・内容変更申請、承認書	永久	台帳には土地・建物の図面、施設の履歴等の記録もあるとよい
	・施設台帳	永久	
(3)沿革に関する記録	・沿革史及び沿革に関する資料	永久	永久保存が必要と思われるものが対象となる
(4)事業計画	・事業計画書	永久	理事会に報告するもの
	・事業報告書	永久	理事会に報告するもの
	・年間事業計画書（案）	3年	
	・年間事業実施状況表	3年	
	・月間事業計画書（表）	3年	
	・月間事業実施状況表	3年	
(5)職務分担	・職務分担表	3年	有効期間中でも可
(6)業務記録	・業務（事務）日誌	5年	施設の沿革調査の際に基礎資料となるので、永久保存がよいと思われる
(7)会議の記録	・職員会議録	3年	職員会議以外にも重要な会議が有る場合はその会議録も必要
(8)関係官庁・機関との文書	・収受文書綴	3年	都・東社協等の区分が必要。雑文書はもっと短期で可。
	・発信文書（控）綴	3年	
	・発信文書名簿	3年	必ずしも必要ではないが文書管理上作成した方がよいもの
	・収受文書名簿	3年	
(9)非常災害関係	・消防計画書	3年	
	・地震防災応急計画	3年	消防計画に含めても可

区分	名称	保存期限	備考
	・防火管理者選任届	3年	保存期間は解任時から起算
	・消防用設備点検記録簿	3年	自主点検（報告）の記録
	・防災訓練実施記録簿	3年	
	・消防署立ち入り検査記録	3年	
	・消防署関係文書綴	3年	
(10)事務引継関係	・事務引継書	3年	金銭等の引継については10年
2．職員関係			
(1)職員名簿等	・職員名簿	永久	労働基準法上は3年。前歴証明をする際の基礎資料となるので永久保存が望ましい
	・履歴書	5年	保存年限は退職時から起算
	・資格を証する書類	5年	保存年限は退職時から起算
(2)勤務	・職員出勤簿	5年	タイムレコーダーでも可
	・超過勤務命令簿	5年	
	・宿日直勤務命令簿	5年	日誌への押印でも可
	・出張命令簿	5年	旅費支給簿を兼ねる書式でも可（その場合は会計で10年）
	・時間外労働・休日労働に関する協定・協定届	有効期間中	該当する当該施設のみ必要
	・宿日直許可書	有効期間中	該当する当該施設のみ必要
(3)給与	・給与（賃金）台帳	10年	労基法で5年。会計では10年。
	・所得税源泉徴収簿及び関係書類	5年	厳選簿は給与台帳に兼ねて可
(4)福利厚生	・職員健康診断記録簿	5年	生活習慣病予防検診の記録を健康診断に代える場合はその記録が必要。
	・職員検便検査結果記録	5年	検査結果の整理でよい
	・健康保険、厚生年金書類綴	5年	資格取得・喪失が明らかになるような書類整理要
	・雇用保険関係書綴	5年	
	・労災保険関係書綴	5年	保険関係成立届は有効期間中保存を要する

区分	名称	保存期限	備考
	・退職共済関係書類綴	5年	加入・脱退の関係が明らかになるような書類整理要
(5)研修	・職員研修記録	3年	1年でも可
3．児童処遇関係			
(1)児童名簿	・児童名簿	永久	入所順名簿が一般的
			退所者名簿、実施機関別名簿もあると便利
(2)措置関係等	・措置関係書類	永久	措置通知書、措置解除通知書等
			（個人別に児童票・育成記録等と共に綴って保管）
	・児童票	※児童の年齢25歳に達する時点まで	
	・育成記録	（児相の児童票と同等の取扱い）	
(3)指導計画	・指導計画書	3年	これに代わるものでも可
			年間・月間等の区分は任意である
(4)処遇日誌	・保育士・指導員日誌	3年	
	・宿直日誌	3年	
	・児童健康診断記録簿	5年	
	・児童検便結果記録簿	5年	検査結果の整理で可
	・水質検査結果綴	1年	該当施設のみ必要
(5)会議録	・ケース会議録	3年	
(6)各種行事やクラブ活動等記録	・行事計画・実施記録	3年	
	・クラブ活動等の記録	3年	クラブ活動がある場合に必要
(7)その他	・面会記録簿	2年	
	・外出、外泊、一時帰省記録簿	2年	
	・日用品受払簿	10年	日用品を大量に一括購入して、それを支給している場合に必要
	・こづかい帳	10年	
	・児童預り金台帳	10年	児童本人に支給される年金等、財産を施設が預かっている場合に必要。また複数の場合は総括表も必要。
	・退所時の預り金品の精算領収書	永久	小遣いも含めて精算する。育成記録の収支部分に綴っておくとよい

区分	名称	保存期限	備考
4．給食			
	・集団給食開始届	永久	
	・予定（実施）献立表	3年	
	・給食日誌又は食数伝票	3年	給食日誌の場合食数記載要
	・栄養出納表	3年	
	・嗜好調査結果記録	3年	
	・残菜調査結果記録	3年	
	・食品受払簿	3年	使用量及び使用頻度の少ないものは省略して可
	・実地棚卸表綴	5年	棚卸はしなくても可であり、その場合は不要
5．会計			
(1)主要簿又は伝票	・総勘定元帳又は勘定表	10年	
	・仕訳帳又は仕訳伝票	10年	
(2)試算表等	・月次試算表	10年	
	・予算対比書	10年	
(3)証憑	・証憑	10年	納品書・請求書・領収書だけでなく、契約書などの外部証拠、起案書などの内部証拠書類も含まれる。
(4)補助簿	・実費徴収金台帳	10年	該当がある場合、必ず作成する。
	・寄付金台帳	10年	該当がある場合、必ず作成する。
	・寄付物品台帳	10年	該当がある場合、必ず作成する。
	・現金出納帳	10年	該当がある場合、必ず作成する。
	・小口現金出納帳	10年	該当がある場合、必ず作成する。
	・金銭残高金種別表	10年	該当がある場合、必ず作成する。
	・借入金台帳	10年	該当がある場合、必ず作成する。
	・貸付金台帳	10年	該当がある場合、必ず作成する。
	・銀行（預金）勘定帳	10年	作成した方が望ましい帳簿（金融機関別、預金種別毎）
	・預り金台帳	10年	元帳で検証が出来れば不要
	・事業未収金台帳	10年	元帳で検証が出来れば不要

区分	名称	保存期限	備考
	・事業未払金台帳	10年	元帳で検証出来れば不要
	・有価証券台帳	10年	該当がある場合必ず作成する
	・金銭信託、貸付信託、証券投資信託、有価証券信託台帳	10年	該当がある場合必ず作成する
(5)財産関係	・固定資産物品台帳	10年	帳簿の保存期限ではなく、該当品目が消滅した年度から10年経過すれば、その品目のリーフを廃棄してよいと考えられる
	・備品台帳	10年	
	・消耗品台帳	10年	少量・少額の場合は不要
(6)予算関係	・予算書（当初、補正）	永久	理事会議事録添付資料として永久保存。従って施設では永久保存の必要性はない。（施設：5年）
(7)決算関係	・決算書	永久	貸借対照表・収支計算書
	・決算付属明細書	永久	
	・繰越金計算書	永久	
	・決算試算表	10年	
(8)措置費関係	・措置費等公費請求書及び精算書	10年	
	・措置費保護単価改定通知書	10年	
	・民給費関係書類	5年	勤続年数算定表等

とある児童養護施設事務員（東京都）の１年の仕事の流れ

4月	異動職員関係書類整理	措置費請求書・委任状・印鑑登録証明書・職員異動報告書
	職員名簿・労働者名簿	措置費請求書　【前年度】差額精算
	昇給昇格者通知交付、口座振替同意書	施設機能強化推進費　【前年度】実績報告書
	健康保険・厚生年金保険	入所者処遇加算　【前年度】実績報告書
	被保険者資格取得／喪失届（年金事務所）	看護師加算　【前年度】実績報告書、申請書
	雇用保険	心理療法担当職員加算　申請書
	被保険者資格取得／喪失届(ハローワーク)	自立支援担当職員加算　【前年度】実績報告書、申請書
	被保険者離職票（ハローワーク）	都サービス推進費　【前年度】変更交付決定差額分請求書
	就業規則変更届（労働基準監督署）	専門機能強化型　【前年度】事業・補助金実績報告書
	給与規程変更届（労働基準監督署）	〃　【前年度】第４四半期状況報告書
	給与所得者異動届出書（市区町村）	自立支援強化事業　【前年度】事業・補助金実績報告書
	掛金納付対象職員届（福祉医療機構）	ＧＨ・ＦＨ設置促進事業　【前年度】事業・補助金実績報告書
	被共済職員退職届（福祉医療機構）	人材確保事業　【前年度】実績報告書、申請書
	退職手当金請求書（福祉医療機構）	育児指導機能強化事業　【前年度】実績報告書
	契約対象職員名簿（福利厚生センター）	医療機関等連携強化事業　【前年度】実績報告書
	共済加入申込／解除申請書（東社協従事者共済会）	宿舎借り上げ支援事業　【前年度】実績報告書
		施設と地域の関係強化事業　【前年度】実績報告書
	退職共済金受給申請書(東社協従事者共済会)	児童養護施設等体制強化事業　【前年度】実績報告書
5月	自動車税減免申請書（都税事務所）	措置費請求書
	軽自動車税減免申請書（市区町村）	施設機能強化推進費　申請書
		小規模グループケア　【前年度】実績報告書
		グループホーム　【前年度】実績報告書
		民間施設給与等改善費　職員平均勤続年数算定表
		専門機能強化型　【前年度】補助金精算書
		自立支援強化事業　【前年度】補助金精算書
		ＧＨ・ＦＨ設置促進事業　【前年度】補助金精算書
		人材確保事業　【前年度】補助金精算書
		育児指導機能強化事業　【前年度】補助金精算書
		医療機関等連携強化事業　【前年度】補助金精算書
		児童養護施設等体制強化事業　【前年度】補助金精算書
6月	【前年度】事業報告及び決算報告書（理事会・評議員会）	措置費請求書
	資産総額の変更登記（法務局）	被虐待児受入加算　申請（１回目）
	代表理事の重任登記（法務局）	施設調査書
	住民税更新	法人調査書
	労災上乗保険手続（東社協）	法人現況報告書
	職員健康診断	現況報告書
	賞与支払届（年金事務所）	都サービス推進費　【前年度】実績報告書
		専門機能強化型　当初交付申請書
		自立支援強化事業　事業計画書・当初交付申請書
7月	労働保険料申告書（銀行）	措置費請求書
	算定基礎届（年金事務所）	専門機能強化型　第１四半期状況報告書
	公益法人等の収支計算書の提出（税務署）	ＧＨ・ＦＨ設置促進事業　事業計画書・当初交付申請書
		〃　第１四半期状況報告書

8月	補正予算（理事会・評議員会） 標準給与月額変更届（東社協従事者共済会）	措置費請求書
9月	施設賠償責任保険等手続（東社協） 社会保険料額の確認（年金事務所）	措置費請求書 被虐待児受入加算　申請（2回目）
10月	退職共済掛金額の確認（東社協従事者共済会）	措置費請求書 都サービス推進費　変更交付申請書（1回目） 専門機能強化型　第2四半期状況報告書 ＧＨ・ＦＨ設置促進事業　第2四半期状況報告書
11月	年末調整各種控除申告書	措置費請求書 育児指導機能強化事業　交付申請書 医療機関等連携強化事業　交付申請書 児童養護施設等体制強化事業　交付申請書
12月	補正予算（理事会・評議員会） 源泉徴収簿集計・年末調整事務 賞与支払届（年金事務所）	措置費請求書 被虐待児受入加算　申請（3回目） 入所者処遇加算　申請書 宿舎借り上げ支援事業　交付申請書 施設と地域の関係強化事業　交付申請書
1月	扶養控除申告書受理・源泉徴収票 法定調書合計表・給与所得の源泉徴収票 （税務署） 給与支払報告書（市区町村）	措置費請求書 専門機能強化型　第3四半期状況報告書 　　〃　　　　　　変更交付申請書 ＧＨ・ＦＨ設置促進事業　第3四半期状況報告書 人材確保事業　交付申請書
2月		措置費請求書 自立支援強化事業　変更交付申請書 ＧＨ・ＦＨ設置促進事業　変更交付申請書 ＧＨ・ＦＨ設備整備　交付申請書 育児指導機能強化事業　変更交付申請書 医療機関等連携強化事業　変更交付申請書 児童養護施設等体制強化事業　変更交付申請書
3月	最終補正予算（理事会・評議員会） 【次年度】事業計画／当初予算（理事会・評議員会） 【次年度】昇給昇格者確認 【次年度】職員代表者選出 【次年度】各種（保守）契約 【次年度】非常勤職員雇用契約更新、人事異動関係 賞与支払届（年金事務所）	措置費請求書 被虐待児受入加算　申請（4回目） 措置費説明会 心理療法対象児童承認依頼（各児相） 都サービス推進費　変更交付申請書（2回目） 　　〃　　　　　　加算対象者の承認申請 都サービス推進費　【次年度】交付申請書 専門機能強化型　【次年度】指定申請 ＧＨ・ＦＨ設備整備　実績報告書 育児指導機能強化事業　変更交付決定差額分請求書 医療機関等連携強化事業　　変更交付決定差額分請求書 宿舎借り上げ支援事業　交付決定 施設と地域の関係強化事業　交付決定
その他	二四協定（変更時）、三六協定届（労基署）	入所状況報告（毎月1・15日）

編集後記

　この手引書の初版は、歴史を辿っていきますと昭和 46 年 11 月に、当時の東京都社会福祉協議会児童部会書記会会員の手により発行されております。その後、昭和 50 年に部会が児童部会と精神薄弱児・者福祉部会に分かれた後も書記会は合同でこの作業を継承し、昭和 52 年 10 月には改訂版が、昭和 60 年 11 月には新改訂版が、平成 7 年 5 月に第三次改訂版が、第四次改訂版が平成 24 年 3 月に発行され、最近では平成 29 年 3 月に第五次改訂版が発行されました。この度、歴代の諸先輩方の偉大な功績を踏まえ、第六次改訂版を発行する運びとなりました。

　措置費と東京都補助金編では、措置費は現時点での内容を明記し、補助金編では平成 29 年以降、新たに加算がついた補助金の情報も網羅しました。会計編では、社会福祉法人会計基準(平成 28 年厚生労働省令第 79 号)が平成 28 年 3 月 31 日に制定された以降、変更はなく、現状の運用上の取り扱いと留意事項についての資料を中心に掲載しております。庶務編では、目まぐるしく制度が変わる中で、より最新の情報を皆様に提供できるよう修正をしております。

　当初の予定ではコロナ禍前に最新改訂版を発行する予定でおりましたが、集まって作業をする機会が持てず令和 4 年度に入りようやく作業を再開する運びとなりました。時間を惜しまず、協力頂きました書記会役員の皆様に感謝の気持ちで一杯です。

　忙しい日常業務をこなしながらの準備となり、間違え等が多々あるかと思われますので、お気づきの点等がありましたらご指摘下さい。そしてこの手引書を日常業務で活用して頂けたらこの上ない幸せであります。

令和 5 年 4 月
児童部会書記会　会長　大高　直樹

東京都社会福祉協議会児童部会書記会役員会(令和 4 年度)

措　置　費　編　　　　　河原　一郎　　長尾　幸二　　福嶋　正弘

補　助　金　編　　　　　斉藤　純子　　森　史恵

会　計　編　　　　　　　佐藤　昇

庶　務　編　　　　　　　福島　尚樹　　浜　恵子　　倉田　早苗